Susanne Hagemann

Einführung in das translationswissenschaftliche Arbeiten

Klaus-Dieter Baumann/Hartwig Kalverkämper/Klaus Schubert (Hg.)

TRANSÜD.

Arbeiten zur Theorie und Praxis des Übersetzens und Dolmetschens

Band 80

Susanne Hagemann

Einführung in das translationswissenschaftliche Arbeiten

Ein Lehr- und Übungsbuch

Frank & Timme

Verlag für wissenschaftliche Literatur

Umschlagabbildung: © Claudia Hagemann (Kemijoki-Brücke in Rovaniemi, Finnland)

ISBN 978-3-7329-0125-8
ISSN 1438-2636

© Frank & Timme GmbH Verlag für wissenschaftliche Literatur
Berlin 2016. Alle Rechte vorbehalten.

Herstellung durch Frank & Timme GmbH,
Wittelsbacherstraße 27a, 10707 Berlin.
Printed in Germany.
Gedruckt auf säurefreiem, alterungsbeständigem Papier.

www.frank-timme.de

Inhalt

1 Einleitung

1.1 Konzeption des Buches

Dieses Buch ist aus meiner Lehrtätigkeit im Arbeitsbereich Interkulturelle Germanistik des Fachbereichs Translations-, Sprach- und Kulturwissenschaft der Johannes Gutenberg-Universität Mainz in Germersheim (FTSK) entstanden. Dort studieren zahlreiche „ausländische" Studierende – das heißt Studierende, deren A-Sprache (Grundsprache) nicht Deutsch ist – Übersetzen, Dolmetschen und andere Translationsformen sowie Translationswissenschaft. Speziell für diese Studierenden mit Deutsch als B-Sprache (erster Fremdsprache) und allgemeiner für alle angehenden TranslationswissenschaftlerInnen[1] aus nicht deutschsprachigen Kulturen wurde dieses Buch geschrieben. Es kann jedoch, wie mir in Germersheim immer wieder bestätigt wird, auch von Studierenden mit der A-Sprache Deutsch mit Gewinn gelesen werden. Die an deutschen Universitäten nach wie vor beliebten Textsorten Hausarbeit und Abschlussarbeit erlernt man auch an Schulen in Deutschland bei Weitem nicht in ihrer vollen Komplexität. Für Studierende aus anderen Kulturen kann allerdings der Schwierigkeitsgrad dieser sehr deutschen Textsorten – je nach Ausmaß der kulturspezifischen Differenz – noch wesentlich höher sein. Das vorliegende Buch wird hoffentlich dazu beitragen, ihnen den Einstieg in die deutsche Spielart des (translations)wissenschaftlichen Arbeitens zu erleichtern.

In den folgenden Kapiteln beschreibe ich zunächst die inhaltlichen Aspekte des translationswissenschaftlichen Arbeitens. Zuerst gebe ich einen kurzen Überblick darüber, was man überhaupt unter Wissenschaft, unter Theorie und unter einer wissenschaftlichen Arbeit versteht (Kap. 2). Danach behandle ich die ersten Schritte, die am Anfang jeder translationswissenschaftlichen Arbeit stehen sollten: Das sind zum einen die Wahl des Themas sowie der Frage, die in der Arbeit beantwortet werden soll, und zum anderen die Festlegung der Methode sowie der theoretischen Grundlage der Arbeit (Kap. 3). Anschließend geht es darum, wie man die notwendige Sekundärliteratur sucht (Kap. 4) und wie man sie verwertet (Kap. 5). Die beiden letzten inhaltsbezogenen Kapitel haben den Aufbau der Arbeit (Kap. 6) und die eigene Argumentation (Kap. 7) zum Gegenstand.

---

1 Falls Sie das große Binnen-I noch nicht kennen: *TranslationswissenschaftlerInnen* ist eine geschlechtsneutrale Formulierung und bedeutet „Translationswissenschaftlerinnen und Translationswissenschaftler". Nähere Erläuterungen zu dieser Form finden Sie unten auf S. 194.

Der inhaltsbezogene Teil ist grob chronologisch aufgebaut: Worauf es am Anfang der Beschäftigung mit einer Hausarbeit ankommt, steht auch am Anfang des Lehrbuchs. Die auf diesen Teil folgenden Informationen zu formalen Aspekten – d. h. zu typografischer Hervorhebung (Kap. 8), Zitaten (Kap. 9), Quellenangaben (Kap. 10) und Literaturverzeichnis (Kap. 11) – müssen jedoch parallel zur Beschäftigung mit dem Inhalt beachtet werden, nicht erst danach. Wer sich beispielsweise etwas aus der Sekundärliteratur notiert, ohne zu wissen, was beim Zitieren wichtig ist, wird später erhebliche Schwierigkeiten bekommen. Auch einige Merkmale der Sprache wissenschaftlicher Arbeiten (Kap. 12), z. B. die Verwendung von Fachterminologie, sollten von Beginn an berücksichtigt werden; dasselbe gilt für einige Aspekte von Layout und Textverarbeitung (Kap. 13), z. B. für den korrekten Gebrauch von Bindestrich und Gedankenstrich.

Das Kapitel zum Zeitmanagement (Kap. 14) sollten diejenigen sofort lesen, die immer wieder Schwierigkeiten haben, Termine einzuhalten. Die Informationen zum Vortrag (Kap. 15) sind für alle relevant, die nicht nur eine schriftliche Hausarbeit abgeben, sondern auch ein mündliches Referat dazu halten müssen. In den letzten beiden Kapiteln des Hauptteils finden sich eine Checkliste, in der die wesentlichen Punkte übersichtlich zusammengefasst werden (Kap. 16), sowie Lektüreempfehlungen für diejenigen, die noch mehr zur Translationswissenschaft oder zum wissenschaftlichen Arbeiten allgemein lesen möchten (Kap. 17).

Am Ende der einzelnen Hauptkapitel fasse ich die wichtigsten Punkte aus dem betreffenden Kapitel in einem Kurzüberblick zusammen. Diese Punkte sind so wichtig, dass sie auch Bachelorstudierende in einem frühen Semester kennen sollten. Generell wird die Vertrautheit mit den verschiedenen Aspekten des translationswissenschaftlichen Arbeitens umso wichtiger, je weiter fortgeschritten das Studium ist.

Die *Einführung in das translationswissenschaftliche Arbeiten* ist als Selbstlernkurs konzipiert, das heißt, sie kann auch ohne begleitende Präsenzveranstaltung benutzt werden. Die verschiedenen Teile können komplett oder bei Bedarf auch selektiv durchgearbeitet werden. Inhaltsverzeichnis und Register helfen beim Nachschlagen. Das Register (ab S. 329) hat zwei Teile: ein Namensregister für die im Text erwähnten Personen und ein Sachregister für die behandelten Inhalte.

Da das vorliegende Werk ein Lehr- und Übungsbuch ist und keine wissenschaftliche Arbeit im engsten Sinne, enthält es einige Dinge, die in einer Hausarbeit in dieser Form nicht praktiziert werden sollten – zum Beispiel, dass wichtige Stichwörter **fett** gedruckt sind und dass in der Einleitung die Gliederung nacherzählt wird.

Zusätzlich zu den hier abgedruckten Materialien gibt es auch einige Dateien im Internet. Beispielsweise enthält eine dieser Dateien Lösungsvorschläge zu den Übungsaufgaben und Tests. Im laufenden Text gebe ich für jede Datei die URL (Internetadresse) an. Wer die teilweise längeren Dateinamen nicht immer abtippen möchte, kann unter ‹http://www.fb06.uni-mainz.de/deutsch/592.php› den zugehörigen Link anklicken. Legen Sie sich am besten für diese Seite in Ihrem Browser ein Lesezeichen an. (Lesezeichen sind Links für den schnellen Zugriff. Je nach Browser heißen sie auch *Bookmarks* oder *Favoriten*.)

Ich danke zunächst meinen Studierenden, die durch ihre Mitarbeit im Kurs „Translationswissenschaftliches Arbeiten" erst an der Entwicklung eines Skripts und später des Buches mitgewirkt haben. Für Unterstützung bei der Umwandlung des Skripts in ein flexibel erweiterbares Lernmodul auf der Lernplattform ILIAS bin ich Cristina Beck, Alina Comber und Cynthia Kasserra zu Dank verpflichtet. Cristina Beck wirkte zudem bei der Formatierung der ersten Ausgabe des Buches mit und las den gesamten Text mit kritischem Blick durch.

Die erste Ausgabe dieses Buches erschien 2011 in erster und 2012 in zweiter Auflage unter dem Titel *Translationswissenschaftliches Arbeiten* beim SAXA Verlag. Unter dem Titel *Einführung in das translationswissenschaftliche Arbeiten* veröffentlicht nun Frank & Timme eine vollständig überarbeitete Neuausgabe. Grundlage der Überarbeitung waren zum einen meine eigenen Erfahrungen mit der Verwendung des Lehrbuchs in meinen Veranstaltungen: Aspekte, die erfahrungsgemäß vielen Studierenden Schwierigkeiten bereiten, habe ich nun ausführlicher erklärt. Zum anderen hat eine Gruppe von Bachelorstudierenden für einen Leistungsnachweis das Buch kritisch auf Überarbeitungsbedarf überprüft. Für ihre zahlreichen konstruktiven Hinweise danke ich sehr herzlich Deborah Fedele, Agnieszka Juchniewska, Abderrahmane Moutawakil, Luciani Nanda, Adil Tachihante und nicht zuletzt Liza Zakar. Die Verantwortung dafür, wie ich die Hinweise umgesetzt habe, liegt natürlich bei mir.

Mit meinen Kolleginnen und Kollegen im Arbeitsbereich Interkulturelle Germanistik habe ich im Laufe der Jahre zahlreiche Gespräche über das wissenschaftliche und translationswissenschaftliche Arbeiten geführt. Für Anregungen verschiedenster Art danke ich Şebnem Bahadır, Catherine Chabasse, Andrea Cnyrim, Dilek Dizdar, Andreas Kelletat, Klaus von Schilling und Stephan Walter.

1.2   Lernergebnisse

Ich gebe sowohl für das gesamte Buch als auch für einzelne Abschnitte sogenannte Lernergebnisse an. Das sind Aussagen darüber, was Sie mithilfe des Buches bzw. bestimmter Kapitel lernen können. Was Sie tatsächlich lernen werden, hängt von einer ganzen Reihe von Faktoren ab: beispielsweise davon,

- was Sie überhaupt lernen möchten,
- aus welchem Grund Sie sich mit dem translationswissenschaftlichen Arbeiten beschäftigen und wie stark Sie dieser Grund motiviert,
- wie gut Ihr Leseverstehen im Deutschen ist,
- welche Vorkenntnisse zur Translationswissenschaft und zum wissenschaftlichen Arbeiten Sie mitbringen,
- wie viel Zeit Sie sich für die Arbeit mit dem Buch nehmen,
- ob Sie die Übungsaufgaben und die Tests machen und anschließend die Lösungsvorschläge durcharbeiten oder eher nicht,
- ob Sie bei späteren Kapiteln auch an früher Gelerntes zurückdenken bzw. zurückblättern oder eher nicht,
- wie Sie mit Stellen umgehen, die Sie nicht im ersten Anlauf verstehen.

Ganz allgemein können Sie mit dem Buch **Folgendes lernen:**
- eine translationswissenschaftliche Arbeit (Hausarbeit, Abschlussarbeit) gemäß den deutschen Konventionen für diese Textsorte vorzubereiten und zu verfassen,
- die Textsortenkonventionen als solche zu erkennen und kritisch zu analysieren,
- zentrale Aspekte der modernen Translationswissenschaft zu identifizieren und in ihren Kontext einzuordnen.

1.3   Einstiegstest

Dieses Lehrbuch enthält mehrere Tests, mit denen Sie Ihre Lernfortschritte überprüfen können. Bei den Tests geht es zum einen um die Prinzipien des translationswissenschaftlichen Arbeitens, zum anderen um den Inhalt der translationswissenschaftlichen Texte, die ich als Beispiele verwende.

Zum Einstieg lesen Sie bitte den Handbuchartikel „Skopostheorie" von Dilek Dizdar (s. unten, Anhang V, S. 273–277), und überprüfen Sie dann Ihr Textverständnis anhand von Test Nr. 1.

Test Nr. 1: Dizdar

Bei jedem Test können mehrere bzw. alle Antworten richtig oder auch mehrere bzw. alle Antworten falsch sein. Wenn Sie eine Antwort nicht wissen, sollten Sie nicht raten, sondern sie lieber offen lassen.

Gegenstand von Test Nr. 1 ist der Artikel „Skopostheorie" von Dilek Dizdar. Die Bearbeitungszeit beträgt 35 Minuten. Sie können beim Test auch den Artikel selbst heranziehen, müssen also nicht alles auswendig wissen; aber achten Sie bitte darauf, dass Sie die Bearbeitungszeit nicht überschreiten.

Lösungen zu allen Tests finden Sie online in der Datei ‹http://www. fb06.uni-mainz.de/deutsch/Dateien/TWA_Loesungen.docx›.

1. Gegenstand der Skopostheorie

    Was ist die Skopostheorie?

    a) Eine Theorie, in der die Intention des ursprünglichen Autors eine wichtige Rolle spielt.

    b) Eine Translationstheorie, bei der die Frage im Mittelpunkt steht, welchen Zweck der Zieltext erfüllen soll.

    c) Eine Translationstheorie, die von Dilek Dizdar entwickelt wurde.

    d) Eine Theorie, die (unter anderem) Übersetzen als interkulturelles Handeln versteht.

2. Namen von TranslationswissenschaftlerInnen

    Welche der folgenden Personen sind VertreterInnen der Skopostheorie? (Stützen Sie sich nur auf das, was aus dem Text hervorgeht.)

    a) Rainer Kohlmayer

    b) Hans J. Vermeer

    c) Margret Ammann

    d) Rosemary Arrojo

3. Grundlagen der Skopostheorie

    Welche der folgenden Aussagen sind Teil der Skopostheorie?

    a) Die Grundlage für Übersetzungsentscheidungen ist der Ausgangstext.

    b) Die Skopostheorie gilt auch für das Dolmetschen.

    c) Beim Übersetzen muss man Verantwortung übernehmen.

    d) Zum Übersetzen gehört ein (expliziter oder impliziter) Auftrag.

15

4. Anwendung der Skopostheorie

Welches Verhalten ist gemäß der Skopostheorie richtig?

a) Man muss beim Übersetzen berücksichtigen, für wen der Zieltext bestimmt ist.

b) Manchmal muss eine Übersetzerin dem Auftraggeber von seinen Vorstellungen abraten. *a consyar algo algn*

c) Man muss beim Übersetzen in erster Linie versuchen, den Ausgangstext zu reproduzieren.

d) Man kann beim Übersetzen unter Umständen gegen die Normen der Zielkultur verstoßen.

5. Vorgehensweise beim Übersetzen

Sie erhalten einen Text, den Sie aus der B-Sprache Deutsch in Ihre A-Sprache übersetzen sollen. Wie sollten Sie dabei gemäß der Skopostheorie vorgehen?

a) Ich muss immer den Zieltext in meiner A-Sprache möglichst flüssig formulieren.

b) Ich überlege mir, welche Merkmale des Ausgangstextes ich beibehalten kann und welche nicht.

c) Wenn ich eine Stelle im Ausgangstext nicht ganz verstehe, übersetze ich sie sicherheitshalber wörtlich.

d) Ich wende die Übersetzungsstrategie an, die ich im Unterricht für diese Textsorte gelernt habe.

6. Fachterminologie

Welche der folgenden Aussagen sind richtig?

a) Der Rezipient ist der Auftraggeber.

b) Der Translationsprozess ist der Vorgang, durch den das Translat entsteht.

c) Skoposadäquates Handeln bedeutet, so zu übersetzen, dass die Übersetzung ihren Zweck optimal erfüllen kann.

d) Das Translat ist der Zieltext.

7. Strategien

Welche Übersetzungsstrategien sind im Rahmen der Skopostheorie möglich? (Bitte die Formulierung „möglich" beachten.)

a) Einige Teile des Ausgangstextes gar nicht übersetzen.

b) Mehr Fachterminologie verwenden als im Ausgangstext.

c) Möglichst Wort für Wort übersetzen.

d) Möglichst wenig Fachterminologie verwenden.

e) Den Zieltext möglichst leicht verständlich gestalten.

f) Aus einem neutral formulierten Ausgangstext einen positiv klingenden Zieltext machen.

g) Fehler des Ausgangstextes im Zieltext korrigieren.

h) Die Reihenfolge der Informationen ändern.

alle richtig

2   Wissenschaftliches Arbeiten

In diesem Abschnitt können Sie **Folgendes lernen:**

- die Begriffe *Wissenschaft* und *Translationswissenschaft* zu erklären,
- zwischen *Wissenschaft* und *Theorie* zu unterscheiden,
- die vier Ebenen einer wissenschaftlichen Arbeit zu identifizieren,
- die Relevanz kulturspezifischer Konventionen für das Wissenschaftsverständnis zu erläutern.

2.1   *Wissenschaft, Translationswissenschaft* und *Theorie*

Was ist eigentlich Wissenschaft, und was ist Translationswissenschaft?

Die *Enzyklopädie Philosophie und Wissenschaftstheorie* definiert **Wissenschaft** als „Bezeichnung für eine Lebens- und Weltorientierung, die auf eine spezielle, meist berufsmäßig ausgeübte Begründungspraxis angewiesen ist und insofern über das jedermann verfügbare Alltagswissen hinausgeht, ferner die Tätigkeit, die das wissenschaftliche [...] Wissen produziert." (Kambartel 1996: 719)[2] Was eine Begründungspraxis ist, erklären Julian Nida-Rümelin und Nathalie Weidenfeld so:

> Wir können uns bezüglich fast jeder Überzeugung irren. Aber es gibt ein Gefälle subjektiver Gewissheit. Einiges ist gewisser und anderes ist ungewisser, und die Begründungspraxis besteht gerade darin, zwischen dem Ungewisseren und dem Gewisseren einen Zusammenhang herzustellen, der es erlaubt, das Ungewissere unter Verweis auf das Gewissere zu klären. (2012: 44)

Wie man diesen Zusammenhang herstellt – auf welche Art man also z. B. etwas erklärt, begründet, kritisiert oder widerlegt –, ist eine wissenschaftliche Grundfrage. Die prototypische Erscheinungsform der Wissenschaft ist die Forschung; Wissenschaft umfasst aber auch die Lehre und im weiteren Sinne die Institutionen, in denen Forschung und Lehre betrieben werden.

Die Wissenschaft lässt sich auf verschiedene Arten in Teilbereiche untergliedern. Bekannt ist z. B. die **Klassifikation** der Organisation für wirtschaftliche Zusammenarbeit und Entwicklung (OECD 2007: 6–11):

---

2   (Kambartel 1996: 719) ist eine sogenannte Quellenangabe. Sie verweist auf das Verzeichnis der zitierten Werke (S. 249–252). Wenn Sie dort nachschauen, sehen Sie unter „Kambartel" die vollständigen Angaben zu einem 1996 veröffentlichten Artikel von Friedrich Kambartel in der *Enzyklopädie Philosophie und Wissenschaftstheorie;* das obige Zitat steht auf Seite 719. – In Kap. 10 finden Sie nähere Informationen zur Gestaltung und Verwendung von Quellenangaben.

- Naturwissenschaften
- Technische Wissenschaften
- Humanmedizin, Gesundheitswissenschaften
- Agrarwissenschaften, Veterinärmedizin
- Sozialwissenschaften
- Geisteswissenschaften

Die deutschen Bezeichnungen in dieser Liste stammen aus der Österreichischen Systematik der Wissenschaftszweige, die auf der OECD-Klassifikation basiert (ÖFOS 2012: 3–4). Die Translationswissenschaft wird in dieser Systematik den Geisteswissenschaften zugeordnet (ÖFOS 2012: 23). Einzelwissenschaften wie die Translationswissenschaft – oder die Philosophie, die Elektrotechnik, die Mathematik – bezeichnet man auch als *Disziplinen* oder *Fächer*.

Translationswissenschaft ist nach der klassischen Darstellung von James S. Holmes die Wissenschaft vom Übersetzen und Dolmetschen. Holmes (1988: 71–78 / deutsch 2009: 28–36) untergliedert die Translationswissenschaft folgendermaßen:

Translationswissenschaft = Wissenschaft vom Übersetzen und Dolmetschen	
Reine Translationswissenschaft	Angewandte Translationswissenschaft
<ul><li>Translationstheorie</li><li>Deskriptive Translationswissenschaft</li></ul>	<ul><li>Translationsdidaktik</li><li>Translationsbezogene Hilfsmittelkunde</li><li>Forschung zur Translationspolitik</li><li>Translationskritik</li></ul>

Erich Prunč plädiert in neuerer Zeit dafür, den Objektbereich der Translationswissenschaft nicht auf das Übersetzen und Dolmetschen zu beschränken, sondern alle Translationsformen einzubeziehen, wobei er *Translation* folgendermaßen definiert: „Unter Translation als Sondersorte der inter- und transkulturellen Kommunikation ist überkulturell jede konventionalisierte, interlinguale und vermittelte Interaktion zu verstehen." ([3]2012: 30; s. auch unten, Anhang V, 287). Dieser Definition zufolge befasst sich die Translationswissenschaft außer mit dem Übersetzen und Dolmetschen auch beispielsweise mit interlingualen Zusammenfassungen, Bearbeitungen oder Neutextungen.[3]

---

3 Studierende fragen mich gelegentlich nach einem Glossar, in dem man translationswissenschaftliche Fachterminologie wie die hier verwendete nachschlagen kann. Eine nützliche Ressource ist das viersprachige Glossar von Delisle/Lee-Jahnke/Cormier (1999), das neben deutscher auch französische, englische und

Unabhängig von den Einzelheiten der Definition ist *Translations-wissenschaft* nicht dasselbe wie *Translationstheorie,* sondern die Theorie ist nur ein Teilbereich der Wissenschaft. Der Gegenstand der **Trans-lationstheorie** ist laut Holmes (1988: 73 / 2009: 30) die Erstellung von Modellen für die Erklärung und Vorhersage des Wesens von Translation und Translaten. Vereinfacht ausgedrückt: Die Translationstheorie interessiert sich nicht für einzelne konkrete Übersetzungen bzw. Dolmetschungen, sondern für das Übersetzen, Dolmetschen usw. auf einer ganz allgemeinen Ebene. Manche Studierenden verwenden *Theorie* für jede Art von Reflexion; das ist aber terminologisch falsch.

Wissenschaftliches Arbeiten bedeutet, Forschung zu betreiben. Konkret versteht man darunter eine bestimmte Art, einen Text vorzubereiten und zu verfassen. Den Text selbst nennt man eine *wissenschaftliche Arbeit.*

2.2   Merkmale wissenschaftlicher Arbeiten

An deutschen Hochschulen bekommen Sie in der Regel mit zwei Arten von wissenschaftlichen Arbeiten zu tun: **Hausarbeiten** und **Bachelor-bzw. Masterarbeiten.** Hausarbeiten schreiben Sie für (manche) Seminare. Die Bachelor- bzw. Masterarbeit ist beispielsweise am FTSK nicht an eine bestimmte Veranstaltung gebunden. Die Vorgaben für die Länge sind je nach geltender Prüfungsordnung unterschiedlich. In Germersheim etwa werden für ein Seminar im Bachelor ca. 15 und im Master ca. 20 Seiten Text verlangt, für eine Bachelorarbeit ca. 40 und für eine Masterarbeit normalerweise ca. 80. Erkundigen Sie sich im Zweifelsfall, welche Länge Ihre Hochschule bzw. Ihre Dozierenden erwarten.

Eine wissenschaftliche Arbeit zeichnet sich durch verschiedene Merkmale auf vier Ebenen aus. Diese Ebenen sind **Inhalt, Sprache, Form und Layout.** Ich gebe hier zu jeder der vier Ebenen einige allgemeine Beispiele. Ausführlichere Informationen dazu finden Sie in den folgenden Kapiteln.

---

spanische Terminologie enthält. Auch in Prunč (³2012) und im *Handbuch Translation* (Snell-Hornby u. a. ²2003) kann man einiges nachschlagen. Kreuzer/Zangger (2014) ist ein Online-Kurzglossar eines Sprachdienstleisters; die verwendeten Quellen sind allerdings teilweise fragwürdig. Zum schnellen Nachschauen englischsprachiger Terminologie eignen sich z. B. Shuttleworth/Cowie (1997) und Chesterman u. a. (2003–2005); das letztere Werk enthält englischsprachige Definitionen, aber zusätzlich Termini in vier weiteren Sprachen, darunter auch Deutsch.

Inhalt:

- Wichtig ist nicht in erster Linie das Thema an sich. Jedes Thema kann wissenschaftlich behandelt werden. Wissenschaftlichkeit liegt in der Art der Behandlung.
- Der Gegenstand der Arbeit muss klar beschrieben und die Fragestellung präzise benannt werden. Sie müssen also ganz genau sagen, womit Sie sich beschäftigen, und alle Teile Ihrer Arbeit müssen hierfür relevant sein.
- Die Arbeit muss in den Kontext der bisherigen Forschung eingeordnet werden. Das heißt, Sie müssen auch lesen, was andere vor Ihnen zu Ihrem Thema bzw. zu Ihrer Fragestellung geschrieben haben (die sogenannte Sekundärliteratur).
- Gleichzeitig muss Ihre Arbeit auch neue Erkenntnisse bringen; es genügt normalerweise nicht, wenn Sie nur etwas wiederholen, was schon allgemein bekannt ist oder was Sie bei „Autoritäten" gefunden haben.
- Was Sie sagen, muss nachprüfbar sein. Wenn ich Ihre Arbeit lese, muss ich verstehen, woher Sie Ihre Informationen haben und wie Sie Ihre Auffassungen begründen.
- Die Arbeit hat eine bestimmte äußere Struktur, das heißt, sie umfasst bestimmte vorgegebene Teile.
- Die innere Struktur, also der Verlauf der Argumentation, muss logisch und in sich kohärent sein.

Sprache:

- Die Arbeit muss sprachlich korrekt sein; sie sollte z. B. keine Grammatik- und Rechtschreibfehler enthalten. Das ist schwierig, wenn man in der Fremdsprache schreibt (und für manche ist es auch in der eigenen Muttersprache schwierig). Benützen Sie Nachschlagewerke wie etwa den Rechtschreib-Duden, Wörterbücher und Grammatiken sowie die Rechtschreibprüfung Ihres Textverarbeitungsprogramms.
- Die Sprache muss sachlich sein. Das heißt nicht, dass Sie gegenüber dem, was Sie schreiben, gleichgültig sein sollen; aber Sie müssen Ihre Überzeugungen mit Argumenten vertreten, nicht mit emotionalen oder polemischen Formulierungen.
- Die Stilebene sollte neutral bis formell sein, nicht umgangssprachlich.
- Beachten Sie die Textsortenkonventionen: Die kommunikative Funktion von Äußerungen (Sprechakte) sollte mit den textsortenüblichen sprachlichen Mitteln zum Ausdruck gebracht werden.

- Zu jedem Fachgebiet (z. B. Translationswissenschaft, Sprachwissenschaft, Literaturwissenschaft usw.) gehört eine bestimmte Fachterminologie. Es wird erwartet, dass Sie die Fachausdrücke, die zu Ihrem Gebiet gehören, kennen und verwenden.

Form:

- Es gibt bestimmte Konventionen, wie man Zitate, Quellenangaben, Literaturverzeichnis usw. gestaltet. An diese Konventionen müssen Sie sich halten.

Layout:

- Außerdem gibt es Konventionen, wie eine Arbeit optisch gestaltet wird. Wie sieht z. B. die Titelseite aus, wie das Inhaltsverzeichnis, wie gestaltet man Überschriften usw.? Auch diese Konventionen müssen beachtet werden. Hierbei sind professionelle Kenntnisse in Textverarbeitung sehr nützlich.

Aus dem Zusammenspiel dieser vier Ebenen ergibt sich die **Wissenschaftlichkeit** einer Arbeit.

Bestimmte Merkmale des wissenschaftlichen Arbeitens sind **kulturspezifisch.** Beispielsweise ist es nicht in allen Kulturen üblich, dass eine Hausarbeit von Studierenden neue inhaltliche Erkenntnisse bringt – in manchen Kulturen wird stattdessen hauptsächlich erwartet, dass man bereits vorliegende Erkenntnisse verstanden hat und wiedergibt. Wundern Sie sich also nicht, wenn Ihnen in diesem Lehrbuch etwas fremd vorkommt. Zur deutschen Kultur gehört auch eine deutsche Art des wissenschaftlichen Arbeitens – auch Wissenschaft ist eine Frage von Konventionen.

2.3 Kurzüberblick

Für Studierende mit wenig Vorkenntnissen kann die Beschäftigung mit dem translationswissenschaftlichen Arbeiten eine große Herausforderung darstellen. Um den Lernstoff etwas überschaubarer zu machen, fasse ich jeweils am Ende der einzelnen Hauptkapitel die wichtigsten Punkte kurz zusammen. Dass nur einige der behandelten Punkte in diesem Überblick erscheinen, heißt aber nicht, dass alle anderen unwichtig wären. Und es heißt erst recht nicht, dass die Lektüre des Überblicks das Durcharbeiten des restlichen Kapitels ersetzen könnte. Was hier steht, das sollten auch Bachelorstudierende in einem frühen Semester verstanden haben; die Ansprüche an eine gute oder sehr gute Arbeit können aber durchaus höher sein.

Je nach Inhalt des betreffenden Kapitels kann der Kurzüberblick eine kohärente Darstellung oder eine Liste voneinander weitgehend unabhängiger Punkte sein. Der Überblick über Kap. 2 gehört eher zur zweiten Gruppe:

- Wissenschaft hat damit zu tun, wie wir unsere Auffassungen begründen.
- Translationswissenschaft ist eine geisteswissenschaftliche Disziplin.
- Die Translationswissenschaft beschäftigt sich nicht nur mit Übersetzen und Dolmetschen im engeren Sinn, sondern auch mit anderen Translationsformen.
- Translationstheorie ist ein Teilbereich der Translationswissenschaft. Theorien sind allgemeine, abstrakte Modelle.
- Bei wissenschaftlichen Arbeiten wie Haus- oder Abschlussarbeiten spielen vier Ebenen eine Rolle: Inhalt, Sprache, Form und Layout.
- Die Vorstellungen davon, was eine gute wissenschaftliche Arbeit ausmacht, sind kulturspezifisch.

2.4 Zum Nachdenken

Wie schon erwähnt, ist es eines der Ziele dieses Buches, dass Sie lernen, eine translationswissenschaftliche Arbeit gemäß den deutschen Konventionen für diese Textsorte vorzubereiten und abzufassen. Da man aber (mindestens nach deutschem Wissenschaftsverständnis) immer auch darüber nachdenken sollte, was man tut, statt nur mechanisch irgendwelchen Vorgaben zu folgen, stelle ich jeweils am Ende der Hauptkapitel einige Fragen, die Sie zur kritischen Reflexion über den Lernstoff anregen sollen. Ich verzichte bei diesen Reflexionsfragen bewusst auf Lösungsvorschläge, weil es hier gerade nicht um „richtige" oder „falsche" Antworten geht, sondern vor allem um den Prozess der Auseinandersetzung. Die Antworten selbst können ganz unterschiedlich ausfallen.

In Zusammenhang mit dem Thema „wissenschaftliches Arbeiten" könnten Sie über folgende Punkte nachdenken:

➢ Was hat das Wissenschaftsverständnis mit der Sprache zu tun? Das deutsche Wort *Wissenschaft* hat einen sehr großen Bedeutungsumfang. Auf Englisch beispielsweise gibt es nichts Entsprechendes. Wenn Sie in der deutschen *Wikipedia* den Eintrag für „Wissenschaft" aufrufen und dann den entsprechenden englischsprachigen Link anklicken, kommen Sie zum Eintrag „Science", aber unter *sciences* versteht man normalerweise die Naturwissenschaften. Geisteswissenschaften (z. B. die Translationswissenschaft) sind *arts* oder *humanities.* Die Translationswissenschaft bezeichnet man auf Englisch meist als *translation and interpreting studies.* In anderen Kontexten spricht man von *research* („Forschung") oder von *research and teaching* („Forschung und Lehre"). Wenn eher der Wissenschaftsbetrieb, also die Institutionalisierung, gemeint ist, verwendet man z. B. auch *academia.* All das und noch anderes mehr kann je nach Kontext als Entsprechung für das deutsche *Wissenschaft* dienen. Wie sieht es in Ihrer A-Sprache aus? Macht es einen Unterschied, wie das Wortfeld strukturiert ist?

➢ Wenn Wissenschaft eine Frage von kulturspezifischen Konventionen ist, inwieweit kann sie dann überhaupt objektiv sein? Inwieweit kann sie international sein?

➢ Haben Sie selbst in Zusammenhang mit dem Wissenschaftsverständnis offene Fragen? Oder haben Sie Antworten auf Fragen, die hier nicht gestellt wurden? Welche?

3 Erste Schritte

In diesem Abschnitt können Sie **Folgendes lernen:**

- Vorgehensweisen zum Finden eines Themas zu beschreiben und anzuwenden,
- zwischen geeigneten und ungeeigneten Themen (für wissenschaftliche Arbeiten verschiedener Länge) zu unterscheiden,
- selbstständig ein geeignetes Thema für eine Hausarbeit festzulegen,
- zwischen Thema und Fragestellung zu unterscheiden,
- selbstständig eine präzise Fragestellung zu einem bestimmten Thema zu formulieren,
- verschiedene translationswissenschaftliche Methoden zu identifizieren,
- eine zu Thema und Fragestellung passende Methode festzulegen,
- zu erklären, was man unter der theoretischen Grundlage einer Arbeit versteht,
- unter Berücksichtigung von Thema, Fragestellung und Methode eine geeignete theoretische Grundlage zu wählen.

Zu diesem Abschnitt gehört folgende Lektüre: Ausschnitt aus Erich Prunč, *Entwicklungslinien der Translationswissenschaft* (s. unten, Anhang V, S. 278–292). Lesen Sie diesen Text, bevor Sie mit der Bearbeitung dieses Kapitels beginnen.

3.1 Thema

Manchmal werden die Themen für eine wissenschaftliche Arbeit von der Dozentin bzw. dem Dozenten vorgegeben, manchmal dürfen oder müssen Sie sich Ihr **Thema selbst aussuchen.** Beides ist mit Vor- und Nachteilen verbunden. Wenn Sie sich das Thema selbst aussuchen, haben Sie den Vorteil, dass es Sie wahrscheinlich interessiert und Ihnen Spaß macht. Gleichzeitig kann die freie Themenwahl aber nachteilig sein, denn Sie empfinden die Suche vielleicht als anstrengend, und Sie können nicht sicher sein, dass das gewählte Thema für eine Hausarbeit geeignet ist. Bei einem vorgegebenen Thema ist es umgekehrt.

An manchen Hochschulen können Sie übrigens auch dann eigene Vorschläge für ein Thema machen, wenn die Dozentin bzw. der Dozent eine Liste möglicher Themen vorgibt.

Wie geht man vor, um ein eigenes Thema zu **finden?** Wichtig ist auf jeden Fall, dass Sie sich überlegen, wofür Sie sich überhaupt interessieren, denn mit dem gewählten Thema werden Sie sich relativ lang und intensiv beschäftigen. Denken Sie außerdem darüber nach, auf welchen Gebieten Sie bereits über Vorwissen verfügen und ob Sie daran anknüpfen können. Eine Arbeit auf einem für Sie völlig neuen Gebiet ist voraussichtlich mit einem wesentlich höheren Aufwand verbunden, weil Sie sich dann zunächst einmal mithilfe von Einführungstexten einen Überblick verschaffen müssen, bevor Sie sich die Frage nach Ihren Interessen stellen.

Falls Sie die Themensuche generell schwierig finden, können Sie auch statt mit dem Thema mit einem **konkreten Text** beginnen: Vielleicht fällt Ihnen ein Text ein, mit dessen Translation aus dem Deutschen oder ins Deutsche Sie sich näher befassen möchten. Als Nächstes schauen Sie sich dann den Text daraufhin an, welcher Aspekt Ihnen besonders spannend oder wichtig erscheint. Vielleicht haben Sie einen Film gesehen, in dem sehr viel und sehr schnell geredet wird, und interessieren sich für Möglichkeiten, ihn zu untertiteln; oder Sie sind auf einen medizinischen Informationsflyer gestoßen und möchten nun mehr über das Problem der Verständlichkeit beim Übersetzen dieses Textes wissen.

Was ist ein **geeignetes Thema**? Grundsätzlich ist jedes Thema für eine wissenschaftliche Arbeit geeignet, denn wie schon erwähnt: Wissenschaftlichkeit liegt in der Art der Behandlung des Themas, nicht im Thema selbst. Sie können eine wissenschaftliche Arbeit über die Übersetzung von Pornoheftchen schreiben. Aber: Der untersuchte Aspekt muss sinnvoll gewählt werden, das heißt, er muss zur Art der Arbeit (vor allem: zur **Länge** der Arbeit) passen.

Wenn man anfängt, über ein Thema nachzudenken, fallen einem zuerst sehr **breite Themen** ein: etwa „Das Studium des Übersetzens und Dolmetschens" oder „Kultur und Übersetzen". Solche Themen erscheinen einem zunächst aussagekräftiger und interessanter als engere wie z. B. „Die Rolle des Fachübersetzens in translationswissenschaftlichen BA-Studiengängen in Deutschland" oder „Kulturspezifika beim Übersetzen von Bedienungsanleitungen Deutsch – Chinesisch". Aber stellen Sie sich vor, Sie suchen z. B. ein Thema für eine Seminararbeit, also ein Thema, das Sie auf 20 Seiten behandeln können. Je breiter Sie Ihr Thema wählen, desto mehr Lücken haben Sie dann in Ihrer Behandlung des Themas, und desto mehr werden Sie zu Verallgemeinerungen und zu **Oberflächlichkeit** neigen. Ein Thema, das Sie auf 20 Seiten umfassend und aussagekräftig behandeln und zu dem Sie auf diesen wenigen Seiten etwas Neues sagen können, muss relativ eng gewählt werden. Über die Ausbildung im Übersetzen und Dolmetschen oder über die Rolle der Kultur im Allgemeinen können Sie ein dickes Buch schreiben – aber lassen Sie die Finger davon, wenn es um eine Hausarbeit geht.

Mit anderen Worten: Suchen Sie sich ein Thema, das Sie interessiert; und wählen Sie dann aus diesem breiten Thema einen **Teilaspekt** aus, der sich zur Behandlung auf relativ wenigen Seiten eignet. Es macht nichts, wenn dieser Teilaspekt nicht so „wichtig" klingt wie das breite Thema. Sie brauchen in einer Seminararbeit keine Lösungen für weltbewegende Probleme zu finden. Wenn Sie ein enges Thema wählen, können Sie sicher sein, dass es in einer Hausarbeit zu bewältigen ist; die Sekundärliteratur zum Thema ist überschaubar, und Sie können eigene Erkenntnisse in die Arbeit einbringen.

Schauen Sie sich als **Beispiel** den Text von Prunč an, den Sie zur Vorbereitung auf diesen Abschnitt gelesen haben. Hier handelt es sich zwar nicht um einen in sich abgeschlossenen wissenschaftlichen Aufsatz, sondern um das Unterkapitel eines Buches über die Translationswissenschaft, aber für die Breite des Themas gilt bei Buchkapiteln dasselbe wie bei Aufsätzen oder Hausarbeiten. Auf über sechs eng bedruckten Seiten (S. 278–284) spricht Prunč nur von der Bezeichnung *Translation* und ihrem Umfeld.

Die Eingrenzung des Themas ist ein wesentlicher Teil jeder wissenschaftlichen Arbeit (s. hierzu auch Franck [2]2007: 206–207). Ein translationswissenschaftliches Thema kann man **auf ganz verschiedene Arten einschränken:** beispielsweise

- zeitlich (Anfang des 20. Jahrhunderts; von 2000 bis heute),
- sprachlich (Sprachenpaar Deutsch/Chinesisch; Griechisch/Deutsch/Englisch),
- kulturell (in der ehemaligen DDR; in Österreich; in Deutschland),
- nach Fachgebieten (Technik; Medizin),
- nach Textsorten (Bedienungsanleitungen; Geschäftsberichte),
- nach Theorieansätzen (Skopostheorie; feministische Translationswissenschaft),
- nach VertreterInnen einer theoretischen Richtung (in Anlehnung an Vermeer; in Anlehnung an Andres),
- nach Zielgruppen (für Kinder; für die Fachwelt),
- nach AutorInnen (Texte von Goethe; Texte von Microsoft).

Oft werden mehrere Aspekte kombiniert, z. B. bei einer Hausarbeit über das Thema „Übersetzungen von Bedienungsanleitungen für Waschmaschinen aus dem Deutschen ins Spanische: Eine Untersuchung auf der Grundlage der Skopostheorie".

Wie viel oder wie wenig man zu einem bestimmten Thema schreiben kann, ist natürlich teilweise auch eine Frage des **persönlichen Stils.**

Manche haben das Talent, auf zwei Seiten sehr viel zu sagen; andere sagen auf fünf Seiten wenig bis nichts, weil sie sich häufig wiederholen oder leere Phrasen aneinanderreihen. Wenn Sie zur ersten Gruppe gehören, brauchen Sie sich keine Sorgen zu machen, denn es ist viel einfacher, ein zunächst sehr eng gewähltes Thema zu erweitern, als ein zu breites nachträglich einzugrenzen. Falls Sie eher dazu neigen, viel zu schreiben, aber dabei wenig zu sagen, sollten Sie sich angewöhnen, Ihre Texte kritisch auf ihren Aussagewert zu überprüfen.

Die Einschränkung des Themas ist einer der wichtigsten Aspekte bei der Themenwahl. Ein anderer Aspekt, den Sie berücksichtigen sollten, ist die **Verfügbarkeit der benötigten Texte bzw. Daten.** Wenn Sie über die Rezeption von Goethes Übersetzungen im 19. Jahrhundert schreiben wollen, dann brauchen Sie dafür Texte aus dem 19. Jahrhundert, in denen etwas über Goethes Übersetzungen steht. Wenn Sie als Thema die derzeitige Marktsituation für technische Fachübersetzungen aus dem Deutschen ins Arabische wählen, dann brauchen Sie Daten zu Textsorten, Fachgebieten, Übersetzungsvolumen, Preisen usw. Solche Themen können Sie nur bearbeiten, wenn Sie an die entsprechenden Texte bzw. Daten herankommen.

3.2   Fragestellung

Wenn Sie ein geeignetes (d. h. vor allem: hinreichend enges) Thema gefunden haben, brauchen Sie noch eine **Fragestellung** (andere Bezeichnungen dafür sind *Problemstellung* und *Forschungsfrage*). Es genügt nicht zu wissen, dass Sie über die Rolle des Fachübersetzens in translationswissenschaftlichen BA-Studiengängen in Deutschland oder über Kulturspezifika beim Übersetzen von Bedienungsanleitungen aus dem Deutschen ins Russische schreiben werden. Was wollen Sie mit diesem Thema anfangen – auf welche Frage suchen Sie eine Antwort? Anders formuliert: Was ist Ihr Erkenntnisinteresse?

- Möchten Sie z. B. wissen, ob im Rahmen des BA eine solide Fachübersetzungsausbildung überhaupt möglich ist, oder wollen Sie ermitteln, ob es bei der Fachübersetzungsausbildung Unterschiede zwischen Universitäten und Fachhochschulen gibt?
- Und interessieren Sie sich bei dem Kulturspezifika-Thema für typische Übersetzungsfehler oder vielleicht für Zusammenhänge zwischen den Textsortenkonventionen (dem „Muster", nach dem diese Textsorte in einer bestimmten Kultur verfasst wird) und dem jeweiligen Rechtssystem?

Dasselbe Thema wird je nach Fragestellung völlig unterschiedlich behandelt.

Die Fragestellung wird **in Form einer Frage formuliert,** und zwar gleich zu Beginn, in der Einleitung. Mit der Fragestellung befassen Sie sich im gesamten Hauptteil Ihrer Arbeit. Das heißt, der Hauptteil dient dazu, die Antwort auf diese Frage zu finden. Wenn Sie keine präzise und konkrete Fragestellung haben, ufert Ihre Arbeit aus: Sie schreiben dann alles Mögliche über Ihr Thema, aber es wird nicht deutlich, wozu die ganzen Ausführungen eigentlich gut sein sollen. Eine präzise Fragestellung trägt dazu bei, dass die Arbeit kohärent und zielgerichtet wird und eine klare Linie erkennen lässt. Außerdem ist die Fragestellung auch sehr hilfreich bei der Entscheidung, was man für die Arbeit lesen muss und was nicht. Wenn Sie nicht wissen, was Sie überhaupt herausfinden wollen, dann lesen Sie erst einmal alles, was mit Ihrem Thema in Beziehung steht – und das kann sehr viel sein. Wenn Sie dagegen eine präzise formulierte Frage haben, dann können Sie sich beim Lesen auf das beschränken, was zur Antwort auf genau diese Frage beiträgt. Damit können Sie sehr viel Zeit sparen.

Was für Fragen sind **als Fragestellung geeignet?** Hier hilft es, sich vor Augen zu führen, wonach man überhaupt fragen kann. In der Literatur zum wissenschaftlichen Arbeiten wird in diesem Zusammenhang gelegentlich eine Klassifikation von Nienhüser/Magnus (2003: 4) zitiert:

Fragetyp	Leitfrage
Beschreibung	Was ist der Fall? Wie sieht die „Realität" aus? (oder auch: Sieht die Realität wirklich so aus?)
Erklärung	*Warum*[4] ist etwas der Fall?
Prognose	Wie wird etwas zukünftig aussehen? Welche Veränderungen werden eintreten?
Gestaltung	Welche Maßnahmen sind geeignet, um ein bestimmtes Ziel zu erreichen?
Kritik/Bewertung	Wie ist ein bestimmter Zustand vor dem Hintergrund explizit genannter Kriterien zu bewerten?

Überlegen Sie sich, ob der gewählte **Fragetyp** bei Ihrem Thema eine ausführliche Antwort erfordert. Fragen, die sich sehr schnell beantworten lassen, sind ungeeignet, weil sie nicht genügend Stoff für eine Hausarbeit hergeben. Wenn Ihr Thema beispielsweise die Übersetzerin Annemarie Böll ist, dann hat es wenig Sinn zu fragen: „Welche Autorinnen und Autoren hat Böll übersetzt?" Es handelt sich hier um den Fragetyp

---

4   Das Wort *Warum* wird bei Nienhüser/Magnus hervorgehoben (kursiviert). Soweit nicht anders angegeben, stammen alle solchen Hervorhebungen, die in diesem Lehrbuch in direkten Zitaten vorkommen, aus dem Original.

Beschreibung; die Antwort würde in einer Liste von Namen bestehen, die keinesfalls eine ganze Hausarbeit füllen würde, weil sie sich relativ problemlos recherchieren ließe. Aussichtsreicher wäre hier vielleicht der Fragetyp Erklärung, also die Frage, warum Böll gerade diese Autorinnen und Autoren übersetzt hat. Die Suche nach einer Antwort führt dann nicht zu einer Namensliste, sondern zu einer Auseinandersetzung mit der Beziehung der Übersetzerin zur Ausgangssprache, zu den übersetzten Texten und zu deren VerfasserInnen.

Dass bei diesem Beispiel die Frage nach einer Erklärung besser geeignet ist als die nach einer Beschreibung, heißt nicht, dass Beschreibungen unter allen Umständen vermieden werden müssten. So erfordert etwa die Frage, welche bisher anderen Personen zugeschriebenen Übersetzungen des frühen 19. Jahrhunderts von Henriette Schubart stammen, eine sehr ausführliche Erörterung: Der Nachweis, dass eine nicht unter Schubarts Namen veröffentlichte Übersetzung von ihr stammt, wird mithilfe von schwer zugänglichen, weil größtenteils unveröffentlichten handschriftlichen Briefen geführt (wie ein solcher Nachweis aussieht, können Sie z. B. bei Hannemann [2005: 202–204] nachlesen). In diesem Fall wäre sogar eine **Ja/nein-Frage** als Fragestellung denkbar („Stammen die Übersetzungen X, Y und Z von Schubart?") – eine Frageform, von der ich im Allgemeinen abrate, weil sie oft wenig ergiebig ist.

Beachten Sie außerdem, dass die Fragestellung **nicht einfach das Thema in Frageform wiederholen** sollte. Wenn Ihr Thema die Rolle des Fachübersetzens in translationswissenschaftlichen BA-Studiengängen in Deutschland ist, dann sollte die Fragestellung nicht lauten: „Was lässt sich über die Rolle des Fachübersetzens in translationswissenschaftlichen BA-Studiengängen in Deutschland sagen?" Damit wäre ja nicht mehr ausgesagt als das, was ohnehin schon in der Themenformulierung steht. Die Fragestellung muss das Thema präzisieren. Also zum **Beispiel**: „Ist im Rahmen des BA eine solide Fachübersetzungsausbildung überhaupt möglich, oder sollte Fachübersetzen vorrangig im MA gelehrt werden?"

- In diesem Beispiel haben das Thema und die Fragestellung die Elemente „Fachübersetzen" und „BA" gemeinsam.

- Aus der Themenformulierung ergibt sich zudem, dass es um translationswissenschaftliche Studiengänge in Deutschland geht; dies muss in der Fragestellung nicht noch einmal erwähnt werden.

- Die Fragestellung präzisiert vielmehr, was Sie ganz konkret über Ihr Thema wissen möchten – nämlich ob ein BA-Studium FachübersetzerInnen hervorbringen kann oder ob Fachübersetzen eher in den MA gehört.

- Der Beantwortung dieser Frage widmen Sie sich im Hauptteil Ihrer Arbeit.

Was Studierenden oft Schwierigkeiten macht, ist, dass es über jedes Thema viel mehr zu sagen gibt als das, worauf die Fragestellung abzielt. Wenn Sie sich auf die Beantwortung Ihrer Frage beschränken, dann müssen Sie zwangsläufig sehr viel weglassen. Das ist aber kein Fehler, sondern im Gegenteil sogar ein Qualitätsmerkmal. Wenn Sie stattdessen über alles Mögliche schreiben, was Sie auch interessant finden oder was ganz allgemein für Ihr Thema auch wichtig ist, dann wird Ihre Arbeit davon nicht besser, sondern schlechter. Kurz gesagt: **Weniger ist mehr.**

Die **Wichtigkeit** der Fragestellung für eine wissenschaftliche Arbeit kann gar nicht überschätzt werden. In meiner Erfahrung ist eine fehlende Fragestellung (oder eine Fragestellung, die formuliert, aber bei der weiteren Arbeit nicht berücksichtigt wird) eine der häufigsten Ursachen für unbefriedigende Hausarbeiten. In seiner Einführung in das wissenschaftliche Schreiben vergleicht Martin Kornmeier das Abfassen einer Hausarbeit mit dem Backen eines Hefekuchens und die Fragestellung mit der Hefe: „[W]enn Sie keine *konkrete Vorstellung* davon haben, was Sie tatsächlich erforschen wollen, dann fehlen Ihnen auch *Ziel* und *Antrieb*" ([6]2013: 34). Der Kuchen gedeiht nicht ohne Hefe und die Hausarbeit nicht ohne Fragestellung.[5] Wenn Sie noch in einer frühen Phase Ihres Studiums sind und das Formulieren einer Fragestellung schwierig finden, sprechen Sie die Betreuerin bzw. den Betreuer Ihrer Arbeit darauf an. Es ist auf jeden Fall besser, sich Rat zu holen, als eine Arbeit ohne Fragestellung zu schreiben.

Schauen Sie sich nun den Anfang des **Beispieltextes** von Prunč an. Hier findet sich keine explizite Frage. Das heißt aber nicht, dass diese Publikation keine Fragestellung hat – die Fragestellung ist hier nur anders, indirekter formuliert. Lesen Sie den Anfang von Kap. 1.1: „Bevor auf die Gründe eingegangen wird, die dafür sprechen, die Wissenschaft vom *Übersetzen* und *Dolmetschen* als *Translationswissenschaft* zu bezeichnen, soll die Herkunft des Terminus *Translation* beleuchtet werden." ([3]2012: 15; unten 278) Hier wird die Fragestellung der Unterkapitel 1.1.1 und 1.1.2 genannt; zu Fragen umformuliert, könnte sie vielleicht lauten: „Warum ist es sinnvoll, die Wissenschaft vom Übersetzen und Dolmetschen als *Translationswissenschaft* zu bezeichnen? Woher

---

5   Ich kann übrigens Kornmeiers gesamten, recht langen Kuchenvergleich ([6]2013: 27–35) zur Lektüre empfehlen: Er illustriert sehr anschaulich verschiedene Probleme beim Schreiben einer Hausarbeit.

kommt der Terminus *Translation?*" Die Fragestellung ist hier noch deutlich erkennbar, auch ohne die Frageform; bei manchen anderen Publikationen ist sie für Ungeübte schwerer zu identifizieren.

Studierenden, die sich gerade erst mit der deutschen Textsorte wissenschaftliche Arbeit zu beschäftigen beginnen, empfehle ich sehr dringend, eine möglichst konkrete und präzise Frage zu formulieren, weil das bei der Bearbeitung des Themas sehr hilfreich ist. Wenn in Hausarbeiten eine **explizite Fragestellung fehlt,** liegt das in meiner bisherigen Erfahrung oft daran, dass die betreffenden Studierenden keine Vorstellung davon haben, was sie in ihrer Arbeit herausfinden möchten. Aber dieses Problem lässt sich nicht mit einer Vermeidung der Fragestellung lösen. Falls Sie in einer solchen Situation sind, denken Sie am besten (noch einmal) über Ihr eigenes Interesse am Thema nach: Was finden Sie so spannend, dass Sie mehr darüber wissen möchten?

Beachten Sie, dass die Fragestellung normalerweise **aus einer einzigen Frage** besteht. In dem oben zitierten Prunč-Beispiel sind es zwei, weil von zwei verschiedenen Unterkapiteln die Rede ist. Eine Fragestellung, die sich auf die gesamte Arbeit bezieht – also die typische Fragestellung in einer Hausarbeit oder Abschlussarbeit – sollte jedoch nicht in zwei Teile aufgespalten werden, da sonst auch die Arbeit selbst zerfällt. Natürlich kann man zu jedem Thema ganz verschiedene Fragen stellen; Ihre Arbeit wird aber davon profitieren, wenn Sie sich auf eine einzige beschränken.

In manchen Einführungen in das wissenschaftliche Arbeiten wird zusätzlich zur Formulierung einer Frage die **Aufstellung einer These** (je nach Kontext auch als *Hypothese, Arbeitshypothese* oder *Leitthese* bezeichnet) empfohlen. Unter *These* versteht man dabei eine Behauptung, die in der Arbeit wissenschaftlich belegt oder widerlegt wird. Ich rate jedoch davon ab, weil die parallele Verwendung von Fragestellung und These die Konzeption der Arbeit oft eher schwieriger als einfacher macht. Wenn Sie eine These aufstellen möchten, integrieren Sie sie am besten in Ihre Fragestellung. Beispielsweise kann aus der These „Die Übersetzung von Elfriede Jelineks *Die Klavierspielerin* ist ein politischer Akt" die Fragestellung entstehen: „Inwiefern ist die Übersetzung von Elfriede Jelineks *Die Klavierspielerin* ein politischer Akt?"

3.3   Methode

In Zusammenhang mit der Fragestellung steht die Methode. Das ist die **Vorgehensweise,** die Sie wählen, um Ihre Frage zu beantworten. Wenn Sie beispielsweise ermitteln wollen, ob im Rahmen des BA eine solide

Fachübersetzungsausbildung überhaupt möglich ist, sind verschiedene Methoden denkbar: unter anderem

- eine Umfrage unter BA-AbsolventInnen, um Informationen über ihre Berufswege und ihre Selbsteinschätzung auf dem Fachübersetzungsmarkt zu gewinnen,
- ein Vergleich der Fachübersetzungsprüfungen für BA- und MA-Studierende höherer Semester,
- Interviews mit VertreterInnen der Berufspraxis, die in der Lage sind, die Leistungen von BA-AbsolventInnen zu beurteilen.

Dagegen wird eine Analyse der BA-Prüfungsordnung in diesem Fall wahrscheinlich nicht zum Ziel führen, da viele solche Ordnungen das geforderte Niveau entweder gar nicht oder sehr allgemein beschreiben (z. B. kann ein Modul „Fachübersetzen Medizin" klinische Studien beinhalten, aber auch populärwissenschaftliche Texte zum Thema Gesundheit; und ein Text, der laut Prüfungsordnung „schwierig" ist, kann in der Berufswelt als sehr einfach angesehen werden). Wenn es andererseits bei der Fragestellung darum geht zu ermitteln, inwieweit es bei der Fachübersetzungsausbildung erkennbare Unterschiede zwischen Universitäten und Fachhochschulen gibt, kann ein Vergleich von Prüfungsordnungen verschiedener Hochschulen durchaus sinnvoll sein.

Allgemeiner **definiert** Rothstein eine Forschungsmethode als „planmäßige[n] und systematische[n] Versuch, zu wissenschaftlichen Ergebnissen zu gelangen, der es allen Beteiligten ermöglicht, das Zustandekommen dieser Ergebnisse wissenschaftlich nachzuvollziehen" (2011: 118). Für seinen Gegenstand, die Sprachwissenschaft, nennt er folgende **Methoden** (2011: 28, 31), die auch in der Translationswissenschaft anwendbar sind (entsprechende **translationswissenschaftliche Beispiele** füge ich jeweils in Klammern hinzu):

- „Vergleich linguistischer [bzw. translationswissenschaftlicher] Modelle" (in der Translationswissenschaft wäre z. B. ein Vergleich zwischen Vermeers Skopostheorie und Justa Holz-Mänttäris Theorie des translatorischen Handelns denkbar),
- „Empirische Überprüfung eines linguistischen [bzw. translationswissenschaftlichen] Modells" (hier ließe sich etwa die Anwendbarkeit der Skopostheorie auf eine konkrete Translationssituation, z. B. die Übersetzung eines bestimmten lyrischen Gedichts, überprüfen),
- „Publikmachung unbekannter Daten" (mein obiges Beispiel zur Fachübersetzungsausbildung im BA fällt in diese Kategorie, ebenso das in Kap. 3.2 erörterte Beispiel der Übersetzungen von Henriette Schubart),

- „Entwicklung einer eigenen, neuen Theorie" (dies wird in Bachelor-Hausarbeiten nicht oft vorkommen, aber in späteren Qualifikationsarbeiten durchaus; so entwickelte Holz-Mänttäri die Theorie des translatorischen Handelns in ihrer Doktorarbeit),
- „Forschungsüberblick" – sofern zu dem betreffenden Thema „so viel unkoordiniert geforscht [wird], dass ein *Forschungsüberblick* bereits eine eigene Forschungsleistung darstellt"; es darf sich hierbei also nicht um eine bloße Zusammenfassung einiger mehr oder weniger willkürlich ausgewählter Sekundärtexte handeln (ein translationswissenschaftliches Beispiel wäre Herolds Systematisierung der Diskussion über die translatorische Kompetenz [2010]),
- „Übertragung eines Konzepts auf einen anderen Bereich" (z. B. wurde die Prototypensemantik, die nach den Kern- und Randbereichen semantischer Kategorien wie *Vogel* oder *Auto* fragt, aus der Linguistik auf die Translationswissenschaft übertragen),
- „Übertragung einer einzelsprachlichen [bzw. auf ein bestimmtes Sprachenpaar bezogenen] Analyse auf eine andere Sprache [bzw. ein anderes Sprachenpaar]" (in der Translationswissenschaft könnte man zum Beispiel die Gültigkeit von Untersuchungen zum Simultandolmetschen Deutsch/Englisch für das Sprachenpaar Deutsch/Griechisch überprüfen).

Wichtig ist für Ihre Suche nach einer geeigneten Methode zunächst nicht so sehr, ob Sie sie einer von Rothsteins Kategorien zuordnen können, sondern dass Sie überhaupt eine Vorstellung davon haben, welche Vorgehensweise(n) zu einer Antwort auf Ihre Fragestellung führen könnte(n). Mit anderen Worten: Es genügt nicht, zu sagen: „Ich lese Sekundärliteratur und mache mir dann auch noch eigene Gedanken dazu."

Um eine Methode überzeugend anzuwenden, sind in der Regel **Hintergrundkenntnisse** nötig. Wenn Sie zum Beispiel mit Interviews arbeiten möchten, sollten Sie wissen, worauf man bei der Vorbereitung, Durchführung und Auswertung von Interviews achten muss; und wenn Sie einen Zieltext mit dem zugehörigen Ausgangstext vergleichen wollen, brauchen Sie Kenntnisse darüber, nach welchen Kriterien man Übersetzungen systematisch analysieren kann.

Unabhängig davon, welche Methode Sie wählen, ist die **wissenschaftliche Ehrlichkeit** bei der Anwendung außerordentlich wichtig. Wenn Sie zum Beispiel fünf Interviews durchführen und bei einem davon die Ergebnisse nicht gut zu einer These passen, die Sie vertreten, dann müssen Sie dieses Interview unbedingt trotzdem mit einbeziehen und die möglichen Gründe für die abweichenden Ergebnisse diskutieren. Wenn Sie das fünfte Interview stillschweigend ignorieren würden, hätten Sie einen wissenschaftlichen Betrug begangen. Dasselbe gilt, wenn Sie etwa in Zusammenhang mit der Übersetzung eines Geschäftsbriefs zielkulturelle Paralleltexte analysieren, um die Textsortenkonventionen zu ermitteln: Wenn die Mehrheit der benutzten Paralleltexte bestimmte Merkmale (z. B. beim Layout oder bei den Textbausteinen) gemeinsam hat, aber einige davon abweichen, dann wäre es nicht korrekt, so zu tun, als ob nur das von der Mehrheit verwendete Muster existieren würde. Vielmehr müssen Sie in diesem Fall den Ursachen für die Unterschiede nachgehen, bevor Sie etwas Gesichertes über die Konventionen in der Zielkultur sagen können.

3.4   Theoretische Grundlage

Ein weiterer Punkt, über den Sie sich frühzeitig klar werden sollten, ist die theoretische Grundlage Ihrer Arbeit. Sie wissen schon aus Kap. 2.1, dass eine **Theorie** ein Modell ist, eine Vorstellung davon, worum es bei Translation überhaupt geht. Eine wichtige Theorie haben Sie bereits kennengelernt, nämlich die Skopostheorie. Je nach Thema, Fragestellung und Methode Ihrer Arbeit ist sie als theoretische Grundlage gut geeignet oder weniger gut geeignet. Ich zeige das anhand einiger **Beispiele.**

- Stellen Sie sich vor, Ihr Thema seien Kulturspezifika bei der Übersetzung des deutschsprachigen *Wikipedia*-Eintrags über die Journalistin und Autorin Canan Topçu für die *Wikipedia* Ihrer A-Sprache. Ihre Fragestellung lautet: „Welche Strategie ist bei diesem Übersetzungsauftrag für den Umgang mit Unterschieden in Vorwissen und Erwartungen des Ausgangs- und Zielpublikums sinnvoll?" Ihre Methode besteht darin, den Ausgangstext und eine Reihe zielkultureller Paralleltexte auf Konventionen und vorausgesetztes Wissen zu überprüfen, die Ergebnisse zu vergleichen und schließlich auf dieser Basis eine Strategie festzulegen, die zum Auftrag (also zur Publikation in einer zielkulturellen Online-Enzyklopädie) passt. Hier wäre die Skopostheorie eine geeignete theoretische Grundlage, weil sie mit der Zielorientierung des Auftrags, der Fragestellung und der Methode in Einklang steht.

- Nehmen wir nun aber an, Ihr Thema sei das Post-Editing (also die menschliche Nachbearbeitung) maschineller Übersetzungen am Beispiel desselben *Wikipedia*-Eintrags. Ihre Fragestellung lautet: „Inwieweit ist Post-Editing erforderlich, damit die Übersetzung für das Zielpublikum verständlich wird?" Methodisch gehen Sie so vor, dass Sie zunächst den Text maschinell übersetzen lassen, anschließend fünf andere Studierende derselben A-Sprache um Markierung aller für sie nicht verständlichen Textstellen bitten, diese klassifizieren und dann untersuchen, welchen Umfang das Post-Editing haben müsste. Aus der Skopostheorie ließe sich in diesem Fall zwar die Forderung ableiten, dass der Zieltext für das Zielpublikum verständlich sein soll; aber was *verständlich* konkret bedeutet, geht daraus nicht hervor. Es wäre deswegen sinnvoll, als theoretische Grundlage auch die Verständlichkeitsforschung (z. B. in der Darstellung bei Göpferich [³2008: 107–229]) heranzuziehen.

- Und ein letztes Beispiel: Es geht wieder um die Übersetzung des Artikels über Canan Topçu für die *Wikipedia* Ihrer A-Sprache, aber diesmal ist Ihr Thema die Verwendung des Textes in der Translationslehre, und als Fragestellung haben Sie formuliert: „Welchen Beitrag kann dieser Übersetzungsauftrag zur Stärkung der translatorischen Kompetenz von Masterstudierenden leisten?" Als Methode haben Sie sich überlegt, zu überprüfen, inwieweit der Auftrag zu verschiedenen Aspekten der translatorischen Kompetenz passt. Dafür brauchen Sie auf jeden Fall eine theoretische Grundlage, der Sie entnehmen können, welche Aspekte die translatorische Kompetenz denn überhaupt hat und wie man sie erwirbt. Es gibt ganz verschiedene Modelle der translatorischen Kompetenz; eine nach wie vor aktuelle Möglichkeit wäre beispielsweise Risku (1998).

Bei diesen drei Beispielen habe ich theoretische Texte (Vermeer, Göpferich, Risku) genannt, die für eine Hausarbeit herangezogen werden können. Eine theoretische Grundlage ist jedoch immer vorhanden, ob man theoretische Texte zitiert oder nicht. Wer eine Arbeit **„ohne Theorie"** zu schreiben versucht, stützt sich auf unhinterfragte, oft laienhafte Annahmen (wie etwa die, dass eine Übersetzung dem Original „treu bleiben" müsse). Aber auch das sind theoretische Annahmen, d. h. Modelle vom Übersetzen. *Ohne Theorie* ist bei translationswissenschaftlichen Arbeiten oft gleichbedeutend mit *unreflektiert;* und das ist kein Qualitätsmerkmal.

Wichtig ist, dass die theoretischen Texte, die Sie verwenden, einander **nicht widersprechen** bzw. dass Sie etwaige **Widersprüche thematisieren.** Wenn Ihre theoretische Grundlage zum Beispiel die Skopostheorie ist, sieht es seltsam aus, wenn Sie unkommentiert parallel dazu auf Koller zurückgreifen, der ein erklärter Gegner dieser Theorie ist. Das äquivalenzorientierte theoretische Modell Kollers ist mit dem Vermeers nicht vereinbar (z. B. Koller ⁸2011: 191–192, 215–216). Es ist zwar sehr gut, wenn Sie sich auch mit Kritik an der von Ihnen gewählten theoretischen Grundlage auseinandersetzen; aber das muss explizit geschehen.

3.5 Übungsaufgaben zu Thema, Fragestellung und Methode

Wenn Sie die Übungsaufgaben bearbeiten, schauen Sie sich bitte bei jeder Aufgabe noch einmal gründlich den zugehörigen Lernstoff bzw. den translationswissenschaftlichen Text an, und notieren Sie sich, auf welche Stellen im Lernstoff oder im Text Sie sich beziehen. Also beispielsweise hier bei Übung Nr. 1: Wo genau steht etwas zum Thema Teilaspekte? Wo genau im Dizdar-Text haben Sie Anregungen für die Übung gefunden?

Lösungsvorschläge zu den Übungsaufgaben können Sie sich online in der Datei ‹http://www.fb06.uni-mainz.de/deutsch/Dateien/TWA_Loesungen.docx› anschauen.

Übungsaufgaben zur theoretischen Grundlage der Arbeit gibt es in Kap. 7, wo ich diesen Aspekt in einem anderen Zusammenhang noch einmal aufgreife.

1. Überlegen Sie sich zu dem breiten Thema „Anwendung der Skopostheorie auf das Übersetzen" einen Teilaspekt, der sich für eine Untersuchung in einer Seminararbeit eignet.

2. Formulieren Sie zu dem Thema, das Sie in Übung 1 festgelegt haben, eine präzise Fragestellung.

3. Sie haben bereits den Artikel von Dizdar über die Skopostheorie gelesen. Dieser Artikel enthält keine explizite Fragestellung. Können Sie eine Erklärung dafür finden?

   Tipp: Es handelt sich um einen Artikel in einem Handbuch. Was ist ein Handbuch, und wozu dient es? Wenn Sie die Antwort auf diese Frage nicht wissen, hilft es vielleicht, wenn Sie sich das *Handbuch Translation* – oder, falls dieses nicht verfügbar ist, ein anderes Handbuch – in der Bibliothek anschauen. (Sie können natürlich auch das Stichwort *Handbuch* in Google eingeben und dann z. B. den *Wikipedia*-Eintrag zitieren, aber vom Abschreiben einer Information lernen Sie nicht allzu viel – man versteht Dinge besser und merkt sie sich auch besser, wenn man sich praktisch damit beschäftigt.)

4. Ihr Thema ist der gesellschaftliche Status von ÜbersetzerInnen bzw. DolmetscherInnen in Deutschland. (Das heißt, Sie beschäftigen sich entweder mit dem Status von ÜbersetzerInnen oder mit dem von DolmetscherInnen, je nachdem, was Sie mehr interessiert.) Ihre Fragestellung lautet: „Entspricht der Status von ÜbersetzerInnen bzw. DolmetscherInnen ihrer Leistung im Beruf?" Nennen Sie zwei deut-

lich verschiedene Methoden, mit denen Sie diese Fragestellung bearbeiten könnten.

3.6 Kurzüberblick

Schritt	Leitfrage	Zu beachten
Thema	Worüber möchten Sie schreiben?	• Muss zur Länge der Arbeit passen • Für Hausarbeiten: engen Teilaspekt wählen
Fragestellung	Was möchten Sie darüber herausfinden?	• In Form einer Frage formulieren • Nur *eine* Frage; keine Ja/nein-Frage; keine Wiederholung des Themas • Hauptteil dient (ausschließlich) dazu, Antwort auf diese Frage zu finden; alles andere weglassen
Methode	Wie werden Sie vorgehen, um das herauszufinden?	• Vorgehensweise muss zur Fragestellung passen • Lesen und Zitieren von Sekundärliteratur ist keine Methode • Ehrlichkeit: auch nicht „passende" Ergebnisse einbeziehen
Theoretische Grundlage	Wie stellen Sie sich Translation vor?	• Muss zur Fragestellung und zur Methode passen • Sollte explizit erwähnt werden • Zitierte Sekundärliteratur: etwaige Widersprüche theoretischer Art explizit thematisieren

3.7 Zum Nachdenken

In Zusammenhang mit Thema, Fragestellung, Methode und theoretischer Grundlage könnten Sie über folgende Punkte nachdenken:

➤ Ist es sinnvoll, von Studierenden eine explizite Fragestellung in Frageform zu verlangen, wenn viele professionelle WissenschaftlerInnen bei ihren Publikationen darauf verzichten? Mit anderen Worten: Ist es sinnvoll, dass für die Textsorte Hausarbeit bzw. Abschlussarbeit teilweise andere Konventionen gelten als für wissenschaftliche Publikationen? Warum bzw. warum nicht?

➤ In manchen anderen Kulturen sind wissenschaftliche Arbeiten von Studierenden breiter angelegt als in Deutschland und bieten eher einen allgemeinen Überblick als neue, eigene Erkenntnisse. Was sind die Vor- und Nachteile dieses Systems gegenüber dem deutschen?

➢ Welche translationswissenschaftlichen Themen und Fragestellungen halten Sie spontan für wichtig oder interessant, welche für unwichtig oder uninteressant? Was hat die erste Gruppe von Themen/Fragestellungen gemeinsam, was die zweite?

➢ Was wäre das Ergebnis, wenn Sie für Ihre Arbeit keine Methode festlegen, sondern einfach losschreiben würden? Gilt Ihre Antwort auf diese Frage nur für Sie selbst, oder könnte sie auch für einige oder viele andere Studierende gelten?

➢ Welche theoretischen Annahmen macht die breite Öffentlichkeit über das Übersetzen und Dolmetschen? Wodurch unterscheiden sich diese Annahmen von denen der modernen Translationswissenschaft?

➢ Wodurch unterscheiden sich die theoretischen Annahmen der Translationswissenschaft von denen der Linguistik?

4 Literatursuche: Bibliografien, Bibliothek, Internet

In diesem Abschnitt können Sie **Folgendes lernen:**

- zwischen Primär- und Sekundärliteratur zu unterscheiden,
- die wichtigsten Typen von Sekundärliteratur zu beschreiben,
- zwischen selbstständigen und nicht selbstständigen Publikationen zu unterscheiden,
- die verschiedenen Hilfsmittel für die Literatursuche zu identifizieren und zueinander in Beziehung zu setzen,
- die Funktion von Bibliografien zu beschreiben,
- die großen translationswissenschaftlichen Bibliografien zur gezielten Recherche für eine vorgegebene Fragestellung zu benutzen,
- den Verwendungszweck eines Bibliothekskatalogs von dem einer Bibliografie zu unterscheiden,
- „Ihre" Bibliothek zu benutzen,
- eine erfolgreiche Internetrecherche durchzuführen,
- die Zuverlässigkeit von Internetseiten zu beurteilen.

4.1 Primär- und Sekundärliteratur

Wenn Sie eine translationswissenschaftliche Arbeit schreiben, werden Sie mit **Texten** arbeiten. Hierbei unterscheidet man zwischen 1. Primärliteratur bzw. Quellen bzw. Korpus und 2. Sekundärliteratur.

Die **Primärliteratur** bzw. die **Quellen** bzw. das **Korpus** sind die Texte, *über die* Sie schreiben. Bei literarischen Texten spricht man normalerweise von *Primärliteratur*, bei historischen von *Quellen* und bei einer Sammlung von Beispieltexten von einem *Korpus*.

Beispiele:

a) Wenn Sie die Übersetzung eines Goethe-Gedichts in Ihre A-Sprache untersuchen, sind das Goethe-Gedicht und die Übersetzung Ihre Primärtexte, weil das Ihr Thema ist – diese Texte analysieren Sie.

b) Wenn Sie untersuchen, was im frühen 19. Jahrhundert im deutschen Sprachraum zum Übersetzen gesagt wurde, sind die Texte aus dem 19. Jahrhundert, auf die Sie sich stützen, Ihre Quellen.

c) Wenn Sie typische Fehler beim Übersetzen von Bedienungsanleitungen für Waschmaschinen in Ihre A-Sprache untersuchen, bilden die Bedienungsanleitungen, die Sie analysieren, Ihr Korpus.

Ich verwende im Folgenden der Kürze halber meist den Terminus *Primärliteratur* als Oberbegriff.

Sekundärliteratur sind Texte, die andere über Ihr Thema und sein Umfeld geschrieben haben. – Bei den Themenbeispielen von oben:

a) Goethe-Übersetzungen: Texte über Goethe, über das literarische Übersetzen und über Übersetzungen „Ihres" Gedichts zählen bei diesem Thema zur Sekundärliteratur.

b) Äußerungen zum Übersetzen im 19. Jahrhundert: Heutige Darstellungen der Geschichte des Übersetzens und Darstellungen der Geschichte der Übersetzungswissenschaft sind Sekundärliteratur.

c) Bedienungsanleitungen: Übersetzungswissenschaftliche Texte sowie technische Hintergrundtexte über Waschmaschinen sind Sekundärliteratur.

Wissenschaftliche Texte sind meistens Sekundärliteratur. Sie können aber auch Primärliteratur sein. Als Beispiel nehme ich das Thema „Textsortenkonventionen in translationswissenschaftlichen Zeitschriftenaufsätzen" und die Fragestellung „Welche Unterschiede gibt es zwischen den Textsortenkonventionen in deutschen und britischen Zeitschriften?" Um die Antwort auf diese Frage zu finden, müssen Sie Aufsätze in (deutschen und britischen) translationswissenschaftlichen Zeitschriften analysieren. Diese wissenschaftlichen Aufsätze sind also Ihre Primärliteratur (= Ihr Korpus). Wenn die analysierten Aufsätze auch das Thema Textsortenkonventionen behandeln, können sie gleichzeitig Primär- und Sekundärliteratur sein. Dagegen sind Bücher, die das Thema Textsortenkonventionen behandeln, ausschließlich Sekundärliteratur, weil es in Ihrer Arbeit ja nur um Zeitschriftenaufsätze geht.

Allgemeiner gesagt: Ob ein bestimmter Text **Primär- oder Sekundärliteratur** ist, das hängt nicht vom Text selbst ab, sondern von Ihrem **Thema und Ihrer Fragestellung.** Noch zwei weitere Beispiele hierzu:

• Wenn Sie beispielsweise eine Hausarbeit darüber schreiben, welche typischen Fehler beim Übersetzen von Bedienungsanleitungen für Waschmaschinen aus dem Deutschen ins Portugiesische auftreten, dann gehört Dizdars Handbucharartikel „Skopostheorie" zur Sekundärliteratur, weil er Ihnen dabei hilft, die portugiesischen Übersetzungen zu analysieren und zu bewerten.

• Wenn Sie aber eine Hausarbeit darüber schreiben, welche inhaltlichen Schwerpunkte Dizdar bei ihrer Darstellung der Skopostheorie setzt, dann ist Dizdars Artikel der Gegenstand Ihrer Untersuchung, also Ihr Primärtext; andere Texte über die Skopostheorie, z. B. ein Überblicksartikel von Schäffner, gehören zur Sekundärliteratur.

In einer guten wissenschaftlichen Arbeit sollten Sie in der Regel **sowohl** direkt **mit Primärtexten** arbeiten **als auch** die Erkenntnisse der vorhandenen **Sekundärliteratur** einbeziehen. Grundsätzlich wäre es natürlich möglich, eine Arbeit ausschließlich mit Primärliteratur zu schreiben oder auch ausschließlich mit Sekundärliteratur. Bei einer Übersetzungskritik beispielsweise ist es leicht, lediglich die eigenen Gedanken zur Qualität der Übersetzung zu Papier zu bringen, ohne sich um vorhandene Sekundärliteratur zu kümmern – aber dann laufen Sie Gefahr, auf einem sehr niederen wissenschaftlichen Niveau zu argumentieren bzw. das Rad neu zu erfinden; eine solche Arbeit wird nicht gut. Umgekehrt besteht z. B. bei theoretischen oder historischen Themen die Versuchung, sich ausschließlich auf Sekundärliteratur zu stützen – aber dann fassen Sie oft nur zusammen, was andere zu Ihrem Thema gesagt haben, und bringen keine fundierten eigenen Gedanken in die Arbeit ein. Es ist daher auch bei solchen Arbeiten hilfreich, wenn Sie einen konkreten Text (Ihren Primärtext) mithilfe anderer Texte (der Sekundärtexte) analysieren.

Mit anderen Worten: Es muss Ihnen selbst zu Ihrem Thema etwas einfallen, und Sie müssen auch herausfinden, was anderen vor Ihnen zum selben Thema eingefallen ist. Beides ist wichtig. Um noch einmal das Dizdar-Beispiel von oben aufzugreifen:

- Wenn Sie versuchen, eine Hausarbeit allgemein über die Skopostheorie zu schreiben, und dafür den Handbuchartikel von Dizdar als Sekundärtext benutzen, dann werden Sie wenig Neues und Interessantes sagen können, weil Sie im Wesentlichen nur die Gedanken von Dizdar übernehmen.

- Wenn Sie aber untersuchen, wie Dizdar in ihrem Artikel die Skopostheorie darstellt (Dizdar = Primärtext), dann können Sie durchaus etwas Neues sagen: Sie können herausfinden, welche Schwerpunkte Dizdar (im Vergleich zu anderen AutorInnen) setzt, was sie (im Vergleich zu anderen AutorInnen) nur kurz behandelt oder weglässt, wo sie vielleicht im Widerspruch zu anderen AutorInnen steht, ob ihre Darstellungsweise kohärent und schlüssig ist usw.

Was die Primärtexte zum eigenen Thema sind, weiß man meist relativ schnell. Wenn Ihr Thema typische Fehler beim Übersetzen von Bedienungsanleitungen für Waschmaschinen sind, dann wissen Sie sofort, dass Ihr Korpus aus Bedienungsanleitungen besteht. Und wie geht es dann weiter?

- Wenn Sie mit dem Thema zunächst gar nichts „anfangen" können, verschaffen Sie sich zunächst einen **allgemeinen Überblick** mit Enzyklopädien und/oder mit anderen Nachschlagewerken (in der Translationswissenschaft z. B. mit Handbüchern).

- Wenn Sie aber verstanden haben, worum es geht, sollten Sie Handbücher nur noch selten verwenden und Enzyklopädien überhaupt nicht mehr, sondern mit **speziellerer Sekundärliteratur** arbeiten.

Ein **Beispiel:** Wenn Sie über Übersetzungen von Bedienungsanleitungen schreiben sollen und nicht wissen, was das überhaupt ist, können Sie durchaus den entsprechenden Artikel in *Wikipedia* lesen. Wenn Sie sich dann eine ungefähre Vorstellung davon machen möchten, worauf es beim Übersetzen solcher Texte ankommt, können Sie einen Blick in ein translationswissenschaftliches Handbuch werfen. (In welchem Abschnitt des *Handbuchs Translation* findet man Informationen zum Übersetzen von Bedienungsanleitungen? Schauen Sie sich das Handbuch an.) Aber in dem Moment, wo Sie mit der eigentlichen Bearbeitung Ihrer Fragestellung beginnen, brauchen Sie etwas Spezielleres. Es gibt verschiedene **Typen von Sekundärliteratur,** die Sie dafür heranziehen können. Die wichtigsten sind:

1. Monografien,
2. Beiträge zu Sammelbänden,
3. Beiträge zu Zeitschriften,
4. Internetpublikationen.

Je nachdem, was das Thema Ihrer Arbeit ist, können Sie natürlich auch noch mit anderen Publikationstypen in Berührung kommen: z. B. Zeitungsartikel, Vorträge, Manuskripte, Fernsehsendungen, CDs …

Im Folgenden erläutere ich nacheinander die vier wichtigsten Typen und gebe konkrete Beispiele dafür.

1. Sesink definiert **Monografien** als „selbstständig erschienene Bücher mit einer durchgehenden Abhandlung zu einem bestimmten Thema" (⁹2012: 119). Es handelt sich also um *einen* Text zu *einem* Thema. Ein typisches Beispiel für eine Monografie ist ein Buch, das von einer einzigen Person verfasst wurde und dessen Teile nicht vorher separat veröffentlicht wurden.

Beispiele:

Erich Prunč, *Entwicklungslinien der Translationswissenschaft* (wenn das Buch in „Ihrer" Bibliothek vorhanden ist, schauen Sie es sich an; ebenso die anderen Beispiele – am FTSK sind alle verfügbar);

Brigitte Horn-Helf, *Technisches Übersetzen in Theorie und Praxis.*

2. Sogenannte **Sammelbände** bestehen aus verschiedenen kürzeren **Beiträgen** verschiedener Personen. Ein Sammelband umfasst also immer mehrere Texte zu einem Thema.[6] Der erste Beitrag (= das erste „Kapitel") stammt von Person A, der zweite Beitrag von Person B usw. Ein oder mehrere sogenannte HerausgeberInnen sind für den Band insgesamt, einschließlich der Zusammenstellung der Beiträge, verantwortlich (Näheres dazu erfahren Sie in Kap. 11.4). Das Thema des Sammelbandes kann einigermaßen kohärent sein, aber auch relativ inkohärent.

Bei den folgenden Beispielen für Sammelbände bedeutet die Abkürzung *Hrsg.* in Klammern „HerausgeberIn". Die Abkürzung *u. a.* bedeutet „und andere"; das heißt, außer der genannten Person gibt es noch mindestens drei weitere HerausgeberInnen (s. hierzu Kap. 11.3):

Mary Snell-Hornby u. a. (Hrsg.), *Handbuch Translation;* darin z. B.

–   Dilek Dizdars Beitrag „Skopostheorie", den Sie schon kennen,

–   oder Nadja Grbić, „Gebärdensprachdolmetschen";

Alberto Gil u. a. (Hrsg.), *Modelle der Translation;* darin z. B.

–   Gisela Thome, „Übersetzung und Kompensation".

Sondersorten von Sammelbänden sind sogenannte **Reader** (Zusammenstellungen von wichtigen Texten zu einem bestimmten Fachgebiet) und **Festschriften** (Sammelbände, die verfasst werden, um eine bestimmte Person zu ehren – z. B. zum Geburtstag oder zum Ruhestand).

Beispiele:

Paul Kußmaul (Hrsg. und Übers.), *Sprechakttheorie: Ein Reader;*

Mira Kadrić, Klaus Kaindl und Franz Pöchhacker (Hrsg.), *Translationswissenschaft: Festschrift für Mary Snell-Hornby zum 60. Geburtstag.*

Werden Sie die als Beispiele genannten Werke im Katalog „Ihrer" Bibliothek suchen, und haben Sie vor, sich die Werke **anzuschauen?** Das kostet natürlich zusätzliche Zeit; aber wenn Sie mit den verschiedenen Typen von Sekundärliteratur bis jetzt keine Erfahrung haben, ist es sinnvoll, diese Zeit zu investieren. Ob Sie die Erläuterungen nicht nur sprachlich, sondern auch inhaltlich verstanden haben, werden Sie eher merken, wenn Sie die Texte in der Hand haben; und Verständnisprobleme lassen sich dann auch leichter lösen.

---

6   Ein Hinweis zur Terminologie: Monografien und Sammelbände kann man als *Bücher* bezeichnen. Beiträge zu Sammelbänden und Beiträge zu Zeitschriften sind keine Bücher, Zeitschriften ebenfalls nicht. Oberbegriffe, die auch Beiträge zu Sammelbänden und Zeitschriften einschließen, sind z. B. *Publikationen, Veröffentlichungen, Werke, Literatur/Sekundärliteratur.*

3. Anders als ein Sammelband erscheint eine wissenschaftliche **Zeitschrift** in regelmäßigen, also periodischen Abständen (z. B. einmal im Jahr oder einmal im Vierteljahr oder einmal im Monat). Deshalb bezeichnet man Zeitschriften (und Zeitungen) auch als *Periodika*. Wie der Sammelband besteht das Zeitschriftenheft aus einzelnen Beiträgen verschiedener Personen.

Beispiele für deutschsprachige translationswissenschaftliche Zeitschriften (am FTSK teils in Printfassung, teils auch elektronisch im Campusnetz vorhanden):

Lebende Sprachen;

TEXTconTEXT.

4. Zu **Internetpublikationen** lässt sich allgemein nur sagen, dass ihnen die Veröffentlichungsform – elektronisch, eben im Internet – gemeinsam ist. Eine Internetpublikation kann sehr lang sein und unabhängig von anderen Publikationen (wie eine Monografie) oder eher kurz und mit anderen Publikationen verbunden (wie ein Beitrag zu einem Sammelband oder zu einer Zeitschrift). Es gibt auch kurze und von anderen unabhängige sowie lange und mit anderen verbundene Publikationen.

Beispiele:

Elżbieta Jeleń, „Übersetzer im Gespräch" ‹http://www.goethe.de/ ins/pl/lp/kul/dup/uwe/ueb/de11856783.htm›;

Die Generaldirektion Übersetzung ‹http://ec.europa.eu/dgs/ translation/index_de.htm›.

Beachten Sie außerdem Folgendes:

- Bei Internetpublikationen im engeren Sinne handelt es sich um Texte, die nur im Internet erscheinen. Solche Publikationen gibt es z. B. von Sprachdienstleistern schon lange; in der Translationswissenschaft waren sie früher eher selten, seit einigen Jahren ist jedoch ein zunehmender Trend z. B. zu reinen Online-Zeitschriften zu beobachten.
- Von manchen Büchern und Zeitschriften gibt es sowohl eine gedruckte als auch eine textgleiche elektronische Ausgabe.
- Die Bücher unter Google Books sind in der Regel nur digitalisierte, oft auszugsweise online gestellte Versionen von Printtexten.

Internetpublikationen dürfen **keinesfalls als einziger Typ** von Sekundärliteratur verwendet werden.

Bis jetzt habe ich zwei Unterscheidungen eingeführt:

- die Unterscheidung zwischen Primär- und Sekundärliteratur, bei der es darum geht, wie und wofür die Texte verwendet werden,

- und die Unterscheidung zwischen verschiedenen Typen von Sekundärliteratur (Monografie, Beitrag zu Sammelband, Beitrag zu Zeitschrift, Internetpublikation), bei der es darum geht, wo die Texte veröffentlicht wurden.

Hinzu kommt nun noch eine dritte Unterscheidung, bei der es um die technische Seite der Veröffentlichung geht:

- Bücher (Monografien und Sammelbände) und Zeitschriften nennt man **selbstständige Publikationen,** Beiträge zu Sammelbänden und Beiträge zu Zeitschriften sind **nicht selbstständige Publikationen.** *Selbstständig* bedeutet, dass die betreffende Publikation nicht physisch mit anderen zusammenhängt. Nicht selbstständige Publikationen sind physisch mit anderen verbunden: Ein Beitrag zu einem Sammelband ist mit allen anderen Beiträgen zusammengebunden (also geklebt, genäht oder geheftet). Schon die Terminologie zeigt an, welcher Typ von Publikation vorliegt: Ein *Beitrag* zu einer Zeitschrift ist ein Teil eines größeren Ganzen (nämlich der Zeitschrift). Einen Beitrag zu einem Sammelband oder zu einer Zeitschrift bezeichnet man übrigens auch als *Aufsatz* oder *Artikel.*

Die Unterscheidung zwischen selbstständigen und nicht selbstständigen Publikationen ist aus zwei Gründen wichtig. Erstens werden die Titel formal unterschiedlich behandelt: Titel von selbstständigen Publikationen werden kursiviert, Titel von nicht selbstständigen Publikationen in Anführungszeichen gesetzt (s. hierzu Kap. 8.2). Zweitens findet man in Bibliothekskatalogen in der Regel nur selbstständige Publikationen, keine nicht selbstständigen. Wenn man eine nicht selbstständige Publikation lesen will, muss man also im Katalog nach der übergeordneten selbstständigen suchen.

Es gibt selbstständige Primärliteratur, nicht selbstständige Primärliteratur, selbstständige Sekundärliteratur und nicht selbstständige Sekundärliteratur. Ich gebe vier **Beispiele,** jeweils zum Thema „Die Rezeption der algerischen Autorin Assia Djebar in Deutschland" und der Fragestellung „Inwieweit wird die deutsche Djebar-Rezeption von den Strategien der ÜbersetzerInnen beeinflusst?" Hier wäre:

- selbstständige Primärliteratur: ein Roman von Assia Djebar und seine deutsche Übersetzung,

- nicht selbstständige Primärliteratur: eine kurze Erzählung in einer sogenannten Anthologie und ihre Übersetzung in einer anderen Anthologie,

- selbstständige Sekundärliteratur: wissenschaftliche Monografie (z. B. zum Literaturübersetzungsmarkt in Deutschland),

- nicht selbstständige Sekundärliteratur: Beitrag zu einer Zeitschrift oder einem Sammelband (z. B. über Djebar-Übersetzungen).

Wie schon erwähnt, hängt es vom **Thema** und von der **Fragestellung** ab, welche Texte Primär- und welche Sekundärliteratur sind. Die genannten Beispiele gelten nur für Thema und Fragestellung zu Djebar.

Der Unterschied zwischen Primärliteratur und Sekundärliteratur ist ein inhaltlicher (wofür verwenden Sie den Text in Ihrer Arbeit?), der Unterschied zwischen selbstständiger und nicht selbstständiger Literatur dagegen ein rein technischer (können Sie diesen Text – und nur diesen, für sich allein, nicht gleichzeitig auch andere Texte – in die Hand nehmen, auf den Tisch legen usw., ohne ihn vorher aus einem größeren Ganzen herauszureißen oder herauszuschneiden?).

Ein weiterer inhaltlicher Unterschied ist der zwischen **älterer und neuerer Sekundärliteratur.** Hierbei ist zweierlei relevant:

- Manche Sekundärtexte sind in mehreren sogenannten Auflagen erschienen (z. B. 1. Auflage = erste Veröffentlichung 1982, 2. Auflage 1990, 3. Auflage 1997, 4. Auflage 2009). Bei solchen Texten sollten Sie die **neueste Auflage** verwenden, weil es möglich ist, dass in diese Auflage neue Erkenntnisse (im Beispiel: Erkenntnisse aus der Zeit zwischen 1982 und 2009) eingearbeitet sind. Eine ältere Auflage ist in dem Moment veraltet, in dem eine überarbeitete Neuauflage erscheint.

- Bei Sekundärtexten, von denen es bis jetzt nur eine Auflage gibt, sollten Sie auf die **Aktualität** achten. Sie können sich in einer Arbeit z. B. nicht ausschließlich auf Texte aus der Zeit vor 2000 stützen, wenn es genügend neuere gibt. Wissenschaftliche Fragestellungen und Erkenntnisse veralten. Umgekehrt brauchen Sie aber nicht ausschließlich Publikationen der letzten Jahre zu lesen: Auch ältere Publikationen können relevant sein.

In Abbildung 1, „Thema, Fragestellung und Literatursuche", sehen Sie einen Überblick über Vorgehensweisen bei der Literatursuche. Die Bibliografien, von denen in der Abbildung die Rede ist, sind eines der wichtigsten Hilfsmittel bei der Suche nach Sekundärliteratur; sie stehen im Zentrum des nächsten Kapitels. Zuerst gehe ich jedoch kurz auf zwei andere Aspekte ein, nämlich häufige Probleme bei der Literatursuche und die Frage nach der angemessenen Anzahl Sekundärtexte.

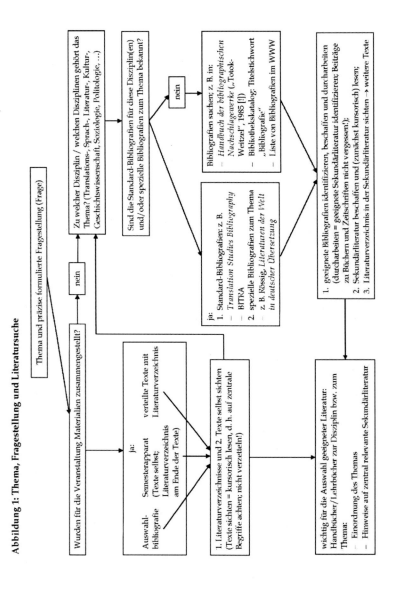

Abbildung 1: Thema, Fragestellung und Literatursuche

Bei der Suche nach Sekundärliteratur werden oft drei **Fehler** gemacht:

- Es wird nur im Internet gesucht. Das ist falsch, weil sehr viel Sekundärliteratur eben nur in gedruckter Form vorliegt – das Internet kann solche Sekundärliteratur nicht ersetzen.

- Es werden bei der gedruckten Sekundärliteratur nur Monografien gesucht, keine Beiträge zu Sammelbänden oder Zeitschriften. Auch das ist falsch, weil dann sehr viele interessante Sekundärtexte nicht berücksichtigt werden können.

- Es wird nur Sekundärliteratur gesucht, die ganz eng das eigene Thema behandelt. Wenn beispielsweise das Thema der eigenen Arbeit „Typische Fehler beim Übersetzen von Bedienungsanleitungen für Waschmaschinen" lautet, wird nur Sekundärliteratur zum Übersetzen von Bedienungsanleitungen gesucht, keine zum Fachübersetzen oder zum Übersetzen allgemein. Das ist ebenfalls falsch, weil wichtige wissenschaftliche Fragen eben nicht nur auf der konkretesten Ebene (Bedienungsanleitungen für Waschmaschinen) gestellt und beantwortet werden, sondern auch auf allgemeineren Ebenen (z. B. Skopos oder Textsortenkonventionen).

Wer bei der Suche nach Sekundärliteratur diese drei Fehler begeht, schreibt häufig eine Hausarbeit fast ohne Sekundärliteratur und sagt zur Begründung: „Ich habe keine Sekundärliteratur gefunden." Das ist nicht akzeptabel. **Geeignete Sekundärliteratur gibt es immer** (oder fast immer – Sie sollten jedenfalls nicht glauben, dass ausgerechnet Ihr Thema die eine Ausnahme von der Regel ist).

Eine von Studierenden häufig gestellte Frage ist: „**Wie viel Sekundärliteratur** soll ich denn verwenden?" Die Frage ist völlig legitim, aber schwer zu beantworten. Es kommt nicht so sehr auf die Anzahl an, sondern darauf, was für Werke wofür verwendet werden:

- „Originaltexte" (z. B. ein Text von Vermeer) sind in der Regel besser als zusammenfassende Einführungs- oder Überblickstexte (z. B. der Handbuchartikel von Dizdar, den Sie schon kennen).

- Werke, die unmittelbar für Ihr Thema und Ihre Fragestellung relevant sind, haben mehr Gewicht als Werke, denen Sie nur eine kurze Randinformation entnehmen. (Ich habe z. B. in Kap. 3.2 Hannemann 2005 zitiert, aber nur als ein kurzes Beispiel; das Werk ist nicht zentral relevant für dieses Lehrbuch.)

- Wichtig ist, wie bereits erwähnt, dass Sie auch Beiträge zu Sammelbänden und Zeitschriften berücksichtigen, nicht nur Monografien oder gar nur Internetpublikationen.

- Zitieren sollten Sie, weil Sie das betreffende Werk für Ihre Argumentation brauchen, nicht weil Sie noch einen weiteren Titel in Ihr Literaturverzeichnis aufnehmen möchten.

Wenn Studierende im zweiten Studienjahr ihres Bachelorstudiums bei mir ihre erste oder zweite Hausarbeit schreiben, beantworte ich die Frage nach der Anzahl meistens so: Wenn Sie eine präzise formulierte Fragestellung zu einem eng umrissenen Thema haben, dann genügen etwa ein halbes Dutzend Werke, die diese Kriterien erfüllen. Bei längeren Arbeiten und bei weiter fortgeschrittenen Studierenden sollten es mehr sein, sofern Sie nicht eine Fragestellung haben, die das verhindert.

4.2   Bibliografien

Das mit Abstand wichtigste **Hilfsmittel** bei der Suche nach Sekundärliteratur sind die sogenannten **Bibliografien.** Eine Bibliografie ist eine (mehr oder weniger vollständige) Liste von Werken, die von einer bestimmten Person oder (häufiger) zu einem bestimmten Thema veröffentlicht worden sind.

- Eine Bibliografie von Goethes Werken ist eine vollständige Liste von allem, was Goethe geschrieben hat.
- Eine Bibliografie von Goethes Übersetzungen ist eine vollständige Liste von allem, was er übersetzt hat.
- Eine Bibliografie von Sekundärliteratur zu Goethe ist eine Liste von Werken, die über Goethe verfasst worden sind.
- Zur Illustration: Es gibt eine Bibliografie, die Werke sowohl von als auch über Goethe umfasst: Hans Pyritz, Heinz Nicolai und Gerhard Burkhardt, *Goethe-Bibliographie.* Schauen Sie sie an, wenn sie in „Ihrer" Bibliothek vorhanden ist. (Am FTSK ist sie verfügbar.)

Je nach Thema können Bibliografien sehr lang sein (ein ganzes Buch oder mehrere Bücher) oder relativ kurz (einige Seiten); sie können als einmalige, in sich abgeschlossene Publikation erscheinen oder (wie eine Zeitschrift) in regelmäßigen Abständen. Es gibt sie in gedruckter Form und in elektronischer (Datenbanken). Bibliografien sind Nachschlagewerke, die in erster Linie dazu dienen, Ihnen bei der Suche nach Literatur zu Ihrem Thema zu helfen.

Zur Translation und Translationswissenschaft sollten Sie die folgenden drei Bibliografien kennen:

- *Index Translationum* (translationsorientiert)
- BITRA (translationswissenschaftlich)
- *Translation Studies Bibliography* (translationswissenschaftlich)

Die älteste große translationsorientierte Bibliografie, der *Index Translationum*, ist nicht der Translationswissenschaft, sondern Translaten gewidmet: Sie finden darin übersetzte Bücher. Ursprünglich wurde der *Index Translationum* – ein Band pro Jahr – in gedruckter Form veröffentlicht. Für die Jahre ab 1979 existiert eine Online-Fassung unter ‹http://www.unesco.org/culture/xtrans›. Die Suchmaske gibt es in englischer, französischer und spanischer Sprache. Wenn Sie mit dem *Index Translationum* arbeiten möchten, sollten Sie allerdings zweierlei berücksichtigen: Er enthält nur Übersetzungen in Buchform und erfasst auch diese bei Weitem nicht vollständig.

Eine Randbemerkung zum Thema Sprachen: Wenn Sie translationswissenschaftliche Forschung auf hohem Niveau betreiben möchten, kommen Sie an der **englischen Sprache** kaum vorbei. Zwar gibt es in der Translationswissenschaft auch heute noch zahlreiche deutschsprachige Publikationen, aber sehr vieles erscheint auf Englisch. Für Ihr Studium sollten Sie wenigstens so viel Englisch beherrschen, dass Sie mit einer englischsprachigen Suchmaske (wie z. B. der des *Index Translationum*) arbeiten können.

Eine mehrsprachige Online-Bibliografie zur **Translationswissenschaft**, BITRA, finden Sie auf der Website der Universität Alicante, unter ‹http://aplicacionesua.cpd.ua.es/tra_int/usu/buscar.asp?idioma=al›. Die Suchmaske ist in verschiedenen Sprachen verfügbar, unter anderem auf Deutsch.

Beispiel für die Arbeit mit BITRA: Angenommen, Ihr Thema ist die Übersetzungsauffassung des deutschen Philosophen Friedrich Schleiermacher. Ihre Fragestellung ist: „Welche Parallelen gibt es zwischen Schleiermachers Abhandlung ‚Ueber die verschiedenen Methoden des Uebersezens' und der modernen postkolonialen Übersetzungswissenschaft?" Geben Sie in der Suchmaske unter „Titel" den Namen *Schleiermacher* ein (unter „Titel", nicht unter „Autor", denn Sie suchen Publikationen über Schleiermacher, nicht Publikationen von ihm). Klicken Sie auf „Suchen". Sie bekommen dann verschiedene Publikationen angezeigt, bei denen dieser Name im Titel steht. Wenn Sie auf den Titel der Publikationen klicken, werden Detailinformationen zur betreffenden Publikation angezeigt. Ob die Publikationen in Ihrer Bibliothek vorhanden sind, können Sie dann mithilfe des Bibliothekskatalogs herausfinden (s. hierzu Kap. 4.4).

Wenn Sie beim Schleiermacher-Thema in einem zweiten Schritt noch nach Publikationen zur postkolonialen Übersetzungswissenschaft suchen wollen, können Sie dafür die **Schlagwortsuche** verwenden. Klicken Sie in der Suchmaske auf „Schlagwörter", wählen Sie „THEORIE –

Kolonialismus", dann klicken Sie auf „Zurück" und starten Sie die Suche. (Die Bezeichnungen einiger Schlagwörter sind etwas unglücklich gewählt; *Kolonialismus* umfasst auch die postkoloniale Auseinandersetzung mit dem kolonialistischen Übersetzen.)

Beachten Sie, dass Sie das Titelstichwort *Schleiermacher* löschen müssen, bevor Sie die Suche nach *Kolonialismus* starten. Sonst bekommen Sie nicht alle Publikationen zum Kolonialismus bzw. Postkolonialismus aufgelistet, sondern nur diejenigen, die *Schleiermacher* im Titel haben. Damit würden Sie Ihre Suche unnötig einschränken. (Probieren Sie es einfach einmal aus: Wie viele Treffer bekommen Sie bei der Suche nach dem Schlagwort *Kolonialismus*? Und wie viele bekommen Sie, wenn Sie zusätzlich zu diesem Schlagwort noch das Titelstichwort *Schleiermacher* eingeben?)

Die folgende Tabelle zeigt Ihnen den Unterschied zwischen der Suche mit einem **Stichwort** (Titelstichwort) und einem **Schlagwort:**

Stichwortsuche	Schlagwortsuche
Stichwort kommt im Titel der Publikation vor	Schlagwort wird aufgrund inhaltlicher Analyse von Fachleuten vergeben; braucht weder im Titel noch im Text vorzukommen
sprachabhängig (findet nur Publikationen in der Sprache des Stichworts)	unabhängig von der Sprache des Schlagworts
findet nur Publikationen, die das Stichwort im Titel haben	findet relevante Publikationen unabhängig vom Titel
Stichwort wird in der jeweils individuell eingegebenen Form gesucht	Schlagwortverzeichnisse listen die verwendeten Schlagwörter auf
weniger Treffer	mehr Treffer

Zwei **Beispiele** hierzu aus BITRA: Den Aufsatz „Übersetzung von Kolonialliteratur" von Adjai P. Oloukpona-Yinnon finden Sie problemlos mit einer Schlagwortsuche nach *Kolonialismus,* aber nicht mit einer Stichwortsuche nach demselben Wort. Und der Aufsatz „Missionare, Mayasprachen und Übersetzung" von Jesús García-Ruiz, der ebenfalls einen Aspekt der Kolonialisierung behandelt, enthält im Titel überhaupt kein Wort mit dem Stamm *kolonial.*[7]

---

7 Manche Bibliografien erlauben die Verwendung sogenannter Trunkierungszeichen (z. B. * am Wortende, also *Kolonial**), um verschiedene Wortformen abzudecken. BITRA interpretiert das Wortende automatisch als trunkiert. Mit einer Suche nach dem Titelstichwort *Kolonial* lässt sich also Oloukpona-Yinnon finden, nicht aber García-Ruiz.

Eine wichtige englischsprachige Online-Bibliografie zur Translationswissenschaft ist die *Translation Studies Bibliography,* die bei John Benjamins erscheint (Benjamins ist ein Amsterdamer Verlag, der ein gutes translationswissenschaftliches Programm in englischer Sprache hat): ‹http://www.benjamins.com/online/tsb›. Diese Bibliografie ist kostenpflichtig; wenn Ihre Bibliothek sie abonniert hat, ist sie online im Universitätsnetz verfügbar. (Suchen Sie im Bibliothekskatalog danach.) Von zu Hause aus kann man dann über Remotedesktop oder VPN darauf zugreifen.[8]

Bei allen drei Bibliografien, die ich bis jetzt behandelt habe – dem translationsorientierten *Index Translationum* und der translationswissenschaftlichen *BITRA* und *Translation Studies Bibliography* – handelt es sich um sehr umfangreiche Datenbanken. Zum Abschluss komme ich noch auf eine ganz andere Art Bibliografie zu sprechen.

Am Ende von **selbstständigen wissenschaftlichen Publikationen** (und auch am Ende von manchen nicht selbstständigen) finden sich ebenfalls Bibliografien – Listen der Werke, die für die betreffende Publikation relevant sind. Diese Bibliografien sind nicht so vollständig wie solche, die für sich allein stehen, und sie sind natürlich nur so aktuell wie die betreffende Publikation selbst (in der Bibliografie eines Buches aus dem Jahre 1998 stehen keine Werke aus den Jahren 1999–2015). Es lohnt sich aber trotzdem, sich solche Bibliografien auch anzuschauen, besonders wenn Sie die Publikation selbst für Ihr Thema nützlich finden. Diese Art der Literatursuche bezeichnet man manchmal als *Schneeballsystem.* (Relevant sind dafür vor allem auch **Handbücher;** dort werden in der Regel die zentral wichtigen Werke zu einem Themenbereich genannt.)

Schauen Sie sich beispielsweise die Bibliografie am Ende der *Entwicklungslinien der Translationswissenschaft* von Prunč an, wenn dieses Werk in Ihrer Bibliothek verfügbar ist: Unter der Zwischenüberschrift „Literatur" finden Sie ein über 100 Seiten langes Verzeichnis translationswissenschaftlicher Werke. Hieraus sind unten, in Anhang V, nur die im abgedruckten Ausschnitt zitierten Werke aufgeführt. Am En-

---

8   Remotedesktop und VPN: Eine Hochschule stellt ihren Mitgliedern elektronische Ressourcen zur Verfügung, über die Privatpersonen in der Regel nicht verfügen. Hierbei handelt es sich zum einen um Software, zum anderen um den Zugriff auf kostenpflichtige Datenbanken usw. Diese Ressourcen können an der Hochschule selbst genutzt werden, aber es besteht in der Regel auch die Möglichkeit, von zu Hause aus darauf zuzugreifen. Für die Universität Mainz gibt es zum Remotedesktop eine Anleitung unter ‹http://www.zdv.uni-mainz.de/4176.php› und zu VPN (Virtual Private Network) eine Erklärung unter ‹http://www.zdv.uni-mainz.de/vpn.php›.

de der anderen translationswissenschaftlichen Texte im Anhang (Bachmann-Medick, Dizdar, Göhring) steht ebenfalls ein – kürzeres – Verzeichnis, das mit „Literatur" oder „Literaturverzeichnis" überschrieben ist. (Die Bezeichnung *Bibliografie* deutet normalerweise darauf hin, dass das Verzeichnis thematisch vollständig oder zumindest repräsentativ ist; wenn es einfach um die in einem bestimmten Text zitierten Werke geht, ist die Bezeichnung *Literaturverzeichnis* üblicher, aber *Bibliografie* ist nicht ausgeschlossen.)

Es lohnt sich immer, **parallel in mehreren Bibliografien** zu recherchieren. Jede Bibliografie hat Stärken und Schwächen; es kann sein, dass man zu seinem Thema in einer Bibliografie sehr wenig findet und in der anderen relativ viel.

Kurze Hinweise zu wichtigen Bibliografien anderer Disziplinen (z. B. Literatur- und Sprachwissenschaft) finden sich in Anhang I. Ein allgemeines Flussdiagramm zur Vorgehensweise beim Bibliografieren liefert Abbildung 1, „Thema, Fragestellung und Literatursuche".

4.3 Übungsaufgaben zur Primär- und Sekundärliteratur und zum Bibliografieren

Beachten Sie bitte die Hinweise zu den Übungen in Kap. 3.5.

1. a) Ihr Thema ist die Darstellung der Übersetzungswissenschaft in Werner Kollers *Einführung in die Übersetzungswissenschaft.* Ihre Fragestellung lautet: „Wie hat sich Kollers Darstellung zwischen der ersten Auflage von 1979 und der achten Auflage von 2011 verändert?" Was wäre hier Ihre Primärliteratur? Was könnte Sekundärliteratur sein? Geben Sie ein konkretes Beispiel für einen möglichen Sekundärtext.

   b) Bearbeiten Sie dieselben Aufgaben wie unter a) für das Thema Stegreifübersetzen[9] bei einem Gerichtsprozess und die Fragestellung „Welche Anforderungen werden bei dem Prozess an das Stegreifübersetzen gestellt?"

2. In Kap. 4.2 wurde eine bibliografische Suche zu Schleiermachers Übersetzungsauffassung beschrieben. Führen Sie selbst die Suche noch einmal so durch, wie sie beschrieben wurde (mit den Suchbegriffen *Schleiermacher* und *Kolonialismus,* wie angegeben). Schauen Sie sich die Ergebnisse Ihrer Suche an. Wie viele Treffer bekommen Sie?

---

9 Die gängige Bezeichnung *Stegreifübersetzen* (oder *Vom-Blatt-Übersetzen*) ist irreführend, da diese Translationsform viel Ähnlichkeit mit dem Dolmetschen hat.

3. Rufen Sie in BITRA die Suchmaske auf.

   a) Geben Sie unter „Titel" das Wort *Skopos* ein. Wie viele Treffer bekommen Sie?

   b) Nun rufen Sie wieder die Suchmaske auf, lassen Sie sich die Liste der Schlagwörter anzeigen (auf den Pfeil klicken), wählen Sie „Skopos", und führen Sie die Suche noch einmal durch.

   c) Erklären Sie den Unterschied zwischen den Suchergebnissen bei a) und b).

4. Wenn Sie Zugang zur *Translation Studies Bibliography* haben, rufen Sie sie auf.

   a) Finden Sie heraus und beschreiben Sie, wo man das Schlagwortverzeichnis dieser Bibliografie findet.

   b) Überlegen Sie sich ein Thema und eine Fragestellung für eine Hausarbeit.

   c) Erklären Sie an einem konkreten Beispiel, das zu Ihrer Fragestellung passt, wie man die Schlagwortsuche durchführt.

   (Diese Übung setzt Englischkenntnisse voraus.)

5. Ihr Thema ist die Entwicklung der Translationswissenschaft in Lettland seit 1991. Ihre Fragestellung lautet: „Welche internationalen Einflüsse sind in der lettischen Translationswissenschaft seit 1991 erkennbar?"

   a) Benützen Sie, falls technisch möglich, beide Online-Bibliografien, um Sekundärliteratur zu diesem Thema zu finden. Beschreiben Sie Ihre Vorgehensweise bei der Suche, und listen Sie kurz die Ergebnisse auf.

   b) Wie entscheiden Sie, ob die Treffer brauchbar sind oder nicht?

   c) Welche Bibliografie ist für dieses Thema und diese Fragestellung am ergiebigsten?

   d) Genügt das, was Sie gefunden haben, um dieses Thema zu bearbeiten?

   (Die Übung setzt teilweise Englischkenntnisse voraus.)

6. Wie können Sie herausfinden, welches die wichtigsten deutsch- und englischsprachigen translationswissenschaftlichen Zeitschriften sind? Was ist das Ergebnis Ihrer Suche?

4.4   Bibliothekskataloge

Viele Aspekte von Katalogen sind spezifisch für die jeweilige Bibliothek. Der Umgang mit den für den FTSK relevanten Katalogen wird online in der Datei ‹http://www.fb06.uni-mainz.de/deutsch/Dateien/TWA_Anhang_Kataloge_FTSK.pdf› erläutert. Hier einige allgemeine Hinweise.

Wenn Sie in einer **Bibliografie** geeignete Sekundärliteratur gefunden haben, schauen Sie im **Bibliothekskatalog** nach, ob das betreffende Werk in Ihrer Bibliothek vorhanden ist. Bibliothekskataloge unterscheiden sich in zwei wesentlichen Punkten von Bibliografien und dürfen daher nicht mit diesen verwechselt werden:

- Erstens verzeichnen Kataloge nicht alle Publikationen zu einem bestimmten Thema, sondern nur die sogenannten **Bestände** (= die vorhandenen Werke) einer bestimmten Bibliothek.

- Zweitens enthalten sie traditionell nur selbstständige Publikationen (d. h. Bücher und Zeitschriften), keine nicht selbstständigen (d. h. keine Beiträge zu Sammelbänden oder Zeitschriften). Wenn Sie sich für eine nicht selbstständige Publikation interessieren, müssen Sie nach der übergeordneten selbstständigen suchen (also nach dem Sammelband bzw. der Zeitschrift, in der der Beitrag erschienen ist).

Die Grenze zwischen Bibliografien und Katalogen verschwimmt allerdings allmählich. Ein Beispiel ist das **Rechercheportal** der Universitätsbibliothek Mainz unter ‹https://hds.hebis.de/ubmz/index.php›. Hier lassen sich sowohl selbstständige als auch nicht selbstständige Publikationen finden, teilweise auch Publikationen, die nicht in den Mainzer Beständen vorhanden sind. Das Portal greift jedoch bei Weitem nicht auf alle verfügbaren Datenbanken zu. So erbrachte eine Suche nach dem Schlagwort *Skopostheorie* im August 2015 bei der Büchersuche 0 Treffer und bei der Artikelsuche lediglich 17, davon 12 auf Chinesisch (zum Vergleich: BITRA 183, *Translation Studies Bibliography* 144).

Deshalb dürfen weder Bibliothekskataloge noch Rechercheportale anstelle von Bibliografien verwendet werden. Wenn Sie für Ihre Literatursuche nur Kataloge und Rechercheportale benutzen, kann es gut sein, dass Sie sämtliche wichtigen Publikationen zu Ihrem Thema übersehen. Sie müssen **zuerst mit Bibliografien** arbeiten. Natürlich können Sie andere Ressourcen, z. B. Kataloge, ergänzend heranziehen, für den Fall, dass Sie beim Bibliografieren etwas übersehen haben. Als weitere Ergänzung zum Bibliografieren können Sie auch auf gut Glück vorhandene Sammelbände und Zeitschriften durchblättern; manchmal findet man trotz vorherigen Bibliografierens dort noch etwas anderes Interessantes.

Die Bestände von Hochschulbibliotheken sind heutzutage in aller Regel in Online-Katalogen verzeichnet, die flexibel durchsuchbar sind: beispielsweise nach Namen von AutorInnen bzw. HerausgeberInnen, nach Titelstichwörtern oder auch nach ganzen Titeln, nach Schlagwörtern usw. Zusätzlich zu den Angaben, die auch Bibliografien enthalten, finden sich in einem Katalog Informationen zum Standort des betreffenden Werkes. Hierüber gibt die sogenannte **Signatur** Auskunft; sie enthält außerdem in manchen Bibliotheken auch einen Hinweis auf das Fachgebiet, dem das Werk zugeordnet ist. Beispiel FTSK: In der Signatur *TRA-ALLG 52.10 Bahad 200/1. Ex.* bedeutet *TRA-ALLG* „Translationswissenschaft allgemein" (also nicht sprachenpaarbezogen); *52* bedeutet „Theorie des Dolmetschens und der Dolmetschwissenschaft", und *52.10* sind Gesamtdarstellungen.

Um im Katalog einer deutschen Bibliothek Werke **in nicht lateinischer Schrift** (z. B. auf Arabisch, Chinesisch, Griechisch, Russisch) zu suchen, müssen Sie in der Regel wissen, welches Transliterationssystem verwendet wird. Erkundigen Sie sich gegebenenfalls bei den MitarbeiterInnen der Bibliothek.

Schauen Sie sich den Katalog Ihrer Bibliothek an, und informieren Sie sich über seine Benutzung und über die Ausleihmöglichkeiten. Sie können für die Recherche auf folgende **Beispiele** zurückgreifen:

- Ist in Ihrer Bibliothek die *Grundlegung einer allgemeinen Translationstheorie* von Katharina Reiß und Hans J. Vermeer vorhanden?

- Ist die Zeitschrift *Lebende Sprachen* vorhanden?

- Welches ist die schnellste Möglichkeit herauszufinden, ob in Ihrer Bibliothek eine spanische Übersetzung von Schleiermachers berühmter Abhandlung zum Übersetzen vorhanden ist? Natürlich können Sie eine allgemeine Suche nach *Schleiermacher* durchführen und sich alle angezeigten Werke anschauen; aber gibt es noch eine präzisere Suchmöglichkeit?

- Wenn Sie ein Werk im Katalog gefunden haben, schauen Sie sich seine Signatur an. Sagt die Signatur etwas darüber aus, wo das Werk steht? In welchem Raum der Bibliothek und an welchem Platz auf dem Regal müssen Sie es suchen?

- Dürfen Sie alle Bestände Ihrer Bibliothek ausleihen oder nur manche oder gar nichts? Wie funktioniert die Ausleihe?

- Können Sie Bestände anderer Bibliotheken per Fernleihe bestellen? Wenn ja, wie funktioniert die Fernleihe?

Unabhängig von der jeweiligen Hochschule sind der **Karlsruher Virtuelle Katalog** (KVK, ‹http://www.ubka.uni-karlsruhe.de/kvk.html›) oder **WorldCat** ‹https://www.worldcat.org/› interessant: Das sind „Meta-Kataloge" für Bibliothekskataloge (beim KVK zusätzlich auch für Buchhandelskataloge); Sie können mit einer Suchanfrage gleichzeitig verschiedene deutsche und internationale Kataloge durchsuchen. Das ist z. B. nützlich,

- wenn Sie nicht an Ihrem Hochschulort sind und wissen möchten, in welcher anderen Bibliothek bestimmte Werke zu finden sind,
- oder wenn Sie bei ins Deutsche übersetzten Werken nach dem Originaltitel suchen (viele Bibliothekskataloge geben bei übersetzten Werken auch den Originaltitel mit an).
- Sie können hier auch überprüfen, wann ein bestimmtes Werk ursprünglich veröffentlicht wurde (diese Angabe ist wichtig für Ihr Literaturverzeichnis)
- und ob von einem in Ihrer A-Sprache verfassten Werk eine deutsche Übersetzung existiert.

Neben Katalogen sind auch Datenbanken wichtige Ressourcen. Beispielsweise enthält die **Elektronische Zeitschriftenbibliothek** ‹http://ezb.uni-regensburg.de/› Volltextartikel, die bei einigen Zeitschriften frei zugänglich sind, bei anderen von Angehörigen bestimmter Institutionen abgerufen werden können. Die **Zeitschriftendatenbank** ‹http://www.zeitschriftendatenbank.de/› erfasst gedruckte und elektronische Zeitschriften, Zeitungen und Schriftenreihen in deutschen und österreichischen Bibliotheken.

Zum Abschluss noch ein Hinweis für diejenigen, die **andere Bibliotheken** als die ihrer Hochschule benutzen. Man unterscheidet in Deutschland zwischen wissenschaftlichen und öffentlichen Bibliotheken. **Wissenschaftliche Bibliotheken** (z. B. Universitätsbibliotheken) sind forschungsorientiert; zu ihrem Zielpublikum zählen Dozierende und Studierende. Öffentliche Bibliotheken (z. B. Stadtbüchereien) sind Institutionen für die allgemeine Bevölkerung. Die Bestände überschneiden sich natürlich teilweise: Manche Werke kann man sowohl in wissenschaftlichen als auch in öffentlichen Bibliotheken finden. Für wissenschaftliche Zwecke, beispielsweise Hausarbeiten, sind aber in der Regel wissenschaftliche Bibliotheken sehr viel besser geeignet; man wird dort deutlich mehr relevantes Material finden als in öffentlichen.

Nicht alle wissenschaftlichen Bibliotheken sind jedoch für jedes Thema gleich nützlich. Die Bibliothek des FTSK ist relativ klein, aber mit translationswissenschaftlichen Werken (natürlich) sehr gut ausgestattet.

Es hat wenig Sinn, für eine translationstheoretische Arbeit z. B. die Universitätsbibliothek Mannheim zu benutzen. Für eine Terminologiearbeit zum Risikomanagement andererseits genügen wahrscheinlich die wirtschaftswissenschaftlichen Bestände des FTSK nicht.

4.5   Übungsaufgaben zur Bibliothek

Für alle Aufgaben:

* Suchen Sie im Katalog bzw. in den Katalogen „Ihrer" Bibliothek die Datensätze für die folgenden Werke.
* Notieren Sie sich die Signaturen der Werke und
* finden Sie heraus, wo die Werke stehen.
* Versuchen Sie, die Werke auf dem Regal zu finden, und
* notieren Sie sich ggf., bei welchen Werken das nicht möglich ist.
* Informieren Sie sich, welche dieser Werke Sie ausleihen können und welche nicht.
* Bei ausleihbaren Werken geben Sie Schritt für Schritt an, wie Sie beim Ausleihen vorgehen.

1. Siegfried Meurer (Hrsg.), *Die vergessenen Schwestern: Frauengerechte Sprache in der Bibelübersetzung.*

2. Karen Nölle-Fischer, „Können weibliche Schreibweisen Bewegung in die Geschlechterbeziehung bringen?", in der Zeitschrift *Der Übersetzer* 29 (1995).

3. Jacquy Neff, *Deutsch als Konferenzsprache in der Europäischen Union.*

4. Heidrun Witte, *Die Kulturkompetenz des Translators.*

5. Alberto Gil, „Olla podrida, pot pourri und andere ‚Schweinereien': Lexikalische Transferleistungen via Übersetzungen", in dem Sammelband *Heidelberger Spätlese: Ausgewählte Tropfen aus verschiedenen Lagen der spanischen Sprach- und Übersetzungswissenschaft. Festschrift anlässlich des 70. Geburtstages von Prof. Dr. Nelson Cartagena,* hrsg. Jörn Albrecht und Frank Harslem.

6. Peter Colliander (Hrsg.), *Übersetzer und Übersetzungskulturen.*

7. Dorothée Behr, *Translationswissenschaft und international vergleichende Umfrageforschung.*

8. Nadja Grbić (2005), „Vom Weiblichen im Text zur Akteurin im Handlungsfeld: Marksteine der feministischen Translationswissenschaft." *AEP Informationen: Feministische Zeitschrift für Politik und Gesellschaft* 3, 22–24.

4.6 Internetrecherche

In Ergänzung zu gedruckten und elektronischen Bibliografien können Sie auch das **Internet zur Literatursuche** verwenden – aber Vorsicht: Das Internet kann nur eine Ergänzung sein, es kann den Umgang mit Bibliografien nicht ersetzen.

Ausführliche Informationen zur Internetrecherche finden Sie im *Handbuch Internet Recherche* ‹http://www.werle.com/intagent/index.htm›. Hier gebe ich einige einführende Hinweise, die natürlich im Laufe der Zeit zunehmend veralten werden, da sich das Internet sehr schnell ändert. Wundern Sie sich deshalb bitte nicht, wenn z. B. eine der hier erwähnten Ressourcen nicht mehr verfügbar ist.

Eine systematische Internetrecherche führt man mit **Suchmaschinen** durch. Eine Suchmaschine ist eine spezielle Software, mit der Sie im Internet nach Dokumenten suchen können. Das Ergebnis einer Suchmaschinen-Suche ist eine Liste von Verweisen (Links) auf Internetdokumente. Im Gegensatz dazu liefern Bibliografien und ähnliche Datenbanken zwar eine Liste von Dokumenten, aber diese sind nicht unbedingt im Internet verfügbar oder verlinkt.

- Die heutzutage bekannteste Suchmaschine ist Google; es kann sich aber lohnen, bei einer gründlichen Recherche auch noch andere einzubeziehen.

- Metasuchmaschinen wie etwa MetaCrawler (deutsch ‹http://www.metacrawler.de/›) greifen gleichzeitig auf verschiedene Suchmaschinen zu.

- Eine Metasuchmaschine, die mit ihren strengen Datenschutzbestimmungen wirbt und beispielsweise die zu einer Suchanfrage gehörende IP-Adresse nicht speichert, ist ixquick ‹https://www.ixquick.de/›.

- Über ‹http://www.klug-suchen.de/› lassen sich Suchdienste verschiedener Art finden.

- Speziell nach wissenschaftlichen Texten können Sie mit der Suchmaschine ‹http://scholar.google.de› suchen.

- Die Universitätsbibliothek Bielefeld bietet mit ‹http://www.base-search.net/› eine Suchmaschine für wissenschaftliche Dokumente, die per Open Access, also kostenfrei und öffentlich, zugänglich sind.

- Unter ‹http://books.google.de› finden sich Auszüge aus zahlreichen Printwerken; das ist hilfreich, wenn man beispielsweise feststellen möchte, ob sich die Beschaffung des betreffenden Werkes in Printform lohnt (und auch für eine Terminologiesuche beim Übersetzen kann Google Books sehr nützlich sein). Sie sollten sich aber nicht darauf verlassen, dass Ihnen alles Gedruckte auch auf diesem Weg zugänglich ist; das ist unter anderem aus urheberrechtlichen Gründen ausgeschlossen.

Wenn Sie eine Suchmaschine benützen, achten Sie darauf, präzise **Suchbegriffe** zu verwenden – z. B. nicht allgemein *Übersetzen,* sondern *Übersetzen EN 15038* (wenn Sie eine Hausarbeit über die europäische Übersetzungsnorm EN 15038 schreiben). Je nach Thema kann es sinnvoll sein, die Suchbegriffe in verschiedenen Sprachen einzugeben. Suchbegriffe lassen sich außerdem mithilfe sogenannter **Operatoren** verknüpfen. Bei Google gibt es unter anderem folgende Möglichkeiten:

- Mit OR finden Sie Seiten, die einen der angegebenen Suchbegriffe enthalten. Beispielsweise führt eine Suche nach *Übersetzungswissenschaft OR Translationswissenschaft* zu Seiten, die entweder *Übersetzungswissenschaft* oder *Translationswissenschaft* enthalten. Das ist dann sinnvoll, wenn es für Ihre Zwecke egal ist, welche der beiden Benennungen[10] verwendet wird.

- Mit AND finden Sie Seiten, die jeden der angegebenen Suchbegriffe enthalten. Eine Suche nach *Übersetzungswissenschaft AND Translationswissenschaft* führt zu Seiten, die sowohl *Übersetzungswissenschaft* als auch *Translationswissenschaft* enthalten. Das kann nützlich sein, wenn Sie sich z. B. für eine Abgrenzung der beiden Begriffe interessieren.

- Mit - finden Sie Seiten, die den so gekennzeichneten Suchbegriff nicht enthalten. Eine Suche nach *Translationswissenschaft -Übersetzungswissenschaft* führt zu Seiten, die *Translationswissenschaft* enthalten, aber nicht *Übersetzungswissenschaft*. Auf diese Weise

---

10 In der Terminologielehre versteht man unter *Begriff* eine Denkeinheit, unter *Benennung* die sprachliche Repräsentation eines Begriffs. Es ist deswegen etwas irreführend, von *Suchbegriffen* zu sprechen, denn mit einer Suchmaschine sucht man ja gerade nicht nach der Denkeinheit, also dem Begriff, sondern nach einem oder mehreren Wörtern, also einer Benennung. Die Benennung *Suchbegriff* ist aber üblich. (Zur Ergänzung: *Bezeichnung* ist in der Terminologielehre ein Oberbegriff zu *Benennung;* eine Bezeichnung repräsentiert ebenfalls einen Begriff, kann aber außer aus Wörtern auch aus nonverbalen Symbolen bestehen. Als *Terminus* bezeichnet man die Kombination aus Begriff und zugehöriger Benennung.)

können Sie eine Suche einschränken, wenn Sie zu viele Treffer aus Bereichen bekommen, die für Sie nicht relevant sind.

- Mit einer Suche in Anführungszeichen finden Sie Seiten, die genau diese Formulierung enthalten. Eine Suche nach „Translationswissenschaft Übersetzungswissenschaft" führt zu Seiten, die Translationswissenschaft und Übersetzungswissenschaft in dieser Reihenfolge und exakt dieser Form enthalten. Zwar werden Sie wohl eher nicht nach „Translationswissenschaft Übersetzungswissenschaft" suchen wollen; aber nützlich ist eine solche Suche zum Beispiel dann, wenn es Ihnen um Definitionen geht: Mit einer Suche nach typischen Formulierungen wie „Translationswissenschaft ist" lassen sich Definitionen schnell finden. Und man kann auf diese Weise auch die Korrektheit von Formulierungen überprüfen: Wenn Sie etwa wissen möchten, ob man funktionale Translationswissenschaft sagen kann, können Sie die Formulierung in Anführungszeichen googeln. Beim Schreiben in der Fremdsprache kann das sehr hilfreich sein.

- Ein Sternchen * können Sie als Platzhalter innerhalb einer Suche mit Anführungszeichen verwenden. Eine Suche nach „Translationswissenschaft * Übersetzungswissenschaft" (mit Anführungszeichen) führt zu Seiten, die Translationswissenschaft und Übersetzungswissenschaft in dieser Reihenfolge und dieser Form, aber mit einem oder mehreren Wörtern dazwischen enthalten. Diese Suchweise dürfte bei der Suche nach Sekundärliteratur eher wenig hilfreich sein; sie ist aber nützlich, wenn es um Formulierungen geht: Beispielsweise können Sie mit „in der * Translationswissenschaft" herausfinden, welche Adjektive mit Translationswissenschaft kollokieren.

- Mit site: lässt sich die Suche auf eine ganz bestimmte Domäne oder Website einschränken. Beispielsweise führt eine Suche nach Translationswissenschaft site:de zu Seiten, die zur Domäne .de gehören, und eine Suche nach Translationswissenschaft site:zeit.de zu Seiten der gleichnamigen Wochenzeitung. Eine solche Suche können Sie zum Beispiel dann durchführen, wenn Sie sich für mögliche Unterschiede im Sprachgebrauch zwischen Deutschland (site:de) und Österreich (site:at) interessieren oder wenn Sie wissen möchten, ob die Benennung Translationswissenschaft auch im Journalismus üblich ist. Beachten Sie, dass nach dem Doppelpunkt kein Leerschritt stehen darf: site:de, nicht site: de.

Weitere Hinweise zu Operatoren finden Sie unter ‹https://support.
google.com/websearch/answer/2466433› und verschiedene allgemeine
Tipps für Google-Suchen unter ‹http://www.google.com/intl/de_
ALL/insidesearch/tipstricks/all.html›.

Außer mit Suchmaschinen können Sie das Internet auch nach dem
Zufallsprinzip durchsuchen, indem Sie von einer einmal gefundenen
Webseite aus den **Links** folgen. Das ist die Internet-Entsprechung zum
Schneeballsystem.

Mit einer Internetsuche können Sie sowohl auf bibliografische Angaben zu gedruckter Sekundärliteratur stoßen als auch auf elektronische
Publikationen. Das **Problem bei elektronischen Publikationen** (Internetpublikationen) ist, dass man sie noch mit sehr viel mehr Vorsicht
lesen muss als gedruckte. Sie müssen zwar über jeden Sekundärtext
kritisch nachdenken (s. hierzu Kap. 5.4), aber beim Internet ist das ganz
besonders wichtig. Der Grund dafür: Gedruckte Publikationen herzustellen kostet viel Zeit und Geld; um die Zeit und das Geld nicht zu
verschwenden, wird nach Möglichkeit darauf geachtet, dass der Text
eine gewisse Qualität hat. Bei sehr vielen Internetseiten dagegen gibt es
keinerlei Qualitätskontrolle. Wer Zugang zu einem Server hat, kann
Texte in beliebiger Menge und Qualität hochladen. Daher findet man im
Internet überdurchschnittlich viele unbrauchbare Texte. Auch deswegen
sollte man sich nicht zu stark auf Internetpublikationen stützen.

Woran sieht man, ob eine Internetpublikation seriös ist oder nicht?
Ganz allgemein gilt: Die Websites von Institutionen, die sich schwerpunktmäßig mit Translationswissenschaft bzw. Translation befassen,

- also z. B. die Website des FTSK ‹http://www.fb06.uni-mainz.de/›,
- des BDÜ ‹http://www.bdue.de/›
- oder der Generaldirektion Übersetzung der Europäischen Kommission ‹http://ec.europa.eu/dgs/translation/index_de.htm›,

sind tendenziell vertrauenswürdig, wenn es um translationswissenschaftliche Themen geht. *Tendenziell* bedeutet, dass jede Publikation
auf einer dieser Websites ebenso kritisch gelesen werden muss wie eine
gedruckte, dass aber kein Anlass zu besonderem Misstrauen besteht.
Dasselbe gilt für translationswissenschaftliche Online-Zeitschriften.

Je nach Thema und Fragestellung können auch andere Websites vertrauenswürdig sein (z. B. Websites von Unternehmen) – das muss im
Einzelfall geprüft werden. Wichtig ist, dass Fachkenntnis und Neutralität gewährleistet sind. Beispielsweise wird jemand, der ein Translations-
tool verkaufen möchte, das Tool wahrscheinlich sehr positiv darstellen;
Neutralität kann man in einem solchen Fall nicht voraussetzen.

Für die Online-Enzyklopädie *Wikipedia* ‹http://de.wikipedia.org/› gilt zum einen dasselbe wie für gedruckte Enzyklopädien wie *Brockhaus* oder *Meyer:* Sie ist ein Nachschlagewerk, das für den Einstieg in ein Thema benutzt werden kann (um sich einen ersten Überblick über das Thema zu verschaffen), aber sie kann keinesfalls Fachpublikationen (Monografien und Beiträge zu wissenschaftlichen Sammelbänden und Zeitschriften) ersetzen. Zum anderen können in *Wikipedia* alle schreiben, die über einen Internetzugang verfügen; und da man nicht wissen kann, wer einen bestimmten Artikel verfasst oder abgeändert hat, ist entsprechende Vorsicht geboten. Zuverlässiger als die Artikel selbst sind manchmal die zugehörigen Einzelnachweise und Weblinks.

4.7 Übungsaufgaben zur Internetrecherche

1. Ihre Hausarbeit behandelt das Thema Exotensprachen beim Gerichtsdolmetschen in Rheinland-Pfalz. Ihre Fragestellung lautet: „Welche Exotensprachen werden derzeit am stärksten nachgefragt und warum?" [Wenn Sie nicht am FTSK studieren, bearbeiten Sie das Thema für die relevante Verwaltungseinheit, in der Ihre Heimatuniversität liegt.]

   a) Führen Sie zunächst eine Internetrecherche durch, um herauszufinden, worum es bei dem Thema und der Fragestellung überhaupt geht: Was ist Gerichtsdolmetschen, was sind Exotensprachen? Welche Suchbegriffe führen zu brauchbaren Ergebnissen?

   b) Nennen Sie zwei brauchbare Webseiten, auf die Sie bei Ihrer Suche gestoßen sind (Link angeben). Begründen Sie, warum Sie diese Webseiten für vertrauenswürdig halten. (Falls Sie keine zwei brauchbaren Webseiten finden: Woran könnte das liegen?)

2. Wie Aufgabe 1; aber nennen Sie eine Webseite, die (vielleicht) nicht vertrauenswürdig ist. Begründen Sie, warum Sie diese Webseite nicht für vertrauenswürdig halten.

3. Thema und Fragestellung wie in Aufgabe 1.

   a) Führen Sie eine Internetrecherche durch, um geeignete Literatur speziell zu Ihrer Fragestellung zu finden. Welche Suchmaschinen und Suchbegriffe führen zu brauchbaren Ergebnissen?

   b) Nennen Sie zwei brauchbare Webseiten, auf die Sie bei Ihrer Suche gestoßen sind (Link angeben). Begründen Sie, warum Sie diese Webseiten für vertrauenswürdig halten. (Falls Sie keine zwei brauchbaren Webseiten finden: Woran könnte das liegen?)

4.8   Humanressourcen

Bei wissenschaftlichen Arbeiten kann man natürlich auch von verschiedenen **Personen** Hinweise auf nützliche Sekundärliteratur bekommen. Bei Seminaren an deutschen Hochschulen beispielsweise stellt häufig die Dozentin bzw. der Dozent einen sogenannten **Semesterapparat** bzw. Seminarapparat zusammen – das sind Texte, die für das Seminarthema besonders relevant sind. Mit einem solchen Apparat wird Ihnen oft schon ein Teil der Suche nach Sekundärliteratur abgenommen. Nützen Sie diese Hilfestellung aus und schauen Sie sich die betreffenden Texte gründlich an.

Über den Semesterapparat hinaus kann Ihnen die Seminarleiterin oder der Seminarleiter vielleicht auch noch **Literaturhinweise** zu Ihrem speziellen Thema geben. Nicht alle freuen sich aber, wenn Sie kommen und gleich eine komplette Liste mit zu lesender Sekundärliteratur haben wollen – die Literatursuche ist schließlich auch Teil Ihrer wissenschaftlichen Leistung.

Das Flussdiagramm in Abbildung 1 (oben, 48) zeigt Ihnen, wie Sie den Gebrauch von Semesterapparat, Literaturhinweisen usw. mit dem Bibliografieren verbinden.

Manche Studierende schreiben auch ihnen unbekannte Personen an, auf deren Namen sie (z. B. bei einer Internetrecherche) in Zusammenhang mit ihrem Thema gestoßen sind. Man stellt z. B. fest, dass Irina Alexeeva auf einer Germersheimer Konferenz zum Thema „Translationswissenschaftliche Studiengänge und der Bologna-Prozess" einen Vortrag über übersetzungsrelevante Textanalyse gehalten hat, und schreibt sie mit der Bitte um Literaturhinweise an. Es ist eher unwahrscheinlich, dass Sie auf eine solche Bitte eine ausführliche Antwort (oder überhaupt eine Antwort) bekommen, denn warum sollte sich jemand, der Sie überhaupt nicht kennt, die Mühe machen, Ihnen die Arbeit des Bibliografierens abzunehmen?

4.9 Kurzüberblick

Selbstständig, nicht selbstständig / primär, sekundär:

Art der Veröffentlichung	Verwendung	Erklärung	Hinweise
selbstständige und nicht selbstständige Publikationen	Primärliteratur	die Texte, die Sie analysieren und über die Sie etwas Neues sagen	• hilft beim eigenen Denken
	Sekundärliteratur	die Texte, die Sie zusätzlich zur Analyse der Primärliteratur heranziehen (einschließlich theoretischen Texten) • Monografien • Beiträge zu Sammelbänden • Beiträge zu Zeitschriften • Internetpublikationen	• alle Typen einbeziehen • Aktualität beachten • Fachlichkeitsgrad beachten

Suche nach Sekundärliteratur:

Schritt	Erklärung	Hinweise
1. Bibliografieren	BITRA, *Translation Studies Bibliography*	eher nach Schlagwörtern als nach Titelstichwörtern suchen
2. Überprüfung im Katalog	Heimatbibliothek (ggf. Fernleihe)	bei nicht selbstständigen Publikationen: nach übergeordneter selbstständiger suchen
3. Zur Ergänzung des Bibliografierens	a) Bibliografien in wissenschaftlichen Publikationen („Schneeballsystem")	Aktualität beachten (Erscheinungsjahr der Publikation)
	b) Zeitschriftendatenbanken	nicht als Ersatz fürs Bibliografieren!
	c) Internet-Suchmaschinen	
	d) Meta-Kataloge (z. B. KVK, WorldCat)	
	e) Katalog und Bestände der Heimatbibliothek	
	f) Dozierende	

4.10 Zum Nachdenken

In Zusammenhang mit der Literatursuche könnten Sie über folgende Punkte nachdenken:

➢ In Deutschland legt man bei wissenschaftlichen Arbeiten von Studierenden Wert darauf, dass sowohl eigene Gedanken eingebracht als auch bereits vorhandene Erkenntnisse (Sekundärliteratur) verarbeitet werden. In manchen anderen Kulturen wird fast ausschließlich die Rezeption und Reproduktion von Sekundärliteratur verlangt. In wieder anderen Kulturen geht es hauptsächlich um eine eigene, selbstständige Argumentation. Sagen diese unterschiedlichen Anforderungen etwas über den Status von Studierenden oder allgemeiner über die Struktur des Wissenschaftsbetriebs aus?

➢ Wie verträgt sich die Anforderung, durch Bibliografieren selbstständig nach Sekundärliteratur zu suchen, mit der Kürze der Zeit, die bei einer Hausarbeit dafür zur Verfügung steht?

➢ Wie sollte eine deutsche Hochschule damit umgehen, dass viele Studierende das Internet wesentlich intensiver nutzen als die Bibliothek?

Test Nr. 2: Prunč und Kap. 2–4

Es können mehrere bzw. alle Antworten richtig oder auch mehrere bzw. alle Antworten falsch sein. Wenn Sie eine Antwort nicht wissen, sollten Sie nicht raten, sondern sie lieber offen lassen.

Gegenstand von Test Nr. 2 sind der Ausschnitt aus *Entwicklungslinien der Translationswissenschaft* von Erich Prunč sowie Kap. 2–4. Die Bearbeitungszeit beträgt 40 Minuten. Sie können beim Test auch den Text von Prunč und die behandelten Kapitel heranziehen, müssen also nicht alles auswendig wissen; aber achten Sie bitte darauf, dass Sie die Bearbeitungszeit nicht überschreiten.

1. (Translations-)Wissenschaft

   Welche der folgenden Aussagen sind richtig?

   a) Eine Übersetzungskritik ist eine translationstheoretisch orientierte Arbeit.

   b) Wissenschaft ist ungefähr dasselbe wie Theorie.

   c) In meiner Arbeit sollte ich vor allem das wiedergeben, was ich in der Sekundärliteratur gefunden habe.

   d) Zum deutschen Wissenschaftsverständnis gehört, dass man selbstständig denkt; die Ergebnisse müssen aber immer für andere nachprüfbar sein.

2. Thema und Fragestellung

   Welche der folgenden Aussagen sind richtig?

   a) Wenn das Thema der Hausarbeit Dizdars Darstellung der Skopostheorie ist, kann die Fragestellung lauten: „Wie stellt Dizdar die Skopostheorie dar?"

   b) Wenn das Thema der Hausarbeit die Wichtigkeit des Skopos beim Übersetzen aktueller Werbetexte aus dem Deutschen in Ihre A-Sprache ist, dann kann die Fragestellung lauten: „Wie kann man beim Skopos ‚Verkaufsförderung' kulturspezifische Elemente des Ausgangstextes wiedergeben?"

   c) „Urkundenübersetzen aus dem Arabischen ins Deutsche" ist ein besseres Thema für eine Hausarbeit als „Die Wiedergabe von Begriffen aus dem Rechts- und Behördenwesen beim Übersetzen von Urkunden aus dem Arabischen ins Deutsche".

   d) Über das Thema „Die portugiesischen Übersetzungen der Harry-Potter-Romane" kann ich nur schreiben, wenn mir die Übersetzungen zugänglich sind; es genügt nicht, wenn ich mich aktiv mit der Sekundärliteratur zu diesem Thema auseinandersetze.

3. Prunč: Textverständnis

   Welche der folgenden Aussagen sind richtig? (Stützen Sie sich nur auf das, was Sie bei Prunč finden.)

   a) Was man unter *Translation* versteht, ist nicht zu allen Zeiten und in allen Kulturen gleich.

   b) Ein Translat kann auch eine Zusammenfassung sein.

   c) Der Begriff *Translation* stand im 20. Jahrhundert zunächst mit der sogenannten Leipziger Schule in Verbindung.

   d) Die Bedeutung von Fachtermini wie z. B. *Übersetzungswissenschaft* steht nicht von vornherein fest, sondern kann je nach AutorIn oder Publikationszeit unterschiedlich sein.

4. Fachterminologie nach Prunč

   Welche der folgenden Aussagen sind Prunč zufolge richtig?

   a) *Translation* ist ungefähr dasselbe wie *Translationswissenschaft*.

   b) *Translationswissenschaft* ist ungefähr dasselbe wie *Translatologie*.

   c) *Translation* ist (ausschließlich) ein Oberbegriff für Übersetzen und Dolmetschen.

   d) *Sprachmittlung* hat manchmal dieselbe Bedeutung wie *Translation*.

5. Primär- und Sekundärliteratur

   Ihr Thema ist die Ausweitung des Begriffes *Translation*. Ihre Fragestellung lautet: „Welche Prozesse wurden bis 1985 als *Translation* bezeichnet, welche ab 2005?" – Welche der folgenden Aussagen sind bei diesem Thema und bei dieser Fragestellung richtig?

   a) Die *Translation Studies Bibliography* ist Sekundärliteratur.

   b) Dizdar, „Skopostheorie" ist Sekundärliteratur.

   c) Prunč, *Entwicklungslinien der Translationswissenschaft* ist Sekundärliteratur.

   d) Das im Jahr 2000 erschienene Buch von Heidrun Witte, *Die Kulturkompetenz des Translators*, ist (vermutlich) weder Primär- noch Sekundärliteratur.

6. Selbstständige und nicht selbstständige Publikationen

   Welche der folgenden Publikationen sind selbstständig?

   a) Ein Artikel in *TEXTconTEXT*

   b) Paul Kußmauls Reader zur Sprechakttheorie

   c) Ein zweisprachiges Wörterbuch

   d) Prunč, „Vom Namen und seinem Schatten"

7. Bibliografien

   Welche der folgenden Aussagen sind richtig?

   a) Es genügt nicht immer, nur BITRA zu verwenden.

   b) Im *Index Translationum* findet man translationswissenschaftliche Publikationen.

   c) Wenn ich BITRA benütze, tippe ich am besten in der Suchmaske unter „Titel" die wichtigsten Stichwörter aus dem Titel meiner Hausarbeit ein.

   d) Sekundärliteratur für meine Hausarbeit suche ich zuerst im Internet auf den Seiten der Bibliothek, z. B. ‹http://opac.ub.uni-mainz.de›.

8. Bibliothek und Kataloge

   Welche der folgenden Aussagen sind richtig?

   a) Die Online-Version der *Translation Studies Bibliography* kann ich auch dann nicht von zu Hause aus abrufen, wenn meine Universität sie abonniert hat.

   b) Im KVK kann ich Angaben zu Büchern suchen, die mir für mein Literaturverzeichnis fehlen.

   c) Wenn ich wissen will, ob Dizdars Publikation zur Skopostheorie in der Bibliothek vorhanden ist, kann ich z. B. in die Suchmaske des Online-Katalogs „Dizdar" eingeben.

   d) Die Signatur ist eine fortlaufende Nummer, mit der die Bücher in der Reihenfolge ihrer Anschaffung durchgezählt werden.

9. Recherchemethoden

   Welche der folgenden Aussagen sind richtig?

   a) Für eine translationswissenschaftliche Hausarbeit sollte ich eher die *Translation Studies Bibliography* von Benjamins verwenden als z. B. die *Bibliographie der deutschen Sprach- und Literaturwissenschaft*.

b) Wenn ich Sekundärliteratur zum Thema „Übersetzung von Bedienungsanleitungen für Waschmaschinen" suche, führe ich in
   den translationswissenschaftlichen Bibliografien z. B. eine Suche
   nach *Waschmaschinen* durch.

c) Nach Sekundärliteratur zu suchen bedeutet, nach Büchern zu
   suchen.

d) Sekundärliteratur kann ich z. B. auch über Google suchen, aber
   nur als Ergänzung zum Bibliografieren.

5 Verwertung des gefundenen Materials

In diesem Abschnitt können Sie **Folgendes lernen:**

- die Relevanz von Sekundärliteratur für eine vorgegebene Fragestellung zu beurteilen,
- eine ökonomische und an der Fragestellung orientierte Materialsammlung anzulegen,
- zwischen Gedanken aus der Sekundärliteratur und eigenen Gedanken zu unterscheiden,
- eigene Gedanken zur Fragestellung zu entwickeln,
- Sekundärliteratur kritisch zu bewerten,
- translationswissenschaftliche Publikationen in ihren institutionellen Kontext einzuordnen.

Zu diesem Abschnitt gehört folgende Lektüre: Ausschnitt aus Doris Bachmann-Medick, „Translational Turn" (s. unten, Anhang V). Es ist sinnvoll, wenn Sie den Text erst in Zusammenhang mit den Übungsaufgaben lesen. Planen Sie entsprechend Zeit für die Bearbeitung der Übungsaufgaben ein.

5.1 Relevanz der Sekundärliteratur

Nachdem Sie bibliografiert und sich Sekundärliteratur beschafft haben, müssen Sie die gefundene **Literatur verwerten.**

Bei der Überprüfung der gefundenen Literatur ist es wichtig, dass Sie sich überlegen, was Sie überhaupt wissen wollen. Vor dem Hintergrund Ihres Vorwissens müssen Sie sich darüber klar werden, zu welchen Aspekten Ihres Themas und Ihrer Fragestellung Sie Informationen suchen. Sie brauchen ein **„Leseziel",** das heißt, Sie müssen konkrete Fragen an den Text stellen. Sonst verschwenden Sie Zeit und Energie damit, Informationen zu sammeln, die Sie gar nicht benötigen; und womöglich bauen Sie diese irrelevanten Informationen dann auch noch in Ihre Arbeit ein und schaden damit der Kohärenz (s. hierzu oben, Kap. 3.2).

Zunächst überprüfen Sie, ob die gefundene Literatur überhaupt für Ihr Thema und Ihre Fragestellung **relevant** ist. Zur Überprüfung können Sie verschiedene Teile der Publikation heranziehen:

- **Inhaltsverzeichnis:** Das haben alle wissenschaftlichen Bücher (Monografien und Sammelbände), und Sie sehen daraus oft sehr schnell, was der Schwerpunkt des Buches ist und ob es für Sie interessant ist.
- **Register:** Ein Register (auch *Index* genannt) ist eine alphabetische Liste von Stichwörtern und zugehörigen Seitenzahlen am Ende eines

Buches. Bei den Seitenzahlen handelt es sich um Hinweise, auf welchen Seiten des Buches die betreffenden Stichwörter erwähnt werden. Es gibt beispielsweise Namens-, Werk- und Sachregister. (Statt *Namensregister* sagt man manchmal auch *Personenregister*.) Ein Buch kann mehrere Register haben (z. B. Namens- und Werkregister) oder nur eines (das ist dann oft ein Namensregister), und es kann auch alles zusammen (Namen, Werke, Sachen usw.) in einem einzigen Register aufgelistet werden.

Nicht alle Bücher haben Register. In Monografien findet man häufiger ein Register als in Sammelbänden. Wenn aber z. B. ein Sachregister vorhanden ist, ist es eine sehr nützliche Sache, weil man dann schnell sieht, ob das Buch für das eigene Thema relevant ist.

- **Klappentext:** Bei den meisten Büchern enthält der Umschlag eine Kurzbeschreibung des Inhalts. Dieser „Klappentext" findet sich entweder auf der sogenannten vierten Umschlagseite (= hinten auf dem Buch) oder – bei Büchern mit Schutzumschlag – manchmal auch innen auf der Klappe des Schutzumschlags. Sehr oft steht er auch auf der Website des Verlags. Aus dem Klappentext geht hervor, was der inhaltliche Schwerpunkt des Buches ist. (Der Schutzumschlag wird bei Bibliotheksbüchern manchmal entfernt. Schauen Sie in solchen Fällen nach, ob der Klappentext vielleicht ausgeschnitten und innen ins Buch geklebt wurde.)

- **Einleitung und Schluss:** Die Einleitung und der Schluss eines wissenschaftlichen Textes stellen (bei Publikationen aus der deutschen Wissenschaftskultur) das Ziel und die wichtigsten Ergebnisse vor.

- **Kursorisches Lesen:** Man muss einen Text nicht langsam und gründlich lesen, um herauszufinden, was sein inhaltlicher Schwerpunkt ist. Es genügt meist, den Haupttext schnell durchzublättern. Das ist in der Fremdsprache nicht so einfach wie in der Muttersprache, aber Sie sollten diese Fertigkeit unbedingt üben. Achten Sie beim Lesen auf zentrale Begriffe.

- **Abstract:** Ein Abstract ist eine Kurzzusammenfassung, die am Anfang mancher Beiträge zu Sammelbänden und Zeitschriften steht.

Auch der **Titel** kann natürlich Aufschluss über die Relevanz geben; da er aber bereits beim Bibliografieren eine wichtige Rolle für die Relevanzbeurteilung spielt, führe ich ihn hier nicht noch einmal auf.

Bei **Sammelbänden** ist manchmal nur ein einziger Beitrag relevant, manchmal mehrere, aber so gut wie nie alle. Sie müssen also auf jeden Fall zusätzlich zur Relevanz des ganzen Bandes auch noch die Relevanz der einzelnen Beiträge überprüfen; hierfür eignen sich vor allem die Einleitung und der Schluss des betreffenden Beitrags, das kursorische Lesen sowie (falls vorhanden) das Abstract.

Beispiel: Ihr Thema ist die Qualitätssicherung in der Übersetzungslehre. Ihre Fragestellung lautet: „Wie können Studierende lernen, die Qualität ihrer Übersetzungen zu beurteilen und zu verbessern?" Beim Bibliografieren sind Sie auf einen 2007 publizierten, von Peter A. Schmitt und Heike E. Jüngst herausgegebenen Sammelband mit dem Titel *Translationsqualität* gestoßen. Der Titel deutet darauf hin, dass der Band für Sie relevant sein könnte; Sie haben sich daher das Buch beschafft. Und Sie wollen nun wissen, ob es sich lohnt, sich mit diesem Band näher zu beschäftigen. Ihr Leseziel: Sie suchen möglichst konkrete Methoden, mit denen die Qualität studentischer Übersetzungsleistungen verbessert werden kann. Die Relevanz des Sammelbandes insgesamt beurteilen Sie folgendermaßen:

Klappentext	„Rund 60 Experten aus Translationswissenschaft und -praxis betrachten so unterschiedliche Facetten wie: [...] Methoden zur Qualitätslenkung und -beurteilung in Lehre und Praxis"
Register	nicht vorhanden
Inhaltsverzeichnis	unter anderem: Anne-Kathrin D. Ende, „Qualitätssicherung in Ausbildung und Praxis"; Heike E. Jüngst, „Übersetzungsunterricht als Erziehung zur Qualitätskontrolle"

Da die Formulierung „Methoden zur Qualitätslenkung und -beurteilung in [der] Lehre" relativ genau Ihrer Fragestellung entspricht und die Titel von Ende und Jüngst sehr relevant aussehen, schauen Sie sich diese beiden Texte näher an. Hierbei stellen Sie Folgendes fest:

	Ende	Jüngst
Einleitung	„Unterscheiden sich die Anforderungen an die Qualität von Dolmetschleistungen aus der Perspektive der Lehrenden und der späteren Kunden? [...] Die Definition und Messbarkeit der Qualität einer Verdolmetschung ist sehr schwierig." (2007: 112)	Studierende sollten „Strategien entwickelt haben, die [...] die Qualität der Übersetzung sichern" (2007: 289).
Schluss	(nicht überprüft)	„Der normale Übersetzungsunterricht bietet Raum für die Erziehung zum Qualitätsbewusstsein. Wichtig ist, dass die Studierenden mitmachen. Der Sinn der einzelnen Übungen muss ihnen klar sein." (2007: 294)

	Ende	Jüngst
Kursorisches Lesen	Stichwort *Übersetzen* kommt nicht vor.	Zwischenüberschriften wie „Mögliche Freiarbeitsmodelle: Gruppenarbeit", „Organisierte Fehlerverbesserung", „Umgang mit einem fiktiven Auftraggeber", „Verbesserung eigener Arbeiten" und „Zweitübersetzung" (2007: 291–294).

Die Relevanzbeurteilung für Ende ergibt, dass es in diesem Text ausschließlich um das Dolmetschen geht. Der Titel des Aufsatzes, „Qualitätssicherung in Ausbildung und Praxis", ist somit missverständlich formuliert: Er ist wesentlich allgemeiner als der Aufsatz selbst. Für Ihre Fragestellung ist Ende nicht relevant. Der Aufsatz von Jüngst dagegen scheint tatsächlich konkrete Methoden für die Übersetzungslehre zu behandeln; es wird sich also lohnen, diesen Text gründlicher durchzuarbeiten.

5.2 Notizen machen und Material ordnen

Wenn Sie mithilfe von Inhaltsverzeichnis, Register, Klappentext, Einleitung/Schluss, kursorischem Lesen und/oder Abstract festgestellt haben, dass ein bestimmtes Werk für Sie relevant ist, gehen Sie es gründlicher durch. Machen Sie sich **Notizen,** oder scannen bzw. kopieren Sie einzelne Stellen, die Sie für sehr wichtig halten (s. aber unten zu Problemen beim Kopieren). **Keinesfalls** dürfen Sie in einem Buch aus der Bibliothek interessante Stellen **anstreichen** oder Kommentare ins Buch schreiben. Denn erstens wird dadurch das Buch – fremdes Eigentum – beschädigt, und zweitens stören Sie damit alle, die das Buch nach Ihnen lesen wollen. Eine Unterstreichung suggeriert, dass die betreffende Stelle wichtig sei; man schaut unwillkürlich diese Stelle gründlicher an als den Rest der Seite – aber für Sie ist vielleicht etwas ganz anderes wichtig als für andere.[11] Wenn Sie mit eigenen Büchern oder mit Kopien arbeiten, kön-

---

11 Am Rande noch eine weitere Bemerkung zum Sozialverhalten in der Bibliothek: Wenn Sie in einer Bibliothek arbeiten, in der Sie Bücher nach Benutzung selbst aufs Regal zurückstellen dürfen bzw. müssen, achten Sie bitte unbedingt darauf, dass Sie jedes Buch an der richtigen Stelle einordnen, also dort, wo es entsprechend seiner Signatur hingehört. Beispiel FTSK: In Germersheim gibt es ungefähr 2000 Studierende. Wenn jede/r Studierende nur einmal im Monat ein Buch falsch einstellt, stehen am Ende des Monats schon 2000 Bücher falsch. Und heute haben die wenigsten Bibliotheken genügend Personal, um die Bücher so oft aufzuräumen, wie es sein müsste. Das Ergebnis ist, dass vorhandene Bücher nicht aufzufinden sind.

nen Sie natürlich Unterstreichungen verwenden; aber nutzen Sie sie sparsam. Sesink empfiehlt, sich beim Unterstreichen auf *„besonders treffende Formulierungen"*, *„typische Aussagen"* und *„Stichworte für den Inhalt* eines ganzen Textabschnitts" zu beschränken (⁹2012: 40). Beim Arbeiten in der Fremdsprache allerdings kann das Unterstreichen von Formulierungen auch gefährlich sein, denn zum einen wird dann je nach Sprachkompetenz vielleicht sehr viel unterstrichen, und zum anderen führt die Verwendung von Formulierungen anderer leicht zu Plagiaten (s. hierzu Kap. 9.6). Ich rate daher eher, nur das inhaltlich Wichtigste zu unterstreichen.

Viele Studierende **kopieren bzw. scannen zu viel** und erschweren sich dadurch unnötig die Arbeit. Kopieren Sie keinesfalls Texte „auf Vorrat", wenn Sie noch gar nicht wissen, ob sie überhaupt relevant sind; damit verschwenden Sie nur Zeit und Geld, und Sie laufen Gefahr, den Überblick zu verlieren. Es nützt nichts, eine Publikation in der Tasche oder auf dem Rechner zu haben. Wichtig ist, was man im Kopf hat. Daher ist es oft besser, auf das Kopieren bzw. Scannen zu verzichten und **stattdessen mit Notizen** zu arbeiten.

Wie sehen **Lektürenotizen** (sogenannte **„Exzerpte"**) aus, und warum sind sie nützlich?

Notizen können mehrere Teile haben: Zusammenfassungen, wichtige (!) direkte Zitate, eigene Kommentare usw. Sie ermöglichen einen schnellen Zugriff auf das, was für die eigene Arbeit wirklich benötigt wird (man muss beim Schreiben nicht die gesamte Sekundärliteratur noch einmal von vorn lesen), und man kann damit auch sehr gut überprüfen, ob man den betreffenden Sekundärtext überhaupt verstanden hat. Wenn man den Text noch nicht ganz verstanden hat, helfen die Notizen, offene Fragen zu klären.

Beispiel: Ihr Thema ist der Begriff *Translationswissenschaft.* Ihre Fragestellung lautet: „Ist es sinnvoll, nicht mehr von *Übersetzungswissenschaft,* sondern von *Translationswissenschaft* zu sprechen?" Sie lesen für Ihre Arbeit unter anderem Kap. 1 von Prunč, *Entwicklungslinien der Translationswissenschaft.* Ihre Notizen zum Unterkapitel 1.1.2 könnten dann folgendermaßen aussehen:

Kap. (S.)	direkte Zitate	Zusammenfassung	Kommentare, Fragen
1.1.2 *TW* und Synonyme (17–20)		früher: *Translation* = Leipziger Schule; Westen = *Sprachmittlung* (17)	

Kap. (S.)	direkte Zitate	Zusammenfassung	Kommentare, Fragen
		früher: *ÜW = TW* (18); *ÜW* mehrdeutig: mit/ohne Dol? (18–19)	evtl. Gefahr heute: Man sagt *TW* und meint weiterhin *ÜW*? (nicht erwähnt)
		heute: Translation → Translationswiss.; Subdisziplinen: ÜW + DW (20)	– Verständlichkeit für Laien? – Def. *Translation* S. 30 (nicht Kade S. 16!)

Erläuterungen:

- In diesem Unterkapitel sind keine für Ihre Fragestellung zentral wichtigen Formulierungen enthalten, deshalb bleibt die Spalte „direkte Zitate" (d. h. wörtlich übernommene Zitate) leer.

- Die Zusammenfassung fällt relativ knapp aus; beispielsweise werden die Ausführungen zu den Termini *Dolmetschen* (17–18) und *Übersetzungstheorie, Übersetzungsforschung* usw. (19–20) nicht aufgenommen, weil sie für die konkrete Fragestellung nicht relevant sind („Ist es sinnvoll, nicht mehr von *Übersetzungswissenschaft*, sondern von *Translationswissenschaft* zu sprechen?").

- Für die Fragestellung wichtig sind aber zwei Fragen, die in diesem Unterkapitel nicht behandelt werden und deshalb in der Kommentarspalte stehen:

  – Meint man heute tatsächlich immer „Übersetzungs- und Dolmetschwissenschaft", wenn man *Translationswissenschaft* sagt, oder wird *Translationswissenschaft* eventuell weiterhin (missverständlich) als Synonym für *Übersetzungswissenschaft* verwendet?

  – Da eine Wissenschaft auch ein öffentliches Profil braucht: Wie verständlich ist der Terminus *Translation* für Laien?

- Für den Terminus *Translation* liefert Prunč entsprechend den Veränderungen des Begriffs im Laufe der Zeit verschiedene Definitionen; in der Kommentarspalte steht ein Vermerk, welche Definition seine „endgültige" ist.

Allgemeine Gestaltung der Tabelle:

- Achten Sie darauf, dass Sie relevante Schlüsselwörter und Fachbegriffe in Ihre Zusammenfassung aufnehmen (im Beispiel: *Translation, Translationswissenschaft, Sprachmittlung, Subdisziplinen, Übersetzungswissenschaft, Dolmetschwissenschaft*).

- Die Zusammenfassung wird möglichst knapp formuliert: also keine vollständigen Sätze, viele Abkürzungen *(TW, ÜW, DW, Dol, Def)* und auch eigene Symbole (z. B. → für „davon abgeleitet"). Ihre Zusammenfassung muss außer Ihnen selbst niemand lesen können. Sie selbst allerdings müssen auch in einem Vierteljahr noch wissen, was die Abkürzungen und Symbole bedeuten.
- Die Spalte „direkte Zitate" kann (wie im Beispiel) durchaus auch leer bleiben. Direkte Zitate sind ausschließlich dann nötig und sinnvoll, wenn nicht nur der Inhalt, sondern auch die Formulierung sehr wichtig ist – beispielsweise bei Definitionen. Schreiben Sie keinesfalls lange Passagen wörtlich ab, das ist Zeitverschwendung und wird sehr schnell unübersichtlich. (Wenn ein direktes Zitat nötig ist, denken Sie daran, im Exzerpt auch etwaige Seitenwechsel zu kennzeichnen – z. B. durch einen senkrechten Strich –, sonst machen Sie später Fehler bei der Seitenangabe, wenn Sie nur einen Teil der herausgeschriebenen Stelle zitieren.)

Wichtig sind:

- die klare Abgrenzung zwischen direkten Zitaten, Zusammenfassung und eigenen Kommentaren/Fragen (z. B. durch die Tabellenform); in der Zusammenfassung dürfen keinesfalls wörtliche Zitate vorkommen, und die eigene Meinung (= Kommentare, Fragen) muss eindeutig von der im Sekundärtext vertretenen (= Zusammenfassung) getrennt werden;
- die Beschränkung auf das, was für das eigene Thema und die eigene Fragestellung relevant ist (Mut zur Lücke!);
- ein Vermerk zu Thema und Fragestellung (je nach Fragestellung können ganz unterschiedliche Aspekte von Prunč relevant sein);
- vollständige Quellenangaben (d. h. bei diesem Unterkapitel: Seitenzahlen bei der Zusammenfassung; beim Prunč-Text insgesamt: vollständige bibliografische Angaben und Bibliothekssignatur).

Das Erstellen solcher Notizen macht zunächst Arbeit, aber es hilft sehr dabei, sowohl die Informationen aus der Sekundärliteratur als auch die eigenen Gedanken klar zu ordnen. Und wenn Sie anfangen zu schreiben, können Sie Ihre Notizen zu Kap. 1.1.2 sehr schnell durchlesen; wenn Sie noch einmal das ganze Kapitel lesen und darüber nachdenken müssten, würden Sie dafür viel mehr Zeit brauchen.

Sowohl beim Kopieren bzw. Scannen als auch bei Notizen gilt: Schreiben Sie sofort die **vollständige bibliografische Angabe** auf die Kopie, zur Notiz bzw. in die Datei. (Was zu einer vollständigen bibliografischen Angabe gehört, erfahren Sie in Kap. 11.) Der schönste Sekundärtext nützt Ihnen nichts, wenn Sie ihn nicht korrekt zitieren können. Und im Nachhinein die Quelle für Kopien bzw. Exzerpte wieder aufzufinden, kann sehr aufwendig sein.

Wenn Sie sich Relevantes notieren sollen – woher wissen Sie eigentlich, was relevant ist? Die Materialsuche und das Entwerfen bzw. Schreiben der Arbeit verlaufen in der Praxis z. T. parallel. Man überlegt sich, welchen thematischen Schwerpunkt man setzen möchte, sucht dazu Sekundärliteratur, und aus der Sekundärliteratur ergeben sich dann oft wieder neue Anregungen für die Gestaltung der Arbeit, die eine neue Suche nach Sekundärliteratur nötig machen – usw. usf.

Wenn Sie auf eine **Internetseite** stoßen, die Sie für sehr wichtig halten, lohnt es sich, zu der Seite sofort Notizen zu machen. Sonst kann es passieren, dass Sie die Seite später noch einmal suchen und feststellen, dass sie vom Server verschwunden ist oder dass der Server gerade zusammengebrochen ist. Bei Internetseiten, die interessant, aber nicht ganz zentral wichtig sind, genügt es, sich zunächst die URL zu notieren bzw. ein Lesezeichen anzulegen.

Ihre Notizen und etwaigen Kopien müssen Sie irgendwie **ordnen,** damit Sie den Überblick behalten, wenn Sie viel Material ansammeln. Ordnen können Sie entweder alphabetisch, d. h. nach dem Namen der VerfasserInnen, oder inhaltlich, d. h. nach den Kapiteln Ihrer Arbeit (entsprechend Ihrer provisorischen Gliederung) oder nach Stichwörtern. Wichtig ist, dass die Sammlung **für Ergänzungen offen** bleibt – Sie sollten Notizen nicht in der Reihenfolge des Anlegens ordnen (also nicht so, als ob Sie ein Heft kontinuierlich von Seite 1 an vollschreiben würden). Eine Möglichkeit ist, handschriftliche bzw. gedruckte Notizen oder auch Fotokopien alphabetisch nach VerfasserInnen zu ordnen und zusätzlich elektronisch eine nach inhaltlichen Gesichtspunkten gegliederte Liste mit Namen und kurzer Inhaltsangabe anzulegen – diese Liste können Sie dann schnell und problemlos umstellen, wenn der Fortgang Ihrer Arbeit das nötig macht. Probieren Sie aber ruhig verschiedene Ordnungssysteme aus; es kommt darauf an, dass Sie ein System finden, mit dem Sie sich wohl fühlen.

Wenn Sie gern mit dem Computer arbeiten, können Sie zur Ordnung des Materials auch **Software für Wissensmanagement** verwenden: z. B. die Wissensdatenbank lexiCan (Freeware, ‹http://www.lexican.de/›) oder ein Literaturverwaltungsprogramm (s. hierzu Kap. 11.8).

5.3   Eigene Gedanken

Schon beim Sammeln von Material sollten Sie sich überlegen, wo Sie auf **Gedanken anderer** zurückgreifen wollen und wo Sie **eigene Gedanken** in Ihre Arbeit einbringen können. Wichtig ist, dass Sie das klar trennen. Fremde Gedanken müssen eindeutig als solche gekennzeichnet werden (zu den Details der Kennzeichnung s. Kap. 9 und Kap. 10). Als Faustregel gilt im Arbeitsbereich Interkulturelle Germanistik des FTSK: Ein **Drittel der Hausarbeit** darf aus (direkten und indirekten) Zitaten bestehen; den Rest der Arbeit bilden Kommentare und Diskussionen.

Dass es nicht nur **erlaubt,** sondern sogar **erwünscht** sein soll, sich eigene Gedanken zu machen, ist für Studierende besonders in der Anfangsphase ihres Studiums manchmal verwirrend. In Sesink (⁹2012: 23–27) findet sich dazu eine sehr einleuchtende Erklärung: Wenn Sie an eine Universität kommen, dann bringen Sie alles mit, was Sie früher schon gelernt, gedacht, getan und erfahren haben. Das können Sie beim Schreiben einer Hausarbeit nicht einfach ausblenden; auch an einer solchen Arbeit sind Sie immer als **ganzer Mensch** beteiligt. Und das ist auch gut so; denn zum einen entsteht ja gerade daraus die wissenschaftliche Neugier, also das Interesse an der eigenen Fragestellung, und zum anderen leben die Geisteswissenschaften und somit auch die Translationswissenschaft von der Diskussion über unterschiedliche Positionen und Perspektiven. Wichtig ist dabei natürlich, dass Sie Ihre eigenen Gedanken nachvollziehbar begründen.

Die Anforderung, eigene Gedanken einzubringen, wirft zudem gelegentlich die Frage auf: **Wie macht man das denn?** Besonders für Studierende aus Kulturen, in denen Hausarbeiten in der Regel aus einer Zusammenfassung der Sekundärliteratur bestehen, liegt diese Frage nahe; und wichtig ist sie für alle, die das selbstständige wissenschaftliche Denken noch nicht gezielt geübt haben. Am leichtesten fällt das Formulieren eigener Gedanken oft dann, wenn **Thema** und **Fragestellung** so gewählt werden, dass eine Bearbeitung ausschließlich mit Sekundärliteratur gar nicht möglich ist. Ein typisches „Erfolgsrezept" ist die Untersuchung eines einzelnen Textes, über den aus translationswissenschaftlicher Perspektive noch wenig bis gar nichts gesagt worden ist. Wählen Sie z. B. als Thema nicht den Umgang mit Kulturspezifika beim Übersetzen im Allgemeinen, sondern den Umgang mit Kulturspezifika bei einem ganz bestimmten Übersetzungsauftrag, etwa bei der Übersetzung eines selbst gewählten Textes für die Plattform Translate for Justice ‹http://translateforjustice.com/›. In Ihrer Fragestellung können Sie beispielsweise danach fragen, welche Anregungen die Skopostheorie für den Umgang mit Kulturspezifika bei diesem konkreten Auf-

trag bietet. Als Sekundärliteratur können Sie dann Texte zur Skopostheorie, zu Kulturspezifika und auch – in Zusammenhang mit Translate
for Justice – zur gesellschaftlichen Rolle von Translation, zur Menschen-
rechtsdiskussion usw. heranziehen; aber Sie werden trotzdem noch sehr
viel Eigenes sagen können, weil in der benutzten Sekundärliteratur nicht
von Ihrem ganz konkreten Text die Rede ist. Sobald Sie also von Ihrem
Text sprechen, bringen Sie ganz automatisch eigene Gedanken ein.
Allgemeiner formuliert: Bei diesem Beispiel stammt die theoretische
Grundlage aus der Sekundärliteratur, die Anwendung auf den konkreten Text stammt von Ihnen. Wir kommen hier aus einer neuen Perspektive wieder zurück zu einem Punkt, von dem schon in Kap. 3.1 die Rede
war: Ein eng umrissenes Thema ist für eine Hausarbeit in der Regel
günstiger als ein breites.

Manchmal fragen mich Studierende: „Reicht es denn nicht, wenn ich
mir **meine eigenen Gedanken zur Sekundärliteratur** mache?" Diese
Frage lässt sich nicht pauschal beantworten. Über die gelesene Sekundärliteratur kritisch nachzudenken ist zwar immer wichtig (Näheres
dazu in Kap. 5.4); aber ob das für eine Hausarbeit reicht, hängt unter anderem davon ab, inwieweit die **Fragestellung** die eigenen Gedanken in
den Vordergrund rückt. Erinnern Sie sich an die Faustregel, dass maximal ein Drittel der Arbeit aus Zitaten bestehen sollte – das gelingt nur,
wenn Sie selbst etwas Neues in die Diskussion einbringen, nicht wenn
Sie hauptsächlich die Positionen anderer wiedergeben.

Ein **Beispiel** hierzu: Man könnte sagen, dass sich Erich Prunč in dem
Ausschnitt aus *Entwicklungslinien der Translationswissenschaft*, den
Sie schon gelesen haben, „seine eigenen Gedanken zur Sekundärliteratur
macht". Das tut er aber auf zwei ganz unterschiedliche Arten:

- Wie bereits erwähnt, könnte die Fragestellung für sein Unterkapitel
  1.1.2 lauten: „Warum ist es sinnvoll, die Wissenschaft vom Übersetzen und Dolmetschen als *Translationswissenschaft* zu bezeichnen?"
  Prunč zitiert in diesem Unterkapitel sehr viel Sekundärliteratur; aber
  die kritische Auseinandersetzung mit den verschiedenen möglichen
  Bezeichnungen und die Begründung der Entscheidung für *Translationswissenschaft* stammen von Prunč selbst. Dies entspricht der
  Frage nach dem Warum in meiner Formulierung der Fragestellung;
  und so könnte auch eine Hausarbeit gestaltet werden.

- Vergleichen Sie nun dieses Unterkapitel mit dem unmittelbar vorangehenden, Kap. 1.1.1. Als Fragestellung habe ich hier die Frage identifiziert: „Woher kommt der Terminus *Translation*?" Prunč zitiert
  hier sehr ausführlich Kade; zwar fügt er den Zitaten eigene Erläuterungen hinzu, aber im Mittelpunkt steht Kade, nicht Prunč. Eine sol-

che Darstellungsweise wäre für den Hauptteil einer Hausarbeit nicht geeignet.

Wenn Sie sich beim Schreiben von Hausarbeiten noch unsicher fühlen, empfehle ich Ihnen eher, sich – wie oben am Beispiel eines Auftrags für Translate for Justice beschrieben – einen konkreten Text zu suchen, den Sie mithilfe der Sekundärliteratur selbstständig analysieren können; diese Vorgehensweise ist in der Regel für Ungeübte am sichersten.

Manche Studierende haben zwar keine grundsätzlichen Schwierigkeiten damit, **eigenständige Gedanken** zu entwickeln, bekommen aber in dem Moment Probleme, wo sie außerdem noch **Sekundärliteratur** einbeziehen sollen. Solche Studierenden schreiben gute **Essays** – ein Essay ist eine selbstständig erarbeitete schriftliche Darlegung eines eigenen Standpunktes zu einer Frage, einer These oder einem Text –, aber wenn sie zur **Textsorte Hausarbeit** wechseln, orientieren sie sich nur noch an der Sekundärliteratur. Ein ähnliches Problem ist übrigens aus der Translationsdidaktik bekannt: Wenn man Studierende bittet, frei einen Text zu einem bestimmten Thema zu verfassen, ist das Ergebnis manchmal deutlich besser, als wenn dieselben Studierenden einen Text derselben Textsorte zum selben Thema übersetzen. In beiden Fällen, bei der Hausarbeit wie beim Übersetzen, lähmt offenbar der Blick auf den „anderen" Text das eigene Denken und Formulieren. Bei der Hausarbeit könnte es für diese Studierenden nützlich sein, zunächst eine eigene Antwort auf die Fragestellung in Essayform zu verfassen. Das kostet zwar zusätzliche Zeit, weil der Essay natürlich kein Essay bleiben kann, sondern später zu einer Hausarbeit umgeschrieben werden muss; aber die eigenen Gedanken und Formulierungen können sich vielleicht bei dieser Vorgehensweise ungehinderter entwickeln.

Weitere Hinweise zum eigenen Denken finden Sie beispielsweise bei Sesink (^{9}2012: 9–15, 21–27, 44–50).

5.4 Kritische Lektüre

Sekundärliteratur können Sie zu ganz **verschiedenen Zwecken** verwenden:

- Sie können ihr Hintergrundinformationen entnehmen;
- Sie können mit ihr Ihre eigenen Ansichten stützen oder belegen;
- Sie können sich aber auch von ihr distanzieren;
- oder Sie können verschiedene in der Sekundärliteratur vertretene Positionen einander gegenüberstellen und kritisch vergleichen.

Um Sekundärliteratur auf irgendeine Art verwenden zu können, müssen Sie sie aber zuerst einmal **verstehen,** und das ist bei manchen Texten nicht ganz einfach. Wenn Sie Schwierigkeiten mit dem Textverständnis haben, kann Ihnen vielleicht Krajewskis Liste von Leitfragen helfen:

- Worin besteht die zentrale Fragestellung?
- Welche These wird formuliert, um das Material zu bündeln und argumentativ zu entfalten?
- Lässt sich eine Struktur ausfindig machen, welcher der Argumentationsgang folgt […]?
- Wie lässt sich die Strategie charakterisieren, der sich der Autor mit seinem Text verpflichtet fühlt (handelt es sich beispielsweise um eine Polemik, eine Einführung, eine grundsätzliche Abhandlung oder eine detaillierte Fallanalyse)?
- Welches ist der wichtigste Satz des Texts (auf Pointe lesen)?
- Wie lauten die zentralen Begriffe, die eine besondere Explikation erfahren? […]
- In welche methodischen und theoretischen Kontexte bettet sich der Text ein? (²2015: 51–52)

Auf der Grundlage Ihres Textverstehens können Sie die Sekundärliteratur **kritisch lesen.** Völlig unabhängig davon, zu welchem Zweck Sie die Sekundärliteratur verwenden, dürfen Sie Gelesenes nicht einfach unkritisch und unreflektiert wiederholen. Zur kritischen Lektüre gehört ganz allgemein zweierlei: Sie müssen zum einen überlegen, inwieweit Sie dem Gelesenen zustimmen und warum, und sich zum anderen bewusst machen, was Ihr Wissenshintergrund für eine solche Beurteilung ist. Ich erkläre im Folgenden diese beiden Schritte ausführlich anhand von Beispielen.

Wenn Sie im **ersten Schritt** darüber nachdenken, **welchen Teilen** der gelesenen Sekundärliteratur Sie **zustimmen** und welchen nicht und warum, können Sie sich z. B. folgende Fragen stellen:

- Ist die Argumentation kohärent, oder enthält sie Lücken oder Widersprüche?
- Stimmt sie mit nachweisbaren Fakten überein?
- Auf welche Beispiele stützt sie sich? Gibt es andere Beispiele, die das Gesagte stützen oder auch widerlegen können?
- Welchen Zweck verfolgt die Autorin bzw. der Autor – was will sie bzw. er erreichen? Ist die Darstellung einseitig, wäre sie also bei einem anderen Zweck vielleicht anders?

Die Fragen sind in dieser Form sehr allgemein. Ich zeige deswegen im Folgenden an einem **Textbeispiel,** wie man beim Nachdenken über Zustimmung und Ablehnung ganz konkret vorgehen kann. Als Text nehme ich den ersten Absatz von Prunč, Kap. 1.1.2 („Otto Kade war, wie noch zu zeigen sein wird […]"). Die Darstellung der Vorgehensweise ist detailliert, weil es bei der kritischen Lektüre – ebenso wie beim wissenschaftlichen Denken generell – oft (auch) auf Details ankommt.

- Der erste Satz (zu Kade) enthält eine in der Translationswissenschaft allgemein bekannte Tatsache: dass Kade zur sogenannten Leipziger Schule gehört. Ob er *der* Begründer der Leipziger Schule war oder *einer der* Begründer, müsste näher recherchiert werden, wenn diese Frage für das Thema und die Fragestellung der Arbeit relevant wäre (also z. B. wenn das Thema die Geschichte der Leipziger Schule wäre, nicht jedoch bei dem oben als Beispiel verwendeten Terminologie-Thema).

- Die Kernaussage des zweiten Satzes wird mit zwei Zitaten bedeutender Übersetzungswissenschaftler aus dem Westen belegt (Wilss 1988 und Koller 1983). Das Koller-Zitat steht allerdings in keinem unmittelbaren Zusammenhang mit dem Terminus *Translation,* sondern enthält eine allgemeine Kritik an Kade; es belegt also nicht ganz das, was es soll. Zudem klingt nur sehr indirekt an, dass auch zur Zeit der Teilung Deutschlands im Westen manchmal die Bezeichnung *Translation* verwendet wurde (z. B. in *Grundlegung einer allgemeinen Translationstheorie* von Katharina Reiß und Hans J. Vermeer [²1991]) – dies geht nur andeutungsweise aus der Formulierung „häufig [...] abgelehnt" hervor („häufig", also nicht immer).

- Als Beleg für die Aussage im dritten und vierten Satz, *Sprachmittlung* sei ebenso wie *Translation* ein Hyperonym für *Übersetzen* und *Dolmetschen,* wird in Fußnote 6 nicht auf ein translationswissenschaftliches, sondern auf ein sprachwissenschaftliches Werk verwiesen; das ist jedoch akzeptabel, weil die moderne Translationswissenschaft in ihrer Anfangszeit in sehr enger Verbindung zur Sprachwissenschaft stand. Nicht ausdrücklich gesagt wird, dass dieser Beleg repräsentativ für den damaligen Sprachgebrauch sei; Repräsentativität ist aber bei jedem Beispiel in einer wissenschaftlichen Arbeit vorauszusetzen, wenn nicht ausdrücklich das Gegenteil gesagt wird.

- Dass der Terminus *Sprachmittlung* nur in der „älteren" Literatur als Synonym für *Translation* verwendet worden sei, ist lediglich tendenziell korrekt; der Terminus ist in dieser Bedeutung nicht völlig verschwunden. BITRA liefert auch entsprechende Treffer aus dem 21. Jahrhundert.

- Die Zielsetzung von Prunč spielt bei diesem konkreten Absatz eine verhältnismäßig geringe Rolle. Zwar geht es ihm in Kap. 1.1.2 um die „Gründe [...], die dafür sprechen, die Wissenschaft vom *Übersetzen* und *Dolmetschen* als *Translationswissenschaft* zu bezeichnen" (³2012: 15; unten 278); das Kapitel ist also ein Plädoyer für den Terminus *Translationswissenschaft*. Der erste Absatz ist jedoch rein historisch orientiert; ein Einfluss der allgemeinen Zielsetzung auf die Art der Darstellung ist hier nicht zu erkennen. (Vergleichen Sie dagegen die darauf folgenden Absätze zu *Dolmetschen/Sprachmitt-lung/Translation* [³2012: 17–18; unten 280–281]: Hier könnte man schon eher fragen, ob Prunč als Befürworter der Bezeichnung *Translation* nicht etwas zu angestrengt nach Argumenten sucht, um die Alternative *Sprachmittlung* auszuschließen, denn die Definition von Knapp und Knapp-Potthoff ist nicht gerade repräsentativ für den Sprachgebrauch in der Übersetzungs- und Dolmetschwissenschaft generell.)

Eine Schlussfolgerung aus dieser detaillierten Beispieldiskussion könnte lauten: Man kann diesen Absatz von Prunč als einen widerspruchs-freien, aber etwas vereinfachenden Überblick einstufen, der hauptsäch-lich grobe Linien aufzeigt. Dies entspricht der Zielsetzung des Textes insgesamt: *Entwicklungslinien der Translationswissenschaft* liefert eine Gesamtdarstellung der Geschichte der modernen Translations-wissenschaft; das Buch ist nicht ausschließlich den Feinheiten des Termi-nologiegebrauchs gewidmet. Wenn für das Thema und die Fragestel-lung Ihrer Hausarbeit bzw. Abschlussarbeit ein allgemeiner Überblick genügt, können Sie diesen Absatz durchaus zitieren.

Den **zweiten Schritt** bei der kritischen Lektüre bildet die Auseinan-dersetzung mit Ihrem **eigenen Wissenshintergrund.** Hierbei sind z. B. folgende Fragen wichtig:

- Woher nehmen Sie das Wissen, um die Sekundärliteratur zu beurtei-len?

- Können Sie Ihre eigene Auffassung (ob zustimmend oder ablehnend) begründen? Womit können Sie sie begründen?

- Gibt es Passagen, wo Ihnen das Wissen zur Beurteilung fehlt? Wenn ja: Können Sie solche Passagen in Ihrer Arbeit überhaupt verwerten? Warum bzw. warum nicht?

Auch hier gebe ich wieder ein konkretes **Beispiel,** um zu zeigen, wie man sein Wissen zur Beurteilung translationswissenschaftlicher Texte heranzieht. Das Vorwissen, von dem ich im Folgenden spreche, ist mein eigenes. Der Textausschnitt, den ich mir anschaue, ist der letzte Absatz von Prunč, Kap. 1.2.5 (³2012: 29; unten 285–286, von „Für eine möglichst breite Definition" bis „zu beschreiben"). Ich gehe zunächst auch hier auf die Frage der Zustimmung oder Ablehnung ein, weil sie bei diesem Beispiel eng mit meinem Vorwissen zusammenhängt; anschließend diskutiere ich explizit mein vorhandenes und fehlendes Wissen.

- Zur Zustimmung oder Ablehnung: Prunč plädiert in diesem Absatz für einen möglichst breiten Translationsbegriff, der nicht nur Übersetzen und Dolmetschen im engsten Sinne umfasst. Ich stimme ihm zu, weil ein solcher Translationsbegriff sowohl zu meinem Vorwissen passt (s. u.) als auch zu meinen eigenen theoretischen und didaktischen Vorstellungen. Auf theoretischer Ebene bin ich der Meinung, dass wir uns unnötig einengen, wenn wir Translation auf das Ideal einer 1:1-Reproduktion beschränken: Um Translationsprozesse zu erfassen, die nicht in diese Kategorie fallen, müssten wir z. B. zwischen *Übersetzung* und *Bearbeitung* unterscheiden – aber das würde zu ganz unnötigen Komplikationen führen, denn dann müssten wir zusätzlich eine eigene Theorie der Bearbeitung aufstellen; und die Übergänge zwischen Übersetzung und Bearbeitung wären zwangsläufig so fließend, dass sich die Unterscheidung bald selbst ad absurdum führen würde. Auf didaktischer Ebene profitieren Studierende erfahrungsgemäß von Translationsaufträgen, die nicht nach (wie auch immer definierter) Äquivalenz zwischen Ausgangs- und Zieltext streben, weil dabei ihre eigene Verantwortung für den Zieltext besonders deutlich wird und weil sie sich bei solchen Aufträgen leichter vom „wörtlichen" Übersetzen, das oft keine guten Ergebnisse bringt, lösen können.

- Zum Vorwissen für die Beurteilung und Begründung der Zustimmung: Ich denke in diesem Zusammenhang beispielsweise an die berühmten *belles infidèles* des 17. Jahrhunderts, die bei Texten der griechischen und römischen Antike eine sehr starke Anpassung an den Zeitgeschmack vornahmen, oder an die Übersetzung von Erwachsenenliteratur für Kinder (z. B. Jonathan Swifts Roman *Gulliver's Travels*), aber auch an Phänomene des modernen Translationsmarktes wie die Übersetzung von Ausgangstexten, die nur in Rohfassung vorliegen und in der Ausgangssprache überhaupt nicht zum Gebrauch gedacht sind, oder das von Prunč erwähnte interkulturelle Technical Writing. Allgemeiner betrachtet, scheinen mir hier translationswissenschaftliche Ansätze wie die Skopostheorie, aber auch der Postkolonialismus und der Feminismus relevant, mit denen ich gut vertraut bin.

- Zum fehlenden Wissen:
  - Die Beispiele, die mir für unterschiedliche Translationsvorstellungen einfallen, sind nicht in erster Linie kulturspezifisch. Ich halte

es für sehr plausibel, dass Kulturspezifika hier eine Rolle spielen, könnte dafür aber spontan keine konkreten eigenen Belege liefern (es sei denn, man betrachtet auch historische Unterschiede als kulturspezifisch, sodass z. B. das Frankreich des 17. Jahrhunderts eine andere Kultur hätte als das heutige Frankreich).

– Dass Prunč die Entstehung des „engen" Translationsbegriffs im späten 18. und frühen 19. Jahrhundert ansiedelt, kann ich nachvollziehen (ich denke dabei z. B. an Friedrich Schleiermacher), aber ich bin keine Expertin für europäische Geistesgeschichte und würde mich über die von Prunč erwähnten allgemeinen „Interessen und Werthaltungen" und ihren Zusammenhang mit dem Translationsbegriff nicht im Detail äußern wollen.

Diese beiden Aspekte sind jedoch für meine Befürwortung eines breiten Translationsbegriffs nicht von zentraler Bedeutung: Ob unterschiedliche Translationsbegriffe hauptsächlich epochenspezifisch oder auch kulturspezifisch sind und ob der „enge" Translationsbegriff zu dem von Prunč genannten oder zu einem anderen Zeitpunkt entstanden ist, ändert nichts daran, dass unterschiedliche Translationsbegriffe existieren. Deswegen könnte ich die Ausführungen von Prunč trotz gewisser Lücken im Vorwissen in einem translationswissenschaftlichen Aufsatz verwerten. Wenn ich näher auf Kulturspezifika oder Geistesgeschichte eingehen wollte, müsste ich diese beiden Aspekte allerdings noch weiter recherchieren.

Das Beispiel meiner Prunč-Lektüre macht deutlich, dass es bei wissenschaftlichen Texten (übrigens genau wie bei Ausgangstexten im Translationsprozess) immer auch darauf ankommt, wer sie vor welchem Wissens- und Erfahrungshintergrund liest. Anders ausgedrückt: Ein Text **hat nicht** von vornherein einen Sinn, sondern **ich gebe** ihm durch meine Lektüre einen **Sinn**. Jemand anderes konstruiert vielleicht bei der eigenen Lektüre einen ganz anderen Sinn. Wichtig ist, dass wir beide unsere Sinngebung begründen können, dass also die andere Person nachvollziehen kann, wie ich zu meiner Einschätzung gekommen bin, und umgekehrt. Der Prozess wissenschaftlicher Verständigung beruht darauf, dass sowohl etwaige Differenzen als auch die Gründe dafür klar benannt werden.

Wenn Sie sich jetzt überlegen, wie Sie selbst mit Ihrem in manchen Punkten vielleicht eher geringen Vorwissen Sekundärliteratur beurteilen sollen: Auch das ist ein Grund dafür, dass Sie für Hausarbeiten ein enges Thema und eine sehr **präzise Fragestellung** wählen sollten. Je enger der Aspekt, den Sie behandeln, desto einfacher ist es, sich das nötige Vorwissen anzueignen.

5.5 Institutionelle Grundlagen der Disziplin

Bei der **Bewertung von Sekundärliteratur** kann es hilfreich sein, wenn man sich mit den institutionellen Grundlagen der Disziplin Translationswissenschaft auskennt:

1. Stammt die Publikation von einer bekannten Translationswissenschaftlerin[12]?
2. Stammt die Publikation von einer Translationswissenschaftlerin, die an einer bekannten translationswissenschaftlichen Ausbildungsstätte unterrichtet?
3. Ist die selbstständige Publikation in einem Verlag erschienen, der einen translationswissenschaftlichen Schwerpunkt hat, und/oder in einer translationswissenschaftlichen Reihe? (Zu Reihen s. Kap. 11.3.)
4. Ist die nicht selbstständige Publikation in einer bekannten translationswissenschaftlichen Zeitschrift erschienen oder in einem Sammelband, der Kriterium 3 erfüllt? Wer sind die HerausgeberInnen?

Natürlich kann auch eine bekannte Translationswissenschaftlerin von einer renommierten Ausbildungsstätte in einem translationswissenschaftlich orientierten Verlag ein Buch publizieren, in dem Unsinn steht. Und umgekehrt kann jemand ohne translationswissenschaftliches Profil in einem nicht speziell translationswissenschaftlich orientierten Verlag ein Buch publizieren, das später zu einem Klassiker der Translationswissenschaft wird. Die Kenntnis der institutionellen Grundlagen der Disziplin kann nur Anhaltspunkte liefern, sie kann die eigenständige kritische Lektüre nicht ersetzen.

Wie findet man heraus, welches die institutionelle „Verankerung" einer bestimmten Publikation ist? Zur Illustration diskutiere ich die obigen Fragen 1–4 anhand von drei Beispielen. Die Beispiele sind:

a) Kußmaul, Paul (²2007). *Kreatives Übersetzen*. Studien zur Translation 10. Tübingen: Stauffenburg [2000].

b) Nord, Christiane (1999). „Der Adressat – das unbekannte Wesen? Möglichkeiten und Grenzen der Adressatengerechtheit beim Übersetzen." *Modelle der Translation: Grundlagen für Methodik, Bewertung, Computermodellierung*. Hrsg. Alberto Gil u. a. Sabest:

---

12 Männer sind bei diesem generischen Femininum mitgemeint. (S. Kap. 12.2 zum Genus von Personenbezeichnungen.)

Saarbrücker Beiträge zur Sprach- und Translationswissenschaft 1. Frankfurt am Main: Lang, 191–207.

c) Resch, Renate (1998). „Oedipus und die Folgen: Die Metaphorik der Translationswissenschaft." *Target: International Journal of Translation Studies* 10.2, 335–351.

1. AutorIn: Wird die Autorin bzw. der Autor in den bekannten Handbüchern und/oder Lehrbüchern der Disziplin zitiert? Hat sie bzw. er selbst zu diesen Handbüchern beigetragen? Was hat sie bzw. er zur Translationswissenschaft publiziert?

Beispiele:

a) Kußmaul:

- Mitherausgeber des *Handbuch Translation,*
- mehrere Beiträge zum *Handbuch Translation,*
- Beitrag zu *Übersetzung: Ein internationales Handbuch zur Übersetzungsforschung,* hrsg. Harald Kittel u. a.,
- wird in translationswissenschaftlichen Einführungstexten erwähnt: beispielsweise in *Entwicklungslinien der Translationswissenschaft* von Prunč (mehrmals) sowie in *Translatorische Methodik* von Mira Kadrić, Klaus Kaindl und Michèle Cooke (bei der weiterführenden Literatur),
- zahlreiche Publikationen zur Translationswissenschaft (BITRA listete im August 2015 52 Publikationen von Kußmaul auf, und diese Bibliografie ist durchaus nicht vollständig).

b) Nord:

- mehrere Beiträge zum *Handbuch Translation,*
- Beiträge zu *Übersetzung: Ein internationales Handbuch zur Übersetzungsforschung,* hrsg. Harald Kittel u. a.,
- wird in translationswissenschaftlichen Einführungstexten erwähnt: beispielsweise in *Entwicklungslinien der Translationswissenschaft* von Prunč (mehrmals) sowie in *Translatorische Methodik* von Mira Kadrić, Klaus Kaindl und Michèle Cooke (mehrmals),
- zahlreiche Publikationen zur Translationswissenschaft (BITRA listet 138 Publikationen von Nord auf – wahrscheinlich deswegen so viel mehr als bei Kußmaul, weil Nord mit Spanisch arbeitet und BITRA in Spanien angesiedelt ist). Nord hat – wie viele andere TranslationswissenschaftlerInnen – ein Schriftenverzeichnis im Internet, aus dem sich ihre Forschungsschwerpunkte erkennen lassen: ‹http://www.christiane-nord.de/?de_publikationen,40›.

c) Resch:

- Beiträge zum *Handbuch Translation,*
- wird in translationswissenschaftlichen Einführungstexten selten oder gar nicht erwähnt (einmal bei Prunč [³2012], gar nicht bei Kadrić/Kaindl/Cooke),
- noch nicht so viele Publikationen wie Kußmaul und Nord (BITRA listet nur acht auf; das Schriftenverzeichnis von Resch unter ‹https://transvienna.univie.ac.at/lehre-lehrende/lehrende-alphabetisch/r-v/resch/› enthält vierzehn, darunter eine translationswissenschaftliche Monografie [2006]).

2. Ausbildungsstätte: Verfügt die Hochschule, an der die Autorin bzw. der Autor unterrichtet, über translationswissenschaftliche Studiengänge? Gehört sie der CIUTI ‹http://www.ciuti.org/› an (*Conférence internationale permanente d'instituts universitaires de traducteurs et interprètes,* eine internationale Vereinigung translationswissenschaftlicher Ausbildungsstätten)? Oder ist sie Mitglied des EMT-Netzes (der „Europäische Master Übersetzen" ist ein Projekt von Europäischer Kommission und translationswissenschaftlichen Ausbildungsstätten, ‹http://ec.europa.eu/dgs/translation/programmes/emt/index_de.htm›)?

Beispiele:

a) Kußmaul: Universität Mainz/Germersheim ‹http://www.fb06.uni-mainz.de›, translationswissenschaftliche Studiengänge, CIUTI-Mitglied, kein EMT-Mitglied.

b) Nord: Hochschule Magdeburg-Stendal, Fachbereich Kommunikation und Medien ‹http://www.fachkommunikation.hs-magdeburg.de/kommu/projekt01/index.php›, translationswissenschaftliche Studiengänge, kein CIUTI-Mitglied, kein EMT-Mitglied.

c) Resch: Universität Wien, Zentrum für Translationswissenschaft ‹https://transvienna.univie.ac.at/home/›, translationswissenschaftliche Studiengänge, CIUTI-Mitglied, EMT-Mitglied.

3. Verlag, Reihe: Hat der Verlag ein umfangreiches translationswissenschaftliches Programm? Ist die Publikation in einer translationswissenschaftlichen Reihe erschienen? (Unter einer Reihe versteht man Bücher, die innerhalb des Verlagsprogramms thematisch zusammengehören.)

Beispiele:

a) Kußmaul: *Kreatives Übersetzen* ist im Stauffenburg Verlag ‹http://www.stauffenburg.de› erschienen; dieser ist zwar nicht ausschließlich translationswissenschaftlich orientiert, hat aber ein gutes translationswissenschaftliches Programm. Kußmauls Monografie gehört zu einer ausschließlich translationswissenschaftlichen Reihe: Studien zur Translation.

b) Nord: nicht selbstständige Publikation; s. unten.

c) Resch: nicht selbstständige Publikation; s. unten.

4. Zeitschrift bzw. Sammelband: Hat die Zeitschrift bzw. der Sammelband (und ggf. die Reihe) einen translationswissenschaftlichen Schwerpunkt? In welchem Verlag ist sie bzw. er erschienen? Sind die HerausgeberInnen bekannte TranslationswissenschaftlerInnen?

Beispiele:

a) Kußmaul: selbstständige Publikation; s. oben.

b) Nord: Der Sammelband, in dem Nords Aufsatz erschienen ist, wurde bei Peter Lang ‹http://www.peterlang.de› publiziert. Dieser Verlag hat ein sehr breit gefächertes Programm, die Qualität der Publikationen ist uneinheitlich. Das Buch hat einen translationswissenschaftlichen Schwerpunkt und gehört zu einer sprach- und translationswissenschaftlichen Reihe, Sabest: Saarbrücker Beiträge zur Sprach- und Translationswissenschaft. Die HerausgeberInnen des Sammelbandes sind Alberto Gil, Johann Haller, Erich Steiner und Heidrun Gerzymisch-Arbogast, die alle an der Universität des Saarlandes lehren bzw. gelehrt haben (CIUTI-Mitglied, kein EMT-Mitglied).

c) Resch: Der Artikel ist in der Zeitschrift *Target: International Journal of Translation Studies* ‹https://benjamins.com/#catalog/journals/target/main› erschienen – wie schon der Titel sagt, ist diese Zeitschrift ausschließlich der Translationswissenschaft gewidmet. Die Herausgeber der Zeitschrift waren damals Gideon Toury und José Lambert, beides international bekannte Translationswissenschaftler, und die Zeitschrift erscheint bei Benjamins – den Verlag kennen Sie schon von der *Translation Studies Bibliography.* (Hier sehen Sie übrigens, dass Zeitschriften – wie auch Sammelbände – mehrsprachig sein können: Der Titel von *Target* ist englisch, aber der Aufsatz von Resch ist in deutscher Sprache verfasst.)

Wie lässt sich nun anhand dieser Kriterien der „Status" der Publikationen von Kußmaul, Nord und Resch bewerten?

• Kußmaul und Nord sind in der Translationswissenschaft eindeutig „etabliert"; sie haben beide sehr viel zur Translationswissenschaft publiziert und an Standard-Handbüchern der Disziplin mitgewirkt. Sie werden von anderen TranslationswissenschaftlerInnen zitiert

(Beispiele: Prunč, Kadrić/Kaindl/Cooke), sind bzw. waren in translationswissenschaftlichen Studiengängen tätig usw.

- Resch, deutlich jünger als Kußmaul und Nord, hat weniger publiziert und wird auch weniger zitiert. Andererseits unterrichtet sie in einem translationswissenschaftlichen Studiengang an einem CIUTI- und EMT-Institut; sie hat zwei Artikel zum *Handbuch Translation* beigetragen, und die Publikation, um die es hier geht, ist in einer renommierten translationswissenschaftlichen Zeitschrift erschienen.

Je weiter Sie sich **in die Translationswissenschaft einarbeiten,** desto mehr TranslationswissenschaftlerInnen, Forschungs- und Ausbildungsstätten, Verlage und Zeitschriften lernen Sie kennen. Wenn Sie auf Namen stoßen, die Ihnen noch nicht bekannt sind, recherchieren Sie den „Status" der Publikation mithilfe der oben angegebenen Kriterien.

Nicht alle bekannten TranslationswissenschaftlerInnen erfüllen sämtliche Kriterien in gleichem Maße. Gideon Toury beispielsweise, der Mitherausgeber von *Target,* ist international ein großer Name. Er unterrichtete jedoch nicht in einem translationswissenschaftlichen Studiengang an einem CIUTI- oder EMT-Institut, sondern in der Unit of Culture Research an der Tel Aviv University. Toury ist einer der bedeutendsten Vertreter der *Descriptive Translation Studies* (DTS); diese Richtung der Translationswissenschaft betrachtet Translation, und zwar in erster Linie das literarische Übersetzen, unter historisch-deskriptiven Gesichtspunkten. Im *Handbuch Translation* und in *Übersetzung: Ein internationales Handbuch zur Übersetzungsforschung* ist er nicht mit eigenen Beiträgen vertreten, wird aber – natürlich – darin erwähnt und zitiert. Und er hat sehr viel zum Übersetzen publiziert, wie einschlägige Bibliografien und sein Schriftenverzeichnis ‹http://www.tau.ac.il/~toury/pub.html› belegen. Aus der Nichterfüllung eines oder sogar mehrerer Kriterien kann man somit nicht automatisch auf einen geringen Status schließen.

Lesetipp: Wenn Sie sich für die persönliche „Forschungsgeschichte" von TranslationswissenschaftlerInnen aus dem deutschen Sprachraum interessieren, lesen Sie den von Wolfgang Pöckl herausgegebenen Sammelband *Übersetzungswissenschaft, Dolmetschwissenschaft: Wege in eine neue Disziplin* (2004).

5.6   Übungsaufgaben zur Verwertung des gefundenen Materials

1   Das Inhaltsverzeichnis von Heinz Göhring, *Interkulturelle Kommunikation,* enthält folgende Aufsätze:

- Lateinamerika – Vereinigte Staaten: Eine kontrastive Kulturanalyse
- Kontrastive Kulturanalyse und Deutsch als Fremdsprache
- Interkulturelle Kommunikationsfähigkeit
- Interaktionelle „Leutekunde"
- Sozialwissenschaftliche Anregungen für die Sprachlehrforschung
- Interkulturelle Kommunikation: Die Überwindung der Trennung von Fremdsprachen- und Landeskundeunterricht durch einen integrierten Fremdverhaltensunterricht
- Deutsch als Fremdsprache und interkulturelle Kommunikation
- Ist interkulturelle Kommunikation trainierbar?
- Interkulturelle Kommunikation (Einführung zu *Translation und interkulturelle Kommunikation*)
- Schweigen und Sprechen im interkulturellen Vergleich: USA und Japan (Chris Atanasov und Heinz Göhring)
- Kommunikationsspiele im interkulturellen Vergleich (Heinz Göhring und Chris Atanasov)
- Interkulturelle Kommunikation (*Handbuch Translation*)

Ist dem Inhaltsverzeichnis zu entnehmen, ob das Buch relevant ist für eine Hausarbeit zum Thema a) „Rolle der Kultur in translationswissenschaftlichen BA-Studiengängen", b) „Das Übersetzen von Geschäftskorrespondenz Deutsch/Türkisch als Beispiel für interkulturelle Kommunikation"? Woran sieht man, dass das Buch relevant bzw. nicht relevant ist?

2. Schauen Sie sich die Register folgender Monografien an: Ulrich Kautz, *Handbuch Didaktik des Übersetzens und Dolmetschens* (²2002), und Paul Kußmaul, *Verstehen und Übersetzen* (³2015).

   a) Um was für Typen von Register handelt es sich hier?

   b) Könnte es einen bestimmten Grund haben, dass Kautz und Kußmaul nicht genau denselben Registertyp verwenden, oder ist das wohl eher Zufall?

   c) Ist den Registern zu entnehmen, ob diese Bücher für die in Aufgabe 1 genannten Themen relevant sind? Woran sieht man das?

3. Sie schreiben eine Hausarbeit über die Praxisrelevanz von Bachmann-Medicks Übersetzungsverständnis; Ihre Fragestellung lautet: „Welche Relevanz hat Bachmann-Medicks Übersetzungsverständnis für das Übersetzen von Geschäftskorrespondenz Deutsch/Italienisch?" Lesen Sie Bachmann-Medicks Kapitel „Translational Turn" kursorisch (= schnell) durch, um festzustellen, wo etwas gesagt wird,

was für Ihr Thema und Ihre Fragestellung wichtig sein könnte. Welche zentralen Begriffe deuten darauf hin, dass die betreffenden Stellen wichtig sein könnten, und welche deuten eher auf Unwichtigkeit hin?

4. Ihr Thema ist die Textoptimierung beim Übersetzen von Bedienungsanleitungen. Ihre Fragestellung lautet: „Welche Mängel in Bedienungsanleitungen für Haushaltsgeräte kann man beim Übersetzen in eigener Verantwortung beheben?" Sie sind beim Bibliografieren auf Paul Kußmauls Buch *Verstehen und Übersetzen: Ein Lehr- und Arbeitsbuch* (³2015) gestoßen. Überprüfen Sie, ob dieses Buch (ganz oder in Teilen) für Ihre Arbeit relevant ist.

5. Ihr Thema ist der Begriff *Translationswissenschaft*. Ihre Fragestellung lautet: „Ist es sinnvoll, nicht mehr von *Übersetzungswissenschaft*, sondern von *Translationswissenschaft* zu sprechen?" Sie lesen für Ihre Arbeit unter anderem Kap. 1 von Prunč, *Entwicklungslinien der Translationswissenschaft*. Erstellen Sie in Tabellenform (wie in Kap. 5.2 gezeigt) Notizen zu Kap. 1.1.1 und 1.2.5. Beschränken Sie sich dabei auf das Wesentliche.

6. In Werner Kollers *Einführung in die Übersetzungswissenschaft* findet sich folgende Aussage:

> Übersetzung [...] wird aufgefasst als prototypisches Konzept, als dessen Zentrum der Äquivalenzbegriff fungiert. [...] Im prototypischen Konzept steckt letztlich die *Utopie* der vollkommenen Vermittlung des Originals, der (theoretisch wie praktisch unmöglichen) „idealen Übersetzung". Diese Utopie deckt sich mit der Erwartung, ja dem Anspruch des „naiven" Lesers von Übersetzungen [...], mit der Übersetzung das vermittelt zu bekommen, was so und nicht anders auch im Originaltext „da steht". (⁸2011: 192)

Kommentieren Sie diese Aussage unter Bezugnahme auf Dizdars Artikel über die Skopostheorie.

7. Sie schreiben eine Hausarbeit über die Rolle der Kulturwissenschaft in der Übersetzungsausbildung am FTSK; Ihre Fragestellung lautet: „Welche Relevanz hat Bachmann-Medicks Übersetzungsverständnis für die Übersetzungsausbildung?" [Wenn Sie nicht am FTSK studieren, bearbeiten Sie die Aufgabe für Ihre Heimatuniversität. Dasselbe gilt für alle späteren Aufgaben, in denen der FTSK erwähnt wird.]

a) Erstellen Sie in Tabellenform (wie in Kap. 5.2 gezeigt) Notizen zum Anfang von Abschnitt 3 (⁵2014: 246–249; unten 299–301, von „Die kulturwissenschaftliche Bedeutung" bis „fragwürdig gemacht hat"). Beschränken Sie sich dabei auf das Wesentliche.

b) Welche Schlüsselwörter/Fachtermini sind für die Zusammenfassung besonders wichtig und warum?

8. Wolfram Wilss schreibt in *Übersetzungswissenschaft: Probleme und Methoden* über die Übersetzungswissenschaft:

> Ihr spezielles Interesse konzentriert sich auf die Frage, wie man sprachlich operieren muß, um ausgangs- und zielsprachliche Textintegration zu gewährleisten und interlinguale Strukturdivergenzen auf inhaltlich und stilistisch adäquate Weise zu neutralisieren. Die Übersetzungswissenschaft versteht Übersetzen als einen sprachlichen Formulierungsprozeß, in dessen Verlauf der Übersetzer [...] eine von einem ausgangssprachlichen Sender (S_1) produzierte Nachricht in einer Zielsprache reproduziert und sie damit dem zielsprachlichen Empfänger (E_2) zugänglich macht [...]. (1977: 61–62)

a) Stimmen Sie dieser Aussage (Jahrzehnte später) vor dem Hintergrund Ihrer translationswissenschaftlichen Kenntnisse zu oder nicht? Wie begründen Sie Ihre Zustimmung bzw. Ablehnung?

b) Kennen Sie sich in der Translationswissenschaft gut genug aus, um eine fundierte Meinung zu vertreten? Wenn ja: Auf welche Texte bzw. Ansätze stützen Sie sich? Wenn nein: Was müssten Sie noch lesen, um sich gut genug auszukennen?

9. Überlegen Sie sich ein Thema und eine Fragestellung für eine Hausarbeit zur Skopostheorie. Stellen Sie dar, wo und wie Sie in diese Arbeit eigene Gedanken einbringen können.

10. In Kap. 5.5 wird gezeigt, wie man die institutionelle Verankerung einer Publikation ermittelt. Führen Sie eine solche Untersuchung für die folgende Publikation durch: Risku, Hanna (2004). *Translationsmanagement: Interkulturelle Fachkommunikation im Informationszeitalter*. Translationswissenschaft 1. Tübingen: Narr. Benutzen Sie sowohl das Internet als auch translationswissenschaftliche Publikationen für Ihre Recherche.

11. Recherchieren Sie:

a) Welche Hochschulen im Land / in den Ländern Ihrer A-Sprache sind Mitglieder der CIUTI und/oder des EMT-Netzes? Welche bekannten TranslationswissenschaftlerInnen unterrichten dort (1–2 Beispiele)? Wie beurteilen Sie, ob die genannten Personen bekannte TranslationswissenschaftlerInnen sind?

b) Wenn es in den betreffenden Ländern keine CIUTI- bzw. EMT-Mitglieder gibt: An welchen Hochschulen kann man Übersetzen und/oder Dolmetschen studieren? Welche bekannten TranslationswissenschaftlerInnen unterrichten dort (1–2 Beispiele)? Wie beurteilen Sie, ob die genannten Personen bekannte TranslationswissenschaftlerInnen sind?

12. Recherchieren Sie:

a) Nennen Sie einen Verlag, in dem translationswissenschaftliche Publikationen in Ihrer A-Sprache erscheinen. Geben Sie drei Beispiele für solche Publikationen.

b) Wie haben Sie herausgefunden, dass es diesen Verlag gibt und dass er ein translationswissenschaftliches Programm hat?

5.7   Kurzüberblick

Sekundärliteratur lesen und zusammenfassen:

- Leseziel festlegen (was wollen Sie wissen?) →
- Relevanz überprüfen (bei Sammelbänden: auch einzelne Beiträge) →
- Exzerpieren mit Blick auf die Fragestellung:
  – Wenig direkte Zitate
  – Klare Trennung eigener Kommentare von Zusammenfassungen
  – Vollständige Quellenangaben und bibliografische Angaben

Sekundärliteratur kritisch lesen:

- Zustimmung oder Ablehnung?
- Nachvollziehbare Begründung dafür (nicht nur „ich finde")?
- Eigenes Vorwissen: ausreichend für die Beurteilung? Warum (nicht)?
- Einfluss der institutionellen Verankerung der Autorin auf die eigene Lektüre?
- Lesen = Sinngebung (≠ „vorhandenen" Sinn finden)

Selbst denken:

- Ein Drittel der Hausarbeit: direkte und indirekte Zitate
- Zwei Drittel: eigene Gedanken
  – Sehr hilfreich dabei: Fokus auf Primärtext, über den noch nichts publiziert wurde

5.8   Zum Nachdenken

In Zusammenhang mit der Verwertung des gefundenen Materials könnten Sie über folgende Punkte nachdenken:

➢ Kann man die Techniken, die zur Verwertung der Sekundärliteratur dienen (z. B. Registerbenutzung, kursorisches Lesen, Exzerpieren), auch beim Übersetzen oder Dolmetschen einsetzen? Wie?

> Eine wissenschaftliche Arbeit soll auch eigene Gedanken enthalten. Aber woher nimmt man eigentlich eigene Gedanken?

> Sekundärliteratur soll man kritisch lesen. Kann man die Fähigkeit zum kritischen Lesen auch noch anderswo einsetzen als bei wissenschaftlichen Arbeiten? Wo?

> Wie wichtig sind die institutionellen Grundlagen für eine Wissenschaft? Welche Konsequenzen hat es beispielsweise, dass es die CIUTI gibt und dass die Mitgliedschaft nur bei Erfüllung bestimmter Kriterien möglich ist? Oder welche Konsequenzen hat es, ob ich einen Aufsatz in einer translationswissenschaftlichen Zeitschrift veröffentliche oder in einer Zeitschrift aus einer anderen Disziplin?

6 Aufbau der Arbeit

In diesem Abschnitt können Sie **Folgendes lernen:**

- den äußeren Aufbau einer wissenschaftlichen Arbeit entsprechend den Konventionen zu gestalten,
- die Funktion der verschiedenen Teile einer wissenschaftlichen Arbeit zu beschreiben und Ihre Arbeit entsprechend zu konzipieren,
- verschiedene Gliederungsformen zu beschreiben,
- den Zusammenhang zwischen Gliederungsform, Fragestellung und Methode zu beschreiben,
- verschiedene Wege zur Erstellung einer Gliederung zu nutzen,
- die Gliederung (inhaltliche Struktur) eines nicht in Kapitel unterteilten Textes zu analysieren,
- selbstständig eine provisorische Gliederung für eine translationswissenschaftliche Hausarbeit zu erstellen.

Zu diesem Abschnitt gehört folgende Lektüre: Heinz Göhring, „Kontrastive Kulturanalyse und Deutsch als Fremdsprache" (Anhang V). Es ist sinnvoll, wenn Sie den Aufsatz erst in Zusammenhang mit den Übungsaufgaben lesen. Planen Sie entsprechend Zeit für die Bearbeitung der Übungsaufgaben ein.

6.1 Äußerer Aufbau

Der Aufbau einer Hausarbeit bzw. Abschlussarbeit folgt immer einem ähnlichen **Schema:**

- Titelseite
- Inhaltsverzeichnis
- Einleitung
- verschiedene Kapitel des Hauptteils (jeweils als einzelne Kapitel, also *nicht* unter einer Überschrift „Hauptteil" zusammengefasst)
- Schluss
- Literaturverzeichnis
- Anhänge, soweit erforderlich

Ein Beispiel finden Sie in den Musterseiten in Anhang II. An manchen Hochschulen wird zudem eine unterschriebene **Eigenständigkeitserklärung** verlangt, in der Sie versichern, dass Sie die Arbeit ohne fremde Hilfe verfasst und alles aus anderen Quellen Übernommene entsprechend gekennzeichnet haben. Eine solche Erklärung steht ggf. ganz am Ende der Arbeit.

Der **Hauptteil** umfasst immer mehrere Kapitel. Ein Hauptkapitel kann, muss aber nicht in Unterkapitel untergliedert werden. Bei Unterkapiteln sind folgende Punkte wichtig:

- Ein Hauptkapitel sollte mindestens zwei Unterkapitel haben – anders ausgedrückt: Wenn es ein Unterkapitel 2.1 gibt, dann sollte es mindestens auch 2.2 geben.

- Die Zahl der Unterkapitel kann bei verschiedenen Hauptkapiteln unterschiedlich sein; beispielsweise kann das erste Hauptkapitel zwei Unterkapitel umfassen und das zweite Hauptkapitel drei.

- Für zehn oder fünfzehn Zeilen lohnt sich kein eigenes Unterkapitel.

Inhaltsverzeichnis, Einleitung und Literaturverzeichnis beginnen jeweils auf einer **neuen Seite.** Da man wissenschaftliche Arbeiten meist einseitig ausdruckt, bedeutet das: Inhaltsverzeichnis, Einleitung und Literaturverzeichnis beginnen jeweils auf einem neuen Blatt.

Bei den **Seitenzahlen** unterscheidet man zwischen der Zählung als solcher und der sogenannten Paginierung. Gezählt werden alle Seiten; das heißt, die Titelseite ist S. 1, das Inhaltsverzeichnis S. 2, die Einleitung S. 3 usw. (lediglich leere Blattrückseiten bei einseitigem Ausdruck werden nicht gezählt). Paginiert werden jedoch nicht alle Seiten; das heißt, nicht auf allen steht die jeweilige Seitenzahl:

	Seitenzählung	Paginierung
Titelseite	ja	nein
Inhaltsverzeichnis	ja	kann, muss aber nicht
Einleitung, Hauptteil, Schluss	ja	ja
Literaturverzeichnis	ja	ja
Anhänge	ja	kann, muss aber nicht
Eigenständigkeitserklärung	ja	nein
leere Rückseite jedes Blattes bei einseitigem Ausdruck	nein	nein
leere Seiten bei zweiseitigem Ausdruck (z. B. leere Seite auf der Rückseite des Inhaltsverzeichnisses)	ja	nein

Ein Beispiel können Sie in den Musterseiten in Anhang II sehen.

Die einzelnen **Teile** der Arbeit werden **nummeriert.** Für die Nummerierung gibt es verschiedene Möglichkeiten; die übersichtlichste ist die sogenannte **Dezimalnummerierung.** Bei der Dezimalnummerierung werden ausschließlich arabische Ziffern verwendet, die durch Punkte getrennt werden. Ein weitgehend veraltetes System ist die sogenannte alphanumerische Gliederung:

	Dezimal	Alphanumerisch
Titelseite	–	–
Inhaltsverzeichnis	–	–
Einleitung (= 1. Kapitel)	1	I
Erstes Hauptkapitel (= 2. Kapitel)	2	II
Erstes Unterkapitel des ersten Hauptkapitels	2.1	A
Zweites Unterkapitel des ersten Hauptkapitels	2.2	B
Erstes Unter-Unterkapitel des zweiten Unterkapitels	2.2.1	1
Zweites Unter-Unterkapitel des zweiten Unterkapitels (usw.)	2.2.2	2
Zweites Hauptkapitel (usw.)	3	III
Literaturverzeichnis	–	–

Die Dezimalnummerierung hat den Vorteil, dass man beim Lesen immer auf den ersten Blick sieht, auf welcher Ebene welches Hauptkapitels man sich gerade befindet (z. B. 2.2.1 = zweites Kapitel, zweites Unter–kapitel, erstes Unter-Unterkapitel). Dagegen wird beim alphanumerischen System meist nur die Nummer der jeweiligen Ebene angegeben; an welcher Position im Gesamttext man sich gerade befindet, wird nicht deutlich.

Beachten Sie, dass bei der Dezimalnummerierung am Ende der Kapitelnummern, also z. B. nach *2.1,* **kein Punkt** steht: Es handelt sich hier nicht um Ordinalzahlen, sondern der Punkt trennt lediglich die einzelnen Ziffern. Ausgesprochen werden die Nummern *Kapitel zwei eins* usw. Beispiele für die Dezimalnummerierung sehen Sie im gesamten Lehrbuch, in den Musterseiten (Anhang II) und in Prunč, *Entwicklungslinien der Translationswissenschaft.*

6.2 Einleitung, Hauptteil, Schluss, Literaturverzeichnis: Merkmale

Die **Einleitung** ist ein obligatorischer Teil der wissenschaftlichen Arbeit. Sie ist nicht zu verwechseln mit dem Vorwort, das eine fakultative, persönliche, nicht wissenschaftliche Vorrede ist (z. B. für Danksagungen[13]). In einer Hausarbeit werden Sie kein Vorwort brauchen und in einer Abschlussarbeit in aller Regel auch nicht.

Die Einleitung wird konventionellerweise mit *Einleitung* überschrieben. Sie beantwortet mindestens drei Fragen:

---

13 In diesem Buch stehen die Danksagungen am Ende des ersten Unterkapitels der Einleitung (Kap. 1.1). Hierfür habe ich mich entschieden, weil meine Danksagungen auch viel mit der inhaltlichen Konzeption des Buches zu tun haben.

- *Was* soll herausgefunden werden? Es werden das Thema und die Fragestellung erläutert und der Forschungsstand beschrieben (was wurde zur Fragestellung schon veröffentlicht, und wie grenzt sich Ihre Arbeit davon ab?). Wie Sie bereits wissen, ist es sinnvoll, in der Einleitung die Fragestellung in Form einer möglichst konkreten Frage zu formulieren, auf die dann die Kapitel des Hauptteils Antwort geben. Sie können hier auch kurz das Thema in seinen Kontext einordnen. In der Einleitung können Sie außerdem darauf eingehen, welche Aspekte Sie *nicht* behandeln und warum: Zeigen Sie auf diese Weise, dass Sie mit dem Umfeld des Themas vertraut sind.

- *Wie* soll eine Antwort auf die Fragestellung gefunden werden? Das heißt, welche Primärtexte bzw. Quellen wurden ausgewählt und warum, welche Untersuchungsmethode wird verwendet und welche theoretische Grundlage in wessen Darstellung? Sie können hier auch kurz etwas zur Struktur Ihrer Arbeit sagen; achten Sie aber darauf, dass Sie dabei nicht das Inhaltsverzeichnis wiederholen. Wenn Sie bei der Abfassung der Arbeit auf irgendwelche unvorhergesehenen Probleme gestoßen sind, können Sie darauf ebenfalls eingehen. Es kann auch hilfreich sein, in der Einleitung zu begründen, warum man bestimmte potenziell relevante Sekundärtexte *nicht* benutzt hat.

- *Warum* ist die Arbeit interessant? Zum Beispiel: Hier liegt eine Forschungslücke vor (das heißt, die Fragestellung hat noch niemand untersucht); das Thema ist sehr aktuell; es ist in der Sekundärliteratur umstritten; es ist wichtig, ...

Beginnen Sie die Einleitung nicht unbedingt mit *Gegenstand der vorliegenden Arbeit ist* ... – das ist zwar korrekt, aber nicht gerade originell. Überlegen Sie sich lieber einen Einleitungssatz, der zu Ihrem speziellen Thema passt.

Der **Hauptteil** befasst sich in mehreren Hauptkapiteln mit der Fragestellung, die in der Einleitung formuliert wurde. Beschränken Sie sich im Hauptteil auf das, was dem Verständnis dieses konkreten Problems dient. **Verzichten Sie auf Kontextkapitel,** wenn Sie den Kontext für Ihre eigentliche Untersuchung nicht benötigen. Wenn Ihr Thema beispielsweise eine französische Übersetzung von Goethes Gedicht „Der Fischer" ist, werden Sie wahrscheinlich kein eigenes Kapitel über Goethes Leben und Werk brauchen und auch keines zum Zeithintergrund. Wenn Sie einzelne Aspekte von Biografie oder Zeithintergrund für Ihre Übersetzungsanalyse benötigen sollten, ist es besser, diese Aspekte in Zusammenhang mit der Übersetzungsanalyse anzusprechen. Denn bei einem eigenen Kontextkapitel besteht immer die Gefahr, dass sehr viel Irrelevantes mit aufgenommen wird. Zudem setzen sich Kontextkapitel oft hauptsächlich aus (direkten oder indirekten) Zitaten zusammen – das heißt, eigene Gedanken sind darin kaum oder gar nicht enthalten.

Gefährlich sind auch **Hintergrundkapitel zur theoretischen Grundlage.** Es gibt zwar Dozierende, die solche Kapitel ausdrücklich wünschen; häufig geht es ihnen dabei jedoch nicht speziell um einen separaten Theorieteil, sondern allgemein darum, dass in der Hausarbeit überhaupt eine Auseinandersetzung mit theoretisch orientierter Sekundärliteratur stattfindet. Der einfachste Weg, hierfür zu sorgen, ist, ein Theoriekapitel zu verlangen. Auch bei Studierenden, die das Schreiben wissenschaftlicher Arbeiten als schwierig empfinden, sind solche Kapitel recht beliebt, weil man darin „nur" die Sekundärliteratur zusammenfasst, statt eine eigene Argumentation entwickeln zu müssen. Ich halte solche Hintergrundkapitel aber aus zwei Gründen für gefährlich. Zum einen werden darin meiner Erfahrung nach oft ausführlich Grundlagen dargestellt, auf die bei der folgenden eigenen Argumentation überhaupt nicht zurückgegriffen wird – das heißt, die dargestellten Grundlagen sind für den Hauptteil der Arbeit irrelevant. Zum anderen sind Hintergrundkapitel zur theoretischen Grundlage oft nicht gerade spannend zu lesen, besonders wenn es sich um eine bekannte Theorie wie z. B. die Skopostheorie handelt. Aus diesen Gründen empfehle ich eine andere Vorgehensweise: Stellen Sie in der Einleitung die theoretische Grundlage Ihrer Arbeit ganz kurz vor, und erläutern Sie die Details dort, wo Sie sie für Ihre eigene Argumentation benötigen. Das heißt, kombinieren Sie in jedem Kapitel des Hauptteils „Theorie" und „Praxis".

Ob ein eigenes **Hintergrundkapitel zur Methode** sinnvoll ist, lässt sich nicht pauschal sagen. Orientieren Sie sich am besten am Umfang: Wenn sich die Methode in wenigen Sätzen beschreiben lässt, genügt dafür die Einleitung; wenn es aber zur Methode sehr viel zu sagen gibt, lohnt sich (zusätzlich) ein eigenes Kapitel. Zwei Beispiele hierzu:

- Wenn Ihre Methode in einer Anwendung von Nords Modell der übersetzungsrelevanten Textanalyse ([4]2009) auf einen selbst gewählten Ausgangstext besteht, können Sie das problemlos in der Einleitung sagen und begründen. Wie Nords Modell im Einzelnen aussieht, ergibt sich aus der Anwendung im Hauptteil.

- Wenn Sie dagegen mit Interviews arbeiten, müssen Sie ausführlicher erklären, für welche Art Interview Sie sich entschieden haben und warum, wie und mit welchem Ziel Sie die Interviewfragen festgelegt haben, nach welchen Prinzipien Sie die interviewten Personen ausgewählt haben, wie Sie die Interviews dokumentiert haben (Tonaufnahme oder Protokoll) usw. Dafür brauchen Sie auf jeden Fall mehr als ein paar Sätze, und diese Informationen lassen sich auch nicht gut mit der Darstellung und Interpretation der Interviewergebnisse kombinieren; deshalb ist hier ein eigenes Kapitel die günstigere Lösung.

Fragen Sie sich bei jedem Kapitel, das Sie schreiben wollen bzw. geschrieben haben: Trägt dieses Kapitel zur **Beantwortung der Fragestellung** bei? Wie wichtig ist es für die Arbeit insgesamt und warum? In welcher Beziehung steht es zu den vorangehenden und den nachfolgenden Kapiteln? Wenn die Antwort negativ ist (kein Beitrag zur Fragestellung, keine Beziehung zu den anderen Kapiteln usw.), sollten Sie das Kapitel wieder streichen, weil es dann vermutlich irrelevant ist. Dasselbe gilt für die einzelnen Aspekte, die Sie innerhalb eines Kapitels behandeln: Wenn kein klarer Zusammenhang mit der Fragestellung und mit dem Rest des Kapitels erkennbar ist, brauchen Sie auf den betreffenden Aspekt nicht einzugehen.

Ein **Beispiel** hierzu: Zusammen mit einer Gruppe von Studierenden habe ich einmal einen Aufsatz verfasst, in dem es um das Übersetzungsstudium blinder Menschen geht. Unsere Fragestellung war, „wie Übersetzungslehre und -lernen gestaltet werden können, damit blinde und sehende Studierende gleichermaßen von den gemischten Gruppen profitieren" (Bülbül u. a. 2015: 1). Im Zentrum unseres Erkenntnisinteresses stand also der Mehrwert, den gemischte Gruppen für alle Beteiligten haben. Vor dem Hintergrund dieser Fragestellung wurde der Vorschlag einer Arbeitsgruppe, in den Aufsatz ein Kapitel über den Zugang blinder Studierender zu wissenschaftlicher Literatur (die oft nur in gedruckter Form vorliegt) aufzunehmen, gleich aus zwei Gründen verworfen: Zum einen steht wissenschaftliche Literatur in der Regel nicht im Mittelpunkt des Übersetzungsunterrichts; zum anderen konnte die Arbeitsgruppe auch nicht klar begründen, inwiefern sowohl Blinde als auch Sehende von Schwierigkeiten blinder Studierender beim Zugang zu gedruckter Literatur profitieren könnten. Wenn wir jedoch in unserer Fragestellung danach gefragt hätten, welche möglichen Lösungen es für die Schwierigkeiten gibt, auf die blinde Studierende im Rahmen ihres Studiums am FTSK stoßen, dann hätte ein solches Kapitel durchaus sinnvoll sein können. Die Fragestellung ist somit entscheidend dafür, was in eine Hausarbeit aufgenommen wird und was nicht.

Wenn Sie in Ihrem Hauptteil **Abbildungen** oder **Tabellen** verwenden, nummerieren Sie sie.[14]

---

14 Sie wissen schon aus der Einleitung, dass in diesem Lehrbuch Dinge vorkommen, die Sie in Ihrer Hausarbeit nicht praktizieren sollten. Hier haben wir ein weiteres Beispiel: Ich nummeriere die Tabellen nicht, weil ich in den Kurzüberblicken zahlreiche Tabellen verwende und mir dort eine Nummerierung seltsam vorkäme.

- Wenn es nur wenige sind, ist eine durchgehende Nummerierung sinnvoll: Die erste Abbildung von acht ist dann Abbildung 1, die letzte ist Abbildung 8.
- Bei sehr zahlreichen Abbildungen bzw. Tabellen kann man auch kapitelweise nummerieren; die Kapitelnummer wird dann in die Nummerierung einbezogen: So ist z. B. die achte Tabelle von Kapitel 2 Tabelle 2.8, die erste Tabelle von Kapitel 3 ist Tabelle 3.1.

In Ihrer Hausarbeit können Sie dann mit der Nummer auf die Abbildung bzw. Tabelle verweisen: *Abbildung 1 zeigt ...* Zusätzlich zur Nummer bekommen Abbildungen und Tabellen einen Titel, der in kurzer Form den Inhalt beschreibt. Schauen Sie sich als Beispiel in diesem Buch die Abbildung auf S. 109 an: Da es hier nur wenige Abbildungen gibt, sind sie durchgehend nummeriert; der Titel lautet „Mindmap zum Thema ‚Translationswissenschaft und der Bologna-Prozess' (Hagemann 2005)".

Unabhängig von der formalen Gestaltung sollten Sie sich bei Abbildungen und Tabellen immer überlegen, ob sie **inhaltlich sinnvoll** und nötig sind. Das ist dann der Fall, wenn Sie das Gezeigte im Text Ihrer Arbeit analysieren und wenn die Analyse zur Beantwortung der Fragestellung beiträgt. Auf Abbildungen, die Sie nicht erwähnen und analysieren, sollten Sie lieber verzichten.

Das **Schlusskapitel** können Sie mit *Schluss* überschreiben oder mit *Zusammenfassung, Ergebnisse, Ausblick* usw., oder Sie können eine individuelle Überschrift wählen. Der Schluss beantwortet abschließend die Fragestellung aus der Einleitung, fasst die Resultate zusammen, zieht Schlussfolgerungen und denkt auch noch etwas über den Hauptteil hinaus. Auch Hinweise auf die Grenzen der Arbeit sowie offene Fragen gehören in das Schlusskapitel. Keinesfalls sollten Sie hier lediglich ausgewählte Sätze des Hauptteils wiederholen.

Einleitung und Schluss sind oft die beiden schwierigsten Kapitel einer wissenschaftlichen Arbeit. Im Hauptteil arbeiten Sie mit konkreten Texten und stellen konkrete Analyse- und Interpretationsergebnisse vor, während Sie in Einleitung und Schluss auf einer hohen Abstraktionsebene schreiben müssen. Es lohnt sich, einige Mühe auf diese beiden Kapitel zu verwenden.

Die **Kapitel** einer Hausarbeit kann man in unterschiedlicher **Reihenfolge** abfassen. Auf jeden Fall brauchen Sie ein konkretes Thema, eine ausformulierte Fragestellung und eine Vorstellung von der Methode, bevor Sie mit dem Schreiben beginnen. Für den anschließenden Schreibprozess gibt es im Wesentlichen zwei Möglichkeiten.

- Sie können entweder erst den Hauptteil schreiben, dann den Schluss und dann die Einleitung.
- Oder Sie können erst die Einleitung entwerfen, dann den Hauptteil und den Schluss schreiben und dann die Einleitung an Hauptteil und Schluss anpassen.

Ich empfehle die zweite Möglichkeit, denn es ist nützlich, gleich zu Beginn des Schreibens eine Vorstellung davon zu entwickeln, wie die Arbeit aussehen könnte und warum. Sie müssen sich dann natürlich die Mühe machen, die Einleitung noch einmal zu überarbeiten, wenn Sie mit Hauptteil und Schluss fertig sind, denn eine wissenschaftliche Arbeit entwickelt sich nie ganz so, wie man es zu Beginn annimmt. Aber wenn Sie die erste Möglichkeit wählen, also mit dem Hauptteil beginnen, müssen Sie aus demselben Grund vermutlich später den Hauptteil überarbeiten, weil er in der ersten Fassung nicht kohärent genug ist.

Das **Literaturverzeichnis** wird mit *Literaturverzeichnis* überschrieben. Es enthält alle Primär- und Sekundärtexte, die Sie in Ihrer Arbeit zitiert haben. Wenn Sie Hausarbeiten oder Abschlussarbeiten anschauen, werden Sie gelegentlich als Überschrift auch *Bibliografie* finden. Das geht grundsätzlich auch, ist aber gefährlich, weil das Wort *Bibliografie* zwei Bedeutungen hat. Sie kennen es bereits in der Bedeutung „eine (mehr oder weniger vollständige) Liste von Werken, die von einer bestimmten Person oder (häufiger) zu einem bestimmten Thema veröffentlicht worden sind". Es kann auch „Liste der in einer Arbeit zitierten Werke" bedeuten. Manche sind aber der Meinung, dass die zweite Bedeutung inkorrekt oder irreführend ist. An *Literaturverzeichnis* nimmt niemand Anstoß. (In Ihrer Abschlussarbeit erstellen Sie vielleicht tatsächlich eine Bibliografie in der ersten Bedeutung – dann können Sie sie natürlich auch so nennen.)

6.3   Übungsaufgaben zur Einleitung

1. Wissenschaftliche Aufsätze folgen grundsätzlich ähnlichen Konventionen wie Hausarbeiten, wenden sie aber nicht so explizit an. Lesen Sie die ersten drei Absätze des Aufsatzes von Göhring, „Kontrastive Kulturanalyse und Deutsch als Fremdsprache" (von „Eine Fremdsprache lernt rascher und besser" bis „und damit besser zu verstehen"). Beantworten Sie auf dieser Grundlage die folgenden Fragen:

    a) *Was* soll in diesem Aufsatz herausgefunden werden?

    b) *Wie* soll es herausgefunden werden?

    c) *Warum* ist das interessant?

Gehen Sie bei Ihrer Antwort auf alle Aspekte ein, die zu Beginn von Kap. 6.2 bei diesen drei Fragen genannt werden – formulieren Sie also z. B. in Zusammenhang mit dem „Was" auch eine Fragestellung.

Beantworten Sie die Fragen bitte mit Ihren eigenen Worten, schreiben Sie nicht Sätze oder Satzteile von Göhring ab.

2. Warum könnte Bachmann-Medick interessant sein?

6.4   Gliederung

Bevor Sie mit dem Schreiben beginnen, ist es hilfreich, eine **provisorische (!) Gliederung** zu erstellen. Das trägt dazu bei, dass in der Arbeit eine klare Struktur erkennbar ist und der rote Faden nicht fehlt. Sie überlegen sich also gleich zu Beginn, welche Punkte Sie in Ihrer Arbeit behandeln möchten und welche Reihenfolge der behandelten Punkte sinnvoll ist. Diese Gliederung ist natürlich zwangsläufig provisorisch, das heißt, sie kann sich später während des Schreibens ändern. Manche finden es auch hilfreich, zuerst einmal mit dem Schreiben anzufangen und dabei Ideen zu entwickeln, bevor sie sich über die Struktur Gedanken machen. Auch das ist eine akzeptable Strategie; wichtig ist dann aber, dass das geschriebene Material zu einem späteren Zeitpunkt tatsächlich in eine schlüssige Struktur gebracht wird. Das heißt, Sie müssen es überarbeiten, damit es brauchbar wird. Da dieser Schritt sehr leicht Zeitproblemen zum Opfer fallen kann, empfehle ich eher, sich gleich zu Beginn mit der Gliederung zu beschäftigen. Das Folgende gilt aber auch dann, wenn Sie zuerst schreiben und anschließend strukturieren.

Die provisorische Gliederung erstellen Sie, wenn Sie das Thema festgelegt, die Fragestellung formuliert und sich für eine Methode entschieden haben. Es hat keinen Sinn, mit der Gliederung zu beginnen, bevor Sie wissen, was Sie eigentlich herausfinden wollen und wie.

Man kann eine wissenschaftliche Arbeit nach ganz verschiedenen Prinzipien gliedern (s. hierzu auch Franck [2]2007: 100 und Kruse [12]2007: 155–156). Im Folgenden nenne ich einige wichtige **Gliederungsformen** und gebe dazu jeweils ein Beispiel:

- Chronologische Gliederung: Diese Gliederungsform kann nützlich sein, wenn die Arbeit einen zeitlichen Prozess zum Gegenstand hat.

  – Thema: „Didaktische Progression in der Translationslehre am FTSK".

  – Fragestellung: „Wie sollten die Studieninhalte im BA und MA des Faches Deutsch aufeinander aufbauen?"

- Methode: Vergleich der Studienverlaufspläne und Modulhand-
bücher mit eigenen Studienerfahrungen.
- Gliederung: vom Beginn des BA bis zum Ende des MA.

- Argumentative Gliederung: Die Gliederung orientiert sich am Verlauf bzw. an der Struktur einer kontroversen Diskussion. Argumentativ ist eine Gliederung also nur dann, wenn sie die Gegensätzlich-
keit verschiedener Positionen in den Vordergrund stellt.
  - Thema: „Die Debatte über die Ausbildungskonzeption am FTSK".
  - Fragestellung: „Wie wird der Stellenwert von Translationswissenschaft einerseits und Sprach-/Kulturwissenschaft andererseits
  dargestellt?"
  - Methode: Analyse von Sitzungsprotokollen relevanter Gremien
  des FTSK, ergänzt durch Publikationen von Dozierenden.
  - Gliederung: Unterscheidung zwischen Translationswissenschaft,
  Translationsorientierung und Translationsrelevanz, Sprach-/Kul-
  turwissenschaft als „Hilfswissenschaften" der Translationswissenschaft oder als eigenständige Disziplinen, Berufswege der Ab-
  solventInnen (Translations- und andere Berufe), ...

- Aufzählende Gliederung: Es werden gleichwertige Aspekte aneinan-
dergereiht. Diese Gliederungsform sieht einfach aus; man muss sich
aber genau überlegen, welche Reihenfolge sinnvoll ist.
  - Thema: „Kulturspezifik beim Übersetzen der Bedienungsanleitung für die Waschmaschine XYZ aus dem Deutschen ins Chine-
  sische".
  - Fragestellung: „Welche Auswirkungen hat der Skopos auf den
  Umgang mit den verschiedenen Arten von Kulturspezifika?" (Als
  Skopos wurde festgelegt: Die Übersetzung soll eine problemlose
  Bedienung der Waschmaschine ermöglichen und gleichzeitig bei
  etwaigen Bedienungsproblemen, Störungen usw. für den Herstel-
  ler ein hohes Maß an Rechtssicherheit gewährleisten.)
  - Methode: Anwendung des Modells von Reinart (²2014) auf die
  Bedienungsanleitung.
  - Gliederung: Typografie und Layout, Abbildungen, Textaufbau,
  Handlungsanweisungen, fachsprachliche Benennungen, ...

- Gliederung vom Allgemeinen zum Besonderen: Diese Gliederungsform ist nicht ganz ungefährlich, denn das Allgemeine ist für Ungeübte oft schwer vom Unnötigen zu trennen. Wenn Sie nach diesem
Prinzip gliedern wollen, müssen Sie sehr intensiv prüfen, ob Ihr „all-

gemeiner" Teil etwas zur Beantwortung Ihrer Fragestellung beiträgt und ob es Ihnen gelingt, auch in diesem Teil etwas Neues zu sagen.

- Thema: „Kulturwissenschaft im BA Sprache, Kultur, Translation am FTSK".
- Fragestellung: „Welche Studieninhalte sollten in den kulturwissenschaftlichen Modulen des BA-Studiengangs angeboten werden?"
- Methode: Ableitung von Lernzielen aus einer translationsrelevanten Kulturdefinition sowie von Studieninhalten aus den Lernzielen.
- Gliederung: vom Zusammenhang zwischen Kultur und Translation bis hin zur Gestaltung des Germersheimer Curriculums.

Für jede Gliederung gilt, dass sie in enger **Beziehung zur Fragestellung und Methode** stehen muss. Deshalb müssen Sie diese festlegen, bevor Sie sich Gedanken über die Gliederung machen.

Für das **Erstellen** der provisorischen Gliederung gibt es mehrere Möglichkeiten.

- Sie können entweder mögliche Kapitel und Unterkapitel jeweils auf einem **Zettel** notieren und die Zettel dann nach inhaltlicher Zusammengehörigkeit sortieren. Das klingt im Computerzeitalter vorsintflutlich, aber manche finden diese Methode nach wie vor nützlich.
- Oder Sie können die Gliederung am **Computer** erstellen – also gleich ein provisorisches Inhaltsverzeichnis tippen. Der Computer hat den Vorteil, dass die erstellte Gliederung sehr übersichtlich aussieht. Wenn Sie aber beim Erstellen der Gliederung viel herumprobieren und die einzelnen Punkte viel hin- und herschieben, sind Zettel vielleicht nützlicher.
- Eine dritte Möglichkeit ist das sogenannte **Mindmapping** (Erstellung einer „Gedanken-Landkarte"). Dabei stellt man die Beziehung zwischen den einzelnen Punkten räumlich dar: Ausgehend vom zentralen Thema verzweigen sich die einzelnen Haupt- und Unterkapitel. Eine Mindmap kann z. B. so aussehen wie in Abbildung 2.

Mindmaps muss man nicht unbedingt von Hand erstellen, es gibt auch entsprechende Software. Kostenlos ist beispielsweise FreeMind, mit dem Abbildung 2 erstellt wurde ‹http://freemind.sourceforge.net/wiki/index.php/Main_Page›. Eine kommerzielle Software mit kostenloser zeitlich begrenzter Demoversion ist z. B. ConceptDraw MindMap ‹http://www.conceptdraw.com/products/mind-map-software/›.

Abbildung 2: Mindmap zum Thema „Translationswissenschaft und der Bologna-Prozess" (Hagemann 2005):

Mindmaps können Sie übrigens nicht nur für Ihre Gliederung verwenden, sondern auch zur Auseinandersetzung mit einem vorhandenen Text. Wenn Sie beispielsweise einen komplexen Sekundärtext vor sich haben, kann es hilfreich sein, mit einer Mindmap die Struktur und die wesentlichen Argumente nachzuvollziehen.

Probieren Sie alle drei Möglichkeiten zur Erstellung einer Gliederung aus. Stellen Sie fest, welche der drei am besten zu Ihrer Arbeits- und Denkweise passt. Beispielsweise wird jemand, der stark räumlich denkt, das Mindmapping wahrscheinlich hilfreich finden; wer überhaupt nicht räumlich denkt, findet es vielleicht eher lästig. Jemand, der gern „mit den Händen denkt", könnte von der Zettelmethode profitieren.

Unabhängig davon, mit welcher der drei Möglichkeiten Sie zu Ihrer provisorischen Gliederung kommen: Die **Struktur der Arbeit,** also die Gliederung in Haupt- und Unterkapitel, ist sehr wichtig, und es lohnt sich, einige Mühe darauf zu verwenden. Welche Punkte Sie behandeln, in welcher Reihenfolge Sie sie behandeln und welche Punkte Sie als Haupt-, welche als Unterkapitel einstufen – das sagt viel über die Konzeption Ihrer Arbeit aus. Das Inhaltsverzeichnis gibt sehr oft schon Aufschluss über die Qualität einer Arbeit.

Beispiel: Angenommen, Ihr Thema ist eine französische Übersetzung von Goethes Gedicht „Der Fischer". Ihre Fragestellung lautet: „Inwiefern eignet sich die Übersetzung zur Publikation in einer einsprachigen Anthologie deutscher Dichtung?" Als Methode wählen Sie eine skoposorientierte Analyse der Übersetzung auf der Grundlage der Ziele, die in der Einleitung für die Anthologie insgesamt formuliert werden. Stellen wir uns nun vor, dass Ihre Gliederung folgendermaßen aussieht:

1 Einleitung
2 Goethes Leben
3 Goethes Werke

4 Die Übersetzung von „Der Fischer"
4.1 Semantische Fehler
4.2 Reim
5 Schluss

Eine Arbeit mit einer solchen Gliederung kann nicht gut sein, denn in Kap. 2 und 3 werden offensichtlich irrelevante Hintergrundinformationen geliefert, und Kap. 4 reduziert nicht nur eine Gedichtübersetzung lediglich auf Semantik und Reim, sondern behandelt bei der Semantik noch dazu nur „Fehler".

Beachten Sie bei der **Erstellung Ihrer Gliederung** folgende Punkte:

- Vergleichen Sie Ihre Gliederung mit der **Fragestellung** und der **Methode.** Ist die Arbeit so aufgebaut, dass sie eine Antwort auf die Fragestellung liefern kann, und passt der Aufbau zur geplanten Vorgehensweise? (Zur Erinnerung: Es hat keinen Sinn, eine Gliederung zu entwerfen, bevor Fragestellung und Methode festgelegt wurden.)

- Fragen Sie sich, ob jedes vorgesehene Kapitel bzw. Unterkapitel wirklich **nötig** ist. Das gilt insbesondere für alle Kontext- und Hintergrundkapitel – benötigen Sie die Informationen, die Sie darin erläutern, tatsächlich für Ihre späteren Analysen? (Auch hier ist es wieder nützlich, die vorgesehenen Kapitel auf ihre Beziehung zur Fragestellung und Methode hin zu überprüfen.)

- Achten Sie darauf, dass die **Reihenfolge** der Kapitel und Unterkapitel logisch ist. Vorangehende Kapitel tragen zum Verständnis der auf sie folgenden bei. Welche Ihrer Kapitel liefern Informationen, die Sie später noch brauchen?

- Wichtig ist auch, dass es zwischen den einzelnen Kapiteln keine inhaltlichen **Überschneidungen** gibt; Sie sollten nicht in späteren Kapiteln etwas wiederholen, was Sie schon in früheren gesagt haben, oder ständig auf frühere Kapitel zurückverweisen.

- Und ein Hinweis zur Sprache: Kapitelüberschriften formuliert man meist **nominal,** nicht als ganzen Satz.

Für manche Typen von Fragestellungen und Methoden gibt es auch **Standardgliederungen.** Ein Beispiel wären statistisch orientierte Arbeiten, die häufig einem bestimmten Muster folgen: Aufstellung einer statistisch überprüfbaren Hypothese, Beschreibung der Datengewinnung und der Untersuchungsmethode, Darstellung der Ergebnisse, Zusammenfassung und Interpretation der Ergebnisse. Bevor Sie sich an einem vorgegebenen Muster orientieren, sollten Sie sich jedoch gut überlegen, ob das in Ihrem Fall sinnvoll ist oder eher nicht.

6.5   Übungsaufgaben zur Gliederung

1. Göhrings Aufsatz „Kontrastive Kulturanalyse und Deutsch als Fremdsprache" ist nicht in Kapitel untergliedert, aber er hat natürlich trotzdem eine inhaltliche Struktur.

   a) In welche inhaltlichen Blöcke lässt sich der Aufsatz gliedern? Das heißt, welche Absätze haben dasselbe „Unterthema" und gehören somit inhaltlich eng zusammen, wo beginnt ein neues Unterthema?

   b) Wenn man den einzelnen inhaltlichen Blöcken Zwischenüberschriften (Kapitelüberschriften) geben würde, wie könnten diese Zwischenüberschriften lauten?

2. Man kann eine Gliederung nach ganz verschiedenen Gesichtspunkten vornehmen (chronologisch, argumentativ, aufzählend usw.). Welcher Gliederungsform bzw. welchen Gliederungsformen folgt das vorliegende Buch zum translationswissenschaftlichen Arbeiten? Begründen Sie Ihre Auffassung.

3. Das Thema Ihrer Hausarbeit ist die Relevanz von Doris Bachmann-Medicks Kulturverständnis für die Translationsausbildung am FTSK. (Zur Erinnerung: Wenn Sie nicht am FTSK studieren, können Sie die Aufgabe für die Ausbildung an Ihrer eigenen Hochschule bearbeiten.) Formulieren Sie eine geeignete Fragestellung, und legen Sie eine Methode fest. Erstellen Sie dann mit Mindmapping eine provisorische Gliederung.

4. Ihr Thema lautet „A- und B-sprachliche Kompetenz in der Translationsausbildung am FTSK".

   a) Überlegen Sie sich für dieses Thema zwei verschiedene Fragestellungen und zu jeder eine passende Methode und Gliederungsform. Erstellen Sie zwei Gliederungen, eine als Mindmap und die andere mit der Zettelmethode. Erläutern Sie, nach welchen Gesichtspunkten Sie gegliedert haben und welcher Zusammenhang zwischen der Gliederungsform, der Fragestellung und der Methode besteht.

   b) Fällt Ihnen das Mindmapping leichter oder schwerer als die Arbeit mit Zetteln? Warum?

6.6 Kurzüberblick

Äußerer Aufbau:

Teil der Arbeit	Hinweise zur Form	Hinweise zum Inhalt
Titelseite	• Seitenzählung ja, Paginierung nein	
Inhalts-verzeichnis	• Seitenzählung ja, Paginierung fakultativ	• Inhaltsverzeichnis nicht in der Einleitung nacherzählen
Einleitung	• Dezimalnummerierung der Kapitel beginnt hier mit 1 • Paginierung ab hier obligatorisch	• Was wollen Sie herausfinden? (Thema, Fragestellung) • Wie wollen Sie es herausfinden? (Methode, theoretische Grundlage) • Warum ist das interessant?
Verschiedene Kapitel des Hauptteils	• keine Überschrift „Hauptteil" • eventuell Untergliederung in Unterkapitel (zu einem Hauptkapitel mindestens zwei) • Überschriften nominal formulieren	• Bearbeitung der Fragestellung • keine Inhalte, die für Fragestellung irrelevant sind • keine Kontextkapitel • Theorie: kein eigenes Kapitel; sondern zusammen mit „Praxis" • Abbildungen und Tabellen nur, wenn Sie sie auch analysieren
Schluss	• Schluss = letztes Kapitel mit Dezimalnummerierung	• abschließende Antwort auf die Fragestellung • Schlussfolgerungen • Hinweis auf offene Fragen
Literatur-verzeichnis	• Seitenzählung ja, Paginierung ja • keine Dezimalnummerierung	• enthält alle zitierten Primär- und Sekundärtexte (und keine, die nicht zitiert wurden)
Anhänge, Eigenständig-keitserklärung	• sofern erforderlich	

Gliederung („Dos and Don'ts"):

Beachten	Vermeiden
Erst Thema, Fragestellung und Methode festlegen, dann Gliederungsentwurf erstellen	Sofort drauflosschreiben und später nicht die Schlüssigkeit der Struktur kritisch überprüfen
Aufbau muss Antwort auf Fragestellung ermöglichen und zur Methode passen	Unnötige Kapitel (Kontext- bzw. Hintergrundinformationen, auf die später nicht zurückgegriffen wird)
Logische Reihenfolge – spätere Kapitel bauen auf früheren auf	Inhaltliche Überschneidungen oder häufige Rückverweise auf frühere Kapitel

6.7　Zum Nachdenken

In Zusammenhang mit dem Aufbau der Arbeit könnten Sie über folgende Punkte nachdenken:

➢ Könnten wissenschaftliche Arbeiten in einer anderen Kultur anders aufgebaut sein als in Deutschland? Wie könnte das aussehen, und was für einen Unterschied würde es machen?

➢ Studierende haben bei der Einleitung häufig Schwierigkeiten mit der Frage nach dem Wie, also nach Untersuchungsmethode, theoretischer Grundlage usw. Woran könnte das liegen?

➢ Kann das Mindmapping auch für das Übersetzen oder Dolmetschen nützlich sein?

7 Bearbeitung der Fragestellung

In diesem Abschnitt können Sie **Folgendes lernen:**

- zentrale Aspekte für das Schreiben des Hauptteils einer wissenschaftlichen Arbeit zu identifizieren,
- Sekundärliteratur und eigene Gedanken zueinander in Beziehung zu setzen und voneinander abzugrenzen,
- den Zusammenhang zwischen Theorie und Praxis bei wissenschaftlichen Arbeiten zu erklären,
- zwischen verschiedenen Argumentationsschritten zu unterscheiden und sie in einer kohärenten Argumentationsstruktur anzuwenden,
- eine intersubjektiv nachvollziehbare Argumentation zu entwickeln,
- den Zusammenhang zwischen gekürzter Wiedergabe und Textverständnis zu erläutern,
- verschiedene Beispiele für Kulturspezifika bei wissenschaftlichen Publikationen zu nennen und beim Schreiben die deutschen Konventionen zu berücksichtigen.

7.1 Allgemeines

Beachten Sie im Hauptteil die **Themenformulierung und Fragestellung.** Der Inhalt des Hauptteils muss zu dem passen, was Sie im Titel der Arbeit und in der Einleitung ankündigen.

Wie schon erwähnt, sollten Sie in der Einleitung die Fragestellung formulieren. Im Hauptteil versuchen Sie, auf diese **Frage** eine **Antwort** zu finden. Die Frage selbst ist aber mindestens so wichtig wie die Antwort. Wenn Sie keine befriedigenden Antworten finden oder wenn die Antworten, die Sie finden, Sie nur teilweise befriedigen, lassen Sie die Frage trotzdem stehen, und setzen Sie sich damit auseinander, was die Antwort so schwierig oder unmöglich macht. Gerade das, worauf man keine Antwort findet, kann wichtig sein. Eine unbeantwortete interessante Frage ist mehr wert als ein Text, von dem man nicht weiß, auf welche Frage er eigentlich eine Antwort geben soll.

Gibt es einen Gegensatz zwischen „theoretisch" und „praktisch" orientierten Arbeiten? Sie haben einen unterschiedlichen Schwerpunkt, stehen aber nicht im Widerspruch zueinander. Jede praktisch orientierte Arbeit, die etwas taugt, hat eine solide theoretische Grundlage (ob diese Grundlage nun explizit beschrieben wird oder nicht). Und eine interessante theoretisch orientierte Arbeit hat oft auch praktische Relevanz. Noch einmal das Beispiel Skopostheorie: Eine praktisch orientierte Übersetzungskritik kann diese Theorie als Grundlage nehmen (eine Übersetzungskritik, die keine identifizierbare theoretische Grundlage hat, taugt nichts), und auch z. B. Vermeers stark theoretisch orientierte Publikationen sind für Diskussionen über die Praxis des Übersetzens relevant.

Für alles, was Sie schreiben, gilt: Sie müssen **verstehen,** was Sie schreiben. Das sollte selbstverständlich sein, ist es aber nicht. Verständnisprobleme kann es auf der Mikro- und auf der Makroebene geben:

- auf der Mikroebene, wenn man z. B. nicht in der Lage ist, einen verwendeten Fachterminus zu definieren,

- und auf der Makroebene, wenn man z. B. nicht in wenigen Sätzen erklären kann, was eigentlich das Ziel und das Ergebnis der eigenen Arbeit war. Besonders deutlich fallen Defizite auf der Makroebene in der mündlichen Abschlussprüfung am FTSK auf. Im Rahmen dieser Prüfung wird in maximal 5 Minuten die Abschlussarbeit vorgestellt; manche Studierende versuchen dann ihre Gliederung herunterzurattern, statt die Fragestellung, die theoretische Grundlage, die Methode und die wichtigsten Resultate zu erläutern. Das macht keinen guten Eindruck und ist in der Regel ein Zeichen für eine unzureichende Reflexion über die eigene Arbeit.

Man lernt den eigenen Text besser verstehen und erkennt eventuelle Mängel auf der Makroebene besser, wenn man ihn **gekürzt wiedergibt.** Dafür gibt es verschiedene Möglichkeiten (Kruse [12]2007: 161–163), z. B.:

- Schreiben Sie eine kurze Zusammenfassung Ihrer Arbeit. Was sind die wesentlichen Punkte?

- Stellen Sie sich vor, Ihre Arbeit würde als Buch veröffentlicht. Wie könnte der Werbetext des Verlags aussehen?

- Stellen Sie sich vor, Sie müssten Ihre Arbeit einem Kind erklären. Worüber schreiben Sie, und warum ist das wichtig? (Im Gespräch mit einem Kind kann man natürlich weder Fachterminologie verwenden noch Hintergrundwissen voraussetzen; aber gerade in einer solchen Situation merkt man, ob man selbst verstanden hat, wovon man spricht.)

7.2   Umgang mit der Sekundärliteratur

In manchen Kulturen muss man bei Hausarbeiten vor allem zeigen, dass man die für das Thema relevanten „Autoritäten" gelesen und verstanden hat. Wie schon erwähnt, legt die deutsche Wissenschaftskultur einerseits ebenfalls Wert darauf, dass Sie die relevante Sekundärliteratur kennen; andererseits müssen Sie aber auch **eigene Gedanken** in die Arbeit einbringen. Ihre geistige Leistung darf nicht nur darin bestehen, dass Sie Sekundärliteratur zusammenfassen. Zu einer wissenschaftlichen Arbeit gehören eigene Analysen und Interpretationen, die Sie mit wissenschaftlichen Methoden durchführen. Es ist besser, holprig eine eigene Meinung zu formulieren, als unkritisch eine elegant formulierte Meinung anderer zu übernehmen.

Achten Sie immer darauf, Ihre eigene Meinung **klar** von der Meinung anderer zu **trennen**.

Die Forderung, dass eine Hausarbeit eigene Gedanken enthalten muss, ist **kulturspezifisch** und auch **textsortenspezifisch**. Sie gilt in Deutschland nicht in gleichem Maße für alle wissenschaftlichen Textsorten. Ein Handbuch beispielsweise hat vor allem die Aufgabe, umfassend über den aktuellen Stand der Forschung zu informieren; dementsprechend wird in Handbuchartikeln relativ viel referiert, und es werden eher wenig neue Gedanken eingebracht. Schauen Sie sich als Beispiel den Artikel von Dizdar über die Skopostheorie an. Als Handbuchartikel entspricht er völlig den Textsortenkonventionen; aber für Hausarbeiten und für wissenschaftliche Aufsätze z. B. in Zeitschriften gelten andere Konventionen.

Wenn Sie an die spezifisch deutsche Art des wissenschaftlichen Arbeitens nicht gewöhnt sind, haben Sie vielleicht zunächst Schwierigkeiten damit, zusätzlich zur Verwendung von Sekundärliteratur auch noch eigene Fragen und Antworten zu formulieren. In einer solchen Situation kann es hilfreich sein, sich noch einmal die **Beziehung zwischen theoretischer Grundlage und eigenem Primärtext** vor Augen zu führen. Was eine theoretische Grundlage ist, haben Sie schon in Kap. 3.4 gelernt; was ein Primärtext ist, wissen Sie aus Kap. 4.1. Ich gebe hier ein weiteres **Beispiel**, um die Vorgehensweise bei der Erstellung einer Hausarbeit zu verdeutlichen:

Aspekt	Beispiel(e)
Thema	Qualität der Übersetzung einer Bedienungsanleitung für eine Waschmaschine
Fragestellung	Inwieweit erfüllt die Übersetzung die Funktion, das Zielpublikum verständlich über die Bedienung der Waschmaschine zu informieren?
Methode	Identifikation von Verständlichkeitskriterien und Abgleich der Übersetzung mit den Kriterien
Suche nach Sekundärliteratur	nicht (nur) speziell zu Bedienungsanleitungen, sondern auch allgemein zum Übersetzen und zur Verständlichkeit
Beispiele für Sekundärliteratur	Als theoretische Grundlage: • Skopostheorie (Vermeer) für die Relevanz der Funktion • Verständlichkeitsforschung (Göpferich)

Aspekt	Beispiel(e)
Beispiele für Terminologie	Skopostheorie: • *intendiertes Ziel* bzw. *Skopos* • *Translationsstrategien* • *Entscheidungen*
	Verständlichkeitsforschung: • *Simplizität* • *Prägnanz* • *Perzipierbarkeit*

Es wäre keine gute Idee, nur das aufzuschreiben, was Ihnen spontan zum Übersetzen und zur mutmaßlichen Verständlichkeit der betreffenden Bedienungsanleitung einfällt. Wenn Sie so vorgehen wie im Beispiel gezeigt, dann übernehmen Sie die theoretische Grundlage sowie die zugehörige Terminologie aus der Sekundärliteratur. Aus dieser Perspektive kann man sagen: „Theorie" ist etwas, was Ihnen beim intelligenten Nachdenken über Ihren Primärtext – im Beispiel: die Bedienungsanleitung – hilft. Ihre eigene geistige Leistung besteht in diesem Fall darin, dass Sie die übernommene theoretische Grundlage – im Beispiel: die Skopostheorie und die Verständlichkeitsforschung – praktisch auf die Bedienungsanleitung für eine Waschmaschine anwenden. (Denken Sie in diesem Zusammenhang auch noch einmal zurück an Kap. 5.3: Dort wurde am Beispiel Translate for Justice aus einer anderen Perspektive eine sehr ähnliche Vorgehensweise beschrieben.)

Bei der Sekundärliteratur, die Sie in Zusammenhang mit Ihrer theoretischen Grundlage lesen, dürfen Sie sich nicht auf **Einführungs-** bzw. **Überblickstexte** oder Veranstaltungsskripte beschränken. Wenn Sie sich beispielsweise auf die Skopostheorie stützen, müssen Sie dazu mehr lesen als nur den Artikel von Dizdar im *Handbuch Translation*. Insbesondere sollten Sie dann auch Vermeer heranziehen, denn über die Skopostheorie zu schreiben, ohne Publikationen ihres Begründers gelesen zu haben, würde einen schlechten Eindruck machen. Einführungstexte geben eine Theorie zwangsläufig nur kurz wieder; für eine Hausarbeit sollten Sie aber genauer Bescheid wissen.

Wie Sie schon aus Kap. 5.4 wissen, können Sie **relevante Sekundärliteratur** nicht nur für die theoretische Grundlage verwenden, sondern auch beispielsweise

• für Hintergrundinformationen,

• für Informationen und Interpretationen, mit denen Sie Ihre eigenen Ansichten stützen oder belegen,

- für Analysen, auf denen Sie aufbauen bzw. über die Sie hinausgehen,
- für Auffassungen, die Sie kritisch vergleichen oder von denen Sie sich distanzieren.

Ein **Beispiel** für Vergleich und Distanzierung: Wenn Sie wissen möchten, inwieweit sich die Skopostheorie auf eine Übersetzung von Goethes *Faust* in Ihre A-Sprache anwenden lässt, werden Sie auf jeden Fall verschiedene Auffassungen einander gegenüberstellen müssen: z. B. die Auffassung von Hans J. Vermeer, der eine Anwendbarkeit der Skopostheorie auf literarische Texte bejaht, und die von Rainer Kohlmayer, der sie entschieden verneint. Anhand des konkreten Beispiels *Faust* wird dann das Pro und Kontra erwogen, und mindestens eine der beiden Auffassungen muss zwangsläufig kritisiert werden – vielleicht sogar beide, wenn Sie bei beiden Schwachstellen erkennen.

Wie bereits in Kap. 5 erwähnt, müssen Sie sich mit dem, was in der **Sekundärliteratur** steht, immer **kritisch auseinandersetzen;** es genügt nicht, wenn Sie einfach wiederholen, was Sie in einem Sekundärtext gefunden haben – auch dann nicht, wenn Sie dem Sekundärtext zustimmen. Machen Sie durch Ihre Formulierungen deutlich, was Sie vom verwendeten Sekundärtext halten: beispielsweise

- *Wie XY zutreffend feststellt, ...*
- *XY hebt zu Recht hervor / betont zu Recht / weist zu Recht darauf hin, dass ...*
- *Zwar vertritt XY die Auffassung, dass ... Aber ...*
- *XY interpretiert diese Passage dahin gehend, dass ..., berücksichtigt jedoch nicht, dass ...*
- *XY interpretiert diesen Sachverhalt als Beleg für ...; es kann sich jedoch auch um ... handeln.*

Das gilt auch für die Untersuchung, der Sie die theoretische Grundlage für Ihre Arbeit entnehmen – auch diese Grundlage sollten Sie kritisch auf ihre Stichhaltigkeit und Brauchbarkeit überprüfen.

Schließlich sollten Sie Ihre Arbeit in ihr „**diskursives Umfeld**" einordnen. Das heißt, Sie sollten deutlich machen, in welchen wissenschaftlichen Kontext Ihre Arbeit gehört. Zum Beispiel: Zu welchen Sekundärtexten steht sie in Beziehung, und welcher Art ist diese Beziehung? (Auf welche Texte stützen Sie sich und warum, von welchen grenzen Sie sich ab und wie?) Welche wissenschaftlichen Diskussionen oder Kontroversen greift die Arbeit auf? Und so weiter. Um bei dem Beispiel Anwendbarkeit der Skopostheorie auf eine Übersetzung des *Faust* in Ihre A-Sprache zu bleiben: Zum diskursiven Umfeld gehören z. B. Namen wie Vermeer und Kohlmayer sowie die Kontroverse über den Geltungsbereich der Skopostheorie (nur für Gebrauchstexte oder für alle Texte?).

7.3 Argumentation

Ganz allgemein gesagt, muss eine wissenschaftliche Arbeit **logisch aufgebaut und kohärent** sein. Das gilt nicht nur für die Gliederung, sondern für die gesamten Ausführungen. In der Argumentation sollte erkennbar sein, wie ein Gedankenschritt mit dem vorangehenden zusammenhängt. Ideen, die zusammenhanglos in den Text geworfen werden, mögen jeweils für sich betrachtet interessant sein, aber sie bilden keine kohärente und daher keine überzeugende Arbeit. Sorgen Sie dafür, dass im gesamten Text eine Struktur und eine klare Linie erkennbar ist. Um eine solche Linie, den „roten Faden", herzustellen, ist es nützlich, immer die Fragestellung im Kopf zu behalten.

Eine wissenschaftliche Argumentation kann man sowohl auf Makro- als auch auf Mikroebene betrachten. Zur **Makroebene** lässt sich wenig Allgemeines sagen, weil das **Argumentationsschema** auf dieser Ebene stark von der Fragestellung abhängt. Ein bekanntes Schema ist beispielsweise These – Antithese – Synthese. Hier beginnt man mit einer bestimmten Aussage (der These). Dieser wird eine Gegenaussage (die Antithese) gegenübergestellt. Sowohl die These als auch die Antithese werden mit Belegen gestützt. Schließlich verbindet man die beiden zur Synthese.

- Ein Beispiel für eine These wäre: „Um einen Text zu übersetzen, muss man ihn verstanden haben."

- Eine Antithese dazu könnte lauten: „Übersetzen ist ein Weg, einen Text zu verstehen."

- Und die Synthese daraus wäre vielleicht: „Verstehen und Übersetzen bedingen sich gegenseitig; der Übersetzungsauftrag gibt den Rahmen und das Ziel des Verstehens vor, und das Verstehen wiederum steuert den Übersetzungsprozess."

Ein solches Argumentationsschema kann zum Beispiel sinnvoll sein, wenn es in Ihrer Fragestellung darum geht, wie bei Ihrem Primärtext Verstehen und Übersetzen zusammenhängen. Es ist eher nicht sinnvoll, wenn Sie herausfinden möchten, welche Faktoren eine bestimmte Übersetzung für ihr Zielpublikum leicht oder schwer verständlich machen.

Auf der **Mikroebene** kann die Argumentation ganz verschiedene **logische Schritte** umfassen. Man kann beispielsweise

- Aspekte nennen und beschreiben

- Forderungen aufstellen

- Vergleiche anstellen, Beziehungen herstellen
- Fragen stellen und beantworten
- Hypothesen aufstellen und überprüfen
- Begriffe definieren
- Beispiele anführen
- Vor- und Nachteile abwägen
- Schlussfolgerungen ziehen
- Kritik üben
- Ursachen und Wirkungen nennen

... und vieles andere mehr (Mehlhorn u. a. ²2009: 102).

Die möglichen logischen Schritte in einer wissenschaftlichen Argumentation kann man in Gruppen zusammenfassen. Aussagen über Ihren „Erkenntnisgegenstand" (d. h. Ihr Thema unter dem Gesichtspunkt Ihrer spezifischen Fragestellung) können von dreierlei Art sein: **deskriptiv, analytisch** und **normativ.**

- *Deskriptiv* bedeutet, dass Sie Ihren Erkenntnisgegenstand „nur" beschreiben – Sie machen eine Aussage über einen nachweisbaren Sachverhalt. Ein entsprechender logischer Schritt wäre „Aspekte nennen und beschreiben".

- *Analytisch* bedeutet, dass Sie interpretieren – Sie erklären, wie das, was Sie beschrieben haben, zustande kommt, welchen Stellenwert und welche Bedeutung es hat usw. Beispiele für analytische logische Schritte sind „Ursachen und Wirkungen nennen" oder „Hypothesen aufstellen und überprüfen".

- *Normativ* bedeutet, dass Sie Regeln aufstellen, wie man bei einer bestimmten Sache vorgehen soll. Ein typischer logischer Schritt ist „Forderungen aufstellen".

Ein konkretes **Beispiel:** Wenn Sie beschreiben, wie eine bestimmte Übersetzung von Goethes Gedicht „Der Fischer" mit Goethes Reim und Metrum umgeht, ist das eine deskriptive Aussage. Wenn Sie erklären, warum in der betreffenden Übersetzung Goethes Metrum nicht erhalten bleiben kann, welche anderen Prioritäten in der Übersetzung gesetzt wurden und wie diese Prioritäten zur Zielsprache, zu den Konventionen der Zielliteratur und zum Skopos passen, dann ist das eine analytische Aussage. Wenn Sie die Auffassung vertreten, dass in einer Übersetzung von „Der Fischer" in Ihre A-Sprache das Metrum auf jeden Fall erhalten bleiben sollte, ist das eine normative Aussage.

In Ihrer Arbeit können alle drei Arten von Aussagen vorkommen, aber es muss Ihnen immer klar sein, mit welcher Art Sie gerade operieren und wann es (nicht) legitim ist, zwei Arten zu verbinden. Beispielsweise kommt es in Hausarbeiten bei Übersetzungskritiken und Übersetzungsvergleichen immer wieder vor, dass normative und deskriptive Aussagen oder normative und analytische Aussagen unreflektiert vermischt werden – dass man also z. B. bei einer Beschreibung in eine Bewertung „hineinrutscht". Sie dürfen natürlich in ein und derselben Arbeit sowohl beschreiben als auch das Beschriebene bewerten; aber Sie müssen darauf achten, ob Beschreibung und Bewertung zusammenpassen. So hätte es etwa wenig Sinn, bei einer „Fischer"-Übersetzung deskriptiv festzustellen, dass das Metrum nicht erhalten bleibt, und gleichzeitig normativ zu fordern, dass es hätte erhalten bleiben müssen. Hier würde ein analytischer Zwischenschritt fehlen, nämlich die Auseinandersetzung mit dem Skopos der Übersetzung: Wenn die Übersetzung z. B. den Skopos hat, in einer zweisprachigen Ausgabe den deutschen Text dem Zielpublikum semantisch verständlich zu machen, dann verlangt der Skopos keine Beibehaltung des Metrums. Sie können in diesem Fall zwar den Skopos normativ kritisieren (also nachweisen, dass ein anderer Skopos für diese Übersetzung sinnvoller gewesen wäre), aber Sie können nicht die Übersetzung normativ dafür kritisieren, dass das Metrum nicht erhalten bleibt, denn das ist beim gegebenen Skopos eine sinnvolle Entscheidung.

Ihre Argumentation muss **„intersubjektiv nachvollziehbar"** sein. Das heißt, wenn ich Ihre Arbeit lese, muss ich verstehen können, wie Sie zu Ihrer Auffassung kommen. Es ist unvermeidlich, dass Sie Ihre eigene Meinung in Ihre Arbeit einbringen – ewige Wahrheiten gibt es in der Translationswissenschaft nicht –, aber Sie müssen Ihre Meinung mit überzeugenden Argumenten begründen und anhand von Texten (Primär- und/oder Sekundärliteratur) belegen.

Beispiel: „Wenn man ein Wort im Ausgangstext nicht kennt, muss man es im Wörterbuch nachschlagen." In dieser Form ist das eine unbewiesene Behauptung – und es gibt genügend TranslationswissenschaftlerInnen, die dieser Auffassung explizit widersprechen (z. B. Göpferich [[3]2008: 380–382]). Wenn Sie eine solche Behauptung aufstellen wollen, müssen Sie deutlich machen, warum Sie die Gegenargumente nicht akzeptieren. Ganz allgemein gesagt: Hüten Sie sich vor Aussagen, die Ihnen intuitiv richtig und daher nicht begründungsbedürftig vorkommen. Vieles, was zunächst offensichtlich erscheint, ist in Wirklichkeit weder offensichtlich noch auch nur korrekt.

Vorsichtig sein sollten Sie auch mit **Verallgemeinerungen** jeglicher Art. Hierzu zunächst ein bekannter Witz:

> Fahren drei Männer im Zug durch Schottland und sehen ein schwarzes Schaf.
> Einer von den dreien ist Ingenieur, er meint „Interessant: In Schottland sind die Schafe schwarz."
> Der zweite ist Physiker. Sein Kommentar: „Es gibt in Schottland schwarze Schafe."
> Der dritte ist Mathematiker: „Es gibt in Schottland mindestens ein Schaf, das für mindestens drei von uns auf mindestens einer Seite schwarz erscheint."[15]

Das ist zwar ein Witz, und noch dazu einer aus der Mathematik, nicht aus der Translationswissenschaft. Der Witz macht aber auf eine durchaus ernste Schwäche mancher translationswissenschaftlichen Hausarbeiten aufmerksam: Ein einziges Beispiel erlaubt keine verallgemeinernden Aussagen. Wenn Sie in Ihrer Hausarbeit einen **konkreten Text** untersuchen, sollten Sie sich bei der Argumentation auf diesen beziehen; stellen Sie keine allgemeinen Behauptungen auf, die günstigstenfalls nicht bewiesen und ungünstigstenfalls leicht widerlegt werden können. Wenn z. B. Ihr Primärtext eine Heiratsurkunde ist, die zur Vorlage bei einer deutschen Behörde aus dem ägyptischen Arabisch übersetzt werden soll, dann sprechen Sie von der Übersetzung dieser Heiratsurkunde für diesen Verwendungszweck, nicht pauschal vom Übersetzen für Behörden oder gar vom Übersetzen von Rechtstexten allgemein. Wenn Sie *einen* Text untersucht haben, ist es so, wie wenn Sie *ein* Schaf gesehen haben: Über die anderen wissen Sie damit noch nichts.

Denken Sie außerdem auch daran, dass im Witz über das Schaf der Mathematiker sagt, die Farbe erscheine „für mindestens drei von uns" schwarz: **Interpretationen** können **unterschiedlich** sein; das gilt für Texte genauso wie für Farben. Und es gilt auch für Dinge, bei denen man sich so sicher zu sein glaubt wie bei der Wahrnehmung einer Farbe. Von einer kurzen, vielleicht 15-seitigen Hausarbeit wird nicht erwartet, dass sie zu allgemeingültigen Aussagen gelangt; und in meiner Erfahrung sind oft diejenigen Arbeiten überzeugender und auch spannender zu lesen, die sich von vornherein auf den jeweiligen Primärtext beschränken.

7.4 Kulturspezifika

Wie bereits mehrmals erwähnt, ist wissenschaftliches Arbeiten kulturspezifisch. Kulturbedingte Unterschiede können auf ganz verschiedenen Ebenen auftreten. Siepmann (2006: 142–143) fasst verschiedene kontrastive Studien zu deutsch-, englisch- und französischsprachigen wissen-

---

15 Eine Quellenangabe ist hier nicht unbedingt nötig, weil der Witz in dieser und ähnlicher Form an sehr vielen Stellen erscheint; von wem er ursprünglich stammt, lässt sich nicht nachvollziehen. Ich habe ihn von der Webseite ‹https://www.fs-infmath.uni-kiel.de/wiki/Vektor:Schafe› übernommen.

schaftlichen Texten zusammen, in denen beispielsweise folgende Tendenzen erwähnt werden (s. hierzu auch Kußmaul [2004]):

	Englisch	Französisch	Deutsch
Verständlichkeit	Verantwortung bei AutorIn	Verantwortung bei AutorIn	Verantwortung bei LeserIn
Textkohärenz	explizit	explizit, mit klarem Prinzip der Wissensorganisation	implizit; LeserIn braucht Hintergrundwissen
Textstruktur	Kernaussage am Anfang; linear	Kernaussage am Anfang oder Ende	Kernaussage am Ende, theoretische Grundlegung zu Beginn
Darstellungshaltung	persönlich (z. B. erste Person Singular und Plural)	häufig erste Person Plural	eher unpersönlich (z. B. man) oder erste Person Plural[16]

Dies sind nur einige Beispiele aus einer längeren Liste. Wichtig ist hierbei zum einen, dass solche Studien lediglich Tendenzen beschreiben, keine unverbrüchlichen Normen, und zum anderen, dass Kulturspezifika immer auch zeitspezifisch sind. Beispielsweise haben sich die deutschen Konventionen in den letzten Jahrzehnten erkennbar an die englischen angenähert. So hat etwa die Verwendung der ersten Person Singular stark zugenommen (Näheres hierzu in Kap. 12.3), und auch die Verantwortung für das Textverstehen wird nicht mehr ausschließlich den LeserInnen aufgebürdet.

Pohlan stellt in ihrer Diplomarbeit zum Thema *Russische und deutsche Wissenschaftskultur im Vergleich* (2005/06: 17–22, 32–37) unter anderem folgende Unterschiede zwischen deutschen und russischen wissenschaftlichen Texten heraus:

	Deutsch	Russisch
Zielpublikum	spezialisierte FachkollegInnen	Bildungselite allgemein
Thematik	spezialisierte eigene Studie	thematisch umfangreicher
Einleitung und Schluss	Überblick über den spezialisierten Forschungsstand (Einleitung) und Rolle der eigenen Studie (Schluss)	allgemeine Einleitung, allgemeiner und manchmal poetischer Schluss

---

16 Die erste Person Plural ist in der modernen Translationswissenschaft eher selten.

	Deutsch	Russisch
Verwertung von Sekundärliteratur	viele Zitate (hauptsächlich deutsche, westeuropäische und anglo-amerikanische Texte), verschiedene „Stimmen", auch verschiedene Sprachen (vor allem Englisch)	weniger Zitate (und immer auf Russisch), häufig Bezugnahme auf russische literarische Texte
Autorenpräsenz im Text	stärkere individuelle Präsenz des Autors / der Autorin im Text	häufiger Wir-Perspektive, Legitimation der eigenen Arbeit durch Zugehörigkeit zu einer Gruppe
Selbstständigkeit	kreative Problemlösung, Hervorhebung der eigenen Leistung	Rezeption und Reproduktion autorisierten Wissens

Auch bei den Unterschieden, die Pohlan beschreibt, handelt es sich nicht um absolute Gegensätze, sondern allenfalls um Tendenzen. Als verallgemeinernde Beschreibung trifft die Darstellung Pohlans jedoch auf Deutschland durchaus zu. Es lohnt sich, beim Schreiben einer Hausarbeit bzw. Abschlussarbeit diese kulturspezifischen Merkmale wissenschaftlicher Texte zu berücksichtigen.

Denken Sie in diesem Zusammenhang an die Grundidee des Kulturrelativismus: Kulturelle Unterschiede bedeuten nicht, dass eine Kultur besser ist als die andere. Sie ist nur anders. (Göhring 2007: 55–56; unten 312–313)

Generell ist es **für deutsche wissenschaftliche Texte sehr typisch,** dass man kritisch liest, Kontroversen herausarbeitet, Gegenargumente vorbringt und auch einmal Fragen offen lässt. Diese kulturspezifische Art der Argumentation sollten Sie intensiv üben.

7.5   Typische Mängel

Mängel, die in wissenschaftlichen Arbeiten häufig vorkommen, sind:

- Die Arbeit hat zwar ein Thema, aber keine klar formulierte Fragestellung. Es ist also entweder keine Fragestellung vorhanden, oder sie ist nicht erkennbar.
- Die Arbeit referiert zu Beginn Theorien oder Fakten, auf die sie später nicht zurückgreift. Es wird also entweder von nützlichen Erkenntnissen nicht der erforderliche Gebrauch gemacht, oder es werden irrelevante Informationen geliefert. (S. hierzu auch Kap. 6.2 und Kap. 6.4.)
- Die Arbeit nimmt die relevante Sekundärliteratur nicht zur Kenntnis.
- Die Arbeit besteht ausschließlich aus einer Zusammenfassung von Sekundärliteratur.

- Die Arbeit ist ein „Zettelkasten". Das heißt, sie enthält vielleicht gute Ideen, aber diese Ideen werden nicht zu einem kohärenten Ganzen verbunden, sondern stehen zusammenhanglos nebeneinander.

- Es werden Behauptungen aufgestellt, die gar nicht oder nur unzureichend begründet werden.

- Der Arbeit fehlt die theoretische Grundlage. Das heißt, die Argumentation ist vorwissenschaftlich, intuitiv, „impressionistisch".

7.6 Übungsaufgaben zur Bearbeitung der Fragestellung

1. Göhring zitiert in seinem Aufsatz „Kontrastive Kulturanalyse und Deutsch als Fremdsprache" sehr viel aus der Sekundärliteratur zur interkulturellen Kommunikation. Beispielsweise referiert er an einer Stelle Forschungsergebnisse von Nash (2007: 59; unten 316–317). Zeigen Sie, wie Göhring die Forschungsergebnisse von Nash verarbeitet und worin hierbei seine eigene geistige Leistung besteht.

2. Das Thema Ihrer Hausarbeit lautet: „Die Rolle der Kulturwissenschaft in der Translationsausbildung am FTSK". Die Fragestellung lautet: „Kann die kontrastive Kulturanalyse als Schwerpunkt eines Kulturwissenschafts-Moduls dienen?" Für die theoretische Grundlage verwenden Sie unter anderem den Aufsatz von Göhring.

   a) Suchen Sie aus dem Aufsatz drei Begriffe heraus, die Sie in Ihrer Hausarbeit verwenden müssten. Begründen Sie, warum Sie diese Begriffe für wichtig halten.

   b) Suchen Sie drei Begriffe heraus, die Sie in dieser Hausarbeit nicht unbedingt verwenden müssten. Begründen Sie, warum Sie diese Begriffe für weniger wichtig halten.

3. Das Thema Ihrer Hausarbeit lautet: „Migration und Translation am Beispiel der Stadt Germersheim". (Beachten Sie, dass von der Stadt Germersheim die Rede ist und nicht vom FTSK. Es geht also um Translationsprozesse, die sich zwischen Menschen verschiedener Herkunft – beispielsweise deutscher, russischer oder türkischer – in dieser Stadt vollziehen, nicht um die Translationsausbildung an der Universität.) Für die theoretische Grundlage Ihrer Arbeit möchten Sie Bachmann-Medick verwenden.

   a) Wie könnte Ihre Fragestellung lauten? Formulieren Sie die Fragestellung und zeigen Sie, welcher Zusammenhang mit dem Text von Bachmann-Medick besteht.

b) Wie würden Sie einem Kind erklären, worüber Sie schreiben und warum das wichtig ist?

c) Geben Sie ein Beispiel dafür, wie die Fragestellung *nicht* lauten sollte. Begründen Sie, warum kein hinreichend enger Zusammenhang zwischen dieser Formulierung der Fragestellung und dem Text von Bachmann-Medick besteht.

4. Sind folgende Aussagen Göhrings (aus „Kontrastive Kulturanalyse und Deutsch als Fremdsprache") deskriptiv, analytisch oder normativ? Woran erkennt man das? (Ziehen Sie zur Beantwortung dieser Fragen auch den Kontext der Aussagen heran.)

a) „Es gilt zu überlegen, wie sich das gegenwärtig einseitig kognitiv ausgerichtete westliche Universitätsstudium im Sinne einer integralen Ausbildung vervollständigen läßt – vgl. Fromm (1973: 152)." (2007: 61; unten 318, Fn. 23)

b) „Verständnis bedeutet nicht unbedingt Sympathie." (2007: 56; unten 313, Fn. 7)

c) „Nach Ansicht der Autoren stehen diese Ergebnisse im Einklang mit ihren Beobachtungen an Immigranten und in Übersee lebenden Amerikanern [...]." (2007: 59; unten 316)

d) „Als Alternative bietet sich daher ein Unterricht für multinational zusammengesetzte Gruppen in kontrastiver Kulturanalyse im weiteren Sinne an." (2007: 62; unten 320)

5. Schauen Sie sich die Beispiele für logische Argumentationsschritte zu Beginn von Kap. 7.3 an. Welche der dort genannten logischen Schritte kommen in Kap. 1.2.5 von Prunč vor (^{3}2012: 27–29; unten 284–286) und an welchen Stellen genau? Gibt es bei Prunč logische Schritte, die in Kap. 7.3 nicht genannt werden? Welche und wo?

6. Inwieweit entspricht der Aufsatz von Göhring den in Kap. 7.4 genannten deutschen Kulturspezifika, und inwieweit weicht er davon ab?

7.7 Kurzüberblick

Beachten	Vermeiden
Inhalt des Hauptteils passend zur Themenformulierung und Fragestellung konzipieren	Schreiben ohne klare Fragestellung
	Inhalt des Hauptteils nicht an der Fragestellung ausrichten

Beachten	Vermeiden
Logisch und kohärent strukturieren (Makro- und Mikroebene)	Zusammenhanglose Ideen sammeln („Zettelkasten")
Auch bei „praktisch" orientierten Arbeiten auf theoretische Grundlage achten	Ohne erkennbare translationstheoretische Grundlage schreiben
Eigene Gedanken entwickeln (hilfreich dabei: konkreter eigener Primärtext)	Nur Sekundärliteratur zusammenfassen
Intersubjektiv nachvollziehbar argumentieren: eigene Meinung mit Texten belegen und mit Argumenten begründen	Unbegründete Behauptungen aufstellen; scheinbar Offensichtliches behaupten
Offenheit für Kontroversen, Gegenargumente und ungelöste Fragen zeigen	Verallgemeinern; Gegenargumente ignorieren
Verstehen, was man schreibt	Unverdaute Sekundärliteratur wiedergeben
Sekundärliteratur einbeziehen (verschiedene Verwendungsmöglichkeiten: z. B. theoretische Grundlage, Ausgangspunkt für eigene weiterführende Analysen; kritische Distanzierung)	Relevante Sekundärliteratur nicht einbeziehen; keinen Zusammenhang mit dem, was andere geschrieben haben, herstellen
	Referieren von später nicht benötigten Theorien oder Fakten
Eigene Gedanken und Sekundärliteratur klar trennen	Von anderen übernommene Gedanken als eigene ausgeben

7.8   Zum Nachdenken

In Zusammenhang mit der Bearbeitung der Fragestellung könnten Sie über folgende Punkte nachdenken:

➢ Eine wissenschaftliche Arbeit soll man in ihr diskursives Umfeld einordnen. Wie kann das gehen, wenn man gerade erst anfängt, sich in die Disziplin Translationswissenschaft einzuarbeiten?

➢ Man muss verstehen, was man schreibt. Aber merkt man es eigentlich immer, wenn man etwas nicht verstanden hat? Woran?

➢ Verallgemeinerungen sind gefährlich, weil sie entweder nicht bewiesen oder sogar widerlegt werden können. Man sollte deshalb nicht automatisch vom eigenen Translationsauftrag auf andere schließen. Aber wie kann man dann überhaupt allgemeine Aussagen treffen?

Test Nr. 3: Kap. 5–7, Bachmann-Medick und Göhring

Es können mehrere bzw. alle Antworten richtig oder auch mehrere bzw. alle Antworten falsch sein. Wenn Sie eine Antwort nicht wissen, sollten Sie nicht raten, sondern sie lieber offen lassen.

Gegenstand von Test Nr. 3 sind Kap. 5–7 sowie die Texte „Translational Turn" von Doris Bachmann-Medick und „Kontrastive Kulturanalyse und Deutsch als Fremdsprache" von Heinz Göhring. Die Bearbeitungszeit beträgt 45 Minuten. Sie können beim Test auch die Texte von Bachmann-Medick und Göhring sowie die behandelten Kapitel heranziehen, müssen also nicht alles auswendig wissen; aber achten Sie bitte darauf, dass Sie die Bearbeitungszeit nicht überschreiten.

1. Relevanz der Sekundärliteratur

    Ihr Thema ist die Relevanz von Göhring für die Translationsausbildung. Ihre Fragestellung lautet: „Wie können Göhrings Überlegungen zur kontrastiven Kulturanalyse in die Konzeption von Dolmetschübungen einbezogen werden?" Sie haben verschiedene Sekundärwerke gefunden. Welche der folgenden Faktoren zeigen, dass das betreffende Werk (wahrscheinlich) für Sie relevant ist?

    a) Beim kursorischen Lesen eines Werkes zur interkulturellen Kommunikation stoßen Sie häufig auf die Begriffe *Rollenspiel* und *interkulturelle Unterschiede.*

    b) In der Einleitung eines Werkes zur interkulturellen Kommunikation steht, dass es darin hauptsächlich um psychosomatische Beschwerden als Folge des Kulturschocks geht.

    c) In einem Werk zur Translationsausbildung steht im Register das Stichwort „Kulturanthropologie".

    d) Im Inhaltsverzeichnis eines Werkes zur Translationsausbildung steht ein Unterkapitel zu „Kulturwissenschaft".

2. Institutionelle Grundlagen der Translationswissenschaft

    Welche der folgenden Aussagen sind richtig?

    a) Bevor ich ausführlich aus einem Sekundärtext zitiere, sollte ich mich über das translationswissenschaftliche Profil der Autorin bzw. des Autors informieren.

    b) Eine Publikation, die keine klare institutionelle Verankerung in der Translationswissenschaft hat, sollte ich sicherheitshalber nicht zitieren.

c) Bekannte TranslationswissenschaftlerInnen sind immer an CIUTI- oder EMT-Instituten tätig.

d) Ein Artikel, der in der Zeitschrift *Lebende Sprachen* erschienen ist, ist mit einiger Wahrscheinlichkeit zuverlässig.

3. Aufbau und Gliederung

Welche der folgenden Aussagen sind richtig?

a) Wenn mein Thema eine literarische Übersetzung ist, sollte ich auf jeden Fall ein Kapitel zu Leben und Werk des Autors schreiben.

b) Die Gliederung der Monografie *Einführung in das translations- wissenschaftliche Arbeiten* ist argumentativ.

c) Bei Kontextkapiteln (wenn ich z. B. in einer Übersetzungskritik ein einführendes Kapitel zu Leben und Werk des Autors schreibe) muss kein so enger Bezug zur Fragestellung vorhanden sein wie beim Rest der Arbeit.

d) In der Einleitung sollte ich vor allem die Kapitel des Hauptteils zusammenfassen.

4. Bearbeitung der Fragestellung

Welche der folgenden Aussagen sind richtig?

a) In einer deutschen wissenschaftlichen Arbeit ist es wichtig, in- teressante Fragen zu stellen, auch wenn man darauf keine eindeu- tige Antwort findet.

b) Wenn ich eine praktisch orientierte Arbeit schreibe, brauche ich mich um Theorien nicht zu kümmern.

c) Wenn etwas meiner Argumentation widerspricht, sollte ich am besten nicht näher darauf eingehen.

d) Wenn ich eine Hausarbeit über die Übersetzung einer Bedie- nungsanleitung schreibe, sollte ich daraus auch etwas Grundsätz- liches zum Übersetzen technischer Fachtexte ableiten.

5. Bachmann-Medick: *Translational turn*

Welche der folgenden Aussagen sind richtig?

a) Der *translational turn* hat in den Kultur- und Sozialwissen- schaften stattgefunden.

b) Der *translational turn* hat mit der kulturellen Einbettung von Texten zu tun.

c) *Translational turn* bedeutet, dass die Translationswissenschaft heute stärker kulturwissenschaftliche Elemente einbezieht als früher.

d) Ein *turn* ist eine Wende.

6. Kultur und Übersetzung

„Kulturen sind keine Gegebenheiten, die (wie Gegenstände) übersetzt werden könnten. Kulturen konstituieren sich vielmehr in der Übersetzung", schreibt Bachmann-Medick ([5]2014: 248; unten 301). Was meint sie damit?

a) Übersetzt werden Texte, nicht Kulturen.

b) Bei der Übersetzung zwischen zwei Kulturen spielt nicht nur die Sprache eine Rolle.

c) Bei der Entstehung von Kulturen spielen Übersetzungsprozesse eine Rolle.

d) Eine Kultur ist kein in sich geschlossenes homogenes Ganzes.

7. Hybridität

Welche der folgenden Aussagen sind richtig? (Stützen Sie sich auf Bachmann-Medick.)

a) Hybridität macht das Übersetzen unmöglich.

b) Alle Kulturen sind hybride.

c) *Hybridität* bedeutet, dass im Zieltext noch der Ausgangstext durchscheint.

d) Hybridität hat mit Differenzen innerhalb einer Kultur zu tun.

8. Göhrings Kulturbegriff

Welche der folgenden Aussagen sind richtig? (Stützen Sie sich nur auf das, was aus „Kontrastive Kulturanalyse und Deutsch als Fremdsprache" hervorgeht.)

a) Göhring versteht unter *Kultur* ungefähr dasselbe wie Bachmann-Medick.

b) Zu einer Kultur gehört für Göhring alles, was man wissen muss, um sich angemessen verhalten zu können.

c) Kulturen sind Göhring zufolge hybride.

d) Kulturen sind Göhring zufolge unveränderlich.

9. Kontrastive Kulturanalyse

   Welche der folgenden Aussagen sind richtig?

   a) Kontrastive Kulturanalyse beschreibt und bewertet Kulturen.

   b) Die kontrastive Kulturanalyse ist kulturrelativistisch.

   c) Bei der kontrastiven Kulturanalyse kann man z. B. die geografischen Verhältnisse zweier Länder vergleichen.

   d) Bei der kontrastiven Kulturanalyse kann man z. B. untersuchen, was verschiedene Kulturen unter Höflichkeit verstehen.

10. Kontrastive Kulturanalyse und Deutsch als Fremdsprache

   Der Titel von Göhrings Aufsatz lautet „Kontrastive Kulturanalyse und Deutsch als Fremdsprache". Warum ist in diesem Titel von „Deutsch als Fremdsprache" die Rede?

   a) Weil Göhring aufgrund seiner Erfahrungen mit dem Deutschunterricht für ausländische Studierende Empfehlungen für das Deutschstudium geben möchte.

   b) Weil der Kulturschock besonders am Beispiel von Ausländern in Deutschland untersucht worden ist.

   c) Weil der Kulturrelativismus für Deutschland wichtiger ist als für andere Länder.

   d) Weil der DAAD Germanistikstudierende im Ausland auf die Kulturschockproblematik vorbereitet.

8 Form: Einführung und typografische Hervorhebung

Die Bezeichnung *Form* bezieht sich im Wesentlichen auf **vier Aspekte** der wissenschaftlichen Arbeit: die sogenannte typografische Hervorhebung, Zitate, Quellenangaben und das Literaturverzeichnis.

Im Abschnitt zur typografischen Hervorhebung können Sie **Folgendes lernen:**

- Textstellen, bei denen eine typografische Hervorhebung erforderlich ist, zu identifizieren,

- die verschiedenen Formen der typografischen Hervorhebung korrekt anzuwenden.

8.1 Allgemeines

Leider gibt es bei der Form **verschiedene Systeme.** In diesem Buch lernen Sie ein bestimmtes System; aber wundern Sie sich nicht, wenn Sie in der Sekundärliteratur auf andere Systeme stoßen. Mit der Form ist es ein bisschen wie mit Verkehrsregeln: Sie ist eine Konvention. Im Verkehr gehört es zur Konvention in Deutschland, dass man auf der rechten Straßenseite fährt. Man könnte genauso gut auf der linken Seite fahren, wie in Großbritannien und anderen Ländern. Beides funktioniert – aber nur so lange, wie man die Systeme nicht mischt (in einem Land mit Rechtsverkehr kann man nicht schnell einmal zwischendurch links fahren). An die Konvention, für die man sich einmal entschieden hat, muss man sich halten; sonst gibt es im Verkehr Unfälle und in der wissenschaftlichen Arbeit Missverständnisse und Uneinheitlichkeiten.

Unabhängig von den Einzelheiten des verwendeten Formsystems gilt für alle wissenschaftlichen Arbeiten: Sie müssen formal **vollständig, einheitlich, verständlich** und **korrekt** sein. Was das bedeutet, erkläre ich am Beispiel von Quellenangaben:

- Vollständigkeit bedeutet, dass zu jedem Zitat eine Quellenangabe gehört.

- Einheitlichkeit bedeutet, dass Quellenangaben für dieselbe Art Publikation immer gleich aussehen.

- Verständlichkeit bedeutet, dass mithilfe der Quellenangabe die zitierte Textstelle ohne Schwierigkeiten auffindbar sein muss.

- Korrektheit bedeutet, dass in der Quellenangabe Name, Jahreszahl und Seitenzahl richtig angegeben werden.

Das hier vorgestellte System gilt im Arbeitsbereich Interkulturelle Germanistik des FTSK. Wenn Sie eine Hausarbeit oder Abschlussarbeit an einer anderen Hochschule oder am FTSK in einem anderen Arbeitsbereich schreiben, erkundigen Sie sich vorher, welche Konventionen dort gültig sind.

8.2 Typografische Hervorhebung

In wissenschaftlichen Arbeiten spielen hauptsächlich **drei Arten** der typografischen Hervorhebung eine Rolle, nämlich Kursivdruck, Anführungszeichen[17] und Einrücken:

Abbildung 3: Kursivdruck, Anführungszeichen und Einrücken

Hier sehen Sie Kursivdruck: Die Buchstaben stehen „schräg".

„Dieser Satz steht in Anführungszeichen."

> Dieser Absatz ist eingerückt, das heißt, seine Zeilen beginnen weiter rechts als die Zeilen der anderen Absätze. Oft verwendet man für eingerückten Text eine kleinere Schrift; das ist aber nicht obligatorisch. Wenn man in einer Hausarbeit den Hauptteil des Textes anderthalbzeilig schreibt, wird für eingerückte Zitate ein einzeiliger Abstand verwendet.

In einigen älteren Publikationen findet man statt des Kursivdrucks die **Unterstreichung.** Unterstreichung und Kursivdruck „bedeuten" genau dasselbe. Wo Kursivdruck technisch möglich ist (also immer bei z. B. deutschsprachigen Texten, die mit dem Computer geschrieben werden), wird er verwendet. Wo Kursivdruck nicht möglich ist (bei handschriftlichen Texten, z. B. Klausuren, und bei Schreibmaschinen), wird er durch Unterstreichung ersetzt. Eine andere Funktion hat die Unterstreichung nicht.

Kursivdruck verwendet man:

- für Titel von selbstständigen Publikationen: Bücher (Monografien und Sammelbände), Zeitungen, Zeitschriften – z. B. *Handbuch Translation, Die Rheinpfalz*[18], *Lebende Sprachen;*
- für metasprachlich gebrauchte Wörter, d. h. Wörter, die ein Wort bezeichnen, nicht eine Sache – z. B. „*Wort* ist ein Substantiv" (im Gegensatz zu „Das erste Wort eines Satzes wird großgeschrieben")

---

17 Von Anführungszeichen war schon mehrmals die Rede. Etliche Studierende mit Deutsch als Fremdsprache nennen diese Zeichen fälschlich „Einführungszeichen". Die Zeichen führen jedoch nichts *ein*, denn sie stehen ja auch am Ende des betreffenden Textstücks. An Textstellen, die mit diesen Zeichen markiert sind, wird vielmehr etwas *an*geführt, das heißt, es wird etwas z. B. zitiert.

18 Der bestimmte Artikel wird hierbei nur dann kursiviert und großgeschrieben, wenn er nicht dekliniert wird: „in *Die Rheinpfalz*", aber „in der *Rheinpfalz*".

oder „Was bedeutet *kursiv?*" (im Gegensatz zu „Titel von selbstständigen Publikationen werden kursiv gedruckt");[19]

- für Wörter, die aus einer fremden Sprache stammen, innerhalb des deutschen Textes – z. B. „Fillmores (1977) prototypische Szenen *(scenes),* d. h. die Vorstellungen in unseren Köpfen, sind begrenzt durch die Rahmen *(frames),* d. h. die sprachlichen Formen" (Kußmaul [2]2003: 50). – Hierfür gibt es drei Ausnahmen:

  – Zitate in einer fremden Sprache werden nicht kursiviert, sondern in Anführungszeichen gesetzt bzw. eingerückt (zur Form der Anführungszeichen s. Fn. 19);

  – Eigennamen in einer fremden Sprache werden überhaupt nicht typografisch hervorgehoben (z. B.: Rosemary Arrojo; Tampere);

  – fremdsprachliche Wörter, die im Deutschen geläufig sind (= sogenannte Fremdwörter), werden ebenfalls nicht typografisch hervorgehoben (z. B.: Computer, Information). Im Zweifelsfall schlagen Sie im Duden nach: Wörter, die darin stehen, können Sie als im Deutschen geläufig betrachten;

- innerhalb eines Zitats: für alles, was im Original des Zitats kursiviert ist (Zitate werden jedoch nicht generell kursiviert);

- selten zur Betonung eines Wortes. Zur Betonung sollten Sie am besten nur dann kursivieren, wenn das betreffende Wort sonst ganz unbetont wäre – z. B. wenn ausnahmsweise der bestimmte oder unbestimmte Artikel betont gelesen werden soll. Ein Beispiel finden Sie auf S. 84 in Zusammenhang mit Otto Kade: „Ob er *der* Begründer

---

19 Wenn Sie Schwierigkeiten mit dieser Unterscheidung haben, überlegen Sie sich, wie Sie den betreffenden Satz in Ihrer A-Sprache formulieren könnten. Der deutsche Satz *Im Park sind viele Bäume* kann auf Englisch nur lauten: "There are many trees in the park", nie "There are many Bäume in the park". Wenn der deutsche Satz aber heißt: Bäume *ist der Plural von* Baum, dann kann man auf Englisch problemlos sagen: "*Bäume* is the plural of *Baum*". Man kann auf Englisch (oder in einer anderen Sprache) über die deutsche Sprache reden. In solchen Fällen werden die betreffenden deutschen Wörter kursiviert. – Zwei Anmerkungen zur typografischen Hervorhebung in dieser Fußnote: a) Wenn innerhalb eines kursivierten Textstücks eine zusätzliche Kursivierung nötig wird, heben sich die beiden Kursivierungen gegenseitig auf, und der betreffende Teil des Textstücks wird recte („normal") gedruckt, daher: Bäume *ist der Plural von* Baum. b) Bei einzelnen Wörtern und Wendungen aus fremden Sprachen werden im deutschen Text die deutschen Anführungszeichen gesetzt; wenn jedoch ein ganzer Satz aus einer fremden Sprache zitiert wird, verwendet man häufig die Anführungszeichen der betreffenden Sprache, daher: "There are many trees in the park" usw. mit den englischen Anführungszeichen "…" statt mit den deutschen „…".

der Leipziger Schule war oder *einer der* Begründer". Kursivieren Sie keinesfalls Wörter, nur weil sie inhaltlich „wichtig" sind.

Anführungszeichen verwendet man:

- für kürzere direkte Zitate (bis maximal 4 Zeilen), d. h. für die Übernahme einer Formulierung aus einem anderen Text. Die Anführungszeichen signalisieren die exakte Übereinstimmung zwischen dem Zitat und der Vorlage;
- für Titel von nicht selbstständigen Publikationen: Teile von Monografien (z. B. Kapitel), Beiträge zu Sammelbänden und Zeitschriften, Artikel in Zeitungen;
- für Wörter, die man benützt, von denen man sich aber gleichzeitig distanziert – z. B. „Treue" in einer translationswissenschaftlichen Arbeit (etwa in Bachmann-Medick [5]2014: 240; unten 294; der Begriff ist in der modernen Translationswissenschaft nicht mehr üblich);
- für Übersetzungen von fremdsprachlichen Wörtern oder Sätzen, wenn Letztere metasprachlich gebraucht und somit kursiviert werden – z. B. in einem deutschsprachigen Text zur Illustration der Verwendung des Artikels im Italienischen: *studio il russo* „ich lerne Russisch" (weitere Beispiele in Fn. 19).

Einrücken verwendet man:

- für längere direkte Prosazitate (ab ca. 4 Zeilen). Es genügt, das Zitat um ca. 1 cm einzurücken. Eingerückte Zitate werden mit einzeiligem Zeilenabstand geschrieben, manchmal auch mit kleinerer Schrift als der Rest des Textes. Wenn Sie ein Zitat einrücken, setzen Sie keine Anführungszeichen;
- für Verszitate manchmal schon bei 2 oder 3 Versen (wenn Sie solche Verszitate nicht einrücken, sondern lieber in Anführungszeichen setzen, trennen Sie die Verse durch einen Schrägstrich / mit einem Leerschritt davor und danach);
- manchmal auch für kürzere Textbeispiele aus der Primärliteratur, wenn man diese Beispiele übersichtlicher darstellen möchte.

Bei **Internetpublikationen** ist die Handhabung von Kursivierung und Anführungszeichen komplizierter als bei gedruckten. Wie bereits in Kap. 4.1 erwähnt, unterscheidet man zwischen selbstständigen und nicht selbstständigen Publikationen anhand des Kriteriums, ob die Publikation physisch mit anderen zusammengebunden ist oder nicht. Dieses Kriterium kann man aber beim Internet natürlich nicht verwenden. Wann wird also der Titel einer Internetpublikation kursiviert, wann in

Anführungszeichen gesetzt? Es gibt zwei mögliche Kriterien: a) die Länge, b) die Einordnung in einen größeren Kontext.

- Zu a), Länge: Wenn eine Internetpublikation sehr lang ist (z. B. im Ausdruck 150 Seiten Text), dann ist es sinnvoll, sie wie eine selbstständige gedruckte Publikation zu behandeln, also den Titel zu kursivieren. Wenn dagegen eine Internetpublikation im Ausdruck eine Länge von 15 Seiten hat, dann entspricht das der Länge einer nicht selbstständigen gedruckten Publikation; deshalb sollte sie als nicht selbstständig behandelt werden (Titel in Anführungszeichen).

- Zu b), Kontext: Wenn die Internetpublikation (Webseite) Teil einer übergeordneten, inhaltlich zusammenhängenden Website ist (*Webseite* = eine einzelne Internetseite; *Website* = das größere Ganze, das mehrere bzw. viele Webseiten zusammenfasst), dann kann man die übergeordnete Website als Entsprechung eines gedruckten Sammelbandes betrachten und die einzelne Publikation als Beitrag dazu. Das heißt, der Titel der Website wird kursiviert, der Titel der einzelnen Publikation in Anführungszeichen gesetzt. Beispiel: Die Website *Translationswissenschaftliche Studiengänge und der Bologna-Prozess,* die Sie unter ‹http://www.fask.uni-mainz.de/user/ hagemann/publ/texte.html› finden, wäre die Entsprechung eines gedruckten Sammelbandes; der Beitrag von Christiane Nord mit dem Titel „7 + 3 – das Magdeburger Modell: Übersetzerausbildung nach Bologna" ‹http://www.fask.uni-mainz.de/user/hagemann/ publ/nord.pdf›, der ein Teil dieser Website ist, würde einem Beitrag zu einem Sammelband entsprechen.

Andere Hervorhebungen als Kursivierung, Anführungszeichen und Einrücken werden Sie in wissenschaftlichen Arbeiten vor allem für die Überschriften Ihrer Kapitel brauchen. Empfehlenswert ist für Überschriften hauptsächlich Fettdruck und/oder eine größere Schrift. VERSALIEN, d. h. Großbuchstaben, sollten Sie lieber nicht verwenden, weil sie in Deutschland als schwer lesbar gelten (im englischen Sprachraum sind sie tendenziell häufiger). Unterstreichen sollten Sie ausschließlich dann, wenn Sie aus technischen Gründen nicht kursivieren können.

Abschließend noch ein Hinweis zur Vorgehensweise bei der Abfassung Ihrer wissenschaftlichen Arbeiten. Ich sehe in Hausarbeiten immer wieder, dass im Literaturverzeichnis die typografische Hervorhebung stimmt, im Haupttext dagegen nicht; z. B. gibt es im Haupttext Buchtitel in Anführungszeichen. Vermutlich haben sich die betreffenden Studierenden erst am Ende ihrer Arbeit mit den Formalien befasst. Viel besser ist es natürlich, wenn die Hervorhebung überall korrekt ist.

8.3   Kurzüberblick

Was möchten Sie tun?

- Direkt zitieren →
    - bis zu 4 Zeilen Länge: im laufenden Text mit Anführungszeichen;
    - ab 4 Zeilen Länge: ohne Anführungszeichen einrücken.
- Den Titel einer Publikation angeben →
    - selbstständig: kursivieren;
    - nicht selbstständig: in Anführungszeichen setzen.
- Einzelne Wörter oder Wortgruppen verwenden →
    - fremdsprachliche Wörter, die nicht im Duden stehen: kursivieren;
    - metasprachlich gebrauchte Wörter/Wortgruppen: kursivieren;
    - Wörter, die nicht ganz „passen": in Anführungszeichen setzen.

9 Zitate

In diesem Abschnitt können Sie **Folgendes lernen:**

- die verschiedenen Typen von Zitaten zu beschreiben,
- in formal und inhaltlich korrekter Weise direkt und indirekt zu zitieren,
- die Zulässigkeit von Zitaten aus zweiter Hand zu beurteilen,
- aus fremdsprachlichen Werken in einer auf das Zielpublikum abgestimmten Weise zu zitieren,
- die Konventionen anderer Zitiersysteme als des hier vorgestellten zu identifizieren,
- die verschiedenen Formen von Plagiaten zu beschreiben,
- Techniken zur Vermeidung von Plagiaten anzuwenden.

9.1 Direkte Zitate

Zur Wiederholung: Direkte Zitate sind Stellen, die Sie **wörtlich** aus der Primär- oder Sekundärliteratur übernehmen. Man nennt sie deshalb gelegentlich auch *wörtliche Zitate*. Ein direktes Zitat muss durch Anführungszeichen bzw. Einrücken **typografisch hervorgehoben** werden (s. Kap. 8.2). Wenn diese Hervorhebung fehlt, haben Sie ein sogenanntes Plagiat begangen; das ist in einer wissenschaftlichen Arbeit ein schweres Vergehen (s. hierzu Kap. 9.6).

Die bereits erwähnte Faustregel des Arbeitsbereichs Interkulturelle Germanistik am FTSK besagt, dass ein **Drittel der Hausarbeit** aus Zitaten bestehen darf. Die Zitate sollten allerdings nur dann direkt sein, wenn es auf den genauen Wortlaut ankommt; sonst fassen Sie lieber die Gedanken in einem indirekten Zitat zusammen. (Wenn Sie eine Arbeit in einem anderen Arbeitsbereich bzw. an einer anderen Hochschule schreiben, erkundigen Sie sich nach etwaigen Vorgaben.)

Auf ein direktes Zitat muss eine **Quellenangabe** folgen. Die Quellenangabe steht unmittelbar nach dem Zitat und besteht meist aus dem Nachnamen der Autorin bzw. des Autors, dem Erscheinungsjahr der Publikation und der Seitenzahl (Näheres hierzu erfahren Sie in Kap. 10.)

Direkte Zitate müssen ganz genau **mit der Vorlage übereinstimmen.** Jede Abweichung von der Vorlage muss gekennzeichnet werden. Zur Kennzeichnung verwendet man eckige Klammern. Beispiel:

> Sie [die Übersetzung] widersteht der vermeintlichen Reinheit von Konzepten wie Kultur, Identität, Tradition, Religion usw. In diesem Sinn entlarvt sie jegliche Identitätsbehauptungen als trügerisch, da immer schon von Fremdem durchzogen. [...] Im Zuge eines konzeptuellen und zugleich handlungsanalytisch rückgebundenen *translational turn* lassen sich „Differenzen" jetzt

[...] auf der Interaktionsebene räumlich fundierter Zwischenräume und Übergänge untersuchen. (Bachmann-Medick [5]2014: 247; unten 300)[20]

Erläuterungen zum Beispiel:

- In der ersten Zeile wurde in **eckigen Klammern** „die Übersetzung" hinzugefügt. Das steht nicht in der Vorlage, sondern wurde ergänzt, um deutlich zu machen, worauf sich das Pronomen *sie* bezieht.

- Die **drei Punkte** nach „von Fremdem durchzogen" zeigen an, dass hier etwas ausgelassen wurde: In der Vorlage steht an dieser Stelle noch ein weiterer Satz. Die drei Punkte nach „jetzt" zeigen ebenfalls eine Auslassung an; hier wurde lediglich ein einziges Wort ausgelassen: In der Vorlage steht „eher"; in dem kurzen zitierten Ausschnitt würde aber nicht deutlich, worauf sich dieses Wort bezieht.

- Auslassungspunkte [...] setzt man in der Regel nur in der Zitatmitte. Dass in der Vorlage vor dem Zitatanfang und nach dem Zitatende auch noch Text stehen kann, ist selbstverständlich und muss deshalb nicht signalisiert werden.

- Satzzeichen werden mit ausgelassen, wenn man sie für das Zitat nicht benötigt. (Nach den ersten Auslassungspunkten im Beispiel steht *kein* Satzendepunkt; der Punkt nach „durchzogen" genügt.)

- Alles, was nicht durch eckige Klammern als Abweichung von der Vorlage gekennzeichnet ist, stimmt exakt mit der Vorlage überein.

Weitere Hinweise zu direkten Zitaten:

- Zitate müssen den Sinn behalten, den sie in ihrem ursprünglichen Kontext hatten. Wenn beispielsweise irgendwo steht: „Es ist nicht sinnvoll", können Sie das nicht zitieren als „Es ist [...] sinnvoll". Formal wäre das Zitat korrekt, aber inhaltlich offensichtlich nicht. Und denken Sie daran, dass der **ursprüngliche Sinnzusammenhang** auch eine ganze Seite oder ein ganzes Kapitel umfassen kann. In Hönigs *Konstruktives Übersetzen* steht der Satz: „Übersetzen lernt man durch Übersetzen." ([3]2010: 19) Aber Sie können diesen Satz nicht als Meinung Hönigs zum Übersetzen zitieren, denn er führt den Satz nur an, um sich von ihm zu distanzieren. Um das zu wis-

---

20 In dieser Quellenangabe steht außer dem Namen der Autorin (Bachmann-Medick), dem Erscheinungsjahr der Publikation (2014) und der Seitenzahl für das Zitat (247) noch eine hochgestellte 5 vor der Jahreszahl. Das bedeutet, dass 2014 die fünfte Auflage der Monografie von Bachmann-Medick erschienen ist. Der Zusatz „unten 300" verweist lediglich darauf, dass das betreffende Textstück aus Bachmann-Medick auch in diesem Lehrbuch zu finden ist, nämlich auf S. 300.

sen, muss man allerdings mehr von seinem Buch gelesen haben als nur den einen Satz.

- Für **Auslassungen** gibt es folgende Grundregeln: Man lässt ganze Sätze oder Teilsätze aus, die für den Kontext der eigenen Arbeit irrelevant sind (sofern die Auslassung den ursprünglichen Sinn nicht verändert). Einzelwörter werden normalerweise nur dann ausgelassen, wenn sie aufgrund einer anderen Auslassung die Kohärenz stören würden – wenn also beispielsweise im ersten Satz eines Zitats *auch* oder *jedoch* steht und im Kontext des Zitats nicht deutlich wird, worauf sich das bezieht.

- Man kann in einem Zitat statt Zusätzen auch „**Ersetzungen**" vornehmen, d. h. ein Wort durch ein anderes ersetzen. Auch dafür werden eckige Klammern verwendet. In der oben zitierten Passage von Bachmann-Medick hätte man anstelle von „Sie [die Übersetzung] widersteht" auch schreiben können: „[Die Übersetzung] widersteht".

- Eckige Klammern können auch für einen einzigen Buchstaben verwendet werden; so kann man z. B. in einem Zitat schreiben, dass Bachmann-Medick von „räumlich fundierte[n] Zwischenräume[n] und Übergänge[n]" spricht (⁵2014: 247) – hier werden in eckigen Klammern die nötigen Flexionsendungen hinzugefügt.

- Sie können in einem Zitat Wörter durch Kursivierung **hervorheben,** müssen solche Hervorhebungen aber **kenntlich machen.** Das geschieht in der Quellenangabe. Wenn Sie im Beispiel oben eine Kursivierung hinzugefügt hätten, würde das so aussehen: „Sie [die Übersetzung] widersteht der *vermeintlichen* Reinheit von Konzepten wie Kultur, Identität, Tradition, Religion usw." (Bachmann-Medick ⁵2014: 247; Hervorhebung von mir) Sie können auch schreiben: (Bachmann-Medick ⁵2014: 247; meine Hervorhebung). Wenn Sie dann an anderer Stelle etwas zitieren, wo schon im Original etwas zur Hervorhebung kursiviert ist, können Sie das deutlich machen durch: (Bachmann-Medick ⁵2014: 247; Hervorhebung im Original). Oder Sie können in einer Fußnote erläutern, dass sich Hervorhebungen, soweit nicht anders angegeben, so im Original finden; dann müssen Sie nur Ihre eigenen Hervorhebungen in der Quellenangabe kennzeichnen.

  Wenn Sie innerhalb eines einzigen Zitats sowohl eigene Hervorhebungen als auch Hervorhebungen im Original haben, sollten Sie für Ihre eigenen Hervorhebungen generell eine andere typografische Lösung finden (z. B. fett und kursiv statt nur kursiv). Gehen Sie jedoch mit eigenen Hervorhebungen in Zitaten sehr sparsam um; verwenden Sie sie nur, wenn es unbedingt nötig ist.

- Wenn das Original einen **Fehler** enthält, müssen Sie den Fehler mit zitieren. Unmittelbar danach schreiben Sie: [sic]. Dieses lateinische Wort bedeutet „so", und Sie machen damit darauf aufmerksam, dass der Fehler nicht von Ihnen stammt, sondern sich so im Original findet. Also zum Beispiel: „In diesem Sinn entlarvt sie jegliche Identitätsbehauptugen [sic] als trügerisch" – [sic] macht hier auf das fehlende *n* in „Identitätsbehauptugen" aufmerksam.

- Wenn Sie einen deutschen Text zitieren, in dem die **alte Rechtschreibung** verwendet wird, behalten Sie diese bei, auch wenn Sie selbst in Ihrer Arbeit die neue verwenden. Ein entsprechender Hinweis ist in der Regel nicht nötig. Keinesfalls sollten Sie in solchen Fällen [sic] verwenden, denn die Schreibung war ja zum Zeitpunkt der Veröffentlichung korrekt.

9.2 Zitate aus zweiter Hand

Manchmal findet man in einem Sekundärwerk ein nützliches Zitat, das ursprünglich nicht aus diesem Werk stammt, sondern dort bereits als **Zitat aus einem anderen Werk** vorliegt. Zum Beispiel findet sich in unserem Dizdar-Text (^{2}2003: 106; unten 275) folgendes Zitat, das von Hans J. Vermeer stammt:

> Es stimmt also nicht, daß Übersetzen und Dolmetschen einfachhin heißt, einen Text in eine andere Sprache zu übertragen [...] Dolmetscher und Übersetzer (Translatoren) sollten die (idio-, dia- und parakulturellen) Unterschiede im menschlichen Gesamtverhalten kennen und bei ihrer Tätigkeit (skoposadäquat) berücksichtigen. Sie sollten, so können wir kurz sagen, die „Kulturen" kennen, in denen Texte jeweils verfaßt und rezipiert werden. (Vermeer 1996:27)

Dizdar zitiert in ihrem Beitrag aus Vermeers *Die Welt, in der wir übersetzen*. Wenn Sie nun das Vermeer-Zitat für Ihre Arbeit verwenden möchten, dann ist das ein Zitat „aus zweiter Hand", weil Sie den Text von Vermeer nicht in der Hand gehabt haben, sondern nur den Text von Dizdar, in dem Vermeer zitiert wird. Manchmal werden solche Zitate auch als *Sekundärzitate* bezeichnet.

Zitate aus zweiter Hand sollten Sie grundsätzlich **vermeiden,** weil sie gefährlich sind. Erstens wissen Sie nicht, ob der Kontext, in den Sie das Zitat in Ihrer Arbeit stellen, zum ursprünglichen Kontext (im Beispiel: Vermeers Buch) passt, weil Sie den ursprünglichen Kontext ja nicht kennen. Es kann also sein, dass Sie den ursprünglichen Sinnzusammenhang verletzen, wenn Sie das Zitat übernehmen. Zweitens kommt es leider auch in gedruckten Werken immer wieder vor, dass falsch zitiert wird – dann übernehmen Sie Fehler im Zitat. Und drittens:

Wenn ein Werk so wichtig für Ihre Arbeit ist, dass Sie es zitieren, dann lohnt es sich auf jeden Fall, das Werk auch einmal näher anzuschauen.

Ein besonders beeindruckendes **Beispiel** für falsche Zitate aus zweiter Hand liefert – in englischer Sprache – Thalheimer (2006 und 2015; den Hinweis auf Thalheimer verdanke ich Kruse [^{12}2007: 83–85][21]). Es geht dabei um eine in der Pädagogik sehr einflussreiche Behauptung, dass man sich von etwas Gelesenem nur 10 % merken könne, von etwas Gesehenem 20 % usw. Thalheimer weist akribisch nach, dass diese Zahlen frei erfunden sind, sich aber trotzdem über Zitate aus zweiter Hand sehr weit verbreitet haben. Die Schuld für diese Verbreitung sieht er nicht nur bei denen, die für den ursprünglichen Fehler verantwortlich sind, sondern sehr stark auch bei denen, die durch unkritisches Zitieren aus zweiter Hand ihre Pflicht zur sorgfältigen Prüfung verletzt haben.

Was heißt das konkret für Ihre Hausarbeit? Sie dürfen keinesfalls aus zweiter Hand zitieren, wenn das Werk, aus dem das Zitat stammt, in der Bibliothek Ihrer Hochschule verfügbar ist. Sie müssen also auf jeden Fall die **Quelle** des Zitats überprüfen und im **Bibliothekskatalog** nachschauen, ob das betreffende Werk vorhanden ist. Wenn es vorhanden ist, müssen Sie aus diesem Werk zitieren. Wenn das Zitat für Ihre Argumentation wichtig ist oder wenn es sich um eine wissenschaftliche Arbeit auf fortgeschrittenem Niveau handelt, lohnt es sich sogar, das Werk per Fernleihe aus einer anderen Bibliothek zu bestellen. (Ist Vermeers Buch in Ihrer Bibliothek vorhanden? Überprüfen Sie es im Katalog.)

Wenn Sie glauben, dass ein Zitat aus zweiter Hand gar nicht zu umgehen ist, dann müssen Sie das in Ihrer **Quellenangabe** kenntlich machen. Die Quellenangabe sieht in diesem Fall folgendermaßen aus:

- Zuerst kommt der Name der Person, von der das Zitat ursprünglich stammt, d. h. die Autorin bzw. der Autor desjenigen Textes, den Sie nicht selbst in der Hand gehabt haben – im Beispiel also: Vermeer. Danach steht ein Komma.

- Anschließend schreiben Sie *zit. nach* (nicht kursiv; die Kursivierung hier kennzeichnet metasprachlich gebrauchte Wörter). *Zit. nach* bedeutet „zitiert nach" (Vermeer wird nach Dizdar zitiert).

- Zum Schluss kommt die vollständige Quellenangabe (mit Namen, Jahreszahl und Seitenzahl) für denjenigen Text, den Sie selbst in der Hand gehabt haben – im Beispiel also: für den Dizdar-Text.

---

21 Meine Formulierung „den Hinweis auf Thalheimer verdanke ich Kruse" bedeutet nicht, dass hier ein Zitat aus zweiter Hand vorliegt. Ich habe Thalheimer selbst gelesen, aber den ersten Hinweis auf diese spannenden Publikationen habe ich bei Kruse gefunden. Da ich von allein sehr wahrscheinlich nie auf Thalheimer gestoßen wäre, gebe ich Kruse als zusätzliche Quelle an.

- Im Beispiel lautet die vollständige Quellenangabe für das Zitat aus zweiter Hand somit: (Vermeer, zit. nach Dizdar ²2003: 106).

Achten Sie auf die korrekte Reihenfolge: Die benutzte Quelle steht am Ende, nicht am Anfang. Die Originalquelle können Sie, falls nötig, zusätzlich angeben (und zwar ausnahmsweise in einer Fußnote). Im **Literaturverzeichnis** steht nur der benutzte Text, also im Beispiel: Dizdar.

9.3   Fremdsprachliche Zitate

Fremdsprachliche Zitate müssen sich **grammatisch** sowohl in die fremde Sprache als auch ins Deutsche einfügen. Die Position des Prädikats im Deutschen bereitet hierbei oft Probleme. Wenn man zitiert: „Wie Snell-Hornby feststellt, 'there is a consensus that the early 19th century German theorists have proved to be important precursors of modern Translation Studies' (2006: 16)", dann mischt man die deutsche und englische Wortstellung. Nach dem einleitenden deutschen Nebensatz müsste das Prädikat des Hauptsatzes folgen; dieses steht aber dort, wo es in einem englischen Satz normalerweise steht. Das stört. Vermeiden Sie solche Konstruktionen – beispielsweise

- indem Sie den einleitenden Satz so ändern, dass darauf ein Hauptsatz folgen kann („Snell-Hornby stellt fest: ..."), oder

- indem Sie auf Englisch nur die Nominalphrase zitieren (also „a consensus that ...", ohne „there is") oder

- indem Sie ein indirektes Zitat verwenden (also den Sinn des englischen Satzes mit Ihren eigenen Worten auf Deutsch wiedergeben).

Zitiert man **in der Originalsprache oder auf Deutsch?** Das richtet sich nach den Sprachkenntnissen des Publikums. Wenn Sie am FTSK in einem sprachenübergreifenden Seminar des Arbeitsbereichs Interkulturelle Germanistik einen mündlichen Vortrag halten, sollten Sie alle Zitate übersetzen, weil mit Sicherheit einige Ihrer KommilitonInnen die betreffende Sprache nicht beherrschen; Deutsch ist in diesem Arbeitsbereich die einzige allen gemeinsame Sprache. In sprachenpaarbezogenen Veranstaltungen können Sie aus beiden beteiligten Sprachen zitieren. Wenn Sie eine Hausarbeit schreiben, wird diese zunächst nur von einer Person gelesen, der Dozentin bzw. dem Dozenten. Englischkenntnisse können Sie da ungefragt voraussetzen; auch aus dieser Sprache können Sie daher im Original zitieren. Bei allen anderen Sprachen gibt es drei Möglichkeiten:

- Sie liefern im Text eine deutsche Übersetzung des Zitats (Ihre eigene oder eine veröffentlichte) und geben in einer Fußnote zusätzlich das Originalzitat an.

- Sie paraphrasieren auf Deutsch (indirektes Zitat).

- Sie erkundigen sich, ob Ihre Dozentin/Ihr Dozent auch a) (je nach Sprachkenntnissen) Originalzitate ohne Übersetzung oder b) Übersetzungen ohne Originalzitate akzeptiert.

Eine **Übersetzung** wird als **direktes Zitat** behandelt, d. h. in Anführungszeichen gesetzt bzw. eingerückt. Durch das Übersetzen wird also das direkte Zitat nicht zu einem indirekten. Wenn es von dem betreffenden Werk eine veröffentlichte deutsche Übersetzung gibt, können Sie diese heranziehen. Wenn Sie das Zitat selbst übersetzen, steht in der Quellenangabe zusätzlich zu Namen, Jahreszahl und Seitenzahl noch ein Vermerk wie *Übersetzung von mir.* Also z. B.: (Malblanc 1977: 27; Übersetzung von mir) oder (Malblanc 1977: 27; meine Übersetzung). Falls Sie mehrere Zitate selbst übersetzen, können Sie statt eines wiederholten Vermerks in den Quellenangaben auch beim ersten solchen Zitat eine Fußnote machen: „Soweit nicht anders angegeben, stammen alle Zitatübersetzungen von mir."

Indirekte Zitate aus fremdsprachlichen Texten werden natürlich auf Deutsch verfasst.

9.4   Indirekte Zitate

Ein **indirektes Zitat,** manchmal auch als *sinngemäßes Zitat* bezeichnet, ist eine Paraphrase, eine Wiedergabe fremder Gedanken in eigener Formulierung. *Eigene Formulierung* bedeutet, dass keine kohärenten Sätze, Teilsätze oder Wendungen aus dem Original übernommen werden dürfen.

- Wenn Sie indirekt zitieren wollen, schauen Sie beim Schreiben auf keinen Fall in den Sekundärtext. Schreiben Sie ganz aus der Erinnerung, dann finden Sie eigene Worte.

- Behalten Sie nicht die Struktur des Originals bei, sondern fassen Sie es zusammen.

Eine leichte Abwandlung macht ein direktes Zitat nicht zu einem indirekten, sondern zu einem Plagiat (Näheres dazu in Kap. 9.6).

Das indirekte Zitieren sollten Sie **üben.** Es kommt immer wieder vor, dass Studierende überhaupt keine indirekten Zitate verwenden, weil sie das für die einfachste Methode halten, Plagiate zu vermeiden; aber es sieht auch nicht gut aus, wenn ausschließlich direkt zitiert wird, denn der genaue Wortlaut ist im Kontext der Hausarbeit oft völlig irrelevant.

Indirekte Zitate werden **nicht typografisch hervorgehoben** (d. h. keine Anführungszeichen, kein Einrücken). Eine **Quellenangabe** ist unmittelbar im Anschluss an das indirekte Zitat zwingend erforderlich. Die

Quellenangabe sieht genauso aus wie beim direkten Zitat. Es genügt auch beim indirekten Zitat *nicht,* das benutzte Werk nur im Literaturverzeichnis anzugeben.

9.5   Beispiele für Zitate

Original:

> Weltwissen und Sprachwissen werden in sprachspezifischer Weise kombiniert im Verstehensprozeß. Und so kann auch die kommunikative Funktion einer Übersetzung nur relativ zur Situation im Rahmen soziokultureller Konventionen der Sprachverwendung und den Erwartungen des Rezipienten erschlossen werden. Diese Konventionen enthalten Hinweise, wie die Übersetzung zu deuten ist. Der ZT wird also je nach Sprache für den ZT-Leser andere Mißverständnisse oder gar Nichtverstehen ausräumen müssen und den Zusammenhang von kommunikativen Zwecken und sprachlichen Mitteln neu gestalten. Dazu gehört auch, Nichttextualisiertes für den ZT-Leser explizit zu machen. Aus diesem Grund benötigt der Übersetzer eine hermeneutisch-konstruktive Kompetenz, die die rezeptionsorientierte Ausrichtung seines Translats impliziert, damit eine Applikation auf die Lebenspraxis des ZT-Lesers ermöglicht wird. (Kupsch-Losereit 1995: 13)

Direkte Zitate:

Beispiel 1 **(kurzes Zitat):** Kupsch-Losereit erläutert: „Weltwissen und Sprachwissen werden in sprachspezifischer Weise kombiniert im Verstehensprozeß." (1995: 13)

Wenn (wie in Beispiel 1–5) der Name der Autorin im Text genannt wird, genügen als Quellenangabe meist in Klammern das Erscheinungsjahr und die Seitenzahl; wenn dagegen der Name nicht im Text genannt wird, muss er – wie hier beim Originalzitat und in Beispiel 8 – in der Klammer mit angegeben werden.

Beispiel 2 **(langes Zitat):** Kupsch-Losereit erläutert:

> Weltwissen und Sprachwissen werden in sprachspezifischer Weise kombiniert im Verstehensprozeß. Und so kann auch die kommunikative Funktion einer Übersetzung nur relativ zur Situation im Rahmen soziokultureller Konventionen der Sprachverwendung und den Erwartungen des Rezipienten erschlossen werden. Diese Konventionen enthalten Hinweise, wie die Übersetzung zu deuten ist. (1995: 13)

Beispiel 3 **(Auslassung):** Wie Kupsch-Losereit erläutert, werden „Weltwissen und Sprachwissen […] in sprachspezifischer Weise kombiniert im Verstehensprozeß" (1995: 13).

Beispiel 4 **(Auslassung, Zusatz):** Kupsch-Losereit erläutert, dass „Weltwissen und Sprachwissen […] in sprachspezifischer Weise […] im Verstehensprozeß [kombiniert werden]" (1995: 13).

Das ist formal korrekt, aber wegen der komplizierten Mischung von Auslassungen und Zusatz nicht ideal. Beispiel 3 ist eine bessere Lösung.

Beispiel 5 **(zulässige Umstellung):** „[I]m Verstehensprozeß", so Kupsch-Losereit, werden „Weltwissen und Sprachwissen [...] in sprachspezifischer Weise kombiniert" (1995: 13).

Die Umstellung der Reihenfolge ist zulässig, weil der Satz in zwei getrennte Zitate aufgespalten wird.

Beispiel 6 **(unzulässige Umstellung):** „Im Verstehensprozeß werden Weltwissen und Sprachwissen [...] in sprachspezifischer Weise kombiniert." (Kupsch-Losereit 1995: 13)

Falsch: Nicht gekennzeichnete Umstellungen innerhalb der Anführungszeichen sind nicht möglich.

Beispiel 7 **(Flexionsendung):** Kupsch-Losereit beschreibt die Rolle des „Weltwissen[s] und Sprachwissen[s]", die „in sprachspezifischer Weise kombiniert" werden (1995: 13).

Das Genitiv-*s* wurde in eckigen Klammern ergänzt.

Indirektes Zitat:

Beispiel 8 **(korrektes indirektes Zitat):** Die Übersetzung wird von Personen gelesen, deren Vorwissen der Zielkultur entstammt und denen die soziokulturellen Konventionen der Zielsprache geläufig sind. An diesem Vorwissen und diesen Konventionen muss sich die Gestaltung der Übersetzung orientieren, und aus ihrer Gestaltung kann man vor diesem Hintergrund wiederum Rückschlüsse auf ihre Funktion ziehen. (Kupsch-Losereit 1995: 13)

Beispiel 9 **(Plagiat):** Im Verstehensprozess werden Weltwissen und Sprachwissen sprachspezifisch kombiniert. (Kupsch-Losereit 1995: 13)

Falsch: Trotz Quellenangabe ist das ein Plagiat, da die Formulierung fast wörtlich übernommen wurde. (S. hierzu Kap. 9.6.)

Interpunktion:

Wenn das Zitat ein **vollständiger Satz** ist (oder mehrere) und mit einem Punkt endet, ist die Interpunktion wie in Beispiel 1: Punkt – schließende Anführungszeichen – Leerschritt – Klammer mit Quellenangabe. Die Klammer mit der Quellenangabe braucht keinen eigenen Punkt (auch dann nicht, wenn in der Klammer auch noch der Name steht).

Wenn nur ein **Teil eines Satzes** zitiert wird, ist es besser, den Punkt erst nach der Klammer mit der Quellenangabe zu setzen, wie in Beispiel 3.

Wenn sich bei einem indirekten Zitat die Quellenangabe auf **mehrere Sätze** bezieht, steht sie nach dem letzten Punkt, wie in Beispiel 8.

9.6 Plagiate

Plagiate sind (leider) ein typischer Fehler beim Zitieren, und zwar ein sehr gravierender Fehler. Plagiat ist **geistiger Diebstahl.** Es gibt zwei Hauptformen:

- Übernahme fremder Gedanken ohne entsprechende Kennzeichnung;
- Übernahme fremder Formulierungen ohne entsprechende Kennzeichnung.

Ein Plagiat ist einer der schlimmsten Fehler, die Sie in einer wissenschaftlichen Arbeit begehen können. Es zeigt nicht nur mangelnden Respekt vor dem geistigen Eigentum anderer, sondern es bedeutet auch, dass Sie bei der Abfassung Ihrer Arbeit betrügen. Plagiate müssen Sie unter allen Umständen vermeiden.

Wie man fremde Gedanken und Formulierungen im Einzelnen **kennzeichnet,** wissen Sie bereits. Wenn die nötige Kennzeichnung fehlt, haben Sie ein Plagiat begangen. Plagiate führen beispielsweise am FTSK zur Ablehnung einer Arbeit: „Eine Seminararbeit, die Teile enthält, deren Quellen (Printliteratur oder Internet) nicht aufgeführt sind, gilt als Plagiat und wird mit der Note 5 bewertet. Eine Möglichkeit zur Überarbeitung besteht nicht, d. h., es muss ein neues Seminar besucht werden." (Beschluss des Prüfungsausschusses, Sommersemester 2007) Allgemeiner gesagt, verstoßen Plagiate gegen die sogenannten Regeln guter wissenschaftlicher Praxis, die an deutschen Hochschulen sehr weite Verbreitung gefunden haben.

Welche Folgen Plagiate in Deutschland haben können, lässt sich seit einigen Jahren sehr deutlich beobachten. Im Februar 2011 machten Plagiatsvorwürfe gegen den damaligen Bundesverteidigungsminister Karl-Theodor zu **Guttenberg** tagespolitische Schlagzeilen: Er habe weite Teile seiner Doktorarbeit aus anderen Texten übernommen, ohne die Zitate entsprechend zu kennzeichnen. Die Universität Bayreuth entzog Guttenberg aufgrund seiner Plagiate den Doktortitel. Anfang März 2011 trat er von seinem Amt zurück und legte auch sein Bundestagsmandat nieder. Im Wiki *GuttenPlag* ‹http://de.guttenplag.wikia.com› wurden ab Mitte Februar 2011 die Plagiate detailliert dokumentiert. Besonders interessant für Studierende dürften zum einen die zahlreichen konkreten Beispiele, zum anderen die Aufstellung der verschiedenen Plagiatstypen unter ‹http://de.guttenplag.wikia.com/wiki/Plagiate_Kurz-Brevier› sein.

Der Guttenberg-Skandal führte zur Überprüfung der Doktorarbeiten weiterer Politikerinnen und Politiker im Netz. Bei einigen – darunter der damaligen Bundesministerin für Bildung und Forschung, Annette **Schavan** – wurden ebenfalls Plagiate in solchem Umfang gefunden, dass ihnen der Doktortitel wieder aberkannt wurde. Auch Schavan trat zurück, nachdem eine Klage gegen die Aberkennung erfolglos geblieben war. Sie blieb zwar – ebenso wie zuvor Guttenberg – dabei, nicht vorsätzlich getäuscht zu haben; die Argumentation überzeugte jedoch nicht.

Auch als Studierende der Translationswissenschaft sollten Sie vorsichtig sein: Wenn Sie Plagiate begehen, können Sie sich weder darauf berufen, die entsprechenden **Regeln** nicht gekannt zu haben, noch darauf, sie nicht bewusst verletzt zu haben. Es wird erwartet, dass Sie die Regeln kennen und beachten.

Wenn ich in meinen Veranstaltungen auf die Pflicht zur **Kennzeichnung fremder Gedanken** hinweise, erkundigen sich Studierende immer wieder besorgt, was denn passiere, wenn man **selbstständig eine Idee entwickle,** diese Idee aber auch schon in einem Sekundärtext stehe, den man allerdings nicht gelesen habe. Die Frage ist berechtigt, aber die Sorge in der Regel unbegründet. In meiner bisherigen Erfahrung ist bei einer Idee, die selbstständig entwickelt wurde, klar, aus welchem Vorwissen und welchen Überlegungen heraus sie entwickelt wurde und in welchem Zusammenhang sie zur übrigen Argumentation steht. Bei gedanklichen Plagiaten dagegen ist normalerweise bei Weitem keine so enge Beziehung zum restlichen Text zu erkennen. Im schlimmsten Fall kann man Ihnen bei einer selbstständig entwickelten Idee vorwerfen, dass Sie einen vielleicht zentral relevanten Sekundärtext nicht gefunden und gelesen haben; das ist auch nicht besonders schön (achten Sie deswegen darauf, korrekt zu bibliografieren), aber es ist längst nicht so schlimm wie ein Plagiat.

Bei der **Kennzeichnung fremder Formulierungen** bestehen manchmal einige Unklarheiten darüber, wo die **Grenze zwischen fremder und eigener** Formulierung verläuft. Als Faustregel kann hier gelten: Leichte Umformulierungen ändern nichts am geistigen Eigentum. Beispiel:

Original:

> Eine bloß metaphorische Bedeutung hat es also nicht, wenn Kultur als Übersetzung verstanden wird. Denn im Gegenzug zu Vereinheitlichungstendenzen, zu Identitätsbehauptungen und essenzialistischen Festschreibungen lassen sich mit der Übersetzungsperspektive konkrete Differenzstrukturen freilegen: heterogene Diskursräume innerhalb einer Gesellschaft, kulturinterne Gegendiskurse, bis hin zu Diskursformen von Widerstandshandlungen. Kulturanthropologie und Postkolonialismus haben schließlich die Aufmerksamkeit nicht nur auf Differenzen und Übersetzungen *zwischen* den Kulturen, sondern auch *innerhalb* von Kulturen und quer zu kulturellen Grenzziehungen gelenkt. (Bachmann-Medick [5]2014: 250–251; unten 303)

Plagiat:

Wenn Sie in einer Hausarbeit Folgendes schreiben, haben Sie ein Plagiat begangen:

Kultur als Übersetzung zu bezeichnen ist nicht nur eine Metapher. Denn im Gegensatz zu Vereinheitlichungen und Identitätsbehauptungen kann man unter dem Gesichtspunkt des Übersetzens konkrete Differenzen zeigen: Heterogenitäten in einer Gesellschaft bis hin zu Formen des Widerstands. Kulturanthropologie und Postkolonialismus machen nicht nur auf Differenzen und Übersetzungen zwischen den Kulturen, sondern auch innerhalb von Kulturen aufmerksam.

Kommentar:

Ohne Quellenangabe ist das ein Plagiat der schlimmsten Sorte, denn es ist völlig eindeutig, dass der Text in der Hausarbeit nur aus dem einen Sekundärwerk (Bachmann-Medick) übernommen worden sein kann. Wer solche Plagiate begeht, muss damit rechnen, dass die Arbeit sofort mit einer 5 benotet wird.

Der Text wäre aber **auch mit Quellenangabe** (also als angebliches indirektes Zitat) noch ein Plagiat, da die Formulierungen zum größten Teil aus Bachmann-Medick übernommen sind und die Struktur exakt der Vorlage folgt. Die Vorlage wurde zum Teil leicht umformuliert, zum Teil etwas gekürzt – aber beides macht die Formulierung noch nicht zu Ihrer eigenen. Ob man „Vereinheitlichungstendenzen" sagt oder „Vereinheitlichungen", ändert nichts am geistigen Eigentum.

Die Versuchung, Formulierungen zu übernehmen, ist natürlich besonders bei einem so schwierigen Text wie Bachmann-Medick sehr groß. Aber bedenken Sie, dass man ohnehin nur Dinge zitieren sollte, die man auch wirklich verstanden hat. Wenn Sie etwas **verstehen,** dann müssen Sie es auch mit eigenen Worten wiedergeben können (= indirektes Zitat). Wenn Sie das nicht können, sollten Sie den Text gar nicht zitieren.

Korrekte Vorgehensweise:

Wenn Sie Formulierungen übernehmen wollen, weil der Wortlaut wichtig ist, müssen Sie direkt zitieren (einrücken bzw. Anführungszeichen). Wenn Sie „nur" Gedanken übernehmen wollen, dürfen Sie sich nicht an den Formulierungen der Vorlage orientieren. Legen Sie, wie in Kap. 9.4 empfohlen, das Original weg, und schreiben Sie aus der Erinnerung mit Ihren eigenen Worten. Damit können Sie beispielsweise zu folgendem indirektem Zitat kommen: „Eine Kultur ist kein einheitliches, in sich geschlossenes, unveränderliches Ganzes. Innerhalb jeder Kultur gibt es Unterschiede und sogar Widersprüche. Das ist besonders deutlich zu erkennen, wenn man Kultur als Übersetzung auffasst." (Bachmann-

Medick [5]2014: 250–251)[22] Wenn Sie Ihr indirektes Zitat formuliert haben – und erst dann –, können Sie die inhaltliche Korrektheit des Geschriebenen anhand der Vorlage überprüfen.

Im obigen Beispiel ist das Zitat deutlich kürzer als die Vorlage – das ist sehr typisch für indirekte Zitate. Oft wäre es im Kontext der eigenen Arbeit inhaltlich unnötig oder sogar störend, eine Argumentation in voller Länge zu übernehmen; es genügt dann, in einem indirekten Zitat die **Grundgedanken zusammenzufassen.** Typisch für indirekte Zitate ist auch, dass der **Stil** sich ändert: Ein indirektes Zitat ist in Ihrem Stil geschrieben, nicht im Stil des Originals. Wenn Sie aus inhaltlichen Gründen den Stil und/oder die ursprüngliche Länge (annähernd) beibehalten wollen – ein Beispiel wäre das Zitieren von Definitionen –, dann sollten Sie auf jeden Fall direkt zitieren, sonst ist ein Plagiat fast nicht zu vermeiden. Auch wenn Sie abwechselnd einen Satz übernehmen und den nächsten weglassen, führt das nicht zu einem guten indirekten Zitat, sondern zu einem Plagiat.

Plagiate bemerkt die Dozentin bzw. der Dozent meist sofort, weil es zwischen dem Plagiat und dem Rest der Arbeit sprachliche und/oder inhaltliche Brüche gibt. (Wenn man unbedingt ein Plagiat begehen will, kann man natürlich auch eine komplette Arbeit z. B. aus dem Internet plagiieren – aber bedenken Sie, dass Ihre Dozierenden die betreffenden Websites wahrscheinlich ebenso schnell finden wie Sie.)

Ein Plagiat begehen Sie beispielsweise, wenn Sie:

- Gedanken oder Formulierungen ohne entsprechende Kennzeichnung aus gedruckten Texten (z. B. aus Büchern) übernehmen;

- Gedanken oder Formulierungen ohne entsprechende Kennzeichnung von einer Website oder aus anderen elektronischen Medien übernehmen (dass Sie die Website „selbst gefunden" haben, spielt dabei überhaupt keine Rolle);

- übernommene Formulierungen leicht abwandeln und dann als indirektes Zitat behandeln;

- Text aus einer anderen Sprache übersetzen, ohne ihn als direktes Zitat zu kennzeichnen;

- eine Hausarbeit, die Sie für eine andere Veranstaltung geschrieben haben, ohne Erlaubnis beider Dozierender ein zweites Mal verwenden (= „Eigenplagiat").

---

22 Die Anführungszeichen verwende ich hier natürlich nur, um das indirekte Zitat vom Rest meines Textes abzugrenzen. In einer wissenschaftlichen Arbeit stehen bei indirekten Zitaten keine Anführungszeichen.

Die **Grundregeln** für die Kennzeichnung als direktes oder indirektes Zitat sind sehr einfach:

- Wenn eine **Formulierung** nur aus einem einzigen Werk stammen kann, dann ist das ein direktes Zitat und muss mit Anführungszeichen (bzw. bei längerem Zitat: durch Einrücken) und Quellenangabe gekennzeichnet werden. Das heißt: Im Zweifelsfall müssen alle übernommenen Formulierungen, die über banale und vorhersagbare Einzelwörter sowie gängige Fachterminologie hinausgehen, als direktes Zitat gekennzeichnet werden.

- Wenn ein bestimmter **Gedanke** nur aus einem einzigen Werk stammen kann, aber die Formulierung nicht aus dem betreffenden Werk übernommen wurde, dann ist das ein indirektes Zitat und muss mit Quellenangabe an dieser Stelle im Text gekennzeichnet werden. Das heißt: Wenn Sie nicht definitiv wissen, dass dieselbe Information auch anderswo steht, müssen Sie eine Quellenangabe machen. Eine Nennung des betreffenden Werks im Literaturverzeichnis genügt nicht.

- Wenn Sie sich unsicher fühlen, machen Sie **lieber zu viele Quellenangaben** als zu wenig; ebenso bei Anführungszeichen. Zehn unnötige Quellenangaben schaden Ihrer Note nicht; eine fehlende Quellenangabe schadet ihr mit hoher Wahrscheinlichkeit.

- Meist **weiß man selbst** sehr gut, wann zusätzlich zur Quellenangabe auch Anführungszeichen bzw. Einrücken nötig sind: wenn nämlich beim Schreiben das benutzte Werk neben einem gelegen hat und man zwischen dem Sekundärwerk und dem eigenen Text hin- und hergeschaut hat.

- **Keine Quellenangabe** ist nötig für Informationen, die zur Allgemeinbildung gehören oder die innerhalb der heutigen Translationswissenschaft allgemein bekannt sind – z. B. dass Martin Luther die Bibel ins Deutsche übersetzt hat oder dass man eine Fremdsprache, aus der und in die übersetzt wird, als *B-Sprache* bezeichnet. Aber Vorsicht: Prinzipiell müssen auch solche Informationen mit Quellenangaben belegbar sein. Stufen Sie keine unhaltbaren Annahmen als allgemein bekannt ein (z. B. „Wenn man ein Wort im Ausgangstext nicht kennt, muss man es im Wörterbuch nachschlagen").

9.7 Übungsaufgaben zu Zitaten und Hervorhebung

1. Vergleichen Sie den Anfang des Originaltextes von Bachmann-Medick mit dem folgenden Zitat. Welche Fehler enthält das Zitat?

Neuerdings ist die Notwendigkeit kultureller Übersetzungsprozesse und ihre Analyse nicht mehr zu übersehen – sei es im Kulturenkontakt, in interreligiösen Beziehungen und Konflikten, in Integrationstrategien multikultureller Gesellschaften, aber auch im bezug auf das Ausloten von Nahtstellen zwischen Kultur- und Naturwissenshaften. Vor allem die globalisirten Verhältnisse der entstehenden Weltgesellschaft, fordern eine erhöhte Aufmerksamkeit für Probleme des Kulturenkontakts, für Hindernisse und Spielräume im Umgang mit kulturellen Differenzen. Aus postkolonialer Perspektive ist die Notwendigkeit kultureller Übersetzungprozesse bereits beleuchtet worden, um angesichts machtungleicher Kulturkonstellationen mögliche Gelenkstellen für die Selbstbehauptung nicht europäischer Gesellschaften freizulegen. (Bachmann-Medick ^{5}2014: 239; unten 293)

2. In verschiedenen Sekundärtexten werden verschiedene Formsysteme verwendet.

   a) Schauen Sie sich in Prunč, *Entwicklungslinien der Translationswissenschaft,* den zweiten Teil von Kap. 1.1.1 an (^{3}2012: 16; unten 279–280, ab „Wir verstehen unter Translation im weiteren Sinne"), einschließlich der Fußnoten.

      In welchen Punkten stimmt das Formsystem von Prunč mit dem überein, das wir verwenden, und in welchen weicht es davon ab? (Es geht nur um typografische Hervorhebung und Zitate sowie Quellenangaben.)

      Erklären Sie für alle entsprechenden Stellen, warum Prunč Kursivierung, Anführungszeichen oder Einrücken verwendet.

   b) Beantworten Sie dieselben Fragen für den letzten Absatz von Abschnitt 2 in Bachmann-Medick, „Translational Turn" (ab „Solche diskurs- und kulturpolitischen Erweiterungen", ^{5}2014: 246; unten 299).

3. Bei Christiane Nord findet sich in dem Aufsatz „Der Adressat – das unbekannte Wesen?" (1999: 193) folgende Textstelle:

   Außer bei Wilss, der bereits 1977 die Merkmale des Adressaten unter der Bezeichnung Adressatenspezifik zusammenfaßte und „relativ adressatenspezifische", d. h. für einen von vornherein begrenzten Personenkreis bestimmte, und relativ adressatenunspezifische Übersetzungen unterscheidet (vgl. Wilss 1977), ist von den Merkmalen oder den Erwartungen des Adressaten konkret eigentlich nicht mehr die Rede. Die Diskussion erschöpft sich weitgehend in Forderungen nach ‚Adressatengerechtheit', womit die Eigenschaft eines Translats gemeint ist, für den Adressaten akzeptabel im Sinne von ‚kohärent', also ohne Rückgriff auf den ausgangssprachlichen Text und mit Hilfe des üblichen Hintergrundwissens (Vorverständnisses) der Zielkultur, interpretierbar zu sein (vgl. Vermeer 1980:253).

   Die zugehörigen Angaben im Literaturverzeichnis von Nord sind (in der Form, wie sie bei Nord erscheinen):

Vermeer, Hans J. (1980), „Die Sitten des Staates, die zwei Übel verwüsteten – ein Kapitel angewandte Translationswissenschaft", in: *Linguistica Antverpiensia* XIV, 251–276

Wilss, Wolfram (1977), *Übersetzungswissenschaft. Probleme und Methoden,* Tübingen

Gestützt auf diese Textstelle, schreiben Sie in Ihrer Hausarbeit:

Nord kritisiert, dass die Translationswissenschaft sich zu selten mit dem Profil des Adressaten auseinandersetze und dass auch der häufiger verwendete Begriff *Adressatengerechtheit* sich lediglich auf die Kohärenz und die ganz allgemeine Verständlichkeit in der Zielkultur beziehe. (1999: 193)

a) Ist in Nords Text klar zu erkennen, auf welchen Teil des Textes sich die Quellenangabe „(vgl. Vermeer 1980:253)" bezieht? Wenn ja, worauf genau bezieht sie sich? (Zitieren Sie den entsprechenden Teil des Textes.) Wenn nein, warum ist das unklar, und worauf könnte sich die Quellenangabe beziehen? (Geben Sie die verschiedenen Möglichkeiten an.)

b) Überprüfen Sie, ob der Text von Vermeer in Ihrer Bibliothek vorhanden ist. Wenn ja, besorgen Sie ihn sich, und überprüfen Sie anhand des Textes Ihre Antwort auf Frage a).

c) Hätte Vermeer in Ihrer Hausarbeit genannt werden müssen? Wenn ja, wo und wie? Wenn nein, warum nicht?

d) Schauen Sie sich in der Bibliothek den Text von Wilss an, und kommentieren Sie dann die Quellenangabe von Nord.

e) Um was für eine Art Zitat handelt es sich in Ihrer Hausarbeit? Ist das Zitat inhaltlich und formal korrekt? Begründung?

4. Sie finden bei Nord (1999: 194) folgende Textstelle:

Wenn wir [...] unseren Studierenden eine zuverlässige Grundlage für die Erarbeitung eines Adressatenprofils vermitteln wollen, können wir uns nicht darauf beschränken zu sagen: „Schaut uns an, wir sind solche Adressaten!", sondern wir müssen ihnen Werkzeuge, Methoden und Strategien an die Hand geben, mit deren Hilfe sie selbständig und auch für neue Situationen, in denen sie sich nicht auf frühere Erfahrungen stützen können, ein Adressatenprofil erstellen können. Wichtige (aber sicher nicht die einzigen) Komponenten des Adressatenprofils dürften dabei die Erwartungen hinsichtlich des voraussetzbaren Welt-, Kultur- und Bildungswissens (Präsuppositionen) und der strukturellen und stilistischen Text- bzw. Textsortenkonventionen sein. Also Antworten auf die folgenden Fragen: Was weiß der Adressat denn nun eigentlich? Welche Formulierungen wirken auf ihn konventionell (oder nicht konventionell) und warum?

Sind die folgenden Zitate inhaltlich und formal korrekt? Wenn nein, warum nicht?

   a) Die Studierenden müssen lernen, wie man etwas über die Kenntnisse des Adressaten herausfinden kann. (Nord 1999: 194)

   b) Im Studium muss man lernen, welches Wissen man beim Adressaten voraussetzen kann und welche Textsortenkonventionen für verschiedene Texte gelten. (Nord 1999: 194)

   c) Nord empfiehlt für das Übersetzen die Erstellung von sogenannten Adressatenprofilen. (1999: 194)

   d) Man muss, so Nord, den Studierenden eine sichere Basis für die Erstellung eines Adressatenprofils an die Hand geben. (1999: 194)

5. Peter A. Schmitt schreibt in dem Artikel „Berufsbild" im *Handbuch Translation*:

> Unser gesamtes Alltags- und Wirtschaftsleben ist geprägt oder zumindest berührt von Übersetzungs- und Dolmetschleistungen: Von der Übersetzung von Presseagenturberichten in Zeitungen, Rundfunk und Fernsehen, Gesprächen und Interviews in Politik, Kultur und Sport bis hin zu den übersetzten Bedienungsanleitungen von Haushalts- und Arbeitsgeräten, von Spielzeug und Sportartikeln. Ob Laserdrucker oder Lebensmittel, Fahrrad oder Ferrari, Wirtschaftsgipfel oder Werbevideo – mit großer Wahrscheinlichkeit sind Übersetzer und Dolmetscher beteiligt. (^{2}2003: 1)

Machen Sie daraus ein indirektes Zitat. Beachten Sie, dass Sie beim Schreiben des Zitats nicht in den Text schauen dürfen (und lernen Sie bitte auch nicht stattdessen den Text vor dem Schreiben auswendig). Denken Sie daran, dass ein indirektes Zitat kürzer sein sollte als die Vorlage. Es kann durchaus auch sehr viel kürzer sein.

6. Lesen Sie in Bachmann-Medick den ersten Absatz des Abschnitts „Entstehungskontext und Herausbildung eines *translational turn*" (^{5}2014: 240; unten 294, von „Die kultur- und sozialwissenschaftliche Karriere" bis „kulturelle Differenzen und Macht") mehrmals langsam durch. Legen Sie den Text dann weg, und fassen Sie den Absatz mit Ihren eigenen Worten zusammen, *ohne* in den Text zu schauen (= indirektes Zitat). Denken Sie daran, dass eine Zusammenfassung kürzer ist als die Vorlage.

9.8   Kurzüberblick

Direkte und indirekte Zitate:

	Direktes Zitat	Indirektes Zitat
Wann?	wenn der genaue Wortlaut wichtig ist	wenn nur der Inhalt wichtig ist
Quellenangabe?	immer nach dem Zitat	immer nach dem Zitat
Verhältnis zur Vorlage?	alle Abweichungen kennzeichnen (eckige Klammern)	Struktur und/oder Formulierungen keinesfalls übernehmen
	ursprünglichen Sinnzusammenhang beachten	ursprünglichen Sinnzusammenhang beachten
Aus zweiter Hand?	vermeiden	vermeiden
Fremdsprachliche Zitate?	je nach Vorgaben der Dozierenden	nein
Eigene Übersetzung aus Fremdsprache?	zählt als direktes Zitat	nur als Zusammenfassung, nicht in voller Länge

Indirekte Zitate und Plagiate:

	Indirektes Zitat	Plagiat
Status	erwünscht	gravierender Betrug
Fremde Gedanken	in eigenen Formulierungen mit Quellenangabe	in eigenen Formulierungen ohne Quellenangabe
Fremde Formulierungen	keinerlei Übernahme bei indirektem Zitat (nur bei direktem)	Austauschen bzw. Auslassen von Wörtern oder Wortgruppen = Plagiat trotz Quellenangabe
Länge	oft deutlich kürzer als Vorlage	oft gleich lang wie Vorlage (oder: einzelne Sätze bzw. Satzteile gleich lang, andere ausgelassen)
Entstehung	nur zitieren, was man versteht	Sekundärliteratur verwenden, ohne sie zu verstehen
	aus der Erinnerung zusammenfassen	beim Schreiben in die Vorlage schauen
	im eigenen Stil schreiben	Stil der Vorlage übernehmen

10 Quellenangaben

In diesem Abschnitt können Sie **Folgendes lernen:**

- Quellenangaben in translationswissenschaftlichen Texten korrekt zu interpretieren,
- bibliografiebezogene Quellenangaben zu erstellen.

10.1 Allgemeines

Quellenangaben sind **unmittelbar im Anschluss** an jedes direkte und indirekte Zitat erforderlich. Wenn die Quellenangaben fehlen, haben Sie einen schweren Verstoß gegen die deutschen Regeln für wissenschaftliches Schreiben begangen. Auch Abbildungen oder Tabellen, die Sie aus der Sekundärliteratur übernehmen, sind Zitate und müssen daher mit einer Quellenangabe versehen werden; die Form der Quellenangabe ist dieselbe wie bei Textzitaten.

Für Quellenangaben gibt es **zwei Möglichkeiten.** Früher war das Fußnotensystem allgemein üblich: Man gab zu jedem Zitat die Quelle in einer Fußnote an, unabhängig davon, ob am Ende der Arbeit auch noch ein Literaturverzeichnis stand. Dieses System können Sie auch heute noch z. B. in germanistischen Werken finden; in der Translationswissenschaft kommt es aber nur selten vor.

In der Translationswissenschaft ist das sogenannte **bibliografiebezogene System** verbreitet. Im bibliografiebezogenen System verwendet man für Quellenangaben **keine Fußnoten,** sondern macht im Text selbst in Klammern eine ganz kurze Quellenangabe. In der Regel besteht diese Quellenangabe aus Namen, Erscheinungsjahr und Seitenzahl; zum Beispiel also: „Das Festhalten am Muttersprachenprinzip hat [...] nur Aussicht auf Erfolg, wenn sich die Vertreter der ‚großen' EU-Sprachen an das Erlernen der ‚kleinen' Sprachen machen." (Kelletat 2001: 79)[23]

Wenn Sie wissen wollen, was das für ein Werk ist, schauen Sie im Literaturverzeichnis unter „Kelletat" nach, dort finden Sie die vollständigen bibliografischen Angaben. (Informationen zur **Interpunktion** bei Quellenangaben – wo steht der Punkt? – finden Sie in Kap. 9.5.)

Die Quellenangabe muss so sein, dass man mit ihr den **Eintrag im Literaturverzeichnis** problemlos finden kann. Das heißt:

- Der Name oder Teil des Namens, der im Literaturverzeichnis an erster Stelle steht, muss auch in der Quellenangabe an erster Stelle

---

[23] Wie die Originaltexte zu einigen der Beispiele in Kap. 10 aussehen, können Sie einer Datei entnehmen, die im Internet abrufbar ist: ‹http://www.fb06.uni-mainz.de/deutsch/Dateien/TWA_Anhang_Quellen_LV_Beispiele.pdf›.

stehen. Wenn Sie z. B. Luise von Flotow im Literaturverzeichnis korrekt unter *F* einordnen, ist es keine gute Idee, sie in der Quellenangabe „von Flotow" zu nennen, denn dann sucht man sie unter *V*.

- Wenn ein Werk im Literaturverzeichnis unter der Autorin bzw. dem Autor eingeordnet ist, muss die Quellenangabe den Nachnamen enthalten, nicht den Titel.

Fußnoten verwendet man in dem hier vorgestellten System in der Regel nicht für Quellenangaben. Sie dienen fast ausschließlich zur Erläuterung, also z. B. für Randbemerkungen oder technische Einzelheiten, die den Fluss der Argumentation im Haupttext stören würden (so wie in diesem Buch). Es gibt nur zwei Ausnahmen:

- Wenn Sie in einer Fußnote etwas zitieren, gehört zum Zitat natürlich auch eine Quellenangabe, die dann ebenfalls (in der üblichen bibliografiebezogenen Form) in der Fußnote steht. Normalerweise sollten Zitate aber im Haupttext erscheinen.
- Wenn Sie zu einer bestimmten Textstelle so viele Quellen angeben, dass die Angaben mehrere Zeilen umfassen, würde das den Lesefluss im Text stören; in einem solchen Fall können Sie die Quellen (in der üblichen bibliografiebezogenen Form) stattdessen in einer Fußnote angeben. Einige Beispiele enthält der Prunč-Text (Anhang V).

Gehen Sie mit Fußnoten generell sparsam um. Etwas überspitzt formuliert: Wenn der Inhalt einer Fußnote wichtig ist, gehört er in den laufenden Text; wenn er nicht wichtig ist, sollte er weggelassen werden.

Eine Bemerkung zur **Terminologie:** *Fußnote* und *Anmerkung* können dasselbe bedeuten. Der Bedeutungsumfang von *Anmerkung* ist jedoch größer: Fußnoten stehen immer am Fuß (Ende) der betreffenden Seite; Anmerkungen können auch am Ende des Textes stehen (für solche Anmerkungen verwendet man besonders in Zusammenhang mit der Textverarbeitung auch manchmal die Bezeichnung *Endnoten*). Schauen Sie sich die letzten Seiten von Bachmann-Medick an: Das sind Anmerkungen am Kapitelende; es hätten aber genauso gut auch Fußnoten verwendet werden können.

10.2 Erforderliche Angaben

Das **Grundmuster** für Quellenangaben ist sehr einfach; Sie haben es in früheren Kapiteln auch schon öfters gesehen: (Nachname Jahreszahl: Seitenzahl). Der folgenden Tabelle können Sie entnehmen, was Sie bei verschiedenen Arten zitierter Werke beachten sollten.

Zitiert wird	Quellenangabe	Beispiel
ein Werk einer Person	Grundmuster	(Hagemann 2016: 158)
ein Beitrag zu einem Sammelband (z. B. *Handbuch Translation*)	AutorIn des Beitrags angeben, nicht HerausgeberIn des Sammelbandes	(Dizdar [2]2003: 105)
ein Werk von zwei oder drei AutorInnen	alle Namen angeben, getrennt durch Schrägstrich	(Reiß/Vermeer [2]1991: 96)
ein Werk von vier oder mehr AutorInnen	ersten Namen angeben, danach *u. a.*	(Beeby u. a. 2011: 318)
ein anonym erschienenes Werk	statt Nachnamen: Kurztitel (bis zum ersten Substantiv) angeben	(*Übersetzungs-Dienstleistungen* 2006: 8)
mehrere Werke derselben Person, unterschiedliche Erscheinungsjahre	Erscheinungsjahr genügt zur Unterscheidung	(Kelletat 2001: 79) (Kelletat 2004: 79)
mehrere Werke derselben Person mit demselben Erscheinungsjahr	Unterscheidung durch Kleinbuchstaben nach dem Erscheinungsjahr	(Kelletat 2004a: 79) (Kelletat 2004b: 162)
Werke mehrerer Personen mit demselben Nachnamen	Initialen hinzufügen	(P. A. Schmitt [2]2006: 15) (R. Schmitt 2001: 15)
Neuauflage oder Nachdruck (nähere Erläuterungen hierzu in Kap. 11.3)	Erscheinungsjahr der Neuauflage, nicht der Erstveröffentlichung; Auflage durch hochgestellte Ziffer kennzeichnen	(Dizdar [2]2003: 105)
mehrere Seiten	Seitenzahlen immer genau angeben, nicht mit *f.* oder *ff.*; als Zeichen für „bis" den Gedankenstrich verwenden	(Schmitt [2]2006: 15–16) (Schmitt [2]2006: 15–18)
Internetpublikation	Grundmuster, falls Erscheinungsjahr und Seitenzahl vorhanden; sonst *o. J.* statt Erscheinungsjahr, kein Ersatz für fehlende Seitenzahl	(Pym 2015: 69) (Pym 2015) (Pym o. J.: 69) (Pym o. J.)
anonyme Internetpublikation ohne Seitenzahl	Kurztitel und Erscheinungsjahr angeben	(„Profil" 2010)
ein anonym erschienenes Werk, dessen Titel mit dem Artikel beginnt	Artikel weglassen (und im Literaturverzeichnis unter dem ersten Buchstaben des Kurztitels einordnen)	(„Berufseinstieg" 2014) im Literaturverzeichnis unter *B*, nicht unter *D* wie *Der* einordnen

Zitiert wird	Quellenangabe	Beispiel
eine komplette Publikation, nicht eine konkrete Textstelle (z. B. Erwähnung eines zentralen Sekundärtextes in der Einleitung)	nur Nachnamen und Erscheinungsjahr angeben	(Risku 1998) (Delisle/Lee-Jahnke/Cormier 1999)

Den **Nachnamen** müssen Sie in die Quellenangabe generell nur dann aufnehmen, wenn er nicht aus Ihrem Text hervorgeht:

- „Das Festhalten am Muttersprachenprinzip hat […] nur Aussicht auf Erfolg, wenn sich die Vertreter der ‚großen' EU-Sprachen an das Erlernen der ‚kleinen' Sprachen machen." (Kelletat 2001: 79)

Wenn dagegen der Name der Autorin bzw. des Autors schon aus Ihrem Text eindeutig hervorgeht, wird er in der Quellenangabe nicht noch einmal genannt; dort genügen dann Erscheinungsjahr und Seitenzahl:

- Laut Kelletat hat „[d]as Festhalten am Muttersprachenprinzip […] nur Aussicht auf Erfolg, wenn sich die Vertreter der ‚großen' EU-Sprachen an das Erlernen der ‚kleinen' Sprachen machen" (2001: 79).
- Laut Kelletat (2001: 79) hat „[d]as Festhalten am Muttersprachenprinzip […] nur Aussicht auf Erfolg, wenn sich die Vertreter der ‚großen' EU-Sprachen an das Erlernen der ‚kleinen' Sprachen machen."

Beachten Sie bei den **Seitenzahlen** Folgendes: In der Quellenangabe gibt man die Seitenzahl(en) für das Zitat an – wenn also zwei aufeinanderfolgende Seiten zitiert werden, stehen in der Quellenangabe diese beiden Seiten, z. B. (Risku 1998: 38–39). Die Form der Quellenangabe ist unabhängig davon, ob es sich bei dem zitierten Text um eine Monografie, einen Beitrag zu einem Sammelband oder einen Beitrag zu einer Zeitschrift handelt. Im Literaturverzeichnis dagegen gibt man bei Monografien nie Seitenzahlen an und bei Beiträgen zu Sammelbänden oder Zeitschriften immer die erste und die letzte Seite des Beitrags (s. hierzu Kap. 11). Die Seitenzahlen in der Quellenangabe haben also mit denen im Literaturverzeichnis nichts zu tun.

Bei bestimmten **Textsorten** kann man die Quellenangaben auch in anderer Form machen. Einige Beispiele:

- Gesetzestexte zitiert man mit dem Paragrafen[24] bzw. Artikel, dem Absatz und der Abkürzung für das betreffende Gesetz: z. B. (§ 243 Abs. 1 StGB) oder (Art. 1 Abs. 1 GG).

---

24 Das deutsche Wort *Paragraf* bezeichnet einen Abschnitt in Gesetzestexten, Verträgen und ähnlichen Textsorten; solche Abschnitte werden in dem betreffenden

- Sakrale Texte
  - Die Bibel zitiert man in der Regel mit Buch, Kapitel und Vers: z. B. (Gen. 1:2) oder (1. Mose 1:2).
  - Den Koran zitiert man mit Sure und Vers: z. B. (54:49). Wenn nötig, steht in der Klammer zusätzlich *Koran* bzw. *Qur'an*.
  - Entsprechendes gilt für andere sakrale Texte, z. B. den Talmud.

Auch in diesen Fällen ist zusätzlich zur Quellenangabe ein Eintrag im Literaturverzeichnis zwingend erforderlich, weil sonst nicht klar ist, welche Ausgabe benutzt wurde. Beispielsweise wurde das Grundgesetz seit seiner Verkündung 1949 mehrmals geändert, und von der Bibel gibt es zahlreiche verschiedene Übersetzungen.

10.3 Andere Formsysteme

In der Sekundärliteratur werden Sie manchmal auf andere Formsysteme als das hier vorgestellte stoßen. Hier ein kurzer Überblick darüber, was Sie gelegentlich sehen werden und deshalb verstehen müssen, aber nicht selbst verwenden sollten (es sei denn, die Verwendung wäre an Ihrer Hochschule bzw. in Ihrem Arbeitsbereich explizit vorgeschrieben).

Bei Quellenangaben zu Zitaten, ob direkt oder indirekt, verwendet man in unserem System normalerweise weder *vgl.* („vergleiche") noch *s.* („siehe"), es genügen die bibliografischen Angaben. *Vgl.* darf nur dort verwendet werden, wo es wirklich etwas zu vergleichen gibt. Ein typisches Beispiel wäre die Situation, dass ich in einer Quellenangabe auf eine Meinung hinweise, die von meiner eigenen abweicht; einer solchen Quellenangabe kann ich *vgl. aber* voranstellen. In manchen anderen Systemen wird das jedoch anders gehandhabt; so kann *vgl.* oder *s.* auch zur Kennzeichnung indirekter Zitate dienen.

Der Tabelle in Kap. 10.2 konnten Sie bereits entnehmen, dass man **Seitenzahlen** nicht mit *f.* bzw. *ff.* angibt. Man sieht diese Abkürzungen jedoch gelegentlich in anderen Formsystemen. Hierbei bedeutet *ff.* „folgende" (im Sinne von „folgende Seiten"); daraus geht aber nicht hervor, was beispielsweise *15 ff.* konkret heißt – Seite 15–17 oder Seite 15–153? Die Angabe *ff.* ist sehr unpräzise und sollte deswegen vermieden werden. Die Abkürzung *f.* ist zwar eindeutig – sie bedeutet immer „die folgende Seite" (also *15 f.* = Seite 15–16) –; aber sie sollte im Interesse der formalen Einheitlichkeit ebenfalls nicht verwendet werden.

Text mit dem Symbol § gekennzeichnet. Ein Paragraf eines Gesetzes umfasst in der Regel mehrere nummerierte Absätze. Studierende bestimmter A-Sprachen wenden manchmal *Paragraf* auf alle Textsorten an; das ist aber falsch. Dieses Lehrbuch zum Beispiel hat zwar Absätze, aber keine Paragrafen.

In manchen Publikationen (z. B. im Dizdar-Text in Anhang V) werden Sie sehen, dass zwischen der Jahreszahl und der Seitenzahl **kein** **Leerschritt** steht: *1996:27* statt *1996: 27*. Dies ist ebenfalls korrekt, obwohl sonst der Doppelpunkt immer mit anschließendem Leerschritt geschrieben wird. Ich rate jedoch aus typografischen Gründen von dieser Variante ab: Dadurch, dass sie Jahrzahl und Seitenzahl zusammenhält, können optisch sehr große Löcher in eine Zeile gerissen werden.

Bei einigen Systemen stehen Quellenangaben in **Fußnoten** oder in **Anmerkungen** am Kapitel- bzw. Textende. Das ist lesefreundlich, falls man die Quellenangaben überhaupt nicht anschauen möchte; wenn man sich aber dafür interessiert, wer an der betreffenden Stelle zitiert wird, unterbrechen Fußnoten und vor allem Anmerkungen am Kapitel- bzw. Textende den Lesefluss. Besonders störend ist eine Mischung von Quellenangaben und weiterführenden Erläuterungen: Auch wenn man die Quellenangaben nicht unbedingt braucht, will man vielleicht doch die Erläuterungen lesen – aber aus der Ziffer im Text ist nicht zu erkennen, ob dazu eine Quellenangabe oder eine Erläuterung gehört.

Abkürzungen wie *ibid., ebd., loc. cit., a. a. O.* werden in unserem System **nicht verwendet**. Sie kommen nur im Fußnotensystem vor und werden auch dort allmählich seltener. Falls Sie in anderen Texten darauf stoßen sollten: Lateinisch *ibid.* („ibidem") bzw. deutsch *ebd.* („ebenda") sowie *loc. cit.* („loco citato") bzw. *a. a. O.* („am angegebenen Ort") bedeuten alle, dass in einer vorangehenden Quellenangabe bereits auf den betreffenden Text verwiesen wurde.

10.4 Kurzüberblick

Quellenangaben

- gehören zu allen direkten und indirekten Zitaten, unabhängig von der Form (Text, Abbildungen, Tabellen usw.);

- stehen in Klammern im laufenden Text (bibliografiebezogenes System), nicht in Fußnoten;

- müssen sich eindeutig einem Eintrag im Literaturverzeichnis zuordnen lassen (bei Bedarf: Initialen beim Nachnamen und/oder Kleinbuchstaben bei der Jahreszahl verwenden);

- haben sowohl bei direkten als auch bei indirekten Zitaten das Grundmuster (Nachname Jahreszahl: Seitenzahl); hierbei

  - wird im Fall eines Beitrags zu einem Sammelband die Autorin bzw. der Autor des Beitrags angegeben;

  - werden bei zwei oder drei AutorInnen alle angegeben.

11 Literaturverzeichnis

In diesem Abschnitt können Sie **Folgendes lernen:**

- ein Literaturverzeichnis korrekt zu strukturieren,
- die bibliografischen Daten zitierter Publikationen zu identifizieren,
- Einträge für verschiedene Publikationstypen zu verfassen.

11.1 Inhalt und Struktur

Das Literaturverzeichnis steht am Ende der Arbeit. Es führt **alle Werke** auf, die im Text direkt oder indirekt zitiert werden. Die Nennung eines Werkes im Literaturverzeichnis **ersetzt nicht die Quellenangabe** im Text. Zu jedem Eintrag im Literaturverzeichnis gehört mindestens eine Quellenangabe. Führen Sie hier keine Werke auf, die Sie nicht zitiert haben.

Beim Schreiben der Arbeit können Sie den **Bildschirm teilen,** um sich sowohl den Haupttext als auch das Literaturverzeichnis anzeigen zu lassen (Word 2013: Ansicht – Teilen). Auf diese Weise können Sie immer gleich überprüfen, ob ein zitiertes Werk schon im Literaturverzeichnis enthalten ist, und es ggf. sofort ergänzen.

Abbildung 4: Bildschirmteilung

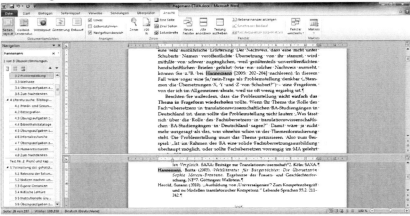

Für die **Struktur** des Literaturverzeichnisses gilt Folgendes:

- Es ist in der Regel in **zwei Teile gegliedert:** 1. Primärliteratur (bzw. Quellen oder Korpus), 2. Sekundärliteratur.
- Innerhalb beider Teile werden die Publikationen **alphabetisch** nach Nachnamen geordnet, anonyme Werke alphabetisch nach Titeln.

Anonyme Werke stehen (an der entsprechenden Stelle im Alphabet) zwischen den Werken mit namentlich angegebenen AutorInnen.

- Wenn **mehrere Werke einer Autorin/eines Autors** aufgeführt werden, so werden sie chronologisch nach Erscheinungsdatum geordnet.
- Beachten Sie, dass man das Literaturverzeichnis nicht nach Typen von Sekundärliteratur gliedert (also *nicht* z. B. Internetpublikationen in einem eigenen Abschnitt).

Je nach Thema und Fragestellung kann man unter Umständen auf die Untergliederung in Primär- und Sekundärliteratur verzichten. Beispielsweise gibt es bei stark theorieorientierten Arbeiten nicht immer Primärliteratur im engeren Sinne. Einen Verzicht auf Untergliederung sollten Sie aber mit der Dozentin bzw. dem Dozenten besprechen.

Manchmal bereitet die **alphabetische Einordnung** der Nachnamen Probleme: Zum Beispiel sieht man dem Namen *Luise von Flotow* nicht sofort an, dass er im Deutschen unter *F* eingeordnet wird, nicht unter *v* (also *Flotow, Luise von;* ebenso *Goethe, Johann Wolfgang von* usw.). In solchen Fällen hilft z. B. Andermann/Drees/Grätz (^{3}2006), Abschnitt „(Alphabetische) Sortierung". Dort finden Sie auch Hinweise zur alphabetischen Einordnung nicht deutscher Namen wie *Robert de Beaugrande, Karla Déjean Le Féal* oder *Ovidi Carbonell i Cortès*. (Die Einordnung hängt von der Sprache ab, eine allgemeine Regel gibt es nicht.)

Einträge im Literaturverzeichnis enden immer mit einem **Punkt** und werden mit sogenanntem **hängendem Einzug** geschrieben (1 cm), damit der Nachname, der in der Quellenangabe steht, leicht zu finden ist:

Bachmann-Medick, Doris (^{5}2014). *Cultural Turns: Neuorientierungen in den Kulturwissenschaften.* rowohlts enzyklopädie. Reinbek bei Hamburg: Rowohlt [2006].

11.2 Monografien: Grundmuster

Für Einträge zu Monografien gilt folgendes **Grundmuster:**

Nachname, Vorname (Erscheinungsjahr). *Titel.* Erscheinungsort: Verlag.

Wandruszka, Mario (1969). *Sprachen vergleichbar und unvergleichlich.* München: Piper.[25]

Beachten Sie, dass man im Literaturverzeichnis bei selbstständigen Publikationen **keine Seitenzahlen** angibt (die Seitenzahl für die direkten

---

25 Wie die Originaltexte zu einigen der Beispiele in diesem Abschnitt aussehen, können Sie einer Datei entnehmen, die im Internet abrufbar ist: ‹http://www.fb06. uni-mainz.de/deutsch/Dateien/TWA_Anhang_Quellen_LV_Beispiele.pdf›.

und indirekten Zitate steht nur in der Quellenangabe, nicht im Literaturverzeichnis).

Im Folgenden finden Sie zunächst einige nähere Erläuterungen zum Grundmuster für Monografien.

AutorIn (im Beispiel: Wandruszka, Mario):

- Der Nachname steht vor dem Vornamen, weil das Literaturverzeichnis alphabetisch nach Nachnamen angeordnet ist.
- In der Regel wird der volle Vorname angegeben. Initialen dürfen nur dann benutzt werden, wenn sie auf der Titelseite stehen (bzw. wenn sie bei der betreffenden Person allgemein üblich sind).
- Es kann auch eine Institution (z. B. Ministerium, Universität, Verband, Unternehmen) als Autorin fungieren.
- Wenn mehrere Werke einer Person aufgeführt werden, muss der Name nur beim ersten Werk voll angegeben werden; bei allen folgenden Werken kann er durch einen sogenannten Geviertstrich — ersetzt werden (Beispiel: s. Literaturverzeichnis in Anhang II). Bei mehreren AutorInnen bezieht sich der Strich stets nur auf den ersten Nachnamen und zugehörigen Vornamen, nicht auf die folgenden.

Erscheinungsjahr (im Beispiel: 1969):

- Das Erscheinungsjahr finden Sie meistens auf der Impressumseite (= Rückseite der Titelseite; wird manchmal auch als *Copyrightseite* bezeichnet). Gelegentlich steht es auch auf der Titelseite.
- Das Jahr ist wichtig, weil es bei der inhaltlichen Beurteilung der Publikation hilft. Ein translationswissenschaftliches Werk, das 1970 erschienen ist, wird man anders lesen als eines von 2015.

Titel (im Beispiel: *Sprachen vergleichbar und unvergleichlich*):

- Da Monografien selbstständige Publikationen sind, wird der Titel kursiviert.
- Wenn aus einem Werk in einer Sprache zitiert wird, deren Kenntnis nicht vorausgesetzt werden kann, wird nach dem Originaltitel in eckigen Klammern eine deutsche Übersetzung angegeben:

  Mac a' Ghobhainn, Iain (1989). *A' bheinn òir* [„Der Goldberg"]. Stornoway: Acair.

Erscheinungsort (im Beispiel: München):

- Bei mehreren Erscheinungsorten genügt in der Regel der erste. Der Verlag Peter Lang beispielsweise ist vertreten in Frankfurt am Main, Berlin, Bern, Brüssel, New York, Oxford und Wien; hier reicht die

Angabe des ersten Ortes, da die weiteren Orte keinen zusätzlichen Erkenntnisgewinn bringen.

Verlag (im Beispiel: Piper):

- Der Verlag wird in Kurzform angegeben, also *Piper* und nicht *R. Piper & Co. Verlag.*

- Die Angabe des Verlags ist wichtig, weil sie Rückschlüsse auf die inhaltliche Ausrichtung und u. U. auch auf die Qualität der Publikation zulässt.

- Der Verlag darf nicht mit der Druckerei verwechselt werden. Der Name des Verlags steht meistens auf dem Buchumschlag und innen im Buch auf der Titelseite, der Name der Druckerei in der Regel klein unten auf der Impressumseite. Schauen Sie sich beispielsweise in der Datei ‹http://www.fb06.uni-mainz.de/deutsch/Dateien/TWA_Anhang_Quellen_LV_Beispiele.pdf› die Kopie aus *Sprachen vergleichbar und unvergleichlich* an: Auf der Titelseite steht „R. Piper & Co Verlag", auf der Impressumseite noch einmal dasselbe; die Druckerei (Pustet, Regensburg) wird nur ganz unten auf der Impressumseite genannt.

Die Angaben, die zum Grundmuster gehören, sind bei den meisten translationswissenschaftlichen Monografien vorhanden. Es kann jedoch auch vorkommen, dass **Angaben fehlen.** Ich gehe hier auf zwei Situationen ein: Publikationen ohne Angabe einer Autorin bzw. eines Autors sowie Publikationen, bei denen das Erscheinungsjahr, der Erscheinungsort oder der Verlag nicht genannt wird.

Werke ohne AutorIn (d. h. anonym oder unbekannt) werden unter ihrem Titel eingeordnet.[26]

- Wenn das erste Wort des Titels ein Artikel ist und Sie diesen beim Kurztitel in der Quellenangabe ausgelassen haben, ordnen Sie die Publikation unter dem ersten Buchstaben des Kurztitels ein.

- Wenn Sie beispielsweise eine Übersetzung des Neuen Testaments aus dem Jahre 1710 in der Quellenangabe als *Neues Testament* zitiert haben, muss sie im Literaturverzeichnis unter *N* stehen, nicht unter *D*, auch wenn der vollständige Titel mit *D* beginnt.

---

[26] In anderen Formsystemen wird manchmal bei anonym veröffentlichten Werken statt des Namens *Anon.* verwendet; das Werk wird dann unter *A* eingeordnet. Ich halte jedoch die Einordnung unter dem Titel aus zwei Gründen für sinnvoller. Zum einen kann *Anon.* den Eindruck erwecken, dass alle anonym veröffentlichten Werke aus dem Literaturverzeichnis von derselben Person verfasst worden seien; zum anderen kann es z. B. bei sakralen Texten etwas seltsam aussehen. Beide Probleme lassen sich mit einer Einordnung unter dem Titel vermeiden.

- Bei sehr langen Titeln ist es am günstigsten, wenn Sie zunächst den Kurztitel und anschließend das Erscheinungsjahr angeben und erst danach den vollständigen Titel:

> *Neues Testament* (1710). *Das Neue Testament oder: Der neue Bund, welchen Gott durch Jesum Christum mit uns Menschen gemachet Und durch dessen Apostel und Lehr-Jünger erstlich in Griechischer Sprache schriftlich aufzeichnen lassen: Jetzo Nach den gebräuchlichsten 4 hochdeutschen Übersetzungen nebst der Holländischen, da immer eine die andere erklähret, dem Christlich-Deutschen Leser zu Dienst zum Druck bevordert; wobey noch mit angehänget sind Einige zur Erläuterung des Neuen Testaments dienliche Apocryphische Bücher.* Wandesbeck bei Hamburg: Holle.[27]

Wenn in einer Monografie das **Erscheinungsjahr,** der **Erscheinungsort** oder der **Verlag fehlt,** schreibt man an der Stelle, wo sonst die betreffende Angabe stehen würde: *o. J., o. O., o. V.* („ohne Jahr", „ohne Ort", „ohne Verlag").

- Hier ein frei erfundenes Beispiel für fehlende Angaben:

> Winter, Ulrike (o. J.). *Übersetzen.* Reutlingen: Neufuß.
> Winter, Ulrike (1956). *Übersetzen.* O. O.: Neufuß.
> Winter, Ulrike (1956). *Übersetzen.* Reutlingen: o. V.

- Wenn man die Angaben selbst herausfinden kann, setzt man sie in eckige Klammern – z. B.:

> Winter, Ulrike (1956). *Übersetzen.* [Reutlingen]: Neufuß.

11.3 Monografien: Zusätzliche Angaben

In manchen Monografien sind keine anderen Angaben zu finden als die im Grundmuster (Kap. 11.2) genannten. In anderen Monografien (und auch Sammelbänden) gibt es zusätzliche Angaben, die dann ebenfalls im Literaturverzeichnis stehen müssen. Bei modernen translationswissenschaftlichen Publikationen sind fast immer eine oder mehrere zusätzliche Angaben vorhanden; Monografien, die nur dem Grundmuster folgen, sind selten.

Zusätzliche Angaben in Monografien sind:

- Auflage, Nachdruck, Erstveröffentlichung,
- Untertitel,
- Bandnummer und Bandtitel bei mehrbändigen Werken,

---

27 So lange Titel wie bei dieser Übersetzung kommen heute kaum noch vor, waren aber früher nicht ungewöhnlich. Eine Digitalisierung der Titelseite können Sie unter ‹http://digital.slub-dresden.de/werkansicht/dlf/73717/7/0/› sehen.

- Reihentitel und Nummer des Bandes in der Reihe,
- Namen von Ko-AutorInnen,
- Name der Herausgeberin/des Herausgebers,
- Name der Übersetzerin/des Übersetzers,
- VerfasserIn von Vorwort oder Nachwort.

Im Folgenden erläutere ich die verschiedenen Arten zusätzlicher Angaben anhand von Beispielen.

Auflage, Erstveröffentlichung, Untertitel:

Nord, Christiane (^{4}2009). *Textanalyse und Übersetzen: Theoretische Grundlagen, Methode und didaktische Anwendung einer übersetzungsrelevanten Textanalyse.* Tübingen: Groos [1988].

Hier sehen Sie drei Angaben, die Sie aus dem Grundmuster noch nicht kennen: zunächst die kleine hochgestellte 4 vor dem Erscheinungsjahr 2009; dann den zweiteiligen Titel *(Textanalyse und Übersetzen,* danach ein Doppelpunkt, gefolgt von *Theoretische Grundlagen, Methode und didaktische Anwendung einer übersetzungsrelevanten Textanalyse)* und schließlich ganz am Ende die Jahreszahl 1988.

- Die Jahreszahl 1988 ist das Datum der **Erstveröffentlichung.** Das heißt, Nords *Textanalyse und Übersetzen* ist ursprünglich in diesem Jahr erschienen.
  - Die Erstveröffentlichung gibt man bei Monografien ganz am Ende an; sie steht in eckigen Klammern.
- Im Jahre 2009 wurde eine neue sogenannte **Auflage** veröffentlicht, und zwar die vierte. Wenn aus dieser Auflage zitiert wird, gibt man im Literaturverzeichnis als Erscheinungsjahr 2009 an und kennzeichnet die Auflage mit der hochgestellten 4.
  - Bei einer neuen Auflage geht es darum, dass ein Buch *nach* der Erstveröffentlichung noch einmal neu gedruckt wird. Manchmal ist der Text gegenüber der ersten Auflage unverändert, manchmal wird er aber auch überarbeitet.
  - Hinweise auf die Auflage finden Sie auf der Impressumseite, gelegentlich auch auf der Titelseite. Normalerweise ist die Identifikation sehr einfach: Eine Auflage liegt dann vor, wenn ein entsprechender Hinweis (z. B. „4. Auflage") im Buch steht.
- Der zweite Teil des Titels, *Theoretische Grundlagen, Methode und didaktische Anwendung einer übersetzungsrelevanten Textanalyse,* ist der sogenannte **Untertitel.**
  - Das erste Wort des Untertitels wird großgeschrieben.

- Zwischen dem Haupttitel und dem Untertitel steht ein Doppelpunkt. Falls im zitierten Text z. B. ein Punkt verwendet wird, ersetzt man diesen durch den Doppelpunkt. Fragezeichen werden
  jedoch immer beibehalten.

- Der Untertitel ist wichtig, weil er den (manchmal sehr allgemeinen) Titel präzisiert.

- Beachten Sie, dass Untertitel oft nicht außen auf dem Buchumschlag stehen, sondern nur innen im Buch auf der Titelseite,
  unmittelbar unter dem Titel. Deshalb ist es wichtig, dass Sie sich
  die bibliografischen Angaben nicht vom Buchumschlag holen,
  sondern von der Titelseite. (Bei Nord steht der Untertitel zwar
  auch auf dem Umschlag; aber wenn Sie sich in der Internet-
  Beispieldatei Andreas F. Kelletats Buch *Deutschland:Finnland
  6:0* anschauen, so sehen Sie außen auf dem Umschlag tatsächlich
  nur den Titel – und darunter kann sich natürlich niemand etwas
  vorstellen. Dass es in der Monografie um die Sprachenpolitik der
  Europäischen Union geht, macht erst der Untertitel auf der Titelseite deutlich: *Deutsch contra Englisch und Französisch: Zum
  Dolmetschstreit in der Europäischen Union.*)

Anzahl der Bände:

Duden: Das große Wörterbuch der deutschen Sprache in zehn Bänden ([3]1999).
Mannheim: Dudenverlag [1976].

Hier sehen Sie wie oben beim Nord-Beispiel Angaben zur Auflage und
zur Erstveröffentlichung. Auch anonymen Publikationen sind Sie schon
begegnet. Neu ist hier, dass es sich um ein **mehrbändiges Werk** handelt.

- Wenn Sie diese Publikation auf dem Regal anschauen, sehen Sie –
  rein physisch betrachtet – nicht ein einziges Buch, sondern zehn mit
  demselben Titel.

- Die Veröffentlichung in mehreren sogenannten Bänden hat bei diesem Wörterbuch technische Gründe: Es sind so viele Seiten, dass sie
  nicht in ein einziges Buch passen. In anderen Fällen kann diese Veröffentlichungsform auch mit der Entstehung des Werkes zusammenhängen: Das Werk wird „nach und nach" veröffentlicht, nicht alles
  auf einmal.

- Da hier die Anzahl der Bände bereits im Titel genannt wird, muss sie
  nicht noch einmal separat angegeben werden. Wenn die Anzahl der
  Bände nicht im Titel genannt würde, müsste es heißen:

Duden: Das große Wörterbuch der deutschen Sprache ([3]1999). 10 Bde. Mannheim: Dudenverlag [1976].

- Wenn jeder der Bände zusätzlich zum Titel des Gesamtwerks noch einen eigenen Bandtitel hat, ändert sich am Eintrag im Literaturverzeichnis dann nichts, wenn mehrere oder alle Bände benutzt werden. In der Quellenangabe steht in diesem Fall vor der Seitenzahl die Bandnummer in römischen Ziffern: *III: 37* bedeutet „Band 3, Seite 37".

- Wie man zitiert, wenn jeder Band einen eigenen Titel hat und nur ein einziger Band benutzt wird, sehen Sie im folgenden Beispiel.

Mehrbändiges Werk, Reihe, Bandnummer in der Reihe:

Vermeer, Hans J. (1996). *Deutsch als Zielsprache*. Bd. 2 von *Das Übersetzen im Mittelalter (13. und 14. Jahrhundert)*. 3 Bde. Reihe Wissenschaft 4. Heidelberg: TEXTconTEXT.

Hier liegt wie beim vorherigen Beispiel ein mehrbändiges Werk vor. Sie sehen aber auch zweierlei, was Sie bis jetzt noch nicht kennen.

- Neu ist zum einen, dass jeder Band zusätzlich zum allgemeinen Titel noch einen **eigenen Titel** hat.

  – Das heißt: Zu Vermeers *Das Übersetzen im Mittelalter (13. und 14. Jahrhundert)* gehören drei Bände. Der erste Band hat den Titel *Das arabisch-lateinische Mittelalter,* der zweite den Titel *Deutsch als Zielsprache* und der dritte den Titel *Literaturverzeichnis und Register.*

  – Zitiert wird nur aus Band 2, mit dem Titel *Deutsch als Zielsprache.*

  – Zuerst wird der Titel des benutzten Bandes angegeben: *Deutsch als Zielsprache.* Darauf folgt die Nummer des Bandes innerhalb des mehrbändigen Werkes sowie der Titel des mehrbändigen Werkes: Bd. 2 von *Das Übersetzen im Mittelalter (13. und 14. Jahrhundert).* Am Ende steht die Anzahl der Bände: 3 Bde.

- Außerdem ist hier die Angabe neu, die Sie im Anschluss an die Informationen zum mehrbändigen Werk sehen: Reihe Wissenschaft 4.

  – Eine **Reihe** sind Bücher, die inhaltlich etwas gemeinsam haben und die alle in derselben Aufmachung erscheinen, also „gleich aussehen". Die Bücher eines Verlages können je nach inhaltlicher Zusammengehörigkeit in verschiedenen Reihen gruppiert werden. Der Reihentitel ist wichtig, weil er (ähnlich wie auf einer allgemeineren Ebene der Verlag) Aufschluss über den Inhalt und die voraussichtliche Qualität des Buches gibt. Die Reihe, zu der Vermeers *Das Übersetzen im Mittelalter* gehört, heißt Reihe Wissenschaft.

- In manchen Reihen sind die Bände chronologisch in der Abfolge ihrer Veröffentlichung **durchnummeriert,** in anderen nicht. Die Reihe Wissenschaft ist durchnummeriert; Vermeers *Das Übersetzen im Mittelalter* ist der vierte Band in der Reihe, das heißt, vorher sind in der Reihe schon drei andere Bände erschienen; der nächste Band in der Reihe bekommt die Nummer 5.

- Zwischen den Bänden in einer Reihe besteht inhaltlich ein wesentlich loserer **Zusammenhang** als zwischen den Bänden eines mehrbändigen Werkes. Ein dreibändiges Werk ist *ein* Werk; drei Bände in einer Reihe sind drei getrennte Werke, die in keiner Weise inhaltlich voneinander abhängen. Beispielsweise hat der fünfte Band in der Reihe Wissenschaft, Heidemarie Salevskys *Über die Sprache hinaus: Beiträge zur Translationswissenschaft,* zwar ebenfalls ein translationswissenschaftliches Thema, ist aber ansonsten völlig unabhängig von Vermeers *Das Übersetzen im Mittelalter.*

- Den Reihentitel und (soweit vorhanden) die Nummer des Bandes in der Reihe findet man auf einer eigenen Seite im Buch. Diese **Reihenseite** steht oft vor der eigentlichen Titelseite, d. h. links daneben, manchmal aber auch am Ende des Buches.

- Ob Sie eine Reihe richtig identifiziert haben, können Sie auch in Bibliothekskatalogen überprüfen. Beispielsweise gibt der Katalog der Deutschen Nationalbibliothek Reihen unter „gehört zu" an und der Verbundkatalog HeBIS, der auch die Bestände der Bibliothek des FTSK enthält, unter „Serie". Seien Sie aber vorsichtig: Nicht in allen Katalogen werden Reihen angegeben.

- Reihen haben eine/n oder mehrere HerausgeberInnen, die darüber entscheiden, welche Publikationen in die Reihe aufgenommen werden; diese Namen werden aber im Literaturverzeichnis **nicht genannt.** Man gibt nur den Titel der Reihe und, falls vorhanden, die Bandnummer an.

Terminologisch müssen Sie hier beachten, dass die Bezeichnung *Band* in verschiedenen Zusammenhängen vorkommen kann.

• Wie Sie gerade gesehen haben, kann man von einem *Band* bei Büchern sprechen, die in einer Reihe erscheinen *(der vierte Band in der Reihe Wissenschaft).*

• *Band* ist aber, wie Sie ebenfalls schon wissen, auch die Bezeichnung für ein Buch, das zu einem mehrbändigen Werk gehört *(der zweite*

Band von Das Übersetzen im Mittelalter, *das zehnbändige Duden-Wörterbuch).*

- Schließlich kann man *Band* auch für ein einzelnes Buch verwenden, das weder zu einer Reihe noch zu einem mehrbändigen Werk gehört; das kommt besonders häufig bei Sammelbänden (Sammel*bänden!*) vor *(der Band enthält 20 Beiträge),* aber auch bei anderen Büchern *(ein schmaler Band* = ein relativ kurzes Buch). Bände gibt es außerdem auch bei Zeitschriften (s. hierzu Kap. 11.5).

- Die verschiedenen Bedeutungen von *Band* dürfen Sie nicht verwechseln, sonst macht Ihr Literaturverzeichnis einen sehr unprofessionellen Eindruck. Zur Verdeutlichung gebe ich ein weiteres Beispiel. Schauen Sie sich in der Internet-Beispieldatei die *Grundlegung einer allgemeinen Translationstheorie* an: Vor der Titelseite steht die Reihenseite; die Reihe heißt Linguistische Arbeiten, und die Monografie von Reiß/Vermeer ist der 147. Band in der Reihe (das heißt, dass chronologisch vor diesem Buch schon 146 andere in der Reihe erschienen sind). In Hausarbeiten sehe ich in solchen Fällen immer wieder Angaben wie *„Grundlegung einer allgemeinen Translationstheorie. 147 Bde."* – so, als ob hier eine einzige mehrbändige Publikation vorliegen würde, die insgesamt 147 Bände hat. Bevor Sie so etwas schreiben, sollten Sie versuchen, sich einmal visuell vorzustellen, wie ein solches mehrbändiges Werk aussehen würde. In gedruckter Form hat das größte Wörterbuch der deutschen Sprache, nämlich das Duden-Wörterbuch, zehn Bände; und die beiden größten gedruckten deutschsprachigen Enzyklopädien, *Brockhaus* und *Meyer,* haben jeweils ca. 25 Bände. Schon die Vorstellung, dass ein einziges translationstheoretisches Werk 147 Bände haben könnte, ist vor diesem Hintergrund absurd (ganz zu schweigen davon, wann Reiß und Vermeer Zeit gehabt haben sollten, zu zweit 147 Bücher zu schreiben).

- Falls Sie Schwierigkeiten mit der Unterscheidung zwischen den verschiedenen Bedeutungen von *Band* haben, empfehle ich Ihnen, sich mindestens die Internet-Beispieldatei und am besten auch noch die entsprechenden Bücher in der Bibliothek anzuschauen.

Mehrere AutorInnen:

Reiß, Katharina, und Hans J. Vermeer ([2]1991). *Grundlegung einer allgemeinen Translationstheorie.* Linguistische Arbeiten 147. Tübingen: Niemeyer [1984].

Hier sehen Sie die korrekten Reihenangaben für die *Grundlegung einer allgemeinen Translationstheorie* und außerdem die Angaben zu Auflage und Erstveröffentlichung, mit denen Sie ebenfalls schon vertraut sind. Neu ist bei diesem Werk, dass es **mehrere AutorInnen** hat.

- Die Reihenfolge Nachname, Vorname verwendet man nur beim ersten Namen, den man für die alphabetische Einordnung im Literaturverzeichnis benötigt: *Reiß, Katharina*.

- Der zweite Name ist für die alphabetische Einordnung irrelevant; deshalb erscheint *Hans J. Vermeer* in der im Deutschen üblichen Reihenfolge, also zuerst der Vorname.

- Nach dem Vornamen der Erstautorin steht ein Komma. Das ist korrekt, weil hier entgegen der üblichen Reihenfolge der Nachname dem Vornamen vorangestellt wird; man sieht jedoch gelegentlich auch die Variante ohne Komma.

- Die Namen von Ko-AutorInnen sind nicht weniger wichtig als die der ErstautorInnen. Im Beispiel steht Vermeer mit hoher Wahrscheinlichkeit nur deswegen an zweiter Stelle, weil sein Name im Alphabet nach dem von Reiß kommt.

- Wenn eine Monografie drei AutorInnen hat, gibt man ebenfalls alle an. Wenn es jedoch insgesamt vier oder mehr AutorInnen sind, würde die Aufzählung zu lang; dann gibt man die Namen nicht mehr alle an, sondern nur den ersten, gefolgt von *u. a.* („und andere"; manchmal wird statt deutsch *u. a.* auch lateinisch *et al.* „et alii"/„et aliae") verwendet.

Herausgeber, Nachdruck:

Göhring, Heinz (2007). *Interkulturelle Kommunikation: Anregungen für Sprach- und Kulturmittler.* Hrsg. Andreas F. Kelletat und Holger Siever. Studien zur Translation 13. Tübingen: Stauffenburg [2002].

Auch hier sehen Sie wieder Bekanntes, nämlich einen Untertitel *(Anregungen für Sprach- und Kulturmittler)* sowie Angaben zu einer Reihe (Studien zur Translation 13).

- Neu ist hier zum einen, dass zwar ein Erstveröffentlichungsdatum angegeben wird, aber keine Auflage. Hier liegt ein sogenannter **Nachdruck** vor.

  − Bei einem Nachdruck werden (wie bei einer Neuauflage) *nach* der Erstveröffentlichung weitere Exemplare eines Werkes gedruckt; der Text ist jedoch (anders als bei einer Neuauflage) nahezu immer identisch mit dem früher veröffentlichten. Hinweise auf den Nachdruck finden Sie in der Regel auf der Impressumseite. Im Beispiel ist die 2007 erschienene Ausgabe von Göhrings

Interkulturelle Kommunikation ein unveränderter Nachdruck der 1. Auflage von 2002.

– Formal ist die Unterscheidung zwischen Nachdruck und Neuauflage sehr einfach: Wenn eine Auflagenzahl (z. B. „4. Auflage") im Buch steht, behandelt man das Buch als Auflage; wenn nicht, als Nachdruck.

- Zum anderen ist auch die Angabe „Hrsg. Andreas F. Kelletat und Holger Siever" neu. *Interkulturelle Kommunikation* hat einen Autor, nämlich Heinz Göhring, und zwei **Herausgeber,** Andreas F. Kelletat und Holger Siever.

– Die Aufgabe von HerausgeberInnen eines Buches (im Gegensatz zu HerausgeberInnen einer Reihe) besteht darin, etwas, was andere geschrieben haben, für die Publikation vorzubereiten. Sie entscheiden außerdem über die endgültige Gestalt des Textes und können auch zusätzliche, eigene Materialien verfassen (z. B. eine Einleitung, Anmerkungen und/oder ein Register). Im Fall von *Interkulturelle Kommunikation* haben die beiden Herausgeber nach Göhrings Tod seine verschiedenen Aufsätze zusammengetragen und in einem einzigen Band publiziert.[28]

– Wenn es zwei oder drei HerausgeberInnen gibt, stehen im Literaturverzeichnis alle Namen, nicht nur der erste; bei vier oder mehr gibt man den ersten Namen an, gefolgt von *u. a.* (also genauso wie bei den Namen der AutorInnen).

– Monografien haben eher selten HerausgeberInnen. Die Situation kommt vor allem dann vor, wenn (wie bei Göhring) jemand nach dem Tod der Autorin bzw. des Autors ein Buch zur Veröffentlichung vorbereitet. Sehr viel häufiger findet man HerausgeberInnen bei Sammelbänden (s. hierzu Kap. 11.4).

– Achten Sie im Literaturverzeichnis Ihrer Hausarbeiten darauf, dass Sie nicht ReihenherausgeberInnen und BandherausgeberInnen verwechseln. Der Name der Person, die einen einzelnen Band herausgegeben hat, steht in der Regel auf der Titelseite; er muss im Literaturverzeichnis genannt werden (im Beispiel: Kelletat und Siever). Wer eine Reihe herausgibt, geht aus der Reihenseite hervor; die Namen von ReihenherausgeberInnen werden jedoch

---

28 Die Publikation steht somit an der Grenze zwischen einer Monografie und einem Sammelband. Einerseits hat sie nur einen einzigen Autor (Göhring); andererseits besteht sie aus Aufsätzen, die ursprünglich zu verschiedenen Zeiten veröffentlicht wurden. Man könnte sie auch als Sammelband behandeln.

im Literaturverzeichnis nicht genannt. Es würde unprofessionell aussehen, wenn Sie zwischen den beiden Funktionen nicht unterscheiden könnten.

Übersetzer, Vorwort:

Baudelaire, Charles (1923). *Tableaux parisiens*. Übers. Walter Benjamin. Vorw. Walter Benjamin. Die Drucke des Argonautenkreises 5. Heidelberg: Weissbach.

Außer Reihentitel und zugehöriger Bandnummer (Die Drucke des Argonautenkreises 5) sehen Sie hier zwei weitere zusätzliche Angaben.

- Die erste ist „Übers. Walter Benjamin": Hier wird der Name des **Übersetzers** genannt.
  - Der Name der Übersetzerin bzw. des Übersetzers steht manchmal auf der Impressumseite, manchmal auf der Titelseite und manchmal gar nicht im Buch. Wenn der Name zu identifizieren ist, muss er angegeben werden (das gilt natürlich ganz besonders für translationswissenschaftliche Arbeiten).
  - Der Titel von Übersetzungen wird in der Zielsprache angegeben (der Band von Baudelaire/Benjamin heißt auch auf Deutsch *Tableaux parisiens*).
  - Wenn es nicht um das Werk allgemein, sondern speziell um die Übersetzung geht (also z. B. in einer Übersetzungskritik), steht der Name des Übersetzers an erster Stelle:

    Benjamin, Walter, Übers. (1923). *Tableaux parisiens*. Von Charles Baudelaire. Vorw. Walter Benjamin. Die Drucke des Argonautenkreises 5. Heidelberg: Weissbach.

    Der Name des Übersetzers erscheint in diesem Fall auch in der Quellenangabe.

- Eine weitere zusätzliche Angabe ist in diesem Beispiel der **Verfasser des Vorworts.**
  - Es kann vorkommen, dass jemand, der sonst nicht am Buch „beteiligt" ist (der das Buch also weder geschrieben noch herausgegeben hat), ein Vorwort oder Nachwort verfasst. Dieser Name wird mit genannt, denn wer ein Vorwort oder Nachwort verfasst, ist normalerweise eine wichtige Persönlichkeit.
  - Vorworte oder Nachworte von AutorInnen oder HerausgeberInnen werden dagegen nicht gesondert erwähnt.
  - Im Beispiel ist der Verfasser des Vorworts zufällig identisch mit dem Übersetzer; das ist jedoch nicht immer der Fall. Deswegen

werden für Benjamin die beiden Funktionen getrennt angegeben; das heißt, sein Name erscheint zweimal.

– Das Vorwort zu dieser Baudelaire-Übersetzung ist übrigens Benjamins berühmter, viel zitierter Aufsatz „Die Aufgabe des Übersetzers".

Vollständiges Muster:

Es wird nur selten vorkommen, dass bei einem einzigen Werk alle zusätzlichen Angaben gleichzeitig erforderlich sind. Das vollständige allgemeine Muster kann jedoch nützlich sein, um die Reihenfolge der erforderlichen Angaben und die Interpunktion zu überprüfen:

Nachname_ErstautorIn, Vorname_ErstautorIn, und Vorname_ZweitautorIn Nachname_ZweitautorIn (AuflagennummerErscheinungsjahr). *Titel: Untertitel.* Anzahl_Bände Bde. Hrsg. Vorname_HerausgeberIn Nachname_HerausgeberIn. Übers. Vorname_ÜbersetzerIn Nachname_ÜbersetzerIn. Vorw./Nachw. Vorname Nachname. Reihentitel Bandnummer_in_der_Reihe. Erscheinungsort: Verlag [bei Nachdruck oder Neuauflage Jahr der Erstveröffentlichung].

11.4 Beiträge zu Sammelbänden

Für Beiträge zu Sammelbänden sind sowohl das Grundmuster als auch die zusätzlichen Angaben zu Monografien relevant. Darüber hinaus gibt es jedoch **weitere obligatorische Angaben,** nämlich:

• die Autorin bzw. den Autor des Beitrags,

• den Titel (und ggf. den Untertitel) des Beitrags

• sowie die kompletten Seitenzahlen des Beitrags.

Zu beachten ist außerdem, dass Sammelbände (im Gegensatz zu Monografien) fast immer **HerausgeberInnen** haben. Die HerausgeberInnen von Sammelbänden sind beispielsweise für die Zusammenstellung der Beiträge und die Auswahl der BeiträgerInnen verantwortlich; sie schreiben außerdem oft eine Einleitung, in der sie die einzelnen Beiträge in einem Gesamtkontext einordnen, und verfassen manchmal ein Register.

Das **Grundmuster** für Beiträge zu Sammelbänden ist:

Nachname, Vorname AutorIn_des_Beitrags (Erscheinungsjahr). „Titel des Beitrags." *Titel des Sammelbandes.* Hrsg. Vorname_HerausgeberIn Nachname_HerausgeberIn. Erscheinungsort: Verlag, erste_Seitenzahl – letzte_Seitenzahl_des_Beitrags.

Schäffner, Christina (2004). „Grenzöffnung und Grenzgänge." *Übersetzungswissenschaft, Dolmetschwissenschaft: Wege in eine neue Disziplin.* Hrsg. Wolfgang Pöckl. Wien: Edition Praesens, 305–313.

In manchen Formsystemen steht vor dem Titel des Sammelbandes *in.* Das ist hier nicht nötig, die Kursivierung genügt zur Kennzeichnung.

In diesem Beispiel hat Wolfgang Pöckl den Sammelband *Überset-zungswissenschaft, Dolmetschwissenschaft* herausgegeben. Christina Schäffner hat als Autorin einen Beitrag mit dem Titel „Grenzöffnung und Grenzgänge" verfasst; dieser Beitrag steht auf den Seiten 305 bis 313. Die anderen Teile des Sammelbandes stammen von anderen AutorInnen.

Zusätzliche Angaben wie Reihentitel usw. erscheinen an derselben Stelle wie bei Monografien (s. hierzu Kap. 11.3). Hier ein Beispiel:

Nord, Christiane (1999). „Der Adressat – das unbekannte Wesen? Möglichkeiten und Grenzen der Adressatengerechtheit beim Übersetzen." *Modelle der Translation: Grundlagen für Methodik, Bewertung, Computermodellierung.* Hrsg. Alberto Gil u. a. Sabest: Saarbrücker Beiträge zur Sprach- und Translationswissenschaft 1. Frankfurt am Main: Lang, 191–207.

Diese Form der Angaben wird sowohl für **Sammelbände** (wissen-schaftliche Texte) verwendet als auch für sogenannte **Anthologien** (Sammlungen von literarischen Texten verschiedener AutorInnen).

Wenn in einem Sammelband oder einer Anthologie ein Beitrag erscheint, dessen ursprüngliches **Erscheinungsjahr** nicht mit dem des Buches identisch ist, wird das Ersterscheinungsjahr zusätzlich angege-ben, und zwar im Anschluss an den Titel des Beitrags:

Benjamin, Walter (²1973). „Die Aufgabe des Übersetzers." [1923.] *Das Problem des Übersetzens.* Hrsg. Hans Joachim Störig. Wege der Forschung 8. Darmstadt: Wis-senschaftliche Buchgesellschaft [1963], 156–169.

Dieses Beispiel erläutere ich wegen seiner Komplexität näher:

- Der Aufsatz von Walter Benjamin mit dem Titel „Die Aufgabe des Übersetzers" ist 1923 erschienen.

- Im Jahre 1963 wurde er in die erste Auflage des Sammelbandes *Das Problem des Übersetzens* aufgenommen.

- Die zweite Auflage dieses Sammelbandes ist 1969 erschienen.

- Diese zweite Auflage wurde 1973 neu publiziert unter Hinzufügung eines Verzeichnisses „Ausgewähltes Schrifttum". Die Publikation von 1973 wird jedoch (trotz der Veränderung des Textes gegenüber 1969) im Buch selbst nicht als dritte Auflage bezeichnet, sondern als „Fortdruck der 2., durchgesehenen und veränderten Auflage 1969".

- Benutzt wurde der Fortdruck von 1973. (S. die Internet-Beispieldatei ‹http://www.fb06.uni-mainz.de/deutsch/Dateien/TWA_Anhang_ Quellen_LV_Beispiele.pdf›.)

Am Rande sei noch die relativ seltene Situation erwähnt, dass man einen **Sammelband als Ganzes** zitiert, nicht einzelne Beiträge daraus.

Ein Beispiel finden Sie in Kap. 2.1, wo ich in einer Fußnote Delisle/Lee-Jahnke/Cormier (1999) und Snell-Hornby u. a. (^{2}2003) zitiere: Hier geht es nicht um konkrete Textstellen, sondern ganz allgemein darum, dass man in diesen Werken translationswissenschaftliche Terminologie nachschlagen kann. In solchen Fällen steht die Publikation unter dem Namen der HerausgeberInnen im Literaturverzeichnis:

Snell-Hornby, Mary, u. a., Hrsg. (^{2}2003). *Handbuch Translation.* Stauffenburg Handbücher. Tübingen: Stauffenburg [1998].

Viel häufiger ist jedoch das Zitieren aus einzelnen Beiträgen. Auch **mehrere Beiträge aus demselben Sammelband** müssen einzeln unter den Namen der jeweiligen AutorInnen aufgeführt werden, und die Namen der AutorInnen stehen auch in den zugehörigen Quellenangaben.

11.5 Beiträge zu Zeitschriften

Sie haben in Kap. 11.3 bereits verschiedene Bedeutungen von *Band* kennengelernt. Bei Zeitschriften kommt noch eine weitere Bedeutung hinzu: Manche Zeitschriften werden nach **Bänden** nummeriert, andere nach **Heften,** wieder andere sowohl nach Bänden als auch nach Heften.

- Das Heft ist die einzelne Ausgabe/Nummer der Zeitschrift.
- Ein Band fasst oft mehrere Hefte zusammen; meist bilden alle Hefte eines Jahres zusammen einen Band. Manchmal wird der Band deswegen auch als *Jahrgang* bezeichnet.

Im Literaturverzeichnis wird, soweit vorhanden, sowohl die Bandnummer als auch die Heftnummer angegeben.

Wissenschaftliche Zeitschriften haben immer **HerausgeberInnen;** deren Namen werden jedoch im Literaturverzeichnis nicht genannt. Auch der **Verlag** wird bei Zeitschriften nicht angegeben.

Das **Grundmuster** für Beiträge zu Zeitschriften sieht wie folgt aus:

Nachname, Vorname AutorIn_des_Beitrags (Erscheinungsjahr). „Titel des Beitrags." *Titel der Zeitschrift: Untertitel* Bandnummer.Heftnummer, erste_Seitenzahl – letzte_Seitenzahl_des_Beitrags.

Lee-Jahnke, Hannelore (2005). „Unterrichts- und Evaluierungsmethoden zur Förderung des kreativen Übersetzens." *Lebende Sprachen: Zeitschrift für fremde Sprachen in Wissenschaft und Praxis* 50.3, 125–132.

Auch hier steht vor dem Titel der Zeitschrift kein *in.* – Ein etwas komplexeres Beispiel ist:

Holz-Mänttäri, Justa (2001). „Skopos und Freiheit im translatorischen Handeln." *TEXTconTEXT: Halbjahresschrift zur Translation. Theorie, Didaktik, Praxis* 15.2 (= NF 5.2), 181–196.

In diesem Beispiel bedeutet das eingeklammerte *NF* „neue Folge". Das heißt, bei der Publikation der Zeitschrift *TEXTconTEXT* gab es einen zeitlichen „Bruch": Band 1–10 erschienen in den Jahren 1986–1995 (ein Band pro Jahr); anschließend folgte eine Pause, und die Publikation wurde erst 1997 wieder aufgenommen. Der Band von 1997 ist bei Fortführung der alten Zählung Band 11; die „neue Folge" beginnt nach der Pause mit Band 1. Der Aufsatz von Justa Holz-Mänttäri ist nach der alten Zählung in Band 15, nach der neuen in Band 5 erschienen.

Manchmal gibt es **Doppelhefte** – das heißt, ein einziges Heft deckt zwei Erscheinungszeiträume ab, und auf dem Heft stehen dann zwei Nummern. In diesem Fall gibt man beide Nummern an: also beispielsweise Band 14, Heft 2–3 (= Doppelnummer) als 14.2–3.

11.6 Internetseiten

Für Internetpublikationen können **keine allgemeinen Regeln** angegeben werden, da die bibliografischen Informationen, die auf verschiedenen Webseiten zur Verfügung gestellt werden, höchst unterschiedlich sind. Auf jeden Fall müssen Sie zusätzlich zu den Informationen, die bei gedruckten Publikationen üblich sind, auch die URL-Adresse und das Datum des Zugriffs angeben. Beziehen Sie außerdem alle Informationen ein, die verfügbar sind und sinnvoll erscheinen, und orientieren Sie sich bei der Struktur an den Vorgaben für gedruckte Publikationen.

Als **Grundmuster** kann gelten:

Nachname, Vorname (Erscheinungsjahr). „Titel der Internetseite." *Titel der übergeordneten Website.* ‹URL-Adresse› (Datum des Zugriffs).

Wie in Kap. 8.2 erläutert, wird der Titel einer kürzeren Internetpublikation in Anführungszeichen gesetzt, der Titel der übergeordneten Website wird kursiviert. Hier zwei Beispiele:

Nord, Christiane (2004). „7+3 – Das Magdeburger Modell: Übersetzerausbildung nach Bologna." *Translationswissenschaftliche Studiengänge und der Bologna-Prozess.* ‹http://www.fask.uni-mainz.de/user/hagemann/publ/nord.pdf› (2. August 2015).

„Profil eines bei der Europäischen Kommission tätigen Übersetzers" (2010). *Europäische Kommission: Generaldirektion Übersetzung.* ‹http://ec.europa.eu/dgs/translation/workwithus/staff/profile/index_de.htm› (2. August 2015).

Die URL wird im Literaturverzeichnis **nicht als Hyperlink** formatiert. In einem Ausdruck kann man den Link ja nicht anklicken; die typische Unterstreichung (und bei Farbdruckern die farbige Schrift) eines Links wirkt auf Papier nur störend. Als Klammern sollten Sie eher die unauffälligen ‹…› verwenden als das Kleiner- und Größer-Zeichen

<...>. (In Word können Sie diese Klammern als Sonderzeichen einfügen; nähere Erläuterungen hierzu gibt es in Kap. 13.1.)

Online-Zeitschriften, Online-Ausgaben von Zeitungen und Online-Monografien zitiert man genauso wie gedruckte Zeitschriften bzw. Zeitungen bzw. Monografien; man fügt aber die URL und das Datum des Zugriffs hinzu. Zunächst ein Beispiel für eine Online-Zeitschrift:

Siepe, Hans Theo (2005). „Kritik der Kritik oder Übersetzte Literatur als Problem der Kritik." *ReLÜ: Rezensionszeitschrift zur Literaturübersetzung* 1. ‹http://www.relue-online.de/show.php?entrID=14› (2. August 2015).

Vergleichen Sie diesen Eintrag für einen Aufsatz in einer Online-Zeitschrift mit dem Muster für gedruckte Zeitschriften (s. Kap. 11.5).

Und hier ein Beispiel für die **Online-Ausgabe einer Zeitung** (der *Neuen Zürcher Zeitung*):

Kroeber, Burkhart (2007). „Privilegierte Übersetzer? Eine Entgegnung." *NZZ Online* 9. Februar 2007. ‹http://www.nzz.ch/2007/02/09/fe/articleEWKZB.html› (2. August 2015).

Hier wird das Erscheinungsjahr zweimal angegeben: zuerst in der üblichen Position und dann noch einmal beim vollen Datum (die Angabe von Tag und Monat allein, ohne Jahr, würde etwas seltsam aussehen).

11.7   Andere Typen von Publikationen

Es gibt natürlich noch viel mehr **Typen zitierbarer Werke:** Vorträge, Rezensionen, Manuskripte, Abschlussarbeiten, E-Mails, Filme, Rundfunksendungen, CDs … Zitieren Sie diese in Anlehnung an die hier gegebenen Hinweise, und behalten Sie dabei den Zweck von Einträgen im Literaturverzeichnis im Auge: Wer sich ein Literaturverzeichnis anschaut, möchte

- möglichst umfassende Informationen zur jeweiligen Publikation erhalten, um sich eine Vorstellung vom Inhalt und vielleicht auch von der Qualität machen zu können,
- und mit den gegebenen Informationen die Publikation problemlos finden können.

Gestalten Sie den Eintrag so, dass dieser Zweck erfüllt wird. Im Folgenden gebe ich einige Beispiele dafür, wie Einträge zu verschiedenen Publikationstypen aussehen können.

Bei **Rezensionen** (Buchbesprechungen) ist es sinnvoll, sowohl den Namen der Person anzugeben, die die Rezension verfasst hat, als auch den Namen der Buchautorin bzw. des Buchautors. Wenn die Rezension keinen eigenen Titel hat, sieht der Eintrag folgendermaßen aus:

Arntz, Reiner (2007). Rezension von *Grundlagen der Übersetzungswissenschaft: Französisch, Italienisch, Spanisch* von Michael Schreiber. *Lebende Sprachen: Zeitschrift für fremde Sprachen in Wissenschaft und Praxis* 52.3, 141–142.

Der Eintrag bedeutet Folgendes: Michael Schreiber hat eine Monografie mit dem Titel *Grundlagen der Übersetzungswissenschaft: Französisch, Italienisch, Spanisch* geschrieben. Wann und wo sie veröffentlicht wurde, geht aus dem Eintrag nicht hervor. Reiner Arntz hat die Monografie gelesen und eine wissenschaftliche Rezension dazu verfasst; die Rezension ist 2007 in Band 52, Heft 3 der Zeitschrift *Lebende Sprachen* erschienen und steht dort auf Seite 141–142.

Wenn die Rezension einen eigenen Titel hat, steht dieser zusätzlich im Anschluss an das Erscheinungsjahr. Da wissenschaftliche Rezensionen normalerweise in Zeitschriften publiziert werden, gelten hier auch die in Kap. 11.5 vorgestellten Formvorgaben.

Bei **unveröffentlichten** Haus- und Abschlussarbeiten gibt man den Publikationstyp sowie Ort und Namen der Hochschule an:

Sánchez, Alejandra (2012). *Bezug zwischen Lernzielen und Qualität am Beispiel des Projekts „Kulturspezifika"*. Unveröffentlichte Bachelorarbeit. Germersheim: Johannes Gutenberg-Universität Mainz, Fachbereich Translations-, Sprach- und Kulturwissenschaft.

In manchen Formsystemen ist es üblich, den Titel einer unveröffentlichten Arbeit unabhängig von deren Länge in Anführungszeichen zu setzen. Ich empfehle eher, bei längeren Abschlussarbeiten Kursivierung und bei kürzeren Hausarbeiten Anführungszeichen zu verwenden.

Die gedruckte Ausgabe einer **Zeitung** zitiert man ähnlich wie die Online-Ausgabe (s. Kap. 11.6):

„Sprachenstreit im Europäischen Parlament offenbar beigelegt" (2001). *Frankfurter Allgemeine Zeitung* 3. September 2001: 6.

Zeitungsartikel erscheinen oft anonym bzw. nur mit Namenskürzel. Wenn ein Kürzel angegeben ist, kann der Artikel auch mit diesem zitiert werden:

nbu (2001). „Sprachenstreit im Europäischen Parlament offenbar beigelegt." *Frankfurter Allgemeine Zeitung* 3. September 2001: 6.

Manche Zeitungen veröffentlichen auch Listen mit Namenskürzeln und vollen Namen (die *FAZ* unter ‹http://fazarchiv.faz.net/info/Autoren›); in solchen Fällen kann auch der volle Name in eckigen Klammern angegeben werden:

[Busse, Nikolas] (2001). „Sprachenstreit im Europäischen Parlament offenbar beigelegt." *Frankfurter Allgemeine Zeitung* 3. September 2001: 6.

Bei einer **CD-ROM** gibt man das Medium an und, soweit vorhanden, auch die Versionsnummer:

Duden: Das große Wörterbuch der deutschen Sprache. Die umfassende Dokumentation der deutschen Gegenwartssprache (^{4}2012). CD-ROM, Version 5.1. Mannheim: Bibliographisches Institut [2000; 1976].

Im Beispiel ist die CD-ROM erstmals im Jahr 2000 erschienen, die gedruckte Fassung 1976.

Persönliche **E-Mails** dürfen nur mit Erlaubnis der Verfasserin bzw. des Verfassers zitiert werden; es ist sinnvoll, auf die erteilte Erlaubnis hinzuweisen:

Kiraly, Don (2014). "On Being a Novice ..." Persönliche E-Mail an Susanne Hagemann (16. April 2014). Mit Erlaubnis des Verfassers zitiert.

Dem Titel anderer Publikationstypen entspricht bei einer E-Mail der Betreff. Wie bei Zeitungsartikeln gibt man auch hier das Jahr zweimal an, weil die Angabe von Tag und Monat allein seltsam aussehen würde.

11.8 Literaturverwaltungsprogramme

Es ist nicht unbedingt nötig, jedes Literaturverzeichnis einzeln und manuell zu erstellen. Mit sogenannten Literaturverwaltungsprogrammen können Sie beispielsweise sowohl bibliografische Angaben als auch Exzerpte in einer **Datenbank** speichern; die bibliografischen Angaben können Sie auch aus Bibliothekskatalogen oder anderen Datenbanken importieren, und das Gespeicherte können Sie später in ein Textverarbeitungsprogramm einfügen und so z. B. automatisch ein Literaturverzeichnis nach einem bestimmten Formsystem erstellen. Bekannte Literaturverwaltungsprogramme sind etwa Citavi, EndNote oder Zotero. Auf die technischen Einzelheiten gehe ich hier nicht ein, weil sie sich sehr schnell ändern. Eine gute Sammlung von Links zu Vergleichen verschiedener solcher Programme findet sich unter ‹https://literaturverwaltung. wordpress.com/vergleich-literaturverwaltungssoftware/›. Auch Word verfügt über eine in Ansätzen vergleichbare Funktion, den sogenannten Quellenmanager (in Word 2013 unter Verweise – Zitate und Literaturverzeichnis).

Ob sich die Verwendung eines solchen Programms lohnt, lässt sich nicht pauschal sagen. Sie dürfte umso **sinnvoller** sein,

- je schneller und besser Sie sich in neue Software einarbeiten können,
- je mehr Spaß Ihnen das Arbeiten mit verschiedenen Arten von Software macht,
- je mehr Sekundärliteratur Sie verwenden,

- je häufiger Sie Arbeiten zu sehr ähnlichen Themen schreiben (in denen sich somit die verwendete Literatur teilweise wiederholt),
- je schwieriger Sie es finden, den Überblick über Ihre Lektüre und die zugehörigen Notizen zu behalten,
- und je weniger Geduld Sie für die formale Ebene wissenschaftlicher Arbeiten aufbringen.

Ein Literaturverwaltungsprogramm nimmt Ihnen aber weder das Denken noch das Verstehen ab. Wenn Sie zum Beispiel den Unterschied zwischen Sammelbänden und Monografien nicht kennen, dann wird Sie die Software in der Regel nicht davor bewahren, den Beitrag zu einem Sammelband falsch zu zitieren.

11.9 Übungsaufgaben zu Quellenangaben und Literaturverzeichnis

1. Vergleichen Sie das Formsystem (Quellenangaben und Literaturverzeichnis) von a) Dizdar, b) Göhring und c) Bachmann-Medick mit dem in Kap. 10 und 11 vorgestellten System. Benützen diese AutorInnen ein ähnliches System wie das hier vorgestellte, oder gibt es große Unterschiede? Geben Sie möglichst viele konkrete Beispiele für die vorhandenen Unterschiede.

2. Sie finden im Folgenden unter a) bis d) die bibliografischen Informationen zu vier Publikationen:

   a) Anmerkungen zu Bachmann-Medick (⁵2014: 274; unten 307), Anm. 7, Aufsatz von Michaela Wolf. Sie zitieren von Seite 138.

   b) Literaturauswahl von Bachmann-Medick (⁵2014: 284; unten 311), Joachim Renn, Übersetzungsverhältnisse. Sie zitieren von Seite 173 bis 174.

   c) Anmerkungen zu Bachmann-Medick (⁵2014: 276; unten 309), Anm. 40, Aufsatz von Emily Apter.

   d) Webseite zum Projekt TermTerm. http://www.termterm.org/de/downloads_de.php.

Erstellen Sie zu jeder der Publikationen unter a) bis d) entsprechend „unserem" System:

- die Quellenangabe im laufenden Text, wenn Sie von dieser Person nur diesen Text zitieren;
- die Quellenangabe im laufenden Text, wenn Sie von dieser Person noch andere Texte aus demselben Erscheinungsjahr zitieren;

- die Quellenangabe im laufenden Text, wenn Sie noch Texte einer anderen Person mit demselben Nachnamen zitieren;
- den Eintrag im Literaturverzeichnis.

Falls bei einer oder mehreren dieser Publikationen Angaben fehlen, recherchieren Sie sie. (Wo recherchiert man fehlende Angaben?)

3. Rufen Sie die Übungsaufgaben unter ‹http://www.fb06.uni-mainz. de/deutsch/Dateien/TWA_Aufgabe11-9_Nr3.pdf› auf. Schauen Sie sich Text 1, 2 und 3 an (Text 1 = Blatt 1a und 1b usw.). Erläutern Sie, welche Daten für Quellenangaben und Literaturverzeichnis relevant sind und welche nicht.

   Beispiel: Auf Blatt 1a steht links oben „Translationswissenschaft". Benötigen Sie das für die Quellenangabe und/oder für das Literaturverzeichnis? Warum bzw. warum nicht? Darunter steht „herausgegeben von Klaus Kaindl und Franz Pöchhacker (Universität Wien)". Benötigen Sie das? Warum bzw. warum nicht? Usw. (Dieselben Fragen gelten für alle anderen Daten zu den drei Texten.)

   Bei Sammelbänden und Zeitschriften ist der Beitrag, um den es geht, im Inhaltsverzeichnis markiert.

4. Nehmen Sie a) eine beliebige translationswissenschaftliche Monografie, b) einen Beitrag zu einem beliebigen translationswissenschaftlichen Sammelband, c) einen Beitrag zu einer beliebigen translationswissenschaftlichen Zeitschrift, d) eine beliebige translationswissenschaftliche Internetpublikation. Wählen Sie Texte, die *nicht* im vorliegenden Buch vorkommen.

   Identifizieren Sie alle Informationen, die Sie für Quellenangaben und Literaturverzeichnis benötigen. Erstellen Sie zu jeder der vier Publikationen die Quellenangabe (für eine beliebige Seite) und den Eintrag im Literaturverzeichnis.

11.10 Kurzüberblick

Das Literaturverzeichnis

- enthält alle Werke, aus denen direkt oder indirekt zitiert wird,
- ersetzt *nicht* die Quellenangabe im Text,
- ist alphabetisch geordnet (bei mehreren Werken derselben Person: zusätzlich chronologisch),
- wird mit hängendem Einzug geschrieben.

Es gibt folgende vier Grundmuster:

Publikation	Grundmuster
Monografie	Nachname, Vorname (Erscheinungsjahr). *Titel.* Erscheinungsort: Verlag.
Beitrag zu Sammelband	Nachname, Vorname AutorIn des Beitrags (Erscheinungsjahr). „Titel des Beitrags." *Titel des Sammelbandes.* Hrsg. Vorname Nachname HerausgeberIn. Erscheinungsort: Verlag, erste Seitenzahl – letzte Seitenzahl des Beitrags.
Beitrag zu Zeitschrift	Nachname, Vorname (Erscheinungsjahr). „Titel des Beitrags." *Titel der Zeitschrift* Bandnummer.Heftnummer, erste Seitenzahl – letzte Seitenzahl des Beitrags.
Internetseite	Nachname, Vorname (Erscheinungsjahr). „Titel der Internetseite." *Titel der übergeordneten Website.* ‹URL› (Datum des Zugriffs).

Außerdem können bei Monografien bzw. Beiträgen zu Sammelbänden folgende Angaben vorkommen; sie stehen im Literaturverzeichnis an der Stelle, die in der Tabelle genannt wird:

Angabe	Position und sonstige Hinweise
Ko-AutorIn	• nach ErstautorIn • Vorname zuerst
Auflage	• (ab 2. Auflage) Ziffer hochgestellt vor Erscheinungsjahr
Untertitel	• (mit Doppelpunkt) nach Titel der Monografie, des Beitrags bzw. des Sammelbandes
Anzahl Bände	• nach Titel/Untertitel • bei mehrbändigem Werk; nicht mit Bandnummer in Reihe verwechseln
BandherausgeberIn	• nach Titel der Monografie (selten) bzw. des Sammelbandes • Vorname zuerst • nicht mit ReihenherausgeberIn verwechseln
ÜbersetzerIn	• bei Monografie: nach Titel/Untertitel (und ggf. nach BandherausgeberIn) • bei Sammelband: wenn nur ÜbersetzerIn dieses Beitrags → nach Titel des Beitrags; wenn ÜbersetzerIn des gesamten Bandes → nach BandherausgeberIn • Vorname zuerst
VerfasserIn Vorwort/ Nachwort	• bei Monografie: nach ÜbersetzerIn • bei Sammelband: nach BandherausgeberIn (und ggf. nach ÜbersetzerIn des gesamten Bandes) • Vorname zuerst

Angabe	Position und sonstige Hinweise
Titel der Reihe	• nach VerfasserIn von Vorwort/Nachwort
Bandnummer in der Reihe	• nach Titel der Reihe • nicht mit mehrbändigem Werk verwechseln
Reihenheraus-geberIn	• steht *nicht* im Literaturverzeichnis • nicht mit BandherausgeberIn verwechseln
Erstveröffent-lichung	• nach Verlag

11.11   Zum Nachdenken

In Zusammenhang mit der Form wissenschaftlicher Arbeiten könnten Sie über folgende Punkte nachdenken:

➢ Die Vorgaben für typografische Hervorhebung, Zitate, Quellen-angaben und Literaturverzeichnis sind Beispiele für Textsortenkon-ventionen (d. h. Gestaltungsregeln für die Textsorte wissenschaft-liche Arbeit). Muss man sich nur deswegen daran halten, weil es eben Konventionen sind, oder sind speziell diese Konventionen auch inhaltlich sinnvoll?

➢ In diesem Buch war schon relativ oft von Konventionen die Rede. Gibt es Aspekte des translationswissenschaftlichen Arbeitens, für die *keine* Konventionen gelten?

➢ Wozu sind Textsortenkonventionen (für beliebige Textsorten) eigent-lich gut? Braucht man sie überhaupt?

➢ Das Plagiatsverbot hängt unter anderem mit dem Verständnis von geistigem Eigentum zusammen. Welche Konsequenzen hätte es, wenn man Gedanken und Formulierungen nicht als individuelles Eigentum einzelner Personen betrachten würde – wenn also jede/r ohne entsprechende Kennzeichnung Gedanken und Formulierungen aus der Sekundärliteratur übernehmen dürfte, weil die Sekundär-literatur sowieso von vornherein allen „gehören" würde?

Test Nr. 4: Kap. 8–11

Es können mehrere bzw. alle Antworten richtig oder auch mehrere bzw. alle Antworten falsch sein. Wenn Sie eine Antwort nicht wissen, sollten Sie nicht raten, sondern sie lieber offen lassen.

Gegenstand von Test Nr. 4 sind Kap. 8–11. Die Bearbeitungszeit beträgt 40 Minuten. Sie können beim Test auch die behandelten Kapitel heranziehen, müssen also nicht alles auswendig wissen; aber achten Sie bitte darauf, dass Sie die Bearbeitungszeit nicht überschreiten.

1. Typografische Hervorhebung

   Welche der folgenden Aussagen sind richtig?

   a) In dem Satz „Der Begriff *Anomie* ist hier im psychologischen, nicht im soziologischen Sinne verwendet" (Göhring 2007: 59; unten 317) wird *Anomie* kursiviert, weil es ein Fremdwort ist.

   b) In dem Satz „Vom Namen und seinem Schatten beginnt auf Seite 13 von Entwicklungslinien der Translationswissenschaft" muss „Entwicklungslinien der Translationswissenschaft" in Anführungszeichen gesetzt werden.

   c) In dem Satz „Den Komparativ von alt bildet man mit Umlaut" muss „Umlaut" in Anführungszeichen gesetzt werden.

   d) In dem Satz „Den Komparativ von alt bildet man mit Umlaut" muss „alt" kursiviert werden.

   e) In dem Satz „Der Begriff *Anomie* ist hier im psychologischen, nicht im soziologischen Sinne verwendet" (Göhring 2007: 59; unten 317) wird *Anomie* kursiviert, weil sich Göhring von dem Wort distanzieren möchte.

   f) In dem Satz „Vom Namen und seinem Schatten beginnt auf Seite 13 von Entwicklungslinien der Translationswissenschaft" muss „Vom Namen und seinem Schatten" in Anführungszeichen gesetzt werden.

2. Direkte Zitate

   Welche der folgenden Aussagen sind richtig?

   a) Ein direktes Zitat, das ganz genau mit der Vorlage übereinstimmt, kann nicht falsch sein.

   b) Wenn die spezielle Formulierung nicht wichtig ist, sollte man eher indirekte als direkte Zitate verwenden.

c) Wenn man bei einem direkten Zitat die Position des Prädikats ändert (damit es sich grammatisch in den Kontext einfügt), muss diese Umstellung nicht gekennzeichnet werden.

d) Es gibt verschiedene Möglichkeiten für die typografische Hervorhebung direkter Zitate.

3. Indirekte Zitate und Zitate aus zweiter Hand

Welche der folgenden Aussagen sind richtig?

a) Wenn ich ein Kade-Zitat (1968b: 35) von Prunč (³2012: 16) übernehme, lautet die Quellenangabe: (Prunč, zit. nach Kade 1968b: 35).

b) Wenn ich wissen will, ob ich ein Zitat von Kade (1968b: 35) aus Prunč (³2012: 16) übernehmen darf, muss ich im Bibliothekskatalog unter *Kade* nachschauen.

c) Bei einem indirekten Zitat sollte ich möglichst viele einzelne Wörter der Vorlage durch andere Wörter mit ähnlicher bzw. gleicher Bedeutung ersetzen.

d) Wenn ich in einer Hausarbeit ein Zitat aus meiner A-Sprache ins Deutsche übersetze, ist die Übersetzung ein indirektes Zitat.

4. Zitate und Plagiate

Welche der folgenden Aussagen sind richtig?

a) Indirekte Zitate, die so lang sind wie das Original, sind sehr oft Plagiate.

b) Wenn ich eine wichtige Stelle aus der Sekundärliteratur nicht ganz verstehe, sollte ich sie am besten direkt zitieren, dann bin ich wenigstens sicher, dass meine Wiedergabe korrekt ist.

c) Ich sollte mir immer gründlich überlegen, ob ich wirklich direkt zitieren muss oder ob ein indirektes Zitat besser wäre.

d) Wenn ich Formulierungen nicht wörtlich übernehme, sondern möglichst viele Wörter z. B. durch Synonyme ersetze, bekomme ich ein indirektes Zitat.

5. Quellenangaben

Welche der folgenden Aussagen sind richtig?

a) Der erste Name in der Quellenangabe muss identisch sein mit dem ersten Wort des entsprechenden Eintrags im Literaturverzeichnis.

b) Wenn ich aus einem Sammelband (z. B. dem *Handbuch Translation*) zitiere, steht in der Quellenangabe der Name, den ich auf der Titelseite des Buches finde.

c) Wenn ich von Seite 57 der 2011 erschienenen Monografie *Translation as Systemic Interaction* von Heidemarie Salevsky und Ina Müller zitiere, lautet die Quellenangabe: (Salevsky 2011: 57).

d) Wenn ich Gedanken aus der Sekundärliteratur übernehme, muss ich im Text direkt danach eine Quellenangabe machen.

6. Gestaltung des Literaturverzeichnisses

   Welche der folgenden Aussagen sind richtig?

   a) Das Literaturverzeichnis darf nur Werke enthalten, die ich auch gelesen habe.

   b) Mehrere Werke derselben Person werden im Literaturverzeichnis nach ihrem Erscheinungsjahr geordnet.

   c) Internetpublikationen, die ich in meiner Arbeit zitiert habe, werden im Literaturverzeichnis in denselben Abschnitt eingeordnet wie gedruckte Publikationen.

   d) Die Seitenzahlen für die Seiten, von denen ich zitiert habe, stehen in der Quellenangabe, aber nicht im Literaturverzeichnis.

7. Reihen

   Welche der folgenden Aussagen sind richtig?

   a) Der Reihentitel kann helfen zu beurteilen, ob ein bestimmtes Buch für meine Hausarbeit relevant ist.

   b) Aufgabe des Reihenherausgebers kann es z. B. sein, ein Register für einen Sammelband in der Reihe zu verfassen.

   c) Wenn ein Buch in einer Reihe erschienen ist, muss man immer den Reihentitel im Literaturverzeichnis angeben.

   d) Zwischen den verschiedenen Bänden in einer Reihe besteht ein (mehr oder weniger enger) thematischer Zusammenhang.

8. Einträge im Literaturverzeichnis: Beispiel 1

   Im Literaturverzeichnis steht folgender Eintrag:

   Werner, Kristina (2014). *Zwischen Neutralität und Propaganda: Französisch-Dolmetscher im Nationalsozialismus.* Transkulturalität – Translation – Transfer 13. Berlin: Frank & Timme.

   Welche der folgenden Aussagen sind richtig?

a) Die Jahreszahl sollte am Ende des Eintrags stehen, nicht nach dem Namen der Autorin.

b) Wenn der Eintrag in dieser Form korrekt ist, dann wurde die erste Auflage des Buches benutzt.

c) *Französisch-Dolmetscher im Nationalsozialismus* ist der Untertitel und muss deswegen kursiviert werden.

d) Transkulturalität – Translation – Transfer wird nicht kursiviert, weil es sich dabei um den Reihentitel handelt.

9. Einträge im Literaturverzeichnis: Beispiel 2

Im Literaturverzeichnis steht folgender Eintrag:

Göpferich, Susanne (2001). „Von Hamburg nach Karlsruhe: Ein kommunikationsorientierter Bezugsrahmen zur Bewertung der Verständlichkeit von Texten." *Fachsprache* 23.3–4, 117–138.

Wenn der Eintrag in dieser Form korrekt ist, welche der folgenden Aussagen sind dann richtig?

a) Im Text wurde unter anderem von Seite 117 zitiert.

b) Der Beitrag von Göpferich endet auf Seite 138.

c) *Fachsprache* ist eine Reihe.

d) *Fachsprache* ist eine Zeitschrift, die mehrmals im Jahr erscheint.

12   Sprache

Die Aspekte der wissenschaftlichen Arbeit, die bis jetzt besprochen wurden, sind Inhalt und Form. Zu einer wissenschaftlichen Arbeit gehört aber auch eine bestimmte Sprache. Und wie sich zeigen wird, lassen sich einige Merkmale, die wir bis jetzt unter inhaltlichen Gesichtspunkten betrachtet haben, auch unter sprachlichen betrachten.

In diesem Abschnitt können Sie **Folgendes lernen:**

- Aspekte der Makrostruktur wissenschaftlicher Arbeiten zu beschreiben,
- Mittel der sprachlichen Kohärenzbildung zu identifizieren und selbst einzusetzen,
- translationswissenschaftliche Fachterminologie zu identifizieren, zu recherchieren und zu verwenden,
- Konventionen bei Bezeichnungen für Frauen zu identifizieren,
- zwischen konnotativ neutraler und auf- bzw. abwertender Lexik zu unterscheiden,
- die kommunikative Funktion von Äußerungen zu identifizieren und zu ihrer sprachlichen Form in Beziehung zu setzen,
- zwischen Nominalstil und Verbalstil zu unterscheiden,
- die sprachliche Korrektheit Ihrer eigenen Texte zu überprüfen.

12.1   Text

Die Sprache einer wissenschaftlichen Arbeit kann man auf verschiedenen Ebenen betrachten. Wir beginnen mit der obersten, der Textebene.

Die **Makrostruktur** einer Textsorte gehört zu den Textsortenkonventionen und ist kulturspezifisch. Es handelt sich dabei um ein (mehr oder weniger starres) „Textablaufschema" (Gläser 1990: 55), das vorgibt, in welcher Reihenfolge die zur jeweiligen Textsorte gehörenden Strukturelemente im Text erscheinen. Die Makrostruktur der deutschen Textsorte wissenschaftliche Arbeit kennen Sie schon (s. hierzu Kap. 6.1). Das Ablaufschema ist in diesem Fall relativ starr: Wenn Sie beispielsweise auf die Einleitung verzichten und stattdessen das Literaturverzeichnis an den Anfang der Arbeit stellen, müssen Sie damit rechnen, dass sich dieser Verstoß gegen die Textsortenkonventionen negativ auf die Beurteilung der Arbeit auswirkt.

Zur Makrostruktur kann man auch **andere Aspekte der Textorganisation** zählen. Sie wissen bereits, dass es verschiedene Gliederungsformen gibt. Man kann auch allgemeiner fragen, wie die **Gedanken-**

gänge in einem Text verlaufen. Das ist eine sehr komplexe Thematik; einen Kurzüberblick über die entsprechende Forschung finden Sie bei Kußmaul (2004: 637–638). Hier nur ein Beispiel: Wenn man sich den Aufsatz von Göhring anschaut, fallen sofort die zahlreichen, teilweise sehr langen Fußnoten ins Auge. Auf ein oder zwei Seiten gibt es mehr Fußnotentext als Haupttext. Das heißt, der Gedankengang verläuft bei Göhring nicht streng linear, sondern die Fußnoten werden für Ergänzungen zur eigentlichen Argumentation im Haupttext genutzt. Eine solche Art der Gedankenführung bezeichnet man als *digressiv*. Digressivität ist ein traditionelles Merkmal verschiedener deutscher geisteswissenschaftlicher Textsorten. In Hausarbeiten und Abschlussarbeiten sollten Sie Digressionen allerdings eher vermeiden, denn die Unterscheidung zwischen relevantem und irrelevantem Material ist für Ungeübte bei Digressionen oft schwierig.

Zu den Merkmalen des Textes als sprachlicher Einheit zählt auch die **Kohärenz.** Bei wissenschaftlichen Arbeiten sollten Sätze nicht zusammenhanglos aneinandergereiht werden, sondern semantisch und grammatisch miteinander verknüpft sein.[29]

Betrachten Sie als Beispiel den Text von Dizdar über die Skopostheorie. Der zweite Absatz beginnt folgendermaßen:

> Wie jedes Handeln folgt das translatorische Handeln einem Ziel. Diese Zielgerichtetheit kommt im Begriff des „Skopos" als dem obersten Primat der Translation zum Ausdruck. Somit steht nicht der Ausgangstext […] als solcher, sondern das intendierte Ziel am Beginn des Translationsprozesses. Die Gestaltung des Translationsvorgangs durch den Translator und die Form des Produkts *(Translat)* werden demnach vom Skopos der Translation bestimmt.

Kohärenz wird hier beispielsweise erzeugt durch

- Rekurrenz (d. h. die Wiederholung von Textelementen): *Ziel/Zielgerichtetheit, translatorisch/Translation/Translator/Translat,*
- eine Proform: *diese,*
- Konnektoren: *somit, demnach,*
- semantische Isotopien (d. h. semantische „Ketten" oder „Netze" aus einem Themenbereich): *Translation, Skopos, Ausgangstext.*

Andere kohärenzbildende Elemente, die hier nicht vorkommen, sind z. B. der Wechsel vom unbestimmten zum bestimmten Artikel oder die Verwendung von Oberbegriffen.

---

29 Manchmal wird unterschieden zwischen *Kohäsion* im Sinne eines formalen, oft grammatisch markierten Zusammenhalts und *Kohärenz* im Sinne eines hauptsächlich semantischen Sinnzusammenhangs. *Kohärenz* hat also eine weitere und eine engere Bedeutung. Ich verwende es hier in der weiteren Bedeutung, die alle Arten von textbildenden Beziehungen umfasst.

In dem zitierten Textausschnitt ist jeder Satz sprachlich mit dem vorangehenden verknüpft. Auch logisch baut ein Gedanke auf dem anderen auf. Lesen Sie den Textausschnitt noch einmal durch und versuchen Sie nachzuvollziehen, wie jeder Satz logisch das im vorangehenden Satz Gesagte aufgreift und weiterführt.

Mit der Kohärenz steht auch die Untergliederung des Textes in **Absätze** in Zusammenhang. Jeder Absatz ist eine mehr oder weniger abgeschlossene Sinneinheit. In der Regel bilden mehrere inhaltlich zusammengehörende Sätze einen Absatz, und eine Seite umfasst meistens mehrere Absätze. Vermeiden Sie sowohl Absätze, die nur aus einem Satz bestehen, als auch Absätze, die über eine Seite lang sind; beides ist schwer lesbar.

12.2 Lexik

Zu jedem Fachgebiet gehört eine spezielle **Fachterminologie** (wie bereits erklärt, ist ein Fachterminus definiert als Einheit aus einem Begriff und seiner Benennung). Diese Fachterminologie muss beherrscht und verwendet werden. Mit anderen Worten: Wo ein Fachterminus in den Kontext passt, muss er erscheinen, und zwar aus zwei Gründen: Fachtermini sind in der Regel genauer definiert und somit eindeutiger als gemeinsprachliche Ausdrücke; und der Gebrauch von Fachtermini zeigt, dass Sie sich mit dem Fachgebiet auskennen.

In zwei Fällen ist es wichtig, dass Sie die verwendete Fachterminologie erklären:

- wenn der betreffende Terminus in der benutzten Sekundärliteratur unterschiedlich definiert wird
- oder wenn er aus einem „entlegenen" Fachgebiet stammt, dessen Kenntnis Sie nicht voraussetzen können (z. B. Mathematik in einer translationswissenschaftlichen Hausarbeit).

In anderen Fällen brauchen Sie nicht unbedingt eine Erklärung zu geben. Wenn Sie z. B. den Terminus *B-Sprache* in seiner üblichen Bedeutung verwenden („Sprache, aus der und in die übersetzt oder gedolmetscht wird"), ist eine Definition nicht erforderlich.

Schauen Sie sich als **Beispiel** für Fachterminologie den ersten Absatz des Göhring-Aufsatzes (Anhang V) an. Welche Fachtermini enthält er? Vereinfacht gefragt: Welche Wörter gehören zum Fachgebiet des Aufsatzes?

- Die beiden offensichtlichsten sind *instrumentell* und *integrativ;* diese beiden Termini werden in einer Fußnote erklärt und wären ohne die Erklärung für Laien nicht in vollem Umfang verständlich.

- Zur Fachterminologie gehören aber auch beispielsweise *Ethnozentrismus* und *Stereotypen*. Ein Wort muss nicht unverständlich sein, um als Fachterminus gelten zu können.

Wenn Sie auf translationswissenschaftliche Fachtermini stoßen, deren Bedeutung Sie nicht kennen, recherchieren Sie, was damit gemeint ist. Es kann sich lohnen, ein **Glossar** translationswissenschaftlicher Termini anzulegen, das Sie im Laufe Ihres Studiums erweitern können. Im Glossar sollten auf jeden Fall erscheinen: der Terminus, die Quelle, der Kontext und (soweit vorhanden bzw. ermittelbar) eine Definition. Im Göhring-Beispiel könnte das so aussehen:

Terminus	Quelle	Kontext	Definition/Erklärung
instrumentelle Orientierung	Göhring 2007: 55	„Im Vergleich zur *instrumentellen* Orientierung wirkt sich die *integrative* Orientierung positiv auf den Fremdsprachenerwerb aus"	„Der instrumentell ausgerichtete Student lernt die Fremdsprache primär im Hinblick auf sein späteres berufliches Fortkommen […]." (Göhring 2007: 55)

Zu einer Quellenangabe wie hier gehört natürlich zwangsläufig ein Literaturverzeichnis.

Definitionen bzw. Erklärungen von Fachterminologie sollten Sie ausschließlich **Fachtexten** entnehmen, also Publikationen von TranslationswissenschaftlerInnen, und nicht z. B. dem (gemeinsprachlichen) Duden-Wörterbuch. Der Grund ist, dass es manchmal Bedeutungsunterschiede zwischen der Gemeinsprache und der Fachsprache gibt. Wenn Sie beispielsweise die Definition von *Übersetzen* im Duden-Wörterbuch nachschauen, finden Sie: „(schriftlich oder mündlich) in einer anderen Sprache [wortgetreu] wiedergeben" (*Duden* ⁴2012). Das entspricht dem allgemeinen Sprachgebrauch; in der Fachsprache der Translationswissenschaft dagegen bezeichnet man die meisten mündlichen Translationsformen nicht als *Übersetzen,* sondern als *Dolmetschen.* (Wegen solcher möglichen Probleme sollten Sie übrigens auch beim Übersetzen bzw. Dolmetschen für Fachterminologie immer Fachtexte bzw. Fachwörterbücher heranziehen.)

Ein ganz anderer Aspekt der Lexik ist die Frage einer **geschlechtsneutralen Sprache.** Sollte man z. B. bei Bezugnahme auf Frauen und Männer *Übersetzerinnen und Übersetzer* schreiben statt *Übersetzer?*

- Wenn Sie sich auf eine unbestimmte Personengruppe beziehen oder auf eine bestimmte Personengruppe, zu der Frauen und Männer gehören, bleibt es derzeit Ihnen überlassen, ob Sie geschlechtsneutrale Formulierungen verwenden wollen oder das sogenannte generische Maskulinum. Wenn Sie also ganz allgemein von Personen reden, die übersetzen, ohne dabei an konkrete Namen zu denken, können Sie *Übersetzerinnen und Übersetzer* (oder auch *ÜbersetzerInnen* bzw. *Übersetzer/innen*) schreiben, aber auch *Übersetzer*.

- Dasselbe gilt, wenn Sie z. B. von zwei Frauen und zwei Männern gleichzeitig reden.

- Sie sollten aber das **Femininum** verwenden, wenn Sie von einer bestimmten Frau oder von mehreren Frauen reden. Wenn Sie z. B. von der bekannten Literaturübersetzerin Swetlana Geier sprechen, bezeichnen Sie sie besser als *Übersetzerin*, nicht als *Übersetzer*. Und wenn Sie ein Seminar bei einer Dozentin besuchen, bezeichnen Sie sie auf der Titelseite Ihrer Hausarbeit als *Seminarleiterin*, nicht als *Seminarleiter*.

Ein Beispiel zu geschlechtsneutraler Sprache: Renate Resch schreibt in ihrer Analyse geschlechtsspezifischer Metaphern in der Translationswissenschaft „die Übersetzenden" (1998: 341), „ÜbersetzerInnen" (1998: 345) und auch „Übersetzerinnen und Übersetzer" (1998: 345). Wenn sie von „Übersetzungswissenschaftler[n]" spricht (1998: 342), kann man sicher sein, dass nur Männer gemeint sind.

Bei den allgemeinen Bezeichnungen, die sich also nicht auf eine bestimmte Frau beziehen, ist leider jede der überhaupt möglichen Formen **umstritten.** Es gibt teils heftige Widerstände gegen das generische Maskulinum, teils ebenso heftige gegen alle oder manche geschlechtsneutralen Formulierungen. Das **Binnen-I,** das ich im vorliegenden Buch verwende, ist eine der stärker umstrittenen Varianten; ich bevorzuge es, weil es die ökonomischste Lösung ist. Weniger kontrovers ist die Verwendung des Femininums für eine bestimmte Frau.

Gelegentlich wird empfohlen, in wissenschaftlichen Arbeiten das generische Maskulinum zu verwenden und zu Beginn in einer Fußnote darauf hinzuweisen, dass Frauen mitgemeint seien. Hiervon rate ich ab. Einwände gegen das generische Maskulinum sind in der Regel sprach- und gesellschaftspolitischer Natur; ein Hinweis darauf, was das Sprachsystem zulässt, geht daran nicht nur inhaltlich vorbei, sondern wirkt im schlimmsten Fall auch noch herablassend (als ob den Lesenden vielleicht nicht klar sei, dass sich das Maskulinum im Deutschen auch auf Frauen beziehen kann). Meine Fußnote 12 (oben, S. 88) ist auch als Kritik an solchen Hinweisen gedacht.

Mit den **Namen von Frauen** geht man heute genauso um wie mit denen von Männern. Wenn Sie von Swetlana Geier reden, können Sie sie beim ersten Mal mit vollem Namen nennen; anschließend schreiben Sie aber einfach *Geier*, nicht *Swetlana Geier* oder womöglich *Frau Geier* (ebenso wie Sie Goethe als *Goethe* bezeichnen, nicht immer als *Johann Wolfgang von Goethe* oder gar *Herr von Goethe*). Und wenn Sie ein Buch oder einen Aufsatz von Frau Prof. Dizdar zitieren, nennen Sie sie *Dizdar*. Diese Konvention ist mittlerweile fest etabliert. Eine Verwendung von Initialen *(S. Geier, D. Dizdar)* ist unnötig.

Wenn Sie von Personen sprechen, sollten Sie immer darauf achten, **Pronomina** mit dem korrekten Genus zu verwenden. Es macht einen schlechten Eindruck, wenn Sie in Zusammenhang mit Maria Tymoczko von „seinem Werk" sprechen (das Beispiel ist authentisch). Dabei kommt es nicht darauf an, ob es sich um einen bekannten Vornamen handelt oder nicht. Den Vornamen *Radegundis* beispielsweise müssen Sie nicht unbedingt kennen; aber wenn Sie von Radegundis Stolze reden möchten, sollten Sie herausfinden, ob es sich um einen Mann oder eine Frau handelt, und das korrekte Pronomen benutzen.

Deutsche **Doppelnamen**, also Familiennamen mit zwei durch Bindestrich verbundenen Namensteilen, gibt man immer vollständig an. Doris Bachmann-Medick nennt man somit immer *Bachmann-Medick*, nie kurz *Bachmann* oder *Medick*.[30]

Allgemein sollte die Lexik **konnotativ neutral** sein. Lesen Sie als Beispiel in *Entwicklungslinien der Translationswissenschaft* den Absatz, in dem sich Prunč mit dem Terminus *Übersetzungstheorie* als möglichem Synonym für *Translationswissenschaft* beschäftigt ([3]2012: 19; unten 282). Prunč lehnt diesen Gebrauch von *Übersetzungstheorie* ab und begründet dies konnotativ neutral, d. h. ohne Verwendung abwertender lexikalischer Elemente:

* „entspricht […] nicht der im Deutschen üblichen Nomenklatur",
* „könnte man aus einer solchen Bezeichnung ableiten, dass",
* „Ein weiterer Nachteil […] ist auch, dass" usw.

Er hätte auch schreiben können: „ist offensichtlich unsinnig" – das wäre polemischer und deutlich weniger wissenschaftlich gewesen.

Dasselbe gilt im positiven Bereich. Beispielsweise formuliert Prunč seine Befürwortung des Terminus *Translationswissenschaft* folgendermaßen: „Zusammenfassend kann festgestellt werden, dass es ausreichend *terminologische* Gründe gab, den Wissenschaftsnamen *Translationswissenschaft* zu verwenden" ([3]2012: 20; unten 283). Er hätte auch schreiben können: „Es muss jedem klar sein, dass *Translationswissen-*

---

30 Eine Anmerkung zu den Namen der anderen VerfasserInnen unserer translationswissenschaftlichen Texte: Das *z* in *Dizdar* wird als stimmhaftes *s* gesprochen, das *č* in *Prunč* wie *tsch*. Bei *Göhring* sollten Sie in der Schreibung keinesfalls das *h* vergessen.

schaft der beste Terminus überhaupt ist"; aber damit hätte er seine eigene Aussage unglaubwürdig gemacht.

12.3 Sprechakte

Die von John L. Austin und John R. Searle entwickelte **Sprechakttheorie** stellt die Handlungen in den Vordergrund, die mit sprachlichen Äußerungen vollzogen werden, also die kommunikative Funktion von Äußerungen. Aus Kap. 7.3 kennen Sie bereits verschiedene logische Schritte einer wissenschaftlichen Argumentation. Bei der Sprechakttheorie geht es um ähnliche Dinge. Schauen Sie sich als Beispiel im Aufsatz von Dizdar die letzte Seite an: „Für die Translationsdidaktik folgt daraus, daß die Bewußtmachung der Faktoren, die das translatorische Handeln beeinflussen, in den Mittelpunkt der Ausbildung tritt." ([2]2003: 107; unten 277) Rein formal handelt es sich hier um eine Feststellung: Die Bewusstmachung tritt in den Mittelpunkt. Die kommunikative Funktion ist aber eine Forderung: Die Bewusstmachung muss in den Mittelpunkt treten.

Dieselbe kommunikative Funktion kann in verschiedenen Kulturen und Textsorten auf sprachlich unterschiedliche Weise verwirklicht werden. Da die Beziehung zwischen sprachlicher Form und kommunikativer Funktion konventionalisiert ist, kann sie sich auch im Laufe der Zeit ändern. Ein typisches Beispiel ist die Verwendung der **ersten Person** *(ich)* in wissenschaftlichen Arbeiten. In deutschen geisteswissenschaftlichen Texten durfte traditionell die erste Person überhaupt nicht verwendet werden; mittlerweile ist sie für verschiedene Sprechakte weitgehend akzeptiert. (Dieser Hinweis gilt zunächst nur für den Arbeitsbereich Interkulturelle Germanistik am FTSK. Wenn Sie eine Arbeit in einem anderen Arbeitsbereich oder an einer anderen Hochschule schreiben, erkundigen Sie sich sicherheitshalber, welche Konventionen dort gelten.)

Beispiele für den Gebrauch der ersten Person Singular aus Paul Kußmauls *Kreatives Übersetzen:*

- „Ich sagte oben, daß die retrospektive Sichtweise in der Beurteilung immer noch ihren Platz hat, daß sie aber der prospektiven Sichtweise untergeordnet ist." ([2]2007: 42)

  Hier wird die erste Person einfach verwendet, um auf etwas Vorangegangenes Bezug zu nehmen. Die kommunikative Funktion von „Ich sagte oben" ist ein Rückverweis auf Kußmauls eigene sprachliche Äußerungen. Hier liegt also ein sogenannter metakommunikativer Sprechakt vor (Kommunikation über Kommunikation).

- „Ich denke, es wird an diesem Beispiel [einer Gedichtübersetzung] deutlich, daß Übersetzen und ‚normales‘ Verstehen eben doch nicht ganz und gar dasselbe sind. Ein Lyrikübersetzer ist formalen Zwängen unterworfen, und andere Übersetzer sind an Konventionen der Zielsprache, der Situation, Kultur usw. gebunden, die das Verbalisieren des Verstandenen beeinflussen. Bei der Sprachverarbeitung bestehen solche Zwänge nicht." (^{2}2007: 194)

Die kommunikative Funktion des einleitenden „Ich denke" ist eine Schlussfolgerung. Zwar würde die Passage auch ohne diese Wendung einen Sinn ergeben; der Sprechakt wird jedoch durch die Wendung verdeutlicht. Inhaltlich signalisiert Kußmaul durch den Gebrauch der ersten Person, dass es sich hier um seine Position handelt; gleichzeitig liefert er eine ausführliche Begründung, um diese Position für andere nachvollziehbar zu machen.

Die erste Person kann man für Sprechakte verschiedenster Art verwenden: zum Ankündigen und Rückverweisen, aber durchaus auch zum Schlussfolgern, Kommentieren usw. Es gibt in der Translationswissenschaft keine absoluten Wahrheiten; Sie können das, was Sie schreiben, nie ganz von Ihrer eigenen Person trennen – und das dürfen Sie durchaus auch durch die erste Person deutlich machen. Sie dürfen aber keinesfalls die erste Person als Ersatz für Argumente verwenden. Zu schreiben *ich bin der Meinung, dass* ersetzt keine Begründung. Ihre Meinung müssen Sie immer so belegen und begründen, dass andere sie nachvollziehen können.

Gelegentlich sieht man in deutschen wissenschaftlichen Texten auch die erste Person Plural, *wir*, mit Singularbedeutung. Das ist der sogenannte „Bescheidenheitsplural" (Pluralis Modestiae). Hiervon rate ich jedoch eher ab, ebenso von einer gehäuften Verwendung anderer **Bescheidenheitssignale** wie z. B. *versuchen* in Ankündigungen oder Zusammenfassungen. Sofern Ihre Dozierenden nicht ausdrücklich etwas anderes wünschen, sollten Sie Formulierungen wie *ich habe versucht* oder *es wurde versucht* hauptsächlich dann verwenden, wenn Sie darauf aufmerksam machen möchten, dass der Versuch fehlgeschlagen ist. (Mit dieser Empfehlung weiche ich von den Formulierungsvorschlägen von Soronen, Salmela und Bluhm in Anhang III ab.)

Als **typische Sprechakte geisteswissenschaftlicher Texte** bezeichnet Kußmaul (2004: 639) unter anderem Berichten, Informieren, Feststellen, Schlussfolgern, Hypothesenaufstellen, Argumentieren, Widerlegen, Kommentieren, Kritisieren sowie metasprachliche und metakommunikative Sprechakte wie Definieren, Präzisieren, Ankündigen, Rückverweisen, Zusammenfassen. Schauen Sie sich außerdem in Anhang III die

Liste typischer Wendungen in der deutschen Wissenschaftssprache an:
Dort finden Sie gängige Formulierungen für Sprechakte wie

- Ankündigen (im Abschnitt „Um das Ziel der Untersuchung zu benennen"),
- Widersprechen („Das Äußern der Gegenmeinung"),
- Zustimmen („Übereinstimmung"),
- Zusammenfassen („Zusammenfassende Ausdrücke"),
- Feststellen, Argumentieren, Hypothesenaufstellen usw. (im Abschnitt „Allgemeine metasprachliche Ausdrücke" – diese Überschrift ist in der Vorlage von Soronen, Salmela und Bluhm etwas unglücklich gewählt, denn es geht hier keineswegs in allen Fällen um Metasprache).

Abschließend möchte ich noch auf einen Sprechakt eingehen, der Studierenden mit Deutsch als Fremdsprache relativ häufig Schwierigkeiten bereitet, nämlich den Sprechakt **Zitieren.** Als Formulierungen, mit denen man ein Zitat ankündigen bzw. abschließen kann, finden Sie in Anhang III beispielsweise *der Meinung sein, die Auffassung vertreten* und *hinweisen auf,* aber nicht das bei manchen Studierenden beliebte *behaupten.* Wenn Sie in Zusammenhang mit einem Zitat *behaupten* verwenden, dann kritisieren Sie die zitierte Aussage ziemlich nachdrücklich: *Behaupten* bedeutet, etwas für zutreffend zu erklären, was vielleicht oder sogar sicher gar nicht stimmt. Deshalb sollten Sie *behaupten* nur dann benutzen, wenn Sie sich von dem Zitat distanzieren möchten. Für ein Zitat, dem Sie zustimmen, können Sie neben den verschiedenen in Anhang III aufgelisteten Formulierungen auch beispielsweise – je nach Kontext – *ausführen, betonen, erläutern, feststellen, schreiben, laut X* oder *X zufolge* verwenden.

Beachten Sie beim Zitieren außerdem, dass das Sprechaktverb (also *der Meinung sein, betonen* usw.) in der Regel im Präsens steht *(Risku vertritt die Auffassung, dass ...);* dies gilt auch dann, wenn sich die Quellenangabe auf ein vergangenes Jahr bezieht. Ausnahmen sind vor allem in Kontexten möglich, in denen das Erscheinungsdatum explizit thematisiert wird *(Risku vertrat bereits 1998 die Auffassung, dass ...)* oder in denen die zeitliche Abfolge eine Rolle spielt *(Wilss lehnte die Bezeichnung* Translationswissenschaft *zunächst ab, änderte jedoch später seine Meinung).*

12.4   Syntax

Ein typisches Merkmal deutscher wissenschaftlicher Texte ist der sogenannte **Nominalstil.** Das heißt, anstelle von Sätzen werden häufig

Substantivgruppen verwendet. Schauen Sie sich als Beispiel einen Satz von Prunč an: „Für die Durchsetzung der Termini *Translation* und *Translationswissenschaft* war auch eine weitere Entwicklung maßgebend." (³2012: 17; unten 280) Im Verbalstil hätte der Satz heißen können: *Auch eine weitere Entwicklung war dafür maßgebend, dass sich die Termini* Translation *und* Translationswissenschaft *durchsetzten.* Der Nominalstil wird manchmal als schwer verständlich kritisiert; er kann aber auch dazu beitragen, durch die Reduktion von Nebensätzen einen deutschen Satz überschaubarer zu machen. (Je nach Ausgangssprache lohnt es sich übrigens, auch beim Übersetzen ins Deutsche an die Möglichkeit einer Nominalisierung zu denken, statt z. B. Nebensätze immer als solche wiederzugeben.)

Dass der Nominalstil in deutschen wissenschaftlichen Texten gebräuchlich ist, bedeutet nicht, dass er unbedingt bei jeder sich bietenden Gelegenheit verwendet werden muss. Bachmann-Medick schreibt beispielsweise: „Eine bloß metaphorische Bedeutung hat es also nicht, wenn Kultur als Übersetzung verstanden wird." (⁵2014: 250; unten 303) Im Nominalstil hätte sie formulieren können: *Das Verständnis von Kultur als Übersetzung hat also keine bloß metaphorische Bedeutung.* Dass sie hier den Verbalstil vorzieht, macht ihren Text nicht schlechter. Verbalstil ist durchaus auch akzeptabel, solange er nicht entweder nach gesprochener Sprache klingt oder zu einer unnötig komplizierten Satzkonstruktion führt.

Generell sollten Sie darauf achten, die Satzstrukturen zu **variieren.** Verwenden Sie in aufeinanderfolgenden Sätzen nicht immer dieselbe Struktur.

Für die Syntax (und ganz allgemein für die Sprache) wissenschaftlicher Arbeiten gilt: Bemühen Sie sich, Ihre Gedanken möglichst **klar zu formulieren.** Das geht natürlich nur, wenn Sie auch klare Gedanken haben; wenn Sie dagegen selbst nicht wissen, was Sie eigentlich sagen wollen und warum, können Sie sich auch nicht klar ausdrücken. Das **Denken** steht an erster Stelle, und man kann es nicht umgehen. Versuchen Sie nicht, einen Mangel an Ideen durch verschwommene Formulierungen oder durch Plagiate zu verdecken.

12.5 Sprachliche Korrektheit

Rechtschreibung, Zeichensetzung, Grammatik und Semantik müssen **korrekt** sein. Das ist nicht immer einfach, wenn man in der Fremdsprache schreibt; aber wissenschaftliche Arbeiten schreiben Sie ja zu Hause bzw. in der Bibliothek, wo Sie **Nachschlagewerke** zur Verfügung haben und sich Zeit nehmen können. Benutzen Sie den Rechtschreib-

Duden, ein einsprachiges Wörterbuch und eine deutsche Grammatik. Stellen Sie sich nicht auf den Standpunkt, dass es „nur" auf den Inhalt ankommt; zwar ist der Inhalt wichtig, aber er ist nicht allein wichtig. Dies gilt grundsätzlich für wissenschaftliche Arbeiten in jeder Disziplin, aber ganz besonders in der Translationswissenschaft – schließlich müssen auch Translate (bei den meisten Aufträgen) sprachlich korrekt sein.

Ein erster wichtiger Schritt zur Korrektheit ist die **Rechtschreibprüfung** Ihres Textverarbeitungsprogramms. Es macht auf jeden Fall einen schlechten Eindruck, wenn Ihre Arbeit Fehler enthält, die sich mit der Rechtschreibprüfung hätten vermeiden lassen. Allerdings findet die Software nicht alle Fehler, deshalb müssen Sie die Korrektheit auch noch einmal **selbst überprüfen.** Ob z. B. in Ihrem Kontext *Deutsch sprechen* oder *deutsch sprechen* korrekt ist, weiß das Programm nicht, weil beides möglich ist, nur eben mit verschiedenen Bedeutungen.[31]

Zur Überprüfung der sprachlichen Korrektheit und allgemeiner zur Verbesserung der Sprachkompetenz im Deutschen gibt es auch verschiedene nützliche Online-Ressourcen:

- Zuverlässiger als die Rechtschreibprüfung von Word ist die Duden-**Textprüfung** ‹http://www.duden.de/rechtschreibpruefung-online›; sie ist jedoch nur für kurze Textstücke kostenlos.

- Die **Rechtschreibregeln** sowie zahlreiche Beispiele zu den einzelnen Regeln finden Sie unter ‹http://www.duden.de/sprachwissen/rechtschreibregeln›.

- Sehr umfassend und sehr empfehlenswert ist das online verfügbare **Duden-Wörterbuch** ‹http://www.duden.de/woerterbuch›, in dem Sie Informationen zu Rechtschreibung, Grammatik und Bedeutungen sowie zahlreiche Verwendungsbeispiele finden können.

- Nützlich ist auch das **Wortschatzportal** der Universität Leipzig ‹http://wortschatz.uni-leipzig.de/›; hier können Sie z. B. Synonyme und Kollokationen finden.

Sie können natürlich auch eine andere Person bitten, die sprachliche Korrektheit Ihrer Hausarbeit zu überprüfen (sofern dies an Ihrer Universität erlaubt ist). Bedenken Sie aber dabei: Nicht alle, die Deutsch als Muttersprache haben, beherrschen vollständig die Regeln der deutschen Rechtschreibung, Zeichensetzung und Grammatik; und von denen, die diese Regeln gut beherrschen, haben nicht alle Talent zum Korrektur-

---

31 Wenn Sie Englisch können, empfehle ich Ihnen das Spellchecker-Gedicht ‹http://www.paulhensel.org/teachspell.html›, das in verschiedenen Versionen im Internet kursiert. Am besten lesen Sie das Gedicht laut. Wenn Sie Lust haben, testen Sie damit Ihre Rechtschreibprüfung – Word 2013 findet kaum Fehler.

lesen. Zudem ist das Korrekturlesen umso schwieriger, je mehr Fehler der Text enthält. In einem Text, der sehr schlecht geschrieben ist, werden sich auch nach einer gründlichen Korrektur immer noch ziemlich viele Fehler finden. Das alles zusammen bedeutet: Die **Verantwortung** für die sprachliche Qualität Ihres Textes liegt auf jeden Fall bei Ihnen selbst.

12.6 Übungsaufgaben zur Sprache

1. Lesen Sie in Prunč die Passage „Damit soll, erstens, unterstrichen werden" bis „zu hinterfragen" (^{3}2012: 30–31; unten 287). Mit welchen sprachlichen Mitteln wird in diesem Absatz Kohärenz hergestellt? Wie bauen die Gedanken logisch aufeinander auf? (Berücksichtigen Sie bei der Analyse auch den Kontext.)

2. a) Lesen Sie in Dizdars Artikel „Skopostheorie" den letzten Absatz in Abschnitt 1 (^{2}2003: 105; unten 274, von „Da die Skopostheorie" bis „präskriptive Eigenschaft haben"). Welche Fachtermini enthält er?

   b) Erklären Sie, was „explikativ-deskriptives Instrumentarium" bedeutet. Geben Sie die Quelle für Ihre Erklärung an, und begründen Sie, warum Sie die Quelle für zuverlässig halten.

3. Von den vier Beispieltexten ist wahrscheinlich Bachmann-Medick der schwierigste. Lesen Sie die Passage von „Solche Grenz- und Differenzaushandlungen" bis „auf die Ebene von (kulturellen) Differenzen vorzustoßen" (^{5}2014: 247–248; unten 300).

   a) Recherchieren Sie, was mit folgenden Formulierungen gemeint ist: „Differenzaushandlungen", „Zustände des Immer-schon-Übersetztseins", „dekonstruktivistische[]^{32} Hochschätzung von Übersetzung als Kategorie der Sprachdifferenz". Wenn Sie Schwierigkeiten bei der Recherche haben, geben Sie an, wo und wie Sie gesucht haben.

   b) Ist Bachmann-Medick vor allem sprachlich schwierig oder vor allem inhaltlich schwierig oder beides? Begründen Sie Ihre Antwort.

4. Zu Bachmann-Medick gibt es eine Rezension von Peter Geimer in der *Süddeutschen Zeitung* (2006). Die Überschrift lautet: „Der dröge

---

32 Wie man in einem Zitat die Auslassung eines Einzelbuchstabens (Flexionsendung) kennzeichnet, ist umstritten. Ich verwende hier die eckigen Klammern ohne Auslassungspunkte, weil „dekonstruktivistische[…]" nach einem Tippfehler aussieht (ausgelassenes Wort mit fehlendem Leerschritt).

Sound der Drittmittelprosa: Turnstunden und Betriebsamkeit. Doris Bachmann-Medick kartiert die Kulturwissenschaften".

a) Kennen Sie die Wörter *dröge, Sound, Drittmittelprosa, Turnstunden, Betriebsamkeit* und *kartiert?* Wenn Sie nicht alle kennen: Welche kennen Sie nicht?

b) Erklären Sie, was die Wörter in diesem Zusammenhang bedeuten. (Wenn Sie die Wörter nicht kennen, recherchieren Sie. Wenn Sie bei der Recherche Schwierigkeiten haben, geben Sie an, wo und wie Sie gesucht haben.)

c) Ist die Überschrift sachlich oder nicht? Woran sieht man das?

5. Lesen Sie in *Entwicklungslinien der Translationswissenschaft* die Passage von „Für eine möglichst breite Definition" bis „als Informationsbasis für eine Translation dient" (³2012: 29; unten 285–286). Prunč verwendet hier mehrmals die erste Person Plural.

a) Bedeutet *wir* bei Prunč immer dasselbe, oder verwendet er es mit unterschiedlichen Bedeutungen? Gibt es bei Prunč Unterschiede zwischen *wir* und *ich?* Wenn ja, welche?

b) Welche kommunikative Funktion hat „Als Ausgangstext (AT) bezeichnen wir […]"?

6. Schauen Sie sich Kußmauls Liste von Sprechakten in Kap. 12.3 an. Suchen Sie Beispiele für drei dieser Sprechakte im Text von Prunč.

7. Lesen Sie den Text von Dizdar.

a) Suchen Sie zwei Beispiele für Nominalstil. Formulieren Sie die betreffenden Sätze neu im Verbalstil.

b) Suchen Sie im Text von Dizdar ein Beispiel für Verbalstil. Formulieren Sie den betreffenden Satz neu im Nominalstil.

8. Schreiben Sie einen Text (beispielsweise für eine Übersetzungsübung) mit dem Computer. Verwenden Sie anschließend die Rechtschreibprüfung Ihres Textverarbeitungsprogramms. Welche Fehler bzw. welche unbekannten Wörter findet das Programm, welche Fehler findet es nicht?

9. In einer Hausarbeit über die Übersetzung eines griechischen Gedichts für die Website einer Stadt auf der Insel Kreta steht Folgendes:

Jedoch kommt es auf die Situation an, indem sich der Zieltext befindet. Ein übersetztes Gedicht auf einer lokalen Internetseite reduziert die hohen Einsprüche des Rezipienten auf eine funktionsgerechte Übersetzung gegenüber dem Ausgangstext, da die Besucher der Internetseite eher Touristen sind, die sich weniger für die Adäquatheit der Übersetzung interessieren. Im Gegensatz zur einer Übersetzung, die in einem literarischen Lesebuch veröffentlicht wurde, oder zugunsten einer Theateraufführung verwendet wird.

a) Korrigieren Sie alle sprachlichen Fehler, die Sie finden (Semantik, Grammatik, Rechtschreibung, Zeichensetzung).

b) Begründen Sie unter Bezugnahme auf geeignete Nachschlagewerke, warum die ursprüngliche Formulierung falsch war.

10. Bearbeiten Sie dieselben Aufgaben wie bei Frage 9 für folgendes Zitat (aus einer Hausarbeit über die Übersetzung eines heterolingualen, also mehrsprachigen Romans aus dem Deutschen ins Italienische):

> Die intendierten Adressaten der Romanübersetzung entsprechen dem nationalen italienischen Verlagspublikum. Es handelt sich hierbei um eine ziemlich breite und dementsprechend heterogene Gruppe, weshalb beim Übersetzen mögliche Diskrepanzen im Vorwissen der intendierten Adressaten zu berücksichtigen sein werden. In Bezug auf die Vertrautheit mit dem sprachlich und kulturell Deutschen kann insbesondere von grundsätzlich verschiedenen Rezeptionsmöglichkeiten ausgegangen werden, da mache Regionen Italiens, z. B. Südtirol, geographisch und historisch betrachtet der deutschen Sprache und Kultur wesentlich näher sein sollten als andere.

11. Bearbeiten Sie dieselben Aufgaben wie bei Frage 9 für folgendes Zitat (aus einer Hausarbeit über Zensur in der chinesischen Übersetzung von Hillary Rodham Clintons Autobiografie *Living History*):

> Man findet zum Beispiel in der chinesischen Fassung kein einziges Wort über Tian'anmen-Massaker. Es geht darum, dass diese Thema in der Volksrepublik China nie ein Überlebender der Staatszensur ist. Selbst in dem Achiev der Kommunisitischen Partei wird das Massaker zensiert. [...] Das Ereignis ist überall eine Tabu. Auch in der Familie und im Unterricht. Deshalb muss die Stelle in Hillary Clintons Biografie weggestrichen werden, damit die Wahrheit der bereits zensierten Geschichte durch nochmalige Zensur in der Dukelheit bleibt. Genau so muss der Name eines Buches „Wilde Schwäne", die Hillary kurz erwähnt hat, verschwieden.

12.7   Kurzüberblick

Achten Sie bei der Sprache Ihrer translationswissenschaftlichen Arbeiten auf Folgendes:

- eine klare Makrostruktur,
- semantische und grammatische Kohärenz,
- die Verwendung einschlägiger Fachterminologie,
- die Verwendung des Femininums bzw. des Nachnamens zur Bezeichnung einer einzelnen Frau,
- konnotativ neutrale Lexik,

- eine nachvollziehbare Begründung Ihrer Meinung auch bei Verwendung von *ich,*
- textsortenadäquate Formulierungen für typische Sprechakte,
- eine klare Syntax (nominal oder auch verbal),
- sprachliche Korrektheit.

12.8 Zum Nachdenken

In Zusammenhang mit der Sprache könnten Sie über folgende Punkte nachdenken:

➢ Wäre es möglich, sämtliche Merkmale einer wissenschaftlichen Arbeit unter sprachlichen Gesichtspunkten zu beschreiben? Wenn ja, wie (beispielsweise)? Wenn nein, welche nicht und warum?

➢ Wie wichtig ist Fachterminologie und warum? In der Gemeinsprache wird z. B. oft nicht zwischen *Übersetzen* und *Dolmetschen* unterschieden, ohne dass dadurch Probleme entstehen. Wozu braucht man dann in Fachtexten eine umfangreiche Terminologie – oder braucht man sie vielleicht gar nicht?

➢ Welche verschiedenen Gründe könnte es dafür geben, dass manche Frauen das generische Maskulinum ablehnen?

➢ Ist es für das Übersetzen und Dolmetschen nützlich, etwas über Sprechakte zu wissen? Warum bzw. warum nicht?

➢ Welche inhaltlichen Gründe könnte es dafür geben, dass in wissenschaftlichen Arbeiten traditionell die erste Person Singular vermieden wurde?

➢ Rechtschreibfehler in mäßiger Anzahl stören normalerweise nicht das Textverständnis. Wieso ist die Rechtschreibung dann überhaupt wichtig – ganz allgemein und speziell in translationswissenschaftlichen Arbeiten? Oder ist sie eigentlich gar nicht wichtig?

13 Layout und Textverarbeitung

In diesem Abschnitt können Sie **Folgendes lernen:**

- die technischen Möglichkeiten moderner Textverarbeitungsprogramme (z. B. Word) zu nutzen,
- die deutschen Typografieregeln anzuwenden,
- eine wissenschaftliche Arbeit übersichtlich zu layouten.

Ein gutes **Layout** (d. h. eine übersichtliche Textgestaltung) und eine fehlerfreie **Textverarbeitung** (d. h. der professionelle Umgang mit Programmen wie Word) gehören nach deutschem Verständnis zu einem seriösen Text dazu. Einem Text, der zahlreiche Tippfehler enthält und unübersichtlich gestaltet ist, traut man auch inhaltlich nicht viel zu. Für zukünftige Übersetzerinnen und Übersetzer ist die Fähigkeit, einen sauberen Text zu erstellen, unerlässlich.

Beispiele für viele der im Folgenden angesprochenen Punkte finden Sie in den **Musterseiten.** Die Musterseiten gibt es in drei Versionen:

- unten in Anhang II (Format DIN A5, verkleinert von A4);
- als PDF unter ‹http://www.fb06.uni-mainz.de/deutsch/Dateien/TWA_Anhang_II_Musterseiten.pdf› – dies ist die A4-Version von Anhang II; sie zeigt Ihnen, wie eine Hausarbeit im üblichen Format aussehen kann;
- als DOCX unter ‹http://www.fb06.uni-mainz.de/deutsch/Dateien/TWA_Anhang_II_Musterseiten.docx› – diese Version sollten Sie verwenden, wenn Sie wissen möchten, wie man ein bestimmtes Layout in Word erzeugt. Beachten Sie, dass das Aussehen dieser Datei sich je nach verwendetem Druckertreiber verändern kann (z. B. Zeilen- und Seitenumbrüche). Auf dem Rechner, auf dem die Datei geschrieben wurde, sieht die DOCX genauso aus wie die PDF. Wenn Sie mit dieser Datei arbeiten, sollten Sie die Option „Alle Formatierungssymbole anzeigen" aktivieren, damit Sie Absatzschaltungen, Abschnittswechsel usw. am Bildschirm angezeigt bekommen (in Word[33] unter Start – Absatz auf das Icon ¶ klicken).

Eine nützliche **Übersicht** über typografische Regeln, in der auch einige hier nicht angesprochene Aspekte vorkommen, finden Sie unter ‹https://zvisionwelt.files.wordpress.com/2012/01/typokurz.pdf›.

---

33 Informationen zu Word beziehen sich, soweit nicht anders angegeben, auf Word 2013. – Zu einigen der hier vorgestellten Word-Funktionen gibt es Screenshots unter ‹http://www.fb06.uni-mainz.de/deutsch/Dateien/TWA_Word.docx›.

Datensicherheit: Gewöhnen Sie sich an, die Datei Ihrer Hausarbeit nach jeder Bearbeitung auf mindestens zwei Speichermedien abzulegen, z. B. auf der Festplatte Ihres Rechners und auf einem USB-Stick. Sonst müssen Sie wieder ganz von vorn anfangen, wenn Ihre Festplatte kaputtgeht oder wenn ein Virus die Daten darauf zerstört.

13.1 Zeichen

Mit einem modernen Textverarbeitungsprogramm können Sie sehr viele **Sonderzeichen** einfügen, die nicht auf der Tastatur enthalten sind. In Word finden Sie Sonderzeichen mit Einfügen – Symbol – weitere Symbole; wenn es um Buchstaben geht, achten Sie darauf, dass als Schriftart „normaler Text" eingestellt ist.

Abbildung 5: Sonderzeichen (Word 2013: Einfügen – Symbol)

Abbildung 5 zeigt als Beispiel, wie Sie das **deutsche Sonderzeichen ß** einfügen können, wenn Ihr Computer keine deutsche Tastatur hat. Achten Sie darauf, das ß nicht mit dem griechischen β (Beta) zu verwechseln. Das ß hat in der Regel keine Unterlänge, das heißt, der Buchstabe steht auf der Grundlinie; das β ragt weiter nach unten, hat also Unterlänge.

Auch einige andere Zeichen werden manchmal verwechselt. Die folgende Tabelle zeigt verschiedene **Anführungszeichen:**

Zeichen	Bezeichnung	Hinweise
„...“	deutsche typografische	für deutschsprachige Hausarbeiten
‚...‘	einfache (halbe) deutsche typografische	zur Verschachtelung: „außen doppelt ‚und innen einfach‘“ (z. B. bei kurzen direkten Zitaten, deren Vorlage bereits Anführungszeichen enthält)
»...«	deutsche typografische (Guillemets)	seltener, aber ebenfalls möglich; nicht mit den französischen « ... » verwechseln
"..."	maschinenschriftliche	in Hausarbeiten nicht mehr üblich
“...”	englische typografische	Zu Anführungszeichen bei fremdsprachlichen Wörtern oder Sätzen im deutschen Text s. oben (S. 134, Fn. 19).
‘...’	einfache (halbe) englische typografische	
« ... »	französische typografische (Guillemets)	

In Abbildung 6 sehen Sie die deutschen und englischen typografischen Anführungszeichen noch einmal sehr groß in zwei verschiedenen Schriftarten, Book Antiqua und Times New Roman:

Abbildung 6: Deutsche und englische Anführungszeichen

	Deutsch: Die öffnenden stehen unten und ähneln der Zahl 99, die schließenden stehen oben und sehen aus wie die Zahl 66.
	Englisch: Die öffnenden und die schließenden stehen oben; die Form ist 66...99, nicht wie im Deutschen 99...66.

In Zitaten wird die Form der Anführungszeichen **vereinheitlicht:** Wenn Sie also beispielsweise aus einem deutschsprachigen Text zitieren, der die maschinenschriftlichen Anführungszeichen "..." enthält, Sie selbst aber in Ihrer Hausarbeit die typografischen Anführungszeichen „...“ verwenden, dann sieht die Verschachtelung so aus: „... ‚...‘“, nicht so „... "..."“ und auch nicht so „... '...'“.

Ähnlich wie bei Anführungszeichen verwendet man auch bei der **Verschachtelung** von **Klammern**, also der Verwendung von Klammern innerhalb der Klammern, nicht zweimal dasselbe Zeichen. Hier gilt folgende Regel: (außen rund [und innen eckig]).

Beim **Apostroph** ist sowohl die typografische Form wichtig als auch der Unterschied zum **Akzent**. In der folgenden Tabelle sehen Sie den typografischen Apostroph in zwei verschiedenen Schriftarten:

Zeichen	Bezeichnung	Hinweise
' **'**	typografischer Apostroph (Schriftarten: Book Antiqua und Times New Roman)	• steht *zwischen* Buchstaben: *Voß' Übersetzung, die Grimm'schen Märchen* • auf deutschen Tastaturen rechts außen, dieselbe Taste wie #
'	maschinenschriftlicher Apostroph	• in Hausarbeiten nicht mehr üblich
´ `	Akzent	• steht *auf* Buchstaben (z. B. bei französischen Wörtern): *Molière, liberté* • auf deutschen Tastaturen rechts oben, zwischen ß und Rücktaste • nicht statt des Apostrophs verwenden

Beim Punkt ist zu beachten, dass **nie zwei Punkte** hintereinanderstehen. Wenn z. B. ein Satz mit der Abkürzung *usw.* endet, ist der Abkürzungspunkt gleichzeitig auch der Satzendepunkt.

Für den Gebrauch von **Leerschritten** und **Schriftauszeichnung** (Kursivierung, Fettdruck usw.) gelten bei verschiedenen Satzzeichen folgende Regeln:

	Leerschritte	Schriftauszeichnung
Punkt, Komma, Strichpunkt, Doppelpunkt, Fragezeichen, Ausrufezeichen	• Leerschritt danach, kein Leerschritt davor • Verwendung ist kulturspezifisch	• werden mit ausgezeichnet (z. B. kursiviert): also *so!* • nicht *so!* (kulturspezifisch)
Schrägstrich	• zur Trennung von Wortgruppen: davor und danach • zur Trennung einzelner Wörter: normalerweise kein Leerschritt	• je nach Verwendung von Leerschritten
Klammern, Anführungszeichen	• vor den öffnenden und nach den schließenden • nicht nach den öffnenden und vor den schließenden • (sie „kleben" also an dem Teil des Textes, den sie einschließen – so wie hier)	• öffnende und schließende sehen gleich aus, also z. B. beide kursiv oder beide recte („normal") • bei gemischtem Inhalt (also z. B. Anfang kursiviert und Ende recte): beide recte

Zwei weitere Aspekte sind beim Gebrauch von Leerschritten ebenfalls wichtig:

- Bei Ungeübten sieht man oft **zwei Leerschritte hintereinander.** Wenn das bei Ihnen vorkommt, lassen Sie Ihr Textverarbeitungs- programm die doppelten Leerschritte suchen und vollautomatisch durch einen einzigen ersetzen (in Word: Start – Ersetzen).

- Mit Textverarbeitungsprogrammen können Sie einen „**geschützten Leerschritt**" erzeugen – in Word mit STRG + UMSCHALT + Leer- taste.[34] Der geschützte Leerschritt wird am Bildschirm als hochge- stellter Kreis ° angezeigt (wenn die Option „Alle Formatierungs- symbole anzeigen" aktiv ist), aber nicht ausgedruckt. Er verhindert, dass z. B. Abkürzungen am Zeilenende auseinander gerissen werden (z. am Zeilenende, B. am Anfang der nächsten Zeile).

Nähere Informationen zu Leerschritten finden Sie im Abschnitt „Text- verarbeitung und E-Mails" vorne im Rechtschreib-Duden.

Ein letzter wichtiger Unterschied bei den Zeichen ist der zwischen **Gedankenstrich, Bindestrich** und **Trennstrich:**

Zeichen	Bezeichnung	Hinweise
–	Gedankenstrich	• trennt – so wie hier – Satzteile oder Sätze • wird mit Leerschritt davor und danach geschrieben (nur Satzzeichen werden danach ohne Leerschritt angeschlossen) • in Word: per Autoformat oder mit STRG + Minuszeichen auf der Zifferntastatur
-	Bindestrich	• verbindet Wörter, z. B. lange Komposita (*Mund-zu-Mund-Beatmung*) • wird ohne Leerschritt geschrieben • Bindestrich-Taste auf der Tastatur
¬ -	Trennstrich	• spaltet Wörter am Zeilenende auf (Silben- trennung) • Bildschirmdarstellung: in der Zeilenmitte ¬ und am Zeilenende – • wird nur am Zeilenende als – ausgedruckt • in Word: manuell mit STRG + Bindestrich

Da ich häufig Hausarbeiten zu sehen bekomme, in denen überhaupt kei- ne **Silbentrennung** verwendet wird, gehe ich hier etwas ausführlicher darauf ein. Mehrsilbige Wörter kann man am Zeilenende trennen, um bei Blocksatz lockere Zeilen bzw. bei linksbündigem Text Löcher am

---

34 Je nachdem, was für eine Tastatur Sie verwenden, ist Ihnen statt *STRG* die Beschriftung *CTRL* geläufig und statt *UMSCHALT* (d. h. die Taste, die man für Großbuchstaben braucht) *SHIFT*.

Zeilenende zu vermeiden. Beispielsweise kann man *Translation* jeweils an der Silbengrenze trennen: *Trans-la-tion*. Verwenden Sie keinesfalls statt des Trennstrichs den normalen Bindestrich. Der Bindestrich sieht am Zeilenende zwar gleich aus wie der Trennstrich, aber er wird auch in der Zeilenmitte ausgedruckt. Wenn sich also bei Ihrem Zeilenumbruch etwas verschiebt, haben Sie den Text voll von Bindestrichen, wo keine hingehören: wie bei *Trans-la-tion*.

In **Word** erzeugt man den Trennstrich manuell mit STRG + Bindestrich. Das Programm fügt auch den Trennstrich ein, wenn Sie halb automatisch trennen: Seitenlayout – Silbentrennung – Manuell (Word macht für die Silbentrennung Vorschläge, Sie können den Vorschlag bestätigen oder ändern oder ablehnen). Vermeiden Sie die vollautomatische Silbentrennung; sie ist nicht ganz zuverlässig.

In **Internetadressen** darf **kein Trennstrich** verwendet werden, weil er dort zu leicht mit dem Bindestrich verwechselt werden könnte und eine falsch geschriebene Adresse nicht aufrufbar ist. Ob und wie man Internetadressen am Zeilenende trennen kann, ist derzeit noch umstritten. Einige vertreten die Auffassung, eine URL dürfe nicht getrennt werden, auch wenn dies zu sehr unschönen Löchern in der Zeile führe. Andere trennen – wie ich in diesem Buch – die URL ohne weitere Kennzeichnung nach einem Interpunktionszeichen: z. B. ‹http://www.fb06. uni-mainz.de/deutsch/592.php›. Gelegentlich sieht man auch das Zeichen ⏎ als Ersatz für den Trennstrich. URLs zu trennen ist natürlich nur im Ausdruck sinnvoll, nicht bei einem Hyperlink in einer Datei.

Silbentrennung führt man erst durch, wenn der **endgültige Drucker** eingestellt ist. Verschiedene Druckertreiber berechnen auch bei identischer Schriftart und -größe die Zeilenlänge unterschiedlich, daher ist eine Verschiebung des Zeilenumbruchs möglich, wenn Sie den Drucker wechseln.

13.2 Schriftart und -größe

Bei den **Schriftarten** sollten Sie eine grundlegende Unterscheidung kennen, nämlich die zwischen sogenannten Antiquaschriften mit Serifen und sogenannten serifenlosen Groteskschriften. Als *Serifen* bezeichnet man die Linien am Ende von Buchstabenstrichen – beispielsweise das „Füßchen", auf dem das *i* steht. Abbildung 7 zeigt den Unterschied:

Abbildung 7: Serifen

i i	Links ein kleines *i* mit Serifen in der Schriftart Book Antiqua.
	Rechts ein kleines *i* ohne Serifen in der Schriftart Arial.

In der deutschen typografischen Tradition verwendet man für den Haupttext von Büchern, Aufsätzen und auch Haus- und Abschlussarbeiten meist eine Antiquaschrift. Für Überschriften kann entweder dieselbe Schrift benutzt werden wie für den Haupttext oder auch eine Grotesk.

In Abbildung 8 sehen Sie zwei Grotesk- und vier Antiquaschriften. Die Abbildung macht auch deutlich, dass „dieselbe" **Schriftgröße**, nämlich jeweils 9,5 Punkt, je nach Schriftart sehr unterschiedlich sein kann.

Abbildung 8: Schriftarten und Schriftgrößen

> Das ist die Arial (Groteskschrift), Schriftgröße 9,5 pt.
> Das ist die Calibri (Groteskschrift), Schriftgröße 9,5 pt.
> Das ist die Book Antiqua (Antiquaschrift), Schriftgröße 9,5 pt.
> Das ist die Cambria (Antiquaschrift), Schriftgröße 9,5 pt.
> Das ist die Garamond (Antiquaschrift), Schriftgröße 9,5 pt.
> Das ist die Times New Roman (Antiquaschrift), Schriftgröße 9,5 pt.

Prinzipiell können Sie jede dieser vier Antiqua-Schriften (und andere, ähnliche Schriften) für den Haupttext Ihrer Hausarbeiten verwenden. Sie sollten aber jede Schrift vorher ausprobieren, und zwar zur Sicherheit mit dem Drucker, auf dem Sie die fertige Arbeit ausdrucken wollen.

Verwenden Sie **dieselbe Schriftart** für Haupttext, Zitate, Inhaltsverzeichnis, Seitenzahlen und etwaige Fußnoten. Achten Sie darauf, ob Sie eventuell die Schriftart bei den Seitenzahlen und/oder bei den Fußnoten **gesondert einstellen** müssen – das kann besonders dann vorkommen, wenn Sie für Ihre Arbeit eine andere Schriftart verwenden als die Standardschrift Ihres Textverarbeitungsprogramms.

Als **Schriftgröße** und **Zeilenabstand** für wissenschaftliche Arbeiten empfiehlt sich bei der Times New Roman (in der z. B. die Musterseiten in Anhang II gesetzt sind):

Textteile	Schriftgröße	Zeilenabstand
Haupttext	12 pt	1,5-zeilig
eingerückte Zitate	10–12 pt	1-zeilig
Fußnoten	10 pt	1-zeilig
Literaturverzeichnis	12 pt	1-zeilig

Bei anderen Schriftarten als der Times New Roman müssen Sie ausprobieren, welche Schriftgröße angemessen ist. Denken Sie daran, dass eine kleine Schrift zum einen für ältere Menschen anstrengend sein kann und zum anderen zu langen und damit unübersichtlichen Zeilen führt.

13.3 Absätze

Die Grundregeln für die Absatzformatierung in wissenschaftlichen Arbeiten sind:

- Verwenden Sie **Blocksatz** für Text, eingerückte Zitate, Fußnoten und Literaturverzeichnis. (*Blocksatz* bedeutet, dass die Zeilen nicht nur am linken, sondern auch am rechten Rand eine gerade Linie bilden.)

- Den üblichen **Zeilenabstand** kennen Sie bereits: Schreiben Sie den Haupttext 1,5-zeilig, eingerückte Zitate, Fußnoten und Literaturverzeichnis 1-zeilig.

- Achten Sie darauf, dass **keine einzelnen Zeilen** eines Absatzes am Seitenanfang und -ende stehen. Man hält es in Deutschland für schöner, wenn am Seitenanfang und -ende mindestens zwei Zeilen eines Absatzes stehen. Das ist kulturspezifisch; in einigen anderen Ländern legt man mehr Wert darauf, dass alle Seiten gleich viele Zeilen umfassen.

- **Trennen** Sie **Absätze** im Haupttext entweder durch den sogenannten Erstzeileneinzug (das heißt, die erste Zeile beginnt weiter rechts als alle folgenden im selben Absatz) oder durch eine halbe Zeile zusätzlichen Abstand, aber keinesfalls durch eine volle Leerzeile.

- Schreiben Sie das **Literaturverzeichnis** mit sogenanntem hängendem Einzug, das heißt so, dass die erste Zeile jedes Absatzes (also jedes Eintrags) weiter links beginnt als alle folgenden im selben Absatz.

Abbildung 9: Absatzformatierungen

Wenn Sie zur Trennung von Absätzen den Erstzeileneinzug verwenden, beachten Sie bitte: Der erste Absatz nach einer Überschrift hat keinen Einzug.

　　Den zweiten Absatz und alle folgenden Absätze schreiben Sie (wie hier) mit **Erstzeileneinzug.**

Eine andere Möglichkeit ist, Absätze statt mit Erstzeileneinzug durch einen zusätzlichen **Abstand von einer halben Zeile** zu trennen.

Das sieht dann so aus wie hier. Wenn Sie einen zusätzlichen Abstand verwenden, brauchen Sie keinen Erstzeileneinzug.

Dieser Absatz ist **mit hängendem Einzug** geschrieben. Im Literaturverzeichnis ist diese Formatierung sinnvoll, weil man dann einen gesuchten Eintrag sehr schnell findet.

Für alle Arten von Absatzformatierung sollten Sie in Word die entsprechende Funktion verwenden, die Sie unter Start – Absatz – Absatzeinstellungen finden (um die Absatzeinstellungen zu öffnen, klicken Sie unter „Start" den Pfeil rechts unten bei „Absatz" an):

Abbildung 10: Formatierung von Absätzen in Word 2013

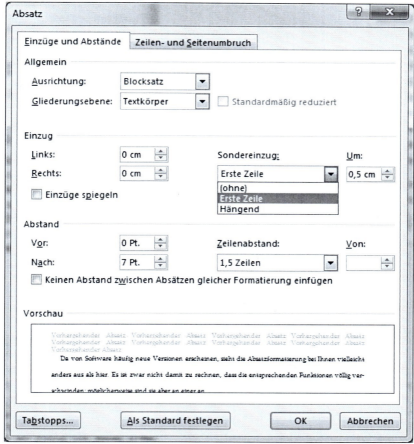

Da von Software häufig neue Versionen erscheinen, sieht die Absatzformatierung bei Ihnen vielleicht anders aus als hier. Es ist zwar nicht damit zu rechnen, dass die entsprechenden Funktionen völlig verschwinden; möglicherweise sind sie aber an einer anderen Stelle angesiedelt oder haben eine neue Bezeichnung. Die folgende Tabelle zeigt Ihnen, welche der relevanten Funktionen Sie an welcher Stelle der Absatzeinstellungen von Word 2013 finden können:

Was möchten Sie tun?	Wie macht man das in den Absatzeinstellungen?
Blocksatz einstellen	Einzüge und Abstände – Allgemein – Ausrichtung: Blocksatz
Zeilenabstand einstellen	Einzüge und Abstände – Abstand – Zeilenabstand: 1,5 Zeilen (usw.)
eine halbe Zeile Endabstand einstellen	Einzüge und Abstände – Abstand – Nach: 7 pt
Erstzeileneinzug einstellen	Einzüge und Abstände – Einzug – Sondereinzug: Erste Zeile, Um: 0,5 cm
ein Zitat einrücken	Einzüge und Abstände – Einzug – Links: 1 cm
im Literaturverzeichnis hängenden Einzug einstellen	Einzüge und Abstände – Einzug – Sondereinzug: Hängend, Um: 1 cm
einzelne Zeilen am Seitenanfang und –ende verhindern	[auf der zweiten Registerkarte der Absatzeinstellungen] Zeilen- und Seitenumbruch – Paginierung – Absatzkontrolle

Hier noch einige ergänzende Kommentare zur Absatzformatierung:

- Dass man **keine zusätzlichen Absatzschaltungen** verwenden sollte, hat zwei Gründe: Erstens würde dadurch bei anderthalbzeilig geschriebenem Text der Abstand zwischen den Absätzen zu groß. Zweitens könnte dann eine neue Seite mit einer Leerzeile beginnen; das ist typografisch unschön und sollte deshalb vermieden werden.

- Optimal ist es, wenn der Abstand vor einem **eingerückten Zitat** identisch ist mit dem Abstand danach. Wenn Sie den Haupttext anderthalbzeilig schreiben und das eingerückte Zitat einzeilig, erreichen Sie den identischen Abstand mit folgender Einstellung: Endabstand des Absatzes vor dem Zitat = 8 pt, Endabstand des Zitats selbst = 16 pt. (Der Endabstand des Zitats muss größer sein als der des Absatzes davor, weil das Zitat einen geringeren Zeilenabstand hat.)

- Wenn Sie im **Literaturverzeichnis** bei einer Namenswiederholung den **Geviertstrich** — verwenden, schreiben Sie danach am besten nicht mit Leerschritt weiter, sondern mit Tabstopp (bei 1 cm, also in der Position, wo auch die zweite Zeile des Absatzes beginnt).

Für **Tabellen** gibt es in guten Textverarbeitungsprogrammen eine eigene Funktion (in Word: Einfügen – Tabelle). Nutzen Sie auf jeden Fall diese Funktion, wenn Sie eine Tabelle anlegen möchten. Spalten stattdessen mit Tabstopps oder womöglich mit Leerschritten voneinander zu trennen, ist viel aufwendiger, erschwert Änderungen und kann leicht zu sehr unschönen Layoutproblemen führen.

Nutzen Sie die Möglichkeiten Ihres Textverarbeitungsprogramms. Für Hausarbeiten sind **Formatvorlagen** (für Absätze) und Dokumentvorlagen (für Seitenränder usw.) dringend zu empfehlen. Mit Formatvorlagen können Sie Absätze schnell einheitlich formatieren und ggf. umformatieren. In Word finden Sie sie unter Start – Formatvorlagen. Eine Formatvorlage ist eine Beschreibung der Formatierungsmerkmale eines Absatzes, die unter einem bestimmten Namen gespeichert wird.

- Beispielsweise heißen in der Datei dieses Buches die Formatvorlagen für normale Textabsätze „Standard" und „Standard eingerückt". Die Merkmale von „Standard" sind: Schriftart Book Antiqua 9,5 pt; Ausrichtung: Block; Zeilenabstand: Genau 11,5 pt; Absatzkontrolle. Die Vorlage „Standard eingerückt" basiert auf „Standard" und hat zusätzlich das Merkmal Einzug: Erste Zeile 0,5 cm.

- Wenn ich einen Absatz mit diesen Merkmalen formatieren will, muss ich ihm nur per Mausklick die Formatvorlage „Standard" bzw. „Standard eingerückt" zuweisen.

- Wenn ich später beispielsweise feststelle, dass der Zeilenabstand zu gering ist und ich lieber 12,5 pt hätte, genügt es, die Änderung ein einziges Mal in der Formatvorlage „Standard" vorzunehmen; dann ändert sich der Zeilenabstand automatisch bei allen Absätzen, denen „Standard" oder die darauf basierende Vorlage „Standard eingerückt" zugewiesen ist.

Wenn Sie noch nie mit Formatvorlagen gearbeitet haben und Ihnen diese Kurzbeschreibung nicht genügt, geben Sie das Stichwort *Formatvorlagen* in die Word-Hilfe (F1 oder Fragezeichen-Icon rechts oben) ein, und schauen Sie sich die ausführlicheren Informationen dort an. Auch im Internet gibt es nützliche Beschreibungen, z. B. unter ‹http://www.kortstock.de/Word/formatv.htm›.

Die Formatvorlagen, die Sie für Ihre Haus- und Abschlussarbeiten brauchen, können Sie in einer sogenannten **Dokumentvorlage** speichern.

- Nehmen Sie eine Hausarbeit, in der Sie Formatvorlagen verwendet haben; löschen Sie alle Textteile, die sich bei jeder Hausarbeit ändern, aber lassen Sie diejenigen Teile stehen, die immer gleich bleiben (z. B. auf der Titelseite den Namen der Universität und Ihren Namen).

- So entsteht das „Gerüst" einer Hausarbeit. Dieses Gerüst speichern Sie dann als Dokumentvorlage ab (Word: Datei – Speichern unter – Dateityp: Word-Vorlage *.dotx).

- Wenn Sie nun eine neue Datei anlegen (Word: Datei – Neu), können Sie dafür diese Dokumentvorlage wählen. Sie haben dann nicht nur alle bisher verwendeten Formatvorlagen zur Verfügung, sondern auch Formatierungsmerkmale wie z. B. den Seitenrand und alle unveränderten Textteile.

13.4 Überschriften

Aus Kap. 13.2 wissen Sie bereits, dass Kapitelüberschriften in derselben **Schriftart** wie der Haupttext gesetzt werden können oder in einer anderen. Achten Sie bei Verwendung einer anderen Schrift darauf, dass sich die beiden Schriften deutlich voneinander unterscheiden.

Der **Abstand** vor einer Überschrift ist größer als danach; der Abstand danach sollte maximal 1 Zeile betragen (u. U. auch gar kein Abstand danach, besonders wenn es sich um eine Überschrift niederen Grades handelt). Bei einer Abschlussarbeit mit relativ langen Kapiteln können Sie beispielsweise folgende **Schriftgrößen** und **Abstände** verwenden:

Überschrift	Schriftgröße	Abstände
1. Grades (Hauptkapitel)	16 pt und fett	vor = 30 pt, nach = 16 pt
2. Grades (Unterkapitel)	14 pt normal	vor = 20 pt, nach = 10 pt
3. Grades (Unter-Unterkapitel)	12 pt und fett	vor = 20 pt, nach = 0 pt

Achten Sie außerdem auf folgende Punkte:

- Überschriften **gleichen Grades** werden stets gleich formatiert, Überschriften **verschiedenen Grades** unterschiedlich. Um Einheitlichkeit zu erreichen, sollten Sie für die gesamte Arbeit Formatvorlagen verwenden (s. hierzu Kap. 13.3).

- Bei einer Arbeit mit **kurzen Kapiteln** sollten Sie eher geringere Abstände und eine kleinere Schriftgröße wählen.

- Verwenden Sie für Kapitelüberschriften **keine VERSALIEN** (Großbuchstaben) und **keine Unterstreichungen.** Kursivierungen sind möglich, aber nur dann, wenn Sie nicht ohnehin innerhalb einer Überschrift etwas kursivieren müssen (z. B. einen Buchtitel).

- **Mehrzeilige Überschriften** werden immer linksbündig gesetzt, nie mit Blocksatz (auch dann nicht, wenn der Rest des Textes Blocksatz hat). Der Zeilenabstand ist geringer als beim Haupttext (z. B. 1,15-zeilig). Mehrzeilige Überschriften schreibt man außerdem mit hängendem Einzug, das heißt, die zweite Zeile beginnt dort, wo in der ersten Zeile der Text beginnt, nicht unter der Kapitelnummer.

13.5 Fußnoten

Wie bereits erwähnt, werden Fußnoten nur für zusätzliche Erläuterungen verwendet, nicht für Quellenangaben. Fußnoten fügt man immer über die entsprechende Funktion des **Textverarbeitungsprogramms** ein, nie manuell wie mit der Schreibmaschine (Word: Verweise – Fußnote einfügen). Das Programm sorgt dafür, dass die Fußnoten immer korrekt nummeriert sind: Wenn Sie beispielsweise zwischen Fußnote 1 und Fußnote 2 eine neue Fußnote einfügen, dann wird die bisherige Fußnote 2 automatisch zu Fußnote 3. Um Fußnoten zu löschen oder zu verschieben, löschen bzw. verschieben Sie einfach die Fußnotenzahl im Haupttext.

Die **Fußnotenzahl** wird **im Text hochgestellt** und ohne Leerschritt unmittelbar an das Wort, auf das sie sich bezieht, angeschlossen: so[1]. Wenn sich die Fußnote auf einen ganzen Satz oder Absatz bezieht, steht die Fußnotenzahl nach dem Punkt: so.[1]

Die **Fußnote selbst** steht am Ende der Seite (keinesfalls am Ende des ganzen Textes). In der Fußnote wird ein Abstand gelassen zwischen der Fußnotenzahl und dem Beginn des Fußnotentextes. Abbildung 11 zeigt Ihnen zwei Möglichkeiten für die Formatierung von Fußnoten:

Abbildung 11: Formatierung von Fußnoten

Entweder:

[1] Fußnotenzahl hochgestellt, dann beginnt bei längeren Fußnoten die zweite Zeile normalerweise unter der Fußnotenzahl, so wie hier, und zwischen der Fußnotenzahl und dem Text steht ein geschützter Leerschritt.

Oder:

1   Fußnotenzahl nicht hochgestellt, dann steht zwischen der Fußnotenzahl und dem Text ein Tabstopp, und bei längeren Fußnoten beginnt die zweite Zeile erst dort, wo auch der Text der ersten Zeile beginnt, nicht schon unter der Fußnotenzahl (= hängender Einzug).

Fußnoten werden mit demselben **linken Rand** geschrieben wie der Rest des Textes, sie werden also nicht eingerückt (s. hierzu die Musterseiten in Anhang II). Zur Schriftgröße bei Fußnoten s. oben, Kap. 13.2. Bei jeder Fußnote beginnt der Text mit **Großschreibung** und endet mit einem Punkt.

13.6   Seitenrand und Seitenzahl

Als **Seitenrand** ist bei **einseitigem** Ausdruck zu empfehlen: links ca. 5 cm, rechts 1–2 cm, oben 2,5 cm, unten 2 cm (s. Musterseiten). Bei einer Schriftgröße von 12 pt ergibt das ca. 80 Zeichen pro Zeile – das gilt bei wissenschaftlichen Texten als gut lesbare Zeilenbreite. Der breite linke Rand ist für Korrekturanmerkungen gedacht (üblicherweise macht man den breiten Rand links, auch wenn für rechtshändige Menschen Korrekturen am rechten Rand einfacher zu schreiben wären).

Die **Titelseite** kann einen anderen Rand haben als die anderen Seiten: Bei Hausarbeiten, die als lose Blätter (also z. B. in einem Plastikhefter) eingereicht werden, sieht es gut aus, wenn der linke Rand gleich breit ist wie der rechte (s. Musterseiten). Wenn die Arbeit dagegen gebunden wird, kann der Rand der Titelseite mit dem des restlichen Textes identisch sein.

Stellen Sie den Seitenrand in Word immer über das **Seitenlayout** ein, nicht über die Absatzformatierung. Um einen unterschiedlichen Seitenrand einstellen zu können, müssen Sie am Ende der Titelseite einen **Abschnittswechsel** einfügen (in Word: Seitenlayout – Umbrüche – Abschnittsumbrüche – Nächste Seite).

Üblicherweise würde man eine Hausarbeit einseitig ausdrucken und in Form loser Blätter einreichen. Abschlussarbeiten werden meist gebunden, aber in der Regel ebenfalls einseitig ausgedruckt. Falls Sie Ihre Abschlussarbeit **zweiseitig** ausdrucken und binden lassen, machen Sie außen einen breiteren Rand als innen.

Die **Position der Seitenzahl** (bei einem oberen Rand von 2,5 cm) ist oben bei 1,25 cm. Die Seitenzahl steht in der Mitte des Satzspiegels (Satzspiegel = bedruckter Teil der Seite), sofern Sie nicht in die Kopfzeile auch noch z. B. die Kapitelüberschriften einbauen.

13.7   Inhaltsverzeichnis

Das **Inhaltsverzeichnis enthält** alle Überschriften von Kapiteln und Unterkapiteln sowie die Kapitelnummern und die Seitenzahlen (nur die Zahl der Anfangsseite, und zwar ohne S. davor).

Ein Beispiel für die Gestaltung eines Inhaltsverzeichnisses finden Sie in den Musterseiten. Dort ist das Inhaltsverzeichnis **manuell** geschrieben. Man kann es mit Word auch **automatisch** erzeugen (Verweise – Inhaltsverzeichnis), vorausgesetzt, dass man für die Überschriften entsprechende Formatvorlagen verwendet hat. Die automatische Erzeugung hat den Vorteil, dass die Überschriften und Seitenzahlen auf jeden Fall korrekt sind, aber den Nachteil, dass Word manchmal unschöne Formatierungen vorgibt, die nur teilweise manuell geändert werden können.

Die **Seitenzahlen** stehen im Inhaltsverzeichnis immer in einer eigenen Spalte; bei langen Überschriften darf kein Text zwischen die Seitenzahlen geraten. Sie werden rechtsbündig gesetzt, also so, dass eine 8 über der 0 von 10 steht, nicht über der 1. Rechtsbündige Seitenzahlen erreicht man in Word

- am einfachsten, wie in Abbildung 12 gezeigt, durch einen rechtsbündigen Tabstopp am rechten Rand des Satzspiegels (Start – Absatz – Absatzeinstellungen – Tabstopps – Tabstoppposition 14,5 cm [bei Seitenrand links 5 cm, rechts 1,5 cm], Ausrichtung: Rechts)
- oder, etwas komplizierter, durch eine Tabelle: linke Spalte für die Überschriften, rechte für die Seitenzahlen; Absätze der rechten Spalte rechtsbündig formatieren (Spalte markieren – dann: Start – Absatz – Absatzeinstellungen – Allgemein – Ausrichtung: Rechts).

Abbildung 12: Rechtsbündigen Tabstopp setzen (Word 2013)

Versuchen Sie nicht, die Seitenzahlen manuell durch eine Reihe von Leerschritten zu positionieren; das führt immer zu einem unsauberen rechten Rand.

Wenn die Überschriften sehr kurz sind, kann ein Tabstopp **mit Punkten als Füllzeichen** zur Übersichtlichkeit beitragen. Wenn Sie Punkte verwenden, sollten Sie je einen Leerschritt vor und nach dem Tabstopp setzen, damit die Punkte nicht am Text und an den Seitenzahlen „kleben". Auch die Punkte sollten Sie nicht manuell durch wiederholtes Antippen der Punkttaste zu erzeugen versuchen. Nutzen Sie die Option „Füllzeichen" in den Tabstopp-Einstellungen von Word.

Abbildung 13: Rechtsbündiger Tabstopp mit Punkten als Füllzeichen

So sauber wie hier	8
wird der rechte Rand nur, ...	9
wenn Sie einen Tabstopp setzen	10

Die **Übersichtlichkeit** des Inhaltsverzeichnisses ist wichtig. Es gibt verschiedene Möglichkeiten:

- Am besten sollten – wie in den Musterseiten – die Kapitelnummern in einer eigenen Spalte stehen (also insgesamt drei Spalten: Kapitelnummern, Überschriften, Seitenzahlen). Vor den Hauptüberschriften sollte ein Abstand sein, um die Überschriften hervorzuheben.

- Möglich, aber optisch unruhiger ist es, stattdessen die Überschriften von Unterkapiteln einzurücken.

Die Kapitelnummer und die Überschrift von Hauptkapiteln werden im Inhaltsverzeichnis **hervorgehoben** (z. B. fett), die zugehörigen Seitenzahlen jedoch nicht. (Das kann in Word bei vollautomatischer Erstellung des Inhaltsverzeichnisses ein Problem werden.) Heben Sie keinesfalls alle Überschriften hervor, nur die von Hauptkapiteln.

Wichtig ist auch die **exakte Übereinstimmung** des Inhaltsverzeichnisses mit dem Text der Arbeit. Stimmen müssen sowohl der Text der Überschriften als auch die Seitenzahlen. Das Inhaltsverzeichnis darf daher erst ganz zum Schluss erstellt werden, wenn Sie es manuell machen (bei vollautomatischer Erstellung aktualisiert Word ggf. die Seitenzahlen).

Der **Seitenrand** beim Inhaltsverzeichnis ist immer derselbe wie beim Haupttext. Es ist außerdem sinnvoll, für das Inhaltsverzeichnis dieselbe **Schriftart** zu verwenden wie für den Haupttext (auch dann, wenn Sie für die Überschriften im Text selbst eine andere Schriftart wählen).

13.8   Titelseite

Ein Beispiel für die Gestaltung der Titelseite finden Sie in den Musterseiten. Das Beispiel zeigt eine solide gestaltete Titelseite, wie Sie sie leicht selbst erstellen können. Es gibt natürlich wesentlich „kreativere" Möglichkeiten; aber wenn Sie kein sicheres typografisches Gefühl haben, bleiben Sie lieber bei einer einfacheren Version.

Die Titelseite wird entweder **konsequent zentriert** oder **konsequent linksbündig** gesetzt. Die Ausrichtung muss einheitlich sein (nicht mischen).

Bilden Sie **Gruppen:**

- Oben stehen die Namen von Hochschule, Fachbereich und Arbeitsbereich/Institut usw.,

- leicht oberhalb der Mitte der Titel der Hausarbeit und Ihr Name, direkt darunter in kleiner Schrift Ihr Studiengang, Ihre Sprachenkombination, Ihre Matrikelnummer und Ihre Mailadresse,

- unten der Titel des Seminars, die Seminarleitung und das Semester, in dem die Arbeit geschrieben wird.

Bei den Angaben, die Sie auf der Titelseite machen, sollten Sie sich natürlich nach den Vorgaben Ihrer Dozierenden bzw. Ihrer Hochschule richten. Manchmal wird z. B. keine Angabe von Matrikelnummer und Mailadresse gewünscht, aber dafür das genaue Abgabedatum.

Die **wichtigsten Informationen** auf der Titelseite werden typografisch hervorgehoben (durch die Schriftgröße und evtl. durch Fettdruck). Wichtig sind vor allem der Titel der Arbeit und Ihr Name, denn das sind die für die Korrektur relevanten Angaben. Universität und Fachbereich dagegen sind allen bekannt und erscheinen daher klein.

Achten Sie unbedingt auf die **Korrektheit der Namen.** Am FTSK beispielsweise ist wichtig:

- *Johannes Gutenberg-Universität Mainz* (nur *ein* Bindestrich – und ein *Bindestrich,* kein Gedankenstrich),

- *Fachbereich Translations-, Sprach- und Kulturwissenschaft* (kein *für,* kein *-en*),

- *Arbeitsbereich Interkulturelle Germanistik.*

- Wie schreibt man den Namen Ihrer Dozentin bzw. Ihres Dozenten?

- Wie heißt das besuchte Seminar genau?

Es hinterlässt einen schlechten Eindruck, wenn Sie da Fehler machen.

13.9   Zum Abschluss

Wenn Sie mit dem Entwurf der Arbeit fertig sind, müssen Sie ihn noch mindestens zweimal durchlesen. Zuerst **überprüfen** Sie den **Inhalt:** Arbeiten Sie den roten Faden klar heraus, prüfen Sie den logischen Aufbau, streichen Sie Überflüssiges, fassen Sie langatmige Passagen zusammen, und achten Sie dabei auch auf die sprachliche Kohärenz. Hierfür kann es hilfreich sein, den eigenen Text laut zu lesen.

Anschließend **lesen Sie** den Text **Korrektur:** Überprüfen Sie die sprachliche Korrektheit, die Formalien (typografische Hervorhebung, Zitate, Quellenangaben, Literaturverzeichnis), das Layout und die Textverarbeitung. Zum Korrekturlesen liest man am besten den Ausdruck (!)

mit einem Stift in der Hand: Folgen Sie mit dem Stift dem Text Wort für Wort, besser noch Silbe für Silbe. Versuchen Sie nicht, das Korrekturlesen am Bildschirm durchzuführen, man übersieht da zu leicht Fehler. Zwischen der Fertigstellung des Textes und dem Korrekturlesen sollten nach Möglichkeit einige Tage Pause liegen, denn Sie finden Fehler leichter, wenn Ihnen Ihr Text wieder etwas „unbekannt" vorkommt.

Versuchen Sie nicht, die inhaltliche Überprüfung und das Korrekturlesen in einem einzigen Schritt zu erledigen. Man kann sich nicht auf zu viele Dinge gleichzeitig konzentrieren; wenn Sie auf den Inhalt achten, ist die Gefahr relativ groß, dass Sie beispielsweise Tippfehler übersehen.

Wenn der Text dann seine endgültige Form hat (Formulierung und Formatierung), führen Sie die **Silbentrennung** durch (s. Kap. 13.1). Anschließend erstellen Sie den **Endausdruck,** und auch diesen müssen Sie noch einmal Seite für Seite anschauen, bevor Sie ihn abgeben (z. B. auf Druckerfehler).

13.10 Übungsaufgaben zu Layout und Textverarbeitung

1. Rufen Sie die Datei ‹http://www.fb06.uni-mainz.de/deutsch/ Dateien/TWA_Uebungsaufgabe_Layout.docx› auf.

   a) Geben Sie dem Text ein akzeptables Layout, und korrigieren Sie auch die Textverarbeitungsfehler. Verwenden Sie die Überarbeitungsfunktion von Word (Überprüfen – Änderungen nachverfolgen), um Ihre Korrekturen kenntlich zu machen.

   b) Erläutern Sie zusätzlich, welche Fehler vorhanden waren und wie Sie sie korrigiert haben.

13.11 Kurzüberblick

- Achten Sie darauf, folgende Zeichen nicht zu verwechseln:
  - Apostroph ′ und Akzent ´ `
  - Gedankenstrich – und Bindestrich - und Trennstrich
  - Anführungszeichen: deutsche typografische „…" und englische typografische "…" und maschinenschriftliche "…"
  - deutsches ß und griechisches β
- Verschachteln Sie korrekt: „Anführungszeichen ‚so'" und (Klammern [so]).
- Achten Sie auf den korrekten Gebrauch von Leerschritten bei Satzzeichen.
- Suchen und ersetzen Sie doppelte Leerschritte vollautomatisch.

- Verwenden Sie dieselbe Antiqua-Schriftart für die gesamte Hausarbeit einschließlich Seitenzahlen; bei Überschriften ist auch eine Grotesk-Schrift möglich.

- Schreiben Sie die Arbeit mit Blocksatz. Der Zeilenabstand sollte im Haupttext 1,5-zeilig sein und bei eingerückten Zitaten 1-zeilig.

- Verwenden Sie nie „leere" Absatzschaltungen, um Absätze zu trennen oder eine neue Seite zu beginnen. Die Absatzformatierung bzw. der Seitenumbruch sind professioneller und wesentlich sicherer.

- Auch zum Einrücken verwendet man die Absatzformatierung (also keine Tabstopps oder Leerschritte). Für Tabellen gibt es wiederum eine eigene Funktion.

- Überschriften gleichen Grades sehen immer gleich aus, Überschriften unterschiedlichen Grades unterschiedlich. Überschriften von Hauptkapiteln sollten stärker auffallen als Überschriften von Unterkapiteln.

- Der Seitenrand sollte links ca. 5 cm betragen, rechts, oben und unten deutlich weniger. Er ist bei etwaigen Fußnoten gleich breit wie beim Haupttext.

- Das Inhaltsverzeichnis muss exakt mit dem Haupttext übereinstimmen (Text der Überschriften und Seitenzahlen). Achten Sie auf eine übersichtliche Gestaltung und auf sauber rechtsbündig angeordnete Seitenzahlen.

- Heben Sie auf der Titelseite Ihren Namen und den Titel Ihrer Arbeit deutlich hervor.

- Planen Sie für das Korrekturlesen, d. h. die Überprüfung auf sprachliche Fehler, Tippfehler, Formatierungsfehler usw., einen eigenen Arbeitsschritt ein.

- Vergessen Sie zum Schluss nicht, die Silbentrennung durchzuführen.

13.12 Zum Nachdenken

In Zusammenhang mit Layout und Textverarbeitung könnten Sie über folgende Punkte nachdenken:

➢ Welche der Informationen zu Textverarbeitung und Layout benötigen Sie hauptsächlich für wissenschaftliche Arbeiten, und welche sind auch in anderen Kontexten nützlich?

➢ Woran genau merkt man, ob man ein Textverarbeitungsprogramm für einen bestimmten Zweck hinreichend beherrscht oder nicht? Ganz eindeutig ist es natürlich, wenn Probleme auftreten, die man nicht beheben kann; aber gibt es auch noch andere Anzeichen? Welche?

➤ Das Layout ist sozusagen die Verpackung eines Textes. Wie wichtig sollte diese Verpackung bei einer wissenschaftlichen Arbeit sein und warum?

14 Zeitmanagement

In diesem Abschnitt können Sie **Folgendes lernen:**

- Ihren persönlichen Arbeitsstil zu identifizieren,
- grundlegende Zeitmanagement-Techniken anzuwenden,
- Ihre individuellen Prioritäten festzulegen.

14.1 Zeitaufwand und Zeitdruck

Es gibt individuell ganz verschiedene **Arbeitsstile.** Einige Menschen arbeiten am besten unter Zeitdruck, wenn sie also einen Termin in naher Zukunft vor sich sehen. Anderen fällt in einer solchen Situation vor Stress überhaupt nichts mehr ein, sie brauchen viel Zeit und Ruhe zum Arbeiten. **Gefährlich** kann beides sein. Wer unter Zeitdruck schnell arbeitet, begeht oft Flüchtigkeitsfehler. Bei denen, die in Ruhe arbeiten, besteht die Gefahr, dass sie für etwas viel zu viel Zeit aufwenden. Sie suchen endlos nach Material und haben nie das Gefühl, dass sie jetzt endlich richtig anfangen könnten – vom Aufhören ganz zu schweigen. Im Beruf kann beides sehr hinderlich sein, denn da sind normalerweise weder Fehler noch Langsamkeit gern gesehen.

Bemühen Sie sich, einen **Mittelweg** zu finden. Hierbei können die **Leistungspunkte** (ECTS-Punkte, *credit points*) hilfreich sein. Am FTSK beispielsweise werden für ein Seminar 6 Leistungspunkte vergeben. 1 LP bedeutet 30 Zeitstunden Arbeit, 6 LP entsprechen also 180 Stunden.

- Von diesen 180 Stunden verbringen Sie in einem 14-wöchigen Semester maximal 28 Dreiviertelstunden = 21 Zeitstunden in der Veranstaltung selbst.
- Der Rest der Zeit (159 Stunden) ist für die Vorbereitung und für die Abfassung der Hausarbeit gedacht.
- Notieren Sie sich, wie viel Zeit Sie für die Vorbereitung aufwenden; dann wissen Sie ungefähr, was Ihnen an Zeit für die Hausarbeit bleibt.

Natürlich ist das Arbeitstempo individuell verschieden. Aber angenommen, Sie brauchen für die Vorbereitung 40 Stunden. Dann bleiben Ihnen für die Hausarbeit 119 Stunden. Wenn Sie langsam arbeiten, brauchen Sie vielleicht 150; wenn Sie schnell sind, schaffen Sie es in 90 – aber Sie wissen auf jeden Fall, dass 30 Stunden nicht genügen und dass 300 deutlich zu viel sind.

14.2 Zeitplanung

Unabhängig davon, ob Sie Zeitdruck oder Ruhe brauchen, sollten Sie sich ein paar einfache **Zeitmanagement-Techniken** angewöhnen. Legen Sie zunächst einen **Wochenplan** mit Ihren sämtlichen festen Terminen an (z. B. mit Ihren Unterrichtszeiten im laufenden Semester). Suchen Sie dann freie Blocks, und merken Sie sich diese Zeit für die Hausarbeit vor. Es ist nützlich, den Vermerk *Hausarbeit* direkt in den Stundenplan hineinzuschreiben, als ob es eine Lehrveranstaltung wäre. Versuchen Sie, diese Termine, die Sie sich selbst gesetzt haben, auch einzuhalten.

Achten Sie darauf, dass Sie sich die Tage nicht zu sehr mit Terminen füllen: Sie müssen damit rechnen, dass Ihnen auch sehr viel Unerwartetes dazwischenkommt. In der Wirtschaft heißt es, man darf **maximal 60 % des Tages verplanen,** besser noch nur 50 %. Wenn Sie an einem Tag 8 Stunden Unterricht haben, wäre es unrealistisch zu glauben, dass Sie an dem Tag noch umfassend für Ihre Hausarbeit bibliografieren könnten – auch wenn der Stundenplan auf den ersten Blick noch Lücken hat. Und auch in der vorlesungsfreien Zeit hat der Tag nur 24 Stunden. (Ein Beispiel für die Terminplanung im laufenden Semester finden Sie in Anhang IV).

Versuchen Sie, für Ihre Hausarbeit **mehrstündige Blocks** zu reservieren. Wenn Sie angefangen haben zu schreiben, dann nützt es nicht viel, wenn Sie sich eine halbe Stunde fürs Weiterschreiben vormerken, denn bis Sie sich überhaupt wieder in das aktuelle Kapitel hineingedacht haben, ist die halbe Stunde schon vorbei.

Es kann auch hilfreich sein, sich für jede Woche ganz konkret einen **bestimmten Teil der Arbeit** vorzumerken. Dann notieren Sie sich also z. B. für einen reservierten Block der vierten Semesterwoche: „Sekundärliteratur suchen", für einen späteren Block: „Kap. 2.1 schreiben".

- Zeitdruck-Menschen können so versuchen, die Arbeit rechtzeitig zu beginnen.

- Ruhe-Menschen können üben, Prioritäten zu setzen und die Arbeit in der vorgesehenen Zeit zu beenden.

- Eine Vormerkung kann auch für diejenigen sinnvoll sein, die dazu neigen, etwas als unangenehm oder anstrengend Empfundenes möglichst lange vor sich herzuschieben.

Natürlich können Sie auch außerhalb der reservierten Zeiten spontane Ideen festhalten; und Sie können auch während der reservierten Zeiten kurze Pausen machen und zur Entspannung an etwas ganz anderes denken.

Im zweiten Teil von Anhang IV finden Sie zwei Zeitmanagement-Tabellen (Tagesliste und Wochenliste) für Menschen, die ganz oder teilweise von zu Hause aus arbeiten. Zielpublikum sind Berufstätige (beispielsweise freiberufliche ÜbersetzerInnen), aber die Tabellen können auch für Studierende nützlich sein.

Für eine sinnvolle Zeitplanung müssen Sie natürlich grob überschlagen, **wie lange** Sie für eine bestimmte Aufgabe brauchen. Dafür gibt es leider sehr wenig allgemeine Richtwerte. Die einen lesen schnell, die anderen langsam. Die einen schreiben schnell, die anderen quälen sich damit. Sie müssen aber auf jeden Fall einige Stunden für die Suche nach Sekundärliteratur (Bibliografieren) einplanen und noch etliche mehr für die Sichtung des Materials. Über den Aufbau sollten Sie auch in Ruhe nachdenken, und zwar in einem separaten Arbeitsschritt. Dann müssen Sie sich noch einmal gründlich mit den Formalien befassen, wenn Sie sie nicht durch lange Übung schon gut im Kopf haben – das kann ggf. auch mehrere Stunden dauern. Wie lange das Schreiben selbst (einschließlich Überprüfung von Formulierungen und Rechtschreibung sowie Layout) dauert, das können Sie selbst am besten beurteilen. Vielleicht möchten Sie zuerst einen Entwurf verfassen und diesen dann überarbeiten. Und zum Schluss kommt auf jeden Fall noch das Korrekturlesen, das einige Stunden in Anspruch nehmen wird.

Berücksichtigen Sie bei Ihrer Planung unbedingt auch **Störungen** verschiedener Art:

- Beispielsweise sollten Sie mit der Suche nach **Sekundärliteratur** anfangen, sobald das Thema und die Fragestellung Ihrer Arbeit feststehen. Sie können nicht voraussetzen, dass die Literatur, die Sie brauchen, in der Bibliothek auf dem Regal steht und auf Sie wartet. Es kann sein, dass Werke verliehen sind, und es kann sein, dass Sie etwas per Fernleihe aus einer anderen Bibliothek bestellen müssen – das kann mehrere Wochen dauern.

- Sie sollten auch daran denken, dass **Software** und **Hardware** manchmal nicht funktionieren. Überspitzt ausgedrückt: Software und Hardware funktionieren vorzugsweise dann nicht, wenn man sie am dringendsten braucht – also kurz vor dem Abgabetermin.

Generell gilt: Sie arbeiten besser, wenn Sie einen **Überblick** darüber haben, was Sie tun.

- Notieren Sie sich, was zu erledigen ist.
- Dann entscheiden Sie über Ihre persönlichen Prioritäten: Was ist Ihnen wichtig, was weniger wichtig?

- Für die wichtigen Dinge sollten Sie viel Zeit einplanen. Was für Sie eher unwichtig ist, kann schnell erledigt werden (oder sogar ganz unter den Tisch fallen), weil es nicht so viel ausmacht, wenn das nicht perfekt ist.

Wie wichtig etwas ist, hängt nicht von den Dingen selbst ab, sondern von Ihrer Einstellung dazu. Wenn Sie beispielsweise Wert darauf legen, Ihr Studium zu einem sehr guten Abschluss zu bringen, dann ist jede Modulprüfung wichtig für Sie. Wenn es Ihnen dagegen „nur" darum geht, überhaupt einen Abschluss zu bekommen, dann ist der erste Prüfungsversuch nicht so wichtig: Wenn Sie durchfallen, haben Sie in der Regel noch einen oder mehrere weitere Versuche, und wenn Sie mit einer schlechten Note bestehen, dann haben Sie ja schon alles erreicht, was Sie sich vorgenommen hatten.

Ganz allgemein sollten Sie sich **für ein Semester** nicht zu viele zeitaufwendige Veranstaltungen vornehmen. Sonst erreichen Sie vielleicht in keiner davon Ihr Ziel. Überschlagen Sie mithilfe der Leistungspunkte, für wie viele und welche Veranstaltungen Sie in einem Semester überhaupt Zeit haben.

Und schließlich: Wenn Sie für Ihre Hausarbeit oder für andere Leistungen einen **Abgabetermin** haben, halten Sie ihn ein. Vermerken Sie den Termin im (papierenen oder elektronischen) Kalender; und machen Sie am besten auch einen zweiten Vermerk für den Tag, an dem Sie mit der Arbeit beginnen möchten – es nützt nicht viel, wenn Sie im Kalender sehen, dass Sie heute eine noch gar nicht angefangene Arbeit abgeben müssten. Manche finden es auch nützlich, wichtige Termine zusätzlich auf einen Zettel zu schreiben und diesen an einer gut sichtbaren Stelle aufzuhängen.

14.3   Übungsaufgaben zum Zeitmanagement

1. Erstellen Sie einen persönlichen Zeitplan für das aktuelle Semester, und diskutieren Sie Probleme bei der Zeitplanung anhand dieses konkreten Beispiels. Berücksichtigen Sie bei der Planung auch, was Sie in diesem Semester überhaupt erreichen möchten (also Ihre Prioritäten). Erstellen Sie bitte nicht einfach einen abstrakten Plan in Anlehnung an Seite 1 von Anhang IV; es geht um die ganz konkrete Verwirklichung des Zeitmanagements im Einzelfall.

2. Schauen Sie sich die Tages- und die Wochenliste an, die Sie im zweiten Teil von Anhang IV finden.

   a) Erstellen Sie eine Liste für eine Woche und eine weitere Liste für einen Tag im aktuellen Semester. Legen Sie dabei Ihren eigenen

Stundenplan und Ihre sonstigen Termine zugrunde, und diskutieren Sie Probleme bei der Zeitplanung anhand dieses konkreten Beispiels.

b) Könnten Sie sich vorstellen, im Studium tatsächlich mit einer solchen Liste zu arbeiten? Warum bzw. warum nicht?

Es ist sinnvoll, dass Sie sowohl diese Listen als auch die Tabelle im ersten Teil von Anhang IV einmal ausprobieren. Beim Zeitmanagement ist es ähnlich wie bei den Gliederungstechniken: Nicht jede Methode funktioniert für alle Menschen gleich gut.

14.4 Kurzüberblick

- Orientieren Sie sich an den Leistungspunkten, um zu ermitteln, wie viel Zeit Sie sich ungefähr für eine Hausarbeit nehmen sollten.
- Wenn Sie es erfahrungsgemäß schwierig finden, Termine einzuhalten, oder wenn Sie sich häufig verzetteln, arbeiten Sie mit einem Terminplan, und verplanen Sie keinesfalls mehr als 60 % Ihrer Zeit.
- Beginnen Sie frühzeitig mit allen Arbeitsschritten, deren Zeitaufwand Sie nicht ganz genau abschätzen können. Kreative Pausen können nützlich sein; Aufschieben dagegen ist oft eher schädlich.
- Überlegen Sie sich, was Ihnen persönlich wichtig ist, und nehmen Sie sich dafür Zeit; weniger Wichtiges können Sie schneller erledigen.

14.5 Zum Nachdenken

In Zusammenhang mit dem Zeitmanagement könnten Sie über folgende Punkte nachdenken:

➢ Was für ein Zeitverständnis steht hinter Zeitmanagement-Techniken wie den hier behandelten? Welche Rolle spielt die Zeit in unserem Leben, wenn wir es so organisieren? Gibt es Alternativen – und wenn ja, wie würden sie sich im Rahmen eines translationswissenschaftlichen Studiums umsetzen lassen?

➢ Welche Prioritäten setzen Sie bei einer Hausarbeit – welche Aspekte sind für Sie besonders wichtig, welche weniger wichtig? Warum? Verwenden Sie auf die wichtigen Aspekte deutlich mehr Zeit als auf die weniger wichtigen?

➢ In Hausarbeiten investiert man meistens ziemlich viel Zeit. Ist das in einem translationswissenschaftlichen Studium sinnvoll? Warum bzw. warum nicht?

➢ Lohnt es sich überhaupt, Energie auf die Zeitplanung und die Einhaltung von Terminen zu verwenden? Sollte nicht ausschließlich die

Qualität zählen? (Gilt die Antwort, die Sie hierauf geben, speziell für Hausarbeiten oder auch für andere Bereiche?)

➢ Wie wichtig oder unwichtig ist das Zeitmanagement für den Beruf, den Sie nach Abschluss Ihres Studiums ergreifen möchten?

15 Vortrag

In diesem Abschnitt können Sie **Folgendes lernen:**
- die Merkmale eines guten Vortrags zu beschreiben,
- einen Vortrag professionell vorzubereiten,
- verschiedene Hilfsmittel für einen Vortrag zu benutzen,
- einen verständlichen Vortrag zu halten.

15.1 Ablesen

Wenn Sie einen Vortrag (ein Referat) halten müssen/dürfen, gibt es zwei Möglichkeiten. Entweder Sie halten den Vortrag eher frei (mit Gedächtnisstützen wie PowerPoint, Overheadfolien, Notizzetteln usw.), oder Sie lesen ihn weitgehend bzw. ganz ab.

Wenn man den Studierenden die Wahl lässt, entscheiden sich viele fürs **Ablesen.** Sowohl in der Muttersprache als auch in der Fremdsprache hat man oft weniger Angst vor dem Ablesen als vor dem freien Sprechen, weil man beim Ablesen Gedanken und Formulierungen vorher festlegen kann und sicher ist, dass man nichts vergisst. Und wenn eine Hausarbeit zum selben Thema eingereicht werden soll, meinen viele, dass die Hausarbeit auch als Vortrag verwendet werden kann.

Das Ablesen hat aber einen gravierenden **Nachteil:** Ein abgelesener Vortrag ist nur selten für das Publikum verständlich. Es genügt nicht, lesen zu können; gutes Ablesen ist eine Kunst, die nur sehr wenige beherrschen. Das Resultat ist: Der Text wird viel zu schnell vorgelesen, in einem leiernden Tonfall, der das Verständnis noch weiter erschwert. Zudem sind die Formulierungen oft schriftsprachlich, also komplex, und besonders in der Fremdsprache mündlich schwer zu verstehen.

Wenn Sie Ihren Vortrag unbedingt ablesen wollen, achten Sie beim Entwurf darauf, dass die Sätze nicht zu lang oder komplex werden. Die **Syntax** muss einfach sein, damit das Publikum ihr problemlos folgen kann. Es hat keinen Sinn, die fertig ausformulierte Hausarbeit vorzutragen – eine Hausarbeit soll gelesen werden, nicht vorgelesen.

Einen abzulesenden Vortrag müssen Sie **proben.** Wenn es geht, machen Sie eine Ton- oder Videoaufnahme davon, die Sie anschließend abhören bzw. anschauen. Es kann auch sehr nützlich sein, wenn Sie jemanden bitten, sich eine Seite oder zwei anzuhören und Ihnen Hinweise zu geben. Denken Sie daran: Wenn Sie den Eindruck haben, langsam zu reden, kann das für Ihr Publikum immer noch viel zu schnell sein. Und denken Sie auch daran, dass Sie durch Ihre **Intonation** Interesse am Thema signalisieren können und müssen. Das sollten Sie üben, gerade in der Fremdsprache. Eine gute Intonation hilft sehr beim Verstehen.

Wenn Sie Ihren Vortrag unbedingt ablesen möchten, kann Ihr Manuskript so aussehen wie in Abbildung 14 (angelehnt an Göhring 2007: 59; unten 316–317):

- große Schrift
- großer Zeilenabstand
- Zeilen nicht zu lang
- Hinweise auf Betonung, Pausen usw.

Abbildung 14: Vortragsmanuskript

Der Ethnologe Dennison Nash hat die Reaktionen von

Amerikanern untersucht, die in einer spanischen Stadt lebten.

Es gab dort keinen größeren militärischen Stützpunkt ‖ und

deswegen auch keine amerikanischen Lebensbedingungen;

die Amerikaner hatten hauptsächlich Kontakt zur

einheimischen Bevölkerung. **[PAUSE; RUNDBLICK]**

Ihre Reaktionen auf diesen Kontakt zu Spaniern ‖ teilt Nash

in drei Stadien ein. Im ersten Stadium waren die Amerikaner

stark desorientiert; Nash nennt das *akute Anomie.* Im zweiten

Stadium kam es zu Konflikten ‖ zwischen den Werten der

amerikanischen und der spanischen Kultur; Nash spricht hier

von *einfacher Anomie.* Im dritten Stadium schließlich ‖ kam es

zu einem neuen Gleichgewicht.

Wenn Sie feststellen, dass Sie mit Tempo und Intonation Schwierigkeiten haben, greifen Sie zu Hilfsmitteln. Beim **Tempo** hilft es, wenn Sie für den Vortrag jeden Absatz auf einer eigenen Seite ausdrucken – dann machen Sie am Ende jedes Absatzes zwangsläufig eine Pause zum Umblättern, und das Publikum bekommt ein Gliederungssignal. Sie können sich auch das Wort *Pause* in den Text schreiben. Oder vermerken Sie in regelmäßigen Abständen am Rand: *Langsam!* Holen Sie Luft am Satzende. Und ein Hilfsmittel zur **Intonation:** Markieren Sie sich die Wörter, die vom Sinn her besonders betont werden müssen. Sie können auch Intonationslinien in den Text zeichnen: Frage- oder Aussageintonation etwa. (Ein Beispiel für solche Hilfsmittel sehen Sie in Abbildung 14.)

Denken Sie gerade beim Ablesen immer daran, dass Sie ein **Publikum** haben. Wenn Sie eine Pause machen, heben Sie den Kopf vom Blatt, und schauen Sie die Zuhörenden an. Sie reden schließlich mit ihnen und möchten ihr Interesse wecken. Üben Sie eine Sitzhaltung, bei der Sie nicht zu sehr über dem Blatt zusammenfallen, und **schauen Sie öfter hoch.** Schauen Sie nicht nur geradeaus hoch, sondern blicken Sie auch zu denen hin, die an der Seite des Raumes sitzen. Trauen Sie sich ruhig, eine Pause zu machen, um ins Publikum zu schauen; das Publikum ist für Pausen dankbar. Sie können sich im Text markieren, wo eine gute Gelegenheit für einen Blick in die Runde ist. Und wenn Sie Ihren Text gründlich geübt haben, dann können Sie sicher einen halben Satz oder einen Satz sagen, ohne aufs Papier zu schauen. Wenn Sie den Vortrag proben, können Sie sich ein Foto oder einen Kaktus auf den Schreibtisch stellen und so tun, als ob das Ihr Publikum wäre – wie oft schauen Sie hin?

Wenn Sie vom vielen Sprechen einen trockenen Mund bekommen, stellen Sie sich eine Flasche **Wasser** (ohne Kohlensäure) bereit, und trinken Sie zwischendurch einen Schluck. Das wird nicht negativ auffallen. Im Berufsleben ist es beispielsweise auf Konferenzen gang und gäbe, dass man während des eigenen Vortrags etwas trinkt. Das Publikum kann inzwischen über das Gehörte nachdenken.

Die **Haltung** ist etwas, was Sie auf jeden Fall üben sollten, ob Sie nun ablesen oder frei sprechen. Üben Sie am besten vor dem Spiegel oder vor einer erleuchteten Fensterscheibe, damit Sie sich selbst sehen können; oder machen Sie eine Videoaufnahme von Ihrer Probe.

- **Problemzonen beim Sitzen** sind die Beine (nicht um ein Stuhlbein winden, nicht weit von sich strecken, nicht wippen), Rücken und Kopf (aufrecht, Kopf möglichst hoch, auf keinen Fall übers Blatt beugen) und die Hände (nicht ins Gesicht oder in die Haare greifen). Die Positur sollte ruhig sein, aber nicht steif und nicht starr. Verändern Sie im Laufe Ihres Vortrags den Sitz gelegentlich.

- Wenn Sie **stehen,** achten Sie darauf, dass Sie beide Beine gleichmäßig belasten – nicht ein Standbein und ein Schwungbein, mit dem Sie wippen. Lassen Sie die Hände nicht herunterhängen, sondern nehmen Sie sie hoch, auf Ellbogenhöhe. Wenn Sie mit Notizzetteln arbeiten, halten Sie sie ja automatisch auf halber Höhe. Sonst können Sie einen Stift (oder bei einer PowerPoint-Präsentation einen Laserpointer oder die Fernbedienung) in die Hand nehmen, das hilft auch, die Hände oben zu behalten. Aufrechtes Stehen bereitet den meisten keine Schwierigkeiten. Ein Vortrag im Stehen wirkt oft souveräner als einer im Sitzen.

15.2   Freies Sprechen

Was sind die Vor- und Nachteile des **freien Sprechens?** *Frei* bedeutet natürlich nicht, dass Sie völlig auf Gedächtnisstützen verzichten müssen. Sie können mit PowerPoint und Beamer arbeiten oder mit Stichwortzetteln, oder Sie können Ihre Gedankengänge auf Overheadfolien zusammenfassen.

Die **Vorteile** des freien Sprechens liegen auf der Hand. Wer frei spricht, spricht fast automatisch engagierter und klingt interessierter, und ein freier Vortrag ist meist sehr viel einfacher zu verstehen als ein abgelesener – erstens weil bei gesprochener Sprache Syntax und Wortschatz nicht so komplex sind und zweitens weil Tempo und Intonation mehr auf die Bedürfnisse des Publikums abgestimmt sind. Auch der Blickkontakt ist bei freier Rede generell sehr viel einfacher. Vom freien Vortrag hat das Publikum etwas, weil es ihn **versteht.** Die Erfahrung in Seminaren zeigt, dass das Publikum sehr froh über freie Vorträge ist. Es ist leichter, einen guten freien Vortrag zu halten als einen guten abgelesenen. Und da man das freie Sprechen vor Publikum auch im Beruf immer wieder braucht, schadet es nichts, wenn Sie es rechtzeitig üben.

Ein freier Vortrag macht wohl insgesamt mehr **Mühe** als ein abgelesener, weil Sie sich relativ genau überlegen müssen, was Sie eigentlich sagen wollen und wie Sie sich das in Kurzform als Gedächtnisstütze notieren können. Bei vielen kommt dazu die **Angst,** stecken zu bleiben. Was tue ich, wenn ich nicht weiß, wie der Satz weitergehen soll? Und was tue ich, wenn ich womöglich vergessen habe, was ich als Nächstes sagen wollte? Die Antwort auf solche Fragen ist aber denkbar einfach:

- Sie wissen nicht, wie der Satz weitergehen soll? Abbrechen und einen neuen anfangen. Das Publikum wird das vielleicht noch nicht einmal bemerken, weil gesprochene Sprache nie völlig kohärent ist. Es ist ganz natürlich, dass man sich immer wieder unterbricht und neu anfängt, und es ist übrigens auch ganz natürlich, dass man nicht grammatisch korrekt spricht (auch in der eigenen Muttersprache nicht).

- Und wenn Sie nicht mehr wissen, was Sie als Nächstes sagen wollten? Dafür sind Notizen da, und es ist durchaus in Ordnung, wenn Sie in aller Ruhe hineinschauen. Das Publikum ist vielleicht sogar dankbar für die kleine Gedankenpause.

Sie können auch einen Vortrag sozusagen **mündlich vorformulieren,** wenn Ihnen das hilft. Schreiben Sie ihn erst einmal so auf, wie Sie ihn gern halten würden – d. h. in eindeutig gesprochener Sprache, nicht schriftsprachlich. (Es hat keinen Sinn, dafür die schriftliche Hausarbeit verwenden zu wollen.) Damit haben Sie die Gedankengänge und die Überleitungen zwischen den Gedanken fixiert. Wenn Sie einmal Ihre Gedanken klar schriftlich geordnet haben, erinnern Sie sich vielleicht leichter daran, wenn Sie Ihren Stichwortzettel sehen. Und vielleicht fallen Ihnen beim freien Sprechen Formulierungen wieder ein, die Sie sich notiert hatten. Lernen Sie aber den vorformulierten Vortrag keinesfalls auswendig; ein „aufgesagter" Vortrag ist meistens so schlecht wie ein schlecht abgelesener.

Beispiel für eine mündliche Vorformulierung: Der Göhring-Text enthält einige ausgeprägt schriftsprachliche Formulierungen, so etwa:

> An Amerikanern, die in einer spanischen Stadt – mangels des für größere militärische Stützpunkte typischen Transplantats heimischer Lebensbedingungen – auf einen engeren Kontakt mit der lokalen Bevölkerung angewiesen waren, beobachtete Nash (1967, 1970), daß nach einem ersten Stadium der *akuten Anomie* (starke Desorientierung) ein zweites der *einfachen Anomie* (Konflikt zwischen den Werten von Ursprungs- und Zielkultur) und schließlich ein drittes des *neuen Gleichgewichts* folgen kann. (2007: 59; unten 316–317)

Angenommen, das sei kein Aufsatz von Göhring, sondern ein Teil Ihrer Hausarbeit. Wenn Sie das im Seminar so vorlesen, versteht es niemand, weil man dieser Syntax beim Zuhören nicht gut folgen kann. Eine Vorformulierung für den mündlichen Vortrag könnte so aussehen wie in Abbildung 14. Zur besseren Übersicht gebe ich hier den Text noch einmal wieder:

> Der Ethnologe Dennison Nash hat die Reaktionen von Amerikanern untersucht, die in einer spanischen Stadt lebten. Es gab dort keinen größeren militärischen Stützpunkt und deswegen auch keine amerikanischen Lebensbedingungen; die Amerikaner hatten hauptsächlich Kontakt zur einheimischen Bevölkerung. Ihre Reaktionen auf diesen Kontakt zu Spaniern teilt Nash in drei Stadien ein. Im ersten Stadium waren die Amerikaner stark desorientiert; Nash nennt das *akute Anomie.* Im zweiten Stadium kam es zu Konflikten zwischen den Werten der amerikanischen und der spanischen Kultur;

Nash spricht hier von *einfacher Anomie*. Im dritten Stadium schließlich kam es zu einem neuen Gleichgewicht.

Auf Ihrem Notizzettel bzw. Ihrer PowerPoint- oder Overheadfolie könnte dann einfach stehen:

Dennison Nash: Amerikaner in Spanien
Reaktionen auf Kulturkontakt in 3 Stadien:
1. akute Anomie (Desorientierung)
2. einfache Anomie (Wertekonflikt)
3. neues Gleichgewicht

15.3 Zeitliche und inhaltliche Gestaltung

Wenn Sie eine **Zeitvorgabe** für den Vortrag bekommen, achten Sie darauf, sie einzuhalten. Das ist natürlich beim freien Vortrag schwieriger, aber Sie müssen ja den Vortrag auf jeden Fall proben, dabei können Sie auch auf die Uhr schauen. Und markieren Sie sich „**Abkürzungen**": Überlegen Sie sich, was Sie eventuell überspringen könnten, wenn Sie unerwartet lang brauchen. Auf Zwischenfragen haben Sie keinen Einfluss, und vielleicht reden Sie auch ganz spontan über einen bestimmten Punkt länger als geplant. In solchen Fällen ist es gut, wenn Sie schon vorher wissen, was Sie weglassen können.

Versuchen Sie keinesfalls, in Ihrem Vortrag alles unterzubringen, was Sie in Ihrer Hausarbeit geschrieben haben bzw. schreiben wollen (es sei denn, das würde von dem/der Dozierenden ganz ausdrücklich verlangt). **Fassen Sie sich kurz;** beschränken Sie sich auf die wichtigsten Punkte und stellen Sie diese klar heraus. Dazu müssen Sie sich natürlich überlegen, was denn nun eigentlich wichtig ist und was weniger wichtig. Was finden Sie selbst besonders interessant, und was könnte die anderen interessieren? Langweilen Sie Ihr Publikum nicht mit unnötiger Ausführlichkeit („ich wollte das Thema eben möglichst umfassend darstellen"). Denken Sie daran, dass Ihre Mitstudierenden vom Thema viel weniger verstehen als Sie selbst und dass die Motivation zum konzentrierten Zuhören nicht bei allen hoch sein wird.

Sie sollten auch daran denken, Ihrem Publikum **Hilfestellungen** zu geben:

- **Gliederung:** Es hilft sehr, wenn Sie gleich am Anfang sagen, wie der Vortrag strukturiert ist, weil man dann immer weiß, wie man den jeweiligen Teil einordnen kann. Sie können die Gliederung mit PowerPoint zeigen oder in Kopie verteilen oder auch auf Overheadfolie auflegen.

- **Gliederungssignale:** Machen Sie durch Ihre Formulierungen die Struktur Ihres Vortrags deutlich – beispielsweise:

- *Als Erstes möchte ich kurz erläutern;*
- *Das war ein Überblick über X. Jetzt möchte ich auf Y einge-hen;*
- *Hierbei sind drei Punkte besonders wichtig: erstens A, zwei-tens B, drittens C;*
- *Jetzt komme ich zu der zentralen Frage, nämlich ...*

- Achten Sie auch auf die sogenannten **nonverbalen Elemente,** z. B. Pausen, Betonung und Intonation: Machen Sie eine erkennbare Pau-se, bevor Sie mit einem neuen Punkt beginnen, und betonen Sie die Schlüsselwörter Ihres Vortrags.

- Überlegen Sie sich, wenn Sie **Eigennamen** verwenden, ob Ihr Publi-kum sie wohl kennt. Haben *Sie* sie gekannt, bevor Sie mit der Vor-bereitung Ihres Vortrags angefangen haben? Wenn nicht, schreiben Sie sie an die Tafel, oder nehmen Sie sie in Ihre Folien auf (und über-legen Sie sich, ob Sie auf die Namen vielleicht auch verzichten könn-ten). Namen, die man nicht kennt, versteht man nicht und merkt man sich nicht.

- Seien Sie vorsichtig mit **Details.** Bei einem Vortrag verliert das Publi-kum leichter den Überblick als bei einem schriftlichen Text. Arbeiten Sie die großen Linien klar heraus. Wenn Sie Details verwenden, ord-nen Sie sie explizit in den Kontext ein.

Wenn Sie ein **Präsentationsprogramm** wie etwa PowerPoint oder das neuere Prezi verwenden, denken Sie daran, dass ein solches Pro-gramm kein Selbstzweck ist, sondern das Verständnis Ihres Vortrags unterstützen soll. Hierzu müssen zum einen Ihre Folien **gut lesbar** sein; das bedeutet eine große Schrift (bei Arial mindestens 16 pt) und eher wenig Text (verwenden Sie nach Möglichkeit nur Stichwörter, keine vollständigen Sätze). Zum anderen dürfen die Folien **nicht vom Inhalt ablenken.** Verzichten Sie also beispielsweise auf verspielte Animationen wie Rotieren, Blinken usw., und benutzen Sie nicht mehr als zwei ver-schiedene Schriftarten oder Farben.

Abbildung 15 zeigt eine von Sesink (^{9}2012: 318–319) empfohlene Art der Foliengestaltung. Ganz oben steht der Titel des Vortrags, ganz unten der Name der/des Vortragenden. In der Mitte steht links die Gliede-rung; die Überschrift des aktuellen Abschnitts erscheint hier fett. Rechts sieht man – in gut lesbarer Schriftgröße – die zu diesem Abschnitt gehö-renden Inhalte in Form von Stichwörtern.

Abbildung 15: Foliengestaltung (in Anlehnung an Sesink ⁹2012: 318–319)

Walter Scotts erste deutsche ÜbersetzerInnen	

1 Einleitung
2 Unsichtbarkeit
3 Sichtbarkeit der Person
3.1 Lindau
3.2 Schubart
4 Sichtbarkeit der Übersetzung
5 Schluss
	• Erwähnung in Überblicksdarstellungen:
	  □ Rezeption britischer Literatur in Deutschland (Sigmann 1918)
	  □ Rezeption Scotts in Deutschland (Schüren 1967)
	  □ „Übersetzungsfabriken" (Bachleitner 1989)
	• Außerdem in Artikel über Austen-Übersetzungen (Chambers 2000)
	
	• Erwähnte Aspekte:
	  □ Leben
	  □ Übersetzte AutorInnen
	  □ Übersetzungen und andere Publikationen
	  □ Verlage

Dr. Susanne Hagemann, Universität Mainz/Germersheim	

Wenn Sie für die Präsentation Ihren **eigenen Rechner** benützen, sollten Sie nach Möglichkeit im Voraus überprüfen, ob der Rechner mit dem Beamer kompatibel ist. Es ist weder für Sie selbst noch für Ihr Publikum erfreulich, wenn Sie vor Beginn Ihres Vortrags erst einmal zehn Minuten mit der Technik kämpfen. Sorgen Sie auch dafür, dass der Akku voll ist, bzw. vergewissern Sie sich, dass es eine gut erreichbare Steckdose gibt.

Ganz allgemein: Versetzen Sie sich in die Perspektive des Publikums. Überlegen Sie sich, wie ein Vortrag beschaffen sein müsste, damit Sie selbst ihn **gern hören** würden. So gestalten Sie dann Ihren eigenen Vortrag.

15.4 Übungsaufgaben zum Vortrag

1. Achten Sie beim nächsten unprofessionellen Vortrag, den Sie hören, darauf, wie die hier besprochenen Aspekte umgesetzt werden.

   a) Was ist schlecht an der Präsentation, und wie könnte man es besser machen?

   b) Welche anderen Probleme kennen Sie selbst von schlechten Vorträgen?

   c) Welches der verschiedenen Probleme, die bei einem schlechten Vortrag auftreten können, finden Sie persönlich am schlimmsten? Warum?

2. Lesen Sie im Text von Prunč die Passage von „Übersetzen, Bearbeiten, Nachtexten" bis „selten gut getan" (^{3}2012: 28–29; unten 285) und die zugehörigen Fußnoten 22 und 23.

   a) Stellen Sie sich vor, das sei ein Teil Ihrer Hausarbeit. Wie würden Sie diesen Absatz und die Fußnoten für einen Vortrag umformulieren?

   b) Erstellen Sie zu demselben Absatz Stichwörter für einen Notizzettel bzw. eine PowerPoint-Folie.

   c) Wenn beim Vortrag nicht mit PowerPoint oder Overheadprojektor gearbeitet wird, gibt es etwas, was Sie anschreiben müssten, um den Vortrag verständlich zu machen?

   d) Wenn die Zeit nicht reicht, wie könnten Sie diese Passage kürzen?

3. Schauen Sie sich die Folien unter ‹http://www.fb06.uni-mainz.de/deutsch/Dateien/TWA_Anhang_Praesentation.pdf› an. Die Aufgabe war, einen Kurzvortrag über drei Abschnitte des Skripts zum Kurs „Translationswissenschaftliches Arbeiten" zu halten; die Abschnitte entsprachen ungefähr Kap. 13–15 im vorliegenden Buch. Der Vortrag sollte entweder einen allgemeinen Überblick über diese Abschnitte liefern oder einzelne wichtige Aspekte vorstellen. Die Dauer des Vortrags durfte 5 Minuten nicht überschreiten. Ziel des Vortrags war, zu zeigen, dass man in der vorgegebenen Zeit eine kompetente Präsentation bieten konnte. Beurteilen Sie die Folien (ursprünglich PowerPoint) vor dem Hintergrund dieser Aufgabenstellung.

15.5 Kurzüberblick

Immer wichtig:

- auf die Haltung achten: aufrecht, ruhig, aber nicht starr
- Zeitvorgaben einhalten (beim Proben auf die Uhr schauen)
- auf die wichtigsten Punkte beschränken
- dem Publikum Hilfestellung geben: Gliederung, Eigennamen …
- Folien: nicht zu voll; gut lesbar

Vor- und Nachteile des Ablesens und des freien Sprechens:

Vortrag ablesen	Frei sprechen
Vorteile:	Vorteile:
• keine Gefahr, etwas zu vergessen	• meist gut verständlicher Vortrag
• keine Gefahr, beim Formulieren zu stocken	• engagierte Sprechweise
	• Blickkontakt zum Publikum

Vortrag ablesen	Frei sprechen
Nachteil: oft sehr schwer verständlich	Nachteil: Gefahr, etwas zu vergessen
→ auf einfache Syntax achten	→ Notizen vorbereiten
→ Tempo und Intonation proben	→ eventuell „mündlich vorformu-
→ Redemanuskript sorgfältig	lieren" (aber nicht auswendig
vorbereiten	aufsagen)
→ auf Blickkontakt achten	→ keine Angst vor Steckenbleiben;
	Stocken ist normal

15.6　Zum Nachdenken

In Zusammenhang mit dem Vortrag könnten Sie über folgende Punkte nachdenken:

➢ Als DolmetscherIn muss man reden können. Als ÜbersetzerIn auch?

➢ Welchen Nutzen haben eigentlich Seminarvorträge für das Publikum?

➢ Könnten Sie sich vorstellen, als Gedächtnisstütze für den Vortrag eine Mindmap zu verwenden? Was wären die Vor- und Nachteile gegenüber anderen Formen?

Test Nr. 5: Kap. 12–15

Es können mehrere bzw. alle Antworten richtig oder auch mehrere bzw. alle Antworten falsch sein. Wenn Sie eine Antwort nicht wissen, sollten Sie nicht raten, sondern sie lieber offen lassen.

Gegenstand von Test Nr. 5 sind Kap. 12–15. Die Bearbeitungszeit beträgt 35 Minuten. Sie können beim Test auch die behandelten Kapitel heranziehen, müssen also nicht alles auswendig wissen; aber achten Sie bitte darauf, dass Sie die Bearbeitungszeit nicht überschreiten.

1. Sprache

    Welche der folgenden Aussagen sind richtig?

    a) Wenn ich zeigen will, dass ich mich mit dem Thema meiner Hausarbeit auskenne, muss ich die Terminologie des betreffenden Fachgebiets verwenden.

    b) Man sollte bei einer Hausarbeit auf jeden Fall die Rechtschreibprüfung des Textverarbeitungsprogramms verwenden.

    c) Es gibt Formulierungen, die für deutsche wissenschaftliche Texte typisch sind. Diese Formulierungen sollte man kennen und in Hausarbeiten verwenden.

    d) Silvia Hansen-Schirra kann ich in einer Hausarbeit kurz *Schirra* nennen.

2. Typografie

    Sie zitieren aus Prunč (³2012: 297) folgenden Satz (kurzes direktes Zitat): „ Said versuchte 1978 in seinem *Orientalism* (s. Said 1978/1991) mit Hilfe der Foucault´schen Diskurstheorie zu zeigen, wie der „Orient" aufgrund selektiver Darstellung von Orientexperten […] als das Andere zu Europa konstruiert wurde."

    An welchen Stellen enthält das Zitat typografische Fehler?

    a) (s. Said 1978/1991) – nach der Jahreszahl 1991 darf kein Leerschritt stehen.

    b) „ Said versuchte – vor dem Namen darf kein Leerschritt stehen.

    c) konstruiert wurde." – nach dem Punkt muss ein Leerschritt stehen.

    d) von Orientexperten […] als das – vor der Klammer [darf kein Leerschritt stehen.

    e) wie der „Orient" aufgrund – die Anführungszeichen müssten hier einfach sein, nicht doppelt.

f) der Foucault'schen Diskurstheorie – hier werden Apostroph'
und Akzent ´ verwechselt.

3. Fußnoten

Welche der folgenden Aussagen sind richtig?

a) Je mehr ich zitiere, desto mehr Fußnoten brauche ich.

b) Fußnoten müssen immer am Ende der jeweiligen Seite stehen,
weil das lesefreundlicher ist als die Position am Ende des gesamten Textes.

c) Wenn ich Fußnoten verwende, muss ich beim Schreiben aufpas-
sen, damit am Ende der Seite noch genügend Platz dafür bleibt.

d) Für das Anlegen von Fußnoten haben Textverarbeitungsprogramme (z. B. Word) eine eigene Funktion.

4. Titelseite und Inhaltsverzeichnis

Welche der folgenden Aussagen sind richtig?

a) Auf der Titelseite sollte der Name der Universität fett gedruckt
werden.

b) Um die Seitenzahlen im Inhaltsverzeichnis rechtsbündig zu positionieren, kann ich z. B. Leerschritte verwenden.

c) Wenn man das Inhaltsverzeichnis nicht vollautomatisch erstellt,
muss man die Seitenzahlen noch einmal auf Korrektheit überprüfen, wenn man die Endfassung des Textes ausgedruckt hat.

d) Seitenzahlen werden im Inhaltsverzeichnis genauso hervorgehoben wie die zugehörige Kapitelüberschrift (z. B. durch Fettdruck).

5. Korrekturlesen

Sie zitieren aus Prunč ([3]2012: 366) folgenden Satz: „Durch die Offenheit des Blickes, die kritische Selbsthitnerfragung und die Aufmerksamkeit für das Andere und Besondere wird Diversität sichbar
gemacht, vor deren Hintergrund sich das zukünftige bild der Translationswissenshaft abzeichnet."

In welchen Textstücken sind Tippfehler enthalten?

a) und die Aufmerksamkeit für das Andere und Besondere

b) wird Diversität sichbar gemacht

c) vor deren Hintergrund sich

d) das zukünftige bild der

e) Durch die Offenheit des Blickes

f) die kritische Selbsthitnerfragung

g) der Translationswissenshaft abzeichnet

6. Vortrag: Sprache

   Sie tragen in einem Seminar zur Translationsdidaktik folgenden Satz vor: „Kelly (2005: 85) zufolge muss die Formulierung von Lernergebnissen *(learning outcomes)* der Textauswahl vorangehen."

   Welche der folgenden Aussagen sind richtig?

   a) Die Formulierung passt zu einem freien Vortrag.

   b) Die Quellenangabe sollte so vorgetragen werden, weil es wichtig ist, das indirekte Zitat korrekt zu dokumentieren.

   c) Der Klammerzusatz *(learning outcomes)* kann weggelassen werden.

   d) Ich muss mir überlegen, ob mein Publikum die Translationsdidaktikerin Dorothy Kelly kennt oder nicht.

7. Vortragstechniken

   Welche der folgenden Aussagen sind richtig?

   a) Nicht alles, was ich zu meiner Fragestellung herausgefunden habe, gehört in den Vortrag.

   b) Ein abgelesener Vortrag ist immer schlecht.

   c) Wenn ich PowerPoint verwende, kann ich sicher sein, dass mein Vortrag gut ist.

   d) Blickkontakt motiviert das Publikum zum Zuhören.

16 Zusammenfassung

Mit der folgenden Checkliste können Sie überprüfen, ob die Grundzüge Ihrer Arbeit den Vorgaben in dem vorliegenden Buch entsprechen. Betrachten Sie aber die Checkliste bitte nicht als Ersatz für die Lektüre des Buches. Sie ist als Ergänzung zum Kurzüberblick am Ende der einzelnen Kapitel gedacht, wird Ihnen aber nur etwas nützen, wenn Sie wissen, worum es in den betreffenden Kapiteln geht.

Themenwahl
- Thema dem Umfang der Arbeit angemessen?

Fragestellung
- Vorhanden?
- Aussagekräftig (keine Wiederholung des Themas in Frageform)?

Methode und theoretische Grundlage
- Explizit erläutert?
- Miteinander und mit der Fragestellung kohärent?

Primärtext(e)
- Vorhanden (bzw.: Nichtvorhandensein gerechtfertigt)?

Gliederung
- Bezug zu Thema, Fragestellung und Methode?
- Schlüssiger Aufbau?
- Kapitelnummerierung korrekt?

Einleitung
- Beantwortung der Fragen *was* (Fragestellung), *wie* (Methode, theoretische Grundlage), *warum* (Motivation)?

Auswahl der Sekundärliteratur
- Relevanz?
- Anzahl der Texte (angemessen)?
- Typen (z. B.: auch Zeitschriftenaufsätze)?
- Aktualität (soweit relevant)?
- Qualität und Fachlichkeitsgrad (nicht nur Enzyklopädien, Handbücher und Einführungstexte)?
- Zitate aus zweiter Hand nur in begründeten Ausnahmefällen?

Verarbeitung der Sekundärliteratur (Inhalt und Form/Zitate)

- Kritische Lektüre der Sekundärliteratur?
- Klare Trennung eigener Gedanken von fremden?
- Fremde Gedanken und fremde Formulierungen eindeutig als solche gekennzeichnet (= keine Plagiate egal welchen Typs)?
- Zitate inhaltlich und formal korrekt?
- Indirekte Zitate = Zusammenfassung (keine Umformulierung auf Einzelwort-Basis)?

Quellenangaben

- Nach jedem Zitat vorhanden?
- Formal korrekt (Name Jahreszahl: Seitenzahl)?
- Übereinstimmung mit Eintrag im Literaturverzeichnis?

Eigene geistige Leistung

- Eigenständige Gedanken vorhanden (= zwei Drittel der Arbeit)?
- Eigenständige Formulierungen vorhanden?

Bearbeitung der Fragestellung

- Bezug zur Fragestellung überall vorhanden?
- Roter Faden erkennbar / Kohärenz / keine irrelevanten Kontextinformationen?
- Theoretische Grundlage erkennbar?
- Nachvollziehbare Argumentation?
- Offenheit für Kontroversen, Kritik, offene Fragen?

Typografische Hervorhebung

- Korrekte Verwendung von Kursivierung (z. B. Titel von selbstständigen Publikationen, Wörter aus fremden Sprachen), Anführungszeichen (z. B. Titel von nicht selbstständigen Publikationen, kürzere direkte Zitate) und Einrücken (längere direkte Zitate)?

Literaturverzeichnis

- Korrekt gegliedert (Primär- und Sekundärliteratur)?
- Alphabetische Reihenfolge?
- Einträge formal korrekt und Angaben vollständig (z. B. Untertitel, Reihentitel)?
- Internetseiten korrekt (Form analog zu Printpublikationen / nicht nur URL; kein eigener Abschnitt)?

Sprache
- Korrekt?
- Kohärent?
- Sachlich?
- Fachterminologie?

Layout und Textverarbeitung
- Keine Tippfehler?
- Professionelle Textverarbeitung?
- Typografisch korrekt?
- Gut lesbar?

Abgabetermin
- Termin eingehalten?

16.1 Zum Nachdenken

Über folgende Punkte könnten Sie in Zusammenhang mit dem translationswissenschaftlichen Arbeiten insgesamt nachdenken:

➢ Wie wichtig ist es, dass man beim Studium über den reinen Inhalt des Lernstoffs hinausdenkt – dass man also z. B. überlegt, welche unausgesprochenen Annahmen mit dem Gelernten verbunden sind, welche Alternativen es gibt, wo und wie man das Gelernte sonst noch einsetzen könnte usw.? Genügt es beispielsweise beim translationswissenschaftlichen Arbeiten nicht, einfach zu wissen, wie man in Deutschland eine wissenschaftliche Arbeit schreibt?

➢ Wie hängt der Lernstoff des translationswissenschaftlichen Arbeitens mit dem Rest Ihres Studiums zusammen? Der offensichtlichste Zusammenhang ist natürlich die Vorbereitung auf das Schreiben von Hausarbeiten und Abschlussarbeiten. Fallen Ihnen noch andere, weniger offensichtliche Aspekte ein? Wo haben Sie bei der Arbeit mit diesem Buch auf Ihr Wissen aus anderen Kursen zurückgegriffen, und welches Wissen aus dem Buch können Sie in anderen Kursen verwerten?

➢ Welche Aspekte – konkreter: welche Lernergebnisse – des translationswissenschaftlichen Arbeitens halten Sie für berufsrelevant (allgemein und auch speziell in Bezug auf Translationsberufe)? Wie wichtig ist für Sie die Berufsrelevanz und wie wichtig das Lernen und Denken um seiner selbst willen?

17 Lektüreempfehlungen

In gedruckter Form gibt es Einführungen in das wissenschaftliche Arbeiten und Einführungen in die Translationswissenschaft, aber keine deutschsprachigen Einführungen in das translationswissenschaftliche Arbeiten.

Zur Translationswissenschaft (Auswahl):

Hönig, Hans G. (³2010). *Konstruktives Übersetzen*. Studien zur Translation 1. Tübingen: Stauffenburg [1995].

> Zielpublikum von Hönigs Monografie sind nicht nur ÜbersetzungswissenschaftlerInnen, sondern alle, die mit Übersetzungen zu tun haben. Er setzt sich deswegen auch mit laienhaften Annahmen auseinander. Das Buch ist schon älteren Datums, aber immer noch gut geeignet für Studierende, die einen ersten Einblick bekommen möchten. Englischkenntnisse sind für die Lektüre von Vorteil, aber nicht zwingend notwendig.

Kadrić, Mira, Klaus Kaindl und Michèle Cooke (⁵2012). *Translatorische Methodik*. Basiswissen Translation. Wien: facultas.wuv [2005].

> Diese gut verständliche Einführung fokussiert auf den Zusammenhang zwischen Theorie und Praxis und betrachtet Translation in ihrem gesellschaftlichen Kontext. Es werden zahlreiche konkrete Beispiele diskutiert. Auch für Bachelorstudierende in frühen Semestern geeignet.

Kußmaul, Paul (³2015). *Verstehen und Übersetzen: Ein Lehr- und Arbeitsbuch*. Narr Studienbücher. Tübingen: Narr [2007].

> Im Mittelpunkt steht die Lexik; es geht aber auch allgemeiner um Grundlagen des Verstehens und um Verstehensstrategien. Die Beispiele behandeln das Übersetzen aus dem Englischen ins Deutsche.

Nord, Christiane (⁴2009). *Textanalyse und Übersetzen: Theoretische Grundlagen, Methode und didaktische Anwendung einer übersetzungsrelevanten Textanalyse*. Tübingen: Groos [1988].

> Ausgangstextanalyse als methodische Grundlage des Übersetzens. Der theoretische Ansatz ist funktional. Die Beispiele entstammen verschiedenen Sprachen.

Prunč, Erich (³2012). *Entwicklungslinien der Translationswissenschaft*. TransÜD: Arbeiten zur Theorie und Praxis des Übersetzens und Dolmetschens 43. Berlin: Frank & Timme [2007].

> Darstellung der modernen Translationswissenschaft von ihren Anfängen bis ins 21. Jahrhundert. Als Gesamtüberblick über die verschiedenen theoretischen Richtungen und ihre Terminologie sehr zu empfehlen. Sehr umfassendes, als Bibliografie nutzbares Literaturverzeichnis.

Snell-Hornby, Mary, u. a., Hrsg. (²2003). *Handbuch Translation*. Stauffenburg Handbücher. Tübingen: Stauffenburg [1998].

> Schon älteren Datums, aber für grundlegende Terminologie und einen Überblick über die Translationswissenschaft im 20. Jahrhundert nach wie vor nützlich.

Zum wissenschaftlichen Arbeiten allgemein (Auswahl):

Franck, Norbert (²2007). *Handbuch Wissenschaftliches Arbeiten*. Fischer Information & Wissen. Frankfurt am Main: Fischer Taschenbuch Verlag [2004].

Ein empfehlenswertes Nachschlagewerk mit alphabetisch geordneten Einträgen. Enthält auch Formulierungshilfen und nützliche Hinweise zur Vorbereitung und zum Halten von Vorträgen.

Franke, Fabian, u. a. (²2014). *Schlüsselkompetenzen: Literatur recherchieren in Bibliotheken und Internet*. Mit Abbildungen und Grafiken. Stuttgart: Metzler [2010].

Für den Bereich Literatursuche sehr zu empfehlen. Behandelt werden nicht nur Möglichkeiten zur Durchführung der Literaturrecherche, sondern es gibt z. B. auch ein nützliches Kapitel zur Bewertung der gefundenen Informationen.

Kruse, Otto (¹²2007). *Keine Angst vor dem leeren Blatt: Ohne Schreibblockaden durchs Studium*. campus concret. Frankfurt am Main: Campus [1993].

Der Schwerpunkt dieses Einführungstextes liegt auf verschiedenen Aspekten des Schreibprozesses, einschließlich der Überwindung von Schreibhemmungen. Ein Kapitel behandelt andere universitäre Textsorten als Hausarbeiten, von Veranstaltungsmitschriften über Positionspapiere bis hin zu Lerntagebüchern.

Mehlhorn, Grit, u. a. (²2009). *Studienbegleitung für ausländische Studierende an deutschen Hochschulen*. München: Iudicium [2005].

Zielpublikum dieses Werkes sind in erster Linie Dozierende, aber Studierende können einzelne Teile (z. B. die verschiedenen Checklisten und Formulierungshilfen) auch selbstständig mit Gewinn lesen.

Pospiech, Ulrike, unter Mitwirkung von Karin Müller (2006). *Der Schreibtrainer: Wissenschaftliches und berufliches Schreiben*. Schreibwerkstatt der Universität Duisburg-Essen. ‹http://www.uni-due.de/schreibwerkstatt/trainer/index.html› (24. August 2015).

Ein allgemeiner Überblick zum Schreiben in Studium und Beruf. Der Inhalt reicht von verschiedenen Textsorten (Exzerpte, Hausarbeiten, Protokolle u. v. a. m.) über Hinweise zu Recherche und Argumentation bis hin zu sprachlichen Hilfestellungen (Grammatik, Rechtschreibung).

Sesink, Werner (⁹2012). *Einführung in das wissenschaftliche Arbeiten inklusive E-Learning, Web-Recherche, digitale Präsentation u. a.* München: Oldenbourg [1990].

Diese sehr gut und verständlich geschriebene Einführung richtet sich (anders als viele andere Einführungen mit ähnlich allgemeinem Titel) speziell an Studierende von Disziplinen, in denen Texte im Vordergrund stehen.

Standop, Ewald, und Matthias L. G. Meyer (¹⁸2008). *Die Form der wissenschaftlichen Arbeit: Grundlagen, Technik und Praxis für Schule, Studium und Beruf*. Wiebelsheim: Quelle & Meyer [1973].

Eine relativ gut verständliche Einführung, nützliche konkrete Beispiele, hilfreiche und ausführliche Hinweise zu Text- und Datenverarbeitung. Der Schwerpunkt liegt auf Formalien; das Formsystem ist allerdings etwas anders als das hier vorgestellte. Die Vorgehensweise bei der Materialsuche und Materialverwertung sowie beim Schreiben selbst wird eher knapp behandelt.

Verzeichnis der zitierten Werke

Normalerweise würde dieser Abschnitt *Literaturverzeichnis* heißen, nicht *Verzeichnis der zitierten Werke*. Ich habe mich für eine im Deutschen eher unübliche Formulierung entschieden, weil es in diesem Buch bereits ein anderes Kapitel mit dem Titel „Literaturverzeichnis" gibt (Kap. 11). Das folgende Verzeichnis umfasst die Werke, aus denen im Text Beispiele bzw. Erläuterungen zitiert werden, und zwar aus Gründen der Benutzerfreundlichkeit auch diejenigen, die bereits in den Lektüreempfehlungen (Kap. 17) enthalten sind. Die zahlreichen Publikationen, die nur als Beispiele mit Titel erwähnt, aber nicht zitiert werden, sind hier der Übersichtlichkeit halber nicht mit aufgeführt; dies gilt auch für Internetressourcen. (Diese Kurzfassung eines Literaturverzeichnisses ist kein Modell für Hausarbeiten und Abschlussarbeiten.)

Andermann, Ulrich, Martin Drees und Frank Grätz (³2006). *Wie verfasst man wissenschaftliche Arbeiten?* Mannheim: Dudenverlag [¹1977 von Klaus Poenicke und Ilse Wodke-Repplinger, ²1988 von Klaus Poenicke].

Bülbül, Zeliha, u. a. (2015). „Wenn Blinde Übersetzen studieren." ‹http://www.fb06. uni-mainz.de/deutsch/Dateien/Blinde.pdf› (30. April 2015).

Chesterman, Andrew, u. a. (2003–2005). *MonAKO Glossary.* ‹http://www.ling. helsinki.fi/monako/atk/glossary_ab.shtml› (3. August 2015).

Delisle, Jean, Hannelore Lee-Jahnke und Monique C. Cormier, Hrsg. (1999). *Terminologie de la traduction / Translation Terminology / Terminología de la traducción / Terminologie der Übersetzung.* FIT Monograph Series 1. Amsterdam: Benjamins.

Duden: Das große Wörterbuch der deutschen Sprache. Die umfassende Dokumentation der deutschen Gegenwartssprache (⁴2012). CD-ROM, Version 5.1. Mannheim: Bibliographisches Institut [2000; 1976].

Ende, Anne-Kathrin D. (2007). „Qualitätssicherung in Ausbildung und Praxis." *Translationsqualität.* Hrsg. Peter A. Schmitt und Heike E. Jüngst. Leipziger Studien zur angewandten Linguistik und Translatologie 5. Frankfurt am Main: Lang, 112–117.

Franck, Norbert (²2007). *Handbuch Wissenschaftliches Arbeiten.* Fischer Information & Wissen. Frankfurt am Main: Fischer Taschenbuch Verlag [2004].

Geimer, Peter (2006). „Der dröge Sound der Drittmittelprosa: Turnstunden und Betriebsamkeit. Doris Bachmann-Medick kartiert die Kulturwissenschaften." Rezension von *Cultural Turns: Neuorientierungen in den Kulturwissenschaften* von Doris Bachmann-Medick. *Süddeutsche Zeitung* 26. August 2006, 16.

Gläser, Rosemarie (1990). *Fachtextsorten im Englischen.* Forum für Fachsprachen-Forschung 13. Tübingen: Narr.

Göpferich, Susanne (³2008). *Textproduktion im Zeitalter der Globalisierung: Entwicklung einer Didaktik des Wissenstransfers.* Studien zur Translation 15. Tübingen: Stauffenburg [2002].

Hagemann, Susanne (2005). *Translationswissenschaft und der Bologna-Prozess: BA/MA-Studiengänge für Übersetzen und Dolmetschen im internationalen Vergleich.* SAXA: Beiträge zur Translationswissenschaft 2. Köln: SAXA.

Hannemann, Britta (2005). *Weltliteratur für Bürgertöchter: Die Übersetzerin Sophie Mereau-Brentano*. Ergebnisse der Frauen- und Geschlechterforschung, NF 7. Göttingen: Wallstein.

Herold, Susann (2010). „Ausbildung von ‚Universalgenies'? Zum Kompetenzbegriff und zu Modellen translatorischer Kompetenz." *Lebende Sprachen: Zeitschrift für interlinguale und interkulturelle Kommunikation* 55.2, 211–242.

Holmes, James S. (1988). "The Name and Nature of Translation Studies." [1972.] *Translated! Papers on Literary Translation and Translation Studies*. Von James S. Holmes. Einl. Raymond van den Broeck. Approaches to Translation Studies 7. Amsterdam: Rodopi, 67–80.

— (2009). „Translationswissenschaft: Begriff und Gegenstand." Übers. Jane Cherunya u. a. *Deskriptive Übersetzungsforschung: Eine Auswahl*. Hrsg. Susanne Hagemann. Translationswissenschaftliche Bibliothek 4. Berlin: SAXA, 23–37.

Hönig, Hans G. (³2010). *Konstruktives Übersetzen*. Studien zur Translation 1. Tübingen: Stauffenburg [1995].

Jüngst, Heike Elisabeth (2007). „Übersetzungsunterricht als Erziehung zur Qualitätskontrolle." *Translationsqualität*. Hrsg. Peter A. Schmitt und Heike E. Jüngst. Leipziger Studien zur angewandten Linguistik und Translatologie 5. Frankfurt am Main: Lang, 289–294.

Kadrić, Mira, Klaus Kaindl und Michèle Cooke (⁵2012). *Translatorische Methodik*. Basiswissen Translation. Wien: facultas.wuv [2005].

Kambartel, Friedrich (1996). „Wissenschaft." *Enzyklopädie Philosophie und Wissenschaftstheorie*. 4 Bde. Hrsg. Jürgen Mittelstraß in Verbindung mit Martin Carrier und Gereon Wolters. Stuttgart: Metzler, IV: 719–721.

Kautz, Ulrich (²2002). *Handbuch Didaktik des Übersetzens und Dolmetschens*. München: Iudicium / Goethe Institut [2000].

Kelletat, Andreas F. (2001). *Deutschland:Finnland 6:0. Deutsch contra Englisch und Französisch: Zum Dolmetschstreit in der Europäischen Union / Saksa–Suomi: 6–0. Saksa vastaan englanti ja ranska: Tulkkauskiistasta Euroopan unionissa*. Übers. Maiju Virtanen. Deutsche Studien Tampere 4. Tampere: Universität Tampere.

Koller, Werner (⁸2011). *Einführung in die Übersetzungswissenschaft*. Mitarb. Kjetil Berg Henjum. UTB 3520. Tübingen: Francke [1979].

Kornmeier, Martin (⁶2013). *Wissenschaftlich schreiben leicht gemacht: Für Bachelor, Master und Dissertation*. UTB 3154. Bern: Haupt [2008].

Krajewski, Markus (²2015). *Lesen Schreiben Denken: Zur wissenschaftlichen Abschlussarbeit in 7 Schritten*. UTB 3858. Köln: Böhlau [2013].

Kreuzer, Dominik, und Antonia Zangger (2014). „Das Übersetzer- und Dolmetscher-Glossar." *trans|k: Sprachdienstleistungen Englisch und Deutsch. Übersetzung – Lektorat – Texten – Beratung*. ‹http://www.trans-k.co.uk/glossar.html› (3. August 2015).

Kruse, Otto (¹²2007). *Keine Angst vor dem leeren Blatt: Ohne Schreibblockaden durchs Studium*. campus concret. Frankfurt am Main: Campus [1993].

Kupsch-Losereit, Sigrid (1995). „Übersetzen als transkultureller Verstehens- und Kommunikationsvorgang: Andere Kulturen, andere Äußerungen." *Sprachtransfer – Kulturtransfer: Text, Kontext und Translation*. Hrsg. Nikolai Salnikow. FASK: Publikationen des Fachbereichs Angewandte Sprach- und Kulturwissenschaft der Johannes Gutenberg-Universität Mainz in Germersheim, Reihe A, 19. Frankfurt am Main: Lang, 1–15.

Kußmaul, Paul (²2003). „Semantik." *Handbuch Translation*. Hrsg. Mary Snell-Hornby u. a. Stauffenburg Handbücher. Tübingen: Stauffenburg, 49–53.

— (2004). „Die Übersetzung geisteswissenschaftlicher Texte aus sprachwissenschaftlicher Perspektive." *Übersetzung – Translation – Traduction: Ein internationales Handbuch zur Übersetzungsforschung – An International Encyclopedia of Translation Studies – Encyclopédie internationale de la recherche sur la traduction*. 3 Bde. Hrsg. Harald Kittel u. a. Handbücher zur Sprach- und Kommunikationswissenschaft 26.1. Berlin: de Gruyter, I: 636–641.

— (²2007). *Kreatives Übersetzen*. Studien zur Translation 10. Tübingen: Stauffenburg [2000].

— (³2015). *Verstehen und Übersetzen: Ein Lehr- und Arbeitsbuch*. Narr Studienbücher. Tübingen: Narr [2007].

Mehlhorn, Grit, u. a. (²2009). *Studienbegleitung für ausländische Studierende an deutschen Hochschulen*. München: Iudicium [2005].

Nida-Rümelin, Julian, und Nathalie Weidenfeld (2012). *Der Sokrates-Club: Philosophische Gespräche mit Kindern*. Ill. Nina Gottschling. München: Knaus.

Nienhüser, Werner, und Marcel Magnus (2003). *Die wissenschaftliche Bearbeitung personalwirtschaftlicher Problemstellungen: Eine Einführung*. Essener Beiträge zur Personalforschung 2. Essen: Lehrstuhl für Allgemeine Betriebswirtschaftslehre, Fachbereich Wirtschaftswissenschaften, Universität Duisburg-Essen. ‹https://www.uni-due.de/apo/Download/EBPF2.pdf› (27. Januar 2015).

Nord, Christiane (1999). „Der Adressat – das unbekannte Wesen? Möglichkeiten und Grenzen der Adressatengerechtheit beim Übersetzen." *Modelle der Translation: Grundlagen für Methodik, Bewertung, Computermodellierung*. Hrsg. Alberto Gil u. a. Sabest: Saarbrücker Beiträge zur Sprach- und Translationswissenschaft 1. Frankfurt am Main: Lang, 191–207.

— (⁴2009). *Textanalyse und Übersetzen: Theoretische Grundlagen, Methode und didaktische Anwendung einer übersetzungsrelevanten Textanalyse*. Tübingen: Groos [1988].

OECD (2007). "Revised Field of Science and Technology (FOS) Classification in the *Frascati Manual*." *Frascati Manual: Proposed Standard Practice for Surveys on Research and Experimental Development, 6th edition*. ‹http://www.oecd.org/innovation/inno/38235147.pdf› (3. August 2015).

ÖFOS (2012). „Österreichische Systematik der Wissenschaftszweige 2012." *Statistik Austria*. ‹http://www.statistik.at/web_de/static/fe13-b2-wz_alphabetisch_-_fragebogen_fe__068031.pdf› (3. August 2015). [Getrennt paginierte Teile: Einleitende Erläuterungen und Systematik 1–4, Schlagwortverzeichnis 1–26.]

Pöckl, Wolfgang, Hrsg. (2004). *Übersetzungswissenschaft, Dolmetschwissenschaft: Wege in eine neue Disziplin*. Wien: Edition Praesens.

Pohlan, Irina (2005/06). *Russische und deutsche Wissenschaftskultur im Vergleich: Analyse eines russisch-deutschen Zeitschriftenprojekts*. Unveröffentlichte Diplomarbeit. Germersheim: Johannes Gutenberg-Universität Mainz, Fachbereich Angewandte Sprach- und Kulturwissenschaft.

Prunč, Erich (³2012). *Entwicklungslinien der Translationswissenschaft*. TransÜD: Arbeiten zur Theorie und Praxis des Übersetzens und Dolmetschens 43. Berlin: Frank & Timme [2007].

Reinart, Sylvia (²2014). *Kulturspezifik in der Fachübersetzung: Die Bedeutung der Kulturkompetenz bei der Translation fachsprachlicher und fachbezogener Texte*. Forum für Fachsprachen-Forschung 88. Berlin: Frank & Timme [2009].

Reiß, Katharina, und Hans J. Vermeer (²1991). *Grundlegung einer allgemeinen Translationstheorie*. Linguistische Arbeiten 147. Tübingen: Niemeyer [1984].

Resch, Renate (1998). „Oedipus und die Folgen: Die Metaphorik der Translationswissenschaft." *Target: International Journal of Translation Studies* 10.2, 335–351.

Risku, Hanna (1998). *Translatorische Kompetenz: Kognitive Grundlagen des Übersetzens als Expertentätigkeit*. Studien zur Translation 5. Tübingen: Stauffenburg.

Rothstein, Björn (2011). *Wissenschaftliches Arbeiten für Linguisten*. Narr Studienbücher. Tübingen: Narr.

Schmitt, Peter A. (²2003). „Berufsbild." *Handbuch Translation*. Hrsg. Mary Snell-Hornby u. a. Stauffenburg Handbücher. Tübingen: Stauffenburg, 1–5.

—, und Heike E. Jüngst, Hrsg. (2007). *Translationsqualität*. Leipziger Studien zur angewandten Linguistik und Translatologie 5. Frankfurt am Main: Lang.

Sesink, Werner (⁹2012). *Einführung in das wissenschaftliche Arbeiten inklusive E-Learning, Web-Recherche, digitale Präsentation u. a.* München: Oldenbourg [1990].

Shuttleworth, Mark, und Moira Cowie (1997). *Dictionary of Translation Studies*. Manchester: St. Jerome.

Siepmann, Dirk (2006). "Academic Writing and Culture: An Overview of Differences between English, French and German." *Meta: Journal des traducteurs / Translators' Journal* 51.1, 131–150.

Snell-Hornby, Mary, u. a., Hrsg. (²2003). *Handbuch Translation*. Stauffenburg Handbücher. Tübingen: Stauffenburg [1998].

— (2006). *The Turns of Translation Studies: New Paradigms or Shifting Viewpoints?* Benjamins Translation Library / EST Subseries 66. Amsterdam: Benjamins.

Thalheimer, Will (2006). "People remember 10%, 20% … Oh Really?" [2002.] *Will At Work Learning*. ‹http://www.willatworklearning.com/2006/05/people_remember.html› (16. April 2015).

— (2015). "Mythical Retention Data & The Corrupted Cone." *Will At Work Learning*. ‹http://www.willatworklearning.com/2015/01/mythical-retention-data-the-corrupted-cone.html› (16. April 2015).

Wilss, Wolfram (1977). *Übersetzungswissenschaft: Probleme und Methoden*. Stuttgart: Klett.

Anhang I   Nicht translationswissenschaftliche Bibliografien

Die wichtigsten translationswissenschaftlichen Bibliografien wurden im Hauptteil (Kap. 4.2) behandelt. Bibliografien gibt es aber natürlich nicht nur zur Translationswissenschaft, sondern auch zu **anderen Disziplinen.** Im Folgenden finden Sie einige kurze Hinweise auf nicht translationswissenschaftliche Bibliografien, die Studierende der Translationswissenschaft mit Deutsch als Fremdsprache auch benötigen könnten.

Die beiden wichtigsten **germanistischen** Bibliografien sind *Germanistik* und der sogenannte „Eppelsheimer/Köttelwesch", vollständig *Bibliographie der deutschen Sprach- und Literaturwissenschaft.*

- *Germanistik* existiert in gedruckter und in elektronischer Fassung; wenn Ihre Bibliothek die elektronische Fassung ‹http://www.reference-global.com/loi/germ› abonniert hat, ist sie im Universitätsnetz und auch über Remotedesktop bzw. VPN von zu Hause aus abrufbar (s. hierzu oben, 53, Fn. 8). *Germanistik* ist eine kommentierte Bibliografie, die nicht nur den Titel der Publikation angibt, sondern bei manchen Publikationen auch etwas zum Inhalt sagt.

- Der Eppelsheimer/Köttelwesch ist ebenfalls elektronisch abrufbar, und zwar unter ‹http://www.bdsl-online.de›. Im Internet frei zugänglich sind derzeit die Jahre 1985–2000; auf neuere Jahrgänge können Sie im Universitätsnetz zugreifen, wenn Ihre Bibliothek die Bibliografie abonniert hat. Für Publikationen vor 1985 gibt es eine gedruckte Fassung.

Wenn Sie ein **linguistisches** Thema bearbeiten, sollten Sie eher nicht in den speziell germanistischen Bibliografien nachschauen (obwohl Sie auch dort einiges finden), sondern in allgemein linguistischen, z. B.

- in der *Bibliographie linguistique / Linguistic Bibliography* ‹http://lb.brillonline.nl/public/›

- oder in der *Bibliography of Linguistic Literature / Bibliographie linguistischer Literatur* ‹http://www.blldb-online.de›.

Einen Überblick über linguistische Bibliografien und Literaturlisten bietet eine Webseite des in Mannheim ansässigen Instituts für Deutsche Sprache: ‹http://www1.ids-mannheim.de/service/quellen/biblio.html›.

Eine – allerdings schon recht alte – Bibliografie zur **interkulturellen Kommunikation** ist:

- Hinnenkamp, Volker (1994). *Interkulturelle Kommunikation.* Studienbibliographien Sprachwissenschaft 11. Heidelberg: Groos.

Man findet darin „Klassiker" zu Grundfragen und Grundbegriffen der Disziplin; neuere Publikationen können Sie damit jedoch nicht suchen. Für einen Überblick über den Forschungsstand sind aktuelle Handbücher besser geeignet.

Ein **disziplinenübergreifendes** Werk ist die *IBZ Online: Internationale Bibliographie der geistes- und sozialwissenschaftlichen Zeitschriftenliteratur* ‹http://www.degruyter.com/view/db/ibz›. Darin werden über 5000 geistes- und sozialwissenschaftliche Fachzeitschriften ausgewertet. Die *IBZ Online* ist nur im Netz von abonnierenden Bibliotheken zugänglich.

Wenn Sie wissen möchten, **welche Bibliografien** überhaupt existieren, gibt es z. B. folgende Möglichkeiten:

- Suchen Sie im Katalog Ihrer Bibliothek nach dem Stichwort *Bibliographie* bzw. *Bibliografie.* Sie bekommen dann in der Regel Printbibliografien und auch elektronische Ressourcen angezeigt.

- An der Universität Mainz/Germersheim können Sie über die Website der Universitätsbibliothek eine umfangreiche Liste von **Datenbanken,** einschließlich Bibliografien, abrufen, zu denen Sie im Internet bzw. über das Universitätsnetz Zugang haben. Klicken Sie unter ‹http://www.ub.uni-mainz.de/› auf „DBIS".

- Eine weitere Liste von **Internetbibliografien** finden Sie beim hbz, dem Hochschulbibliothekszentrum des Landes Nordrhein-Westfalen ‹http://www.hbz-nrw.de/›. Rufen Sie unter „Recherche und mehr" den „hbz-Werkzeugkasten" auf ‹http://digilink.digibib.net/cgi-bin/links.pl› und wählen Sie dann „Bibliographien". Schauen Sie sich auch an, welche anderen Recherchemöglichkeiten das hbz bietet.

Erwähnenswert ist hier schließlich auch die *Deutsche Digitale Bibliothek* ‹https://www.deutsche-digitale-bibliothek.de/›. Wie schon der Name sagt, handelt es sich dabei nicht im engeren Sinne um eine Bibliografie. Ziel der noch im Aufbau begriffenen DDB ist es, das bereits digitalisierte deutsche kulturelle und wissenschaftliche Erbe über ein zentrales Portal zugänglich zu machen. Das Pendant der DDB auf europäischer Ebene ist die derzeit in 30 Sprachen zugängliche *Europeana* ‹http://www.europeana.eu/portal/›. Die beiden Portale können beispielsweise bei der Suche nach älteren (oder sonstigen nicht urheberrechtlich geschützten) Primärtexten – einschließlich Bildern, Audio- und Videodateien – nützlich sein.

Anhang II Musterseiten

Dieser Anhang enthält fünf Musterseiten, die illustrieren, wie eine Hausarbeit gelayoutet werden kann. Bevor Sie diesem Muster folgen, sollten Sie sich jedoch – besonders bei Abschlussarbeiten – vergewissern, dass an Ihrer Hochschule nicht ausdrücklich ein anderes Layout (und/oder bei der Titelseite ein anderer Text) gewünscht wird. Vorgaben des zuständigen Prüfungsamtes beispielsweise haben auf jeden Fall Vorrang vor den Empfehlungen in diesem Buch.

Das Inhaltsverzeichnis und die folgenden Textseiten sollen natürlich nur das Layout illustrieren; die Länge der Kapitel und Unterkapitel ist *nicht* beispielhaft. So ist Kap. 2 in den Musterseiten ein Hauptkapitel, das nur eine Seite umfasst, aber zwei Unterkapitel hat – so etwas ist nur zulässig, wenn man auf engem Raum die Gestaltung von Überschriften vorführen will. In einer wissenschaftlichen Arbeit sollte das nicht vorkommen.

Die Gestaltung der Überschriften ist so, wie es für längere Kapitel sinnvoll wäre. Falls man tatsächlich so kurze Kapitelchen macht wie hier, sollten die Überschriften kleiner ausfallen. (Grundsätzlich sollten Kapitel länger sein, so viele Kapitel bei so wenig Text wie hier sind fast nie sinnvoll.)

Nähere Erläuterungen zum Layout finden Sie in Kap. 13.

Wenn Sie sich bei den Musterseiten fragen, was der ständig wiederholte Satz zu Franz und dem verwahrlosten Taxi soll: Das ist ein sogenannter Blindtext. Solche Texte verwendet man, um Layouts zu testen. Einen Blindtext können Sie mit Word automatisch generieren. Geben Sie in Word ein:

$$=rand(2,3)$$

und danach eine Absatzschaltung (Return), dann schreibt Ihnen Word zwei Absätze mit je drei Sätzen. Die Zahl der gewünschten Absätze und Sätze geben Sie in der Klammer an. Bei älteren deutschen Word-Versionen wurde als Blindtext der Franz-Satz generiert; in neueren werden andere Sätze verwendet.

Die Besonderheit des Franz-Satzes ist, dass in ihm alle Buchstaben des deutschen Alphabets enthalten sind.

Johannes Gutenberg-Universität Mainz
Fachbereich Translations-, Sprach- und Kulturwissenschaft
Arbeitsbereich Interkulturelle Germanistik

Die Geschichte von Franz und dem Taxi:

Kulturspezifika beim Übersetzen in die B-Sprache Deutsch

von

Anna Fröhlich

(MA, Russisch/Deutsch/Englisch, Matr.-Nr. 5050505, froehlich13@trstd.de)

Seminar „Funktionales Übersetzen"
Dr. S. Hagemann
Sommersemester 2015

Inhalt

3

1 Einleitung

Franz jagt im komplett verwahrlosten Taxi quer durch Bayern. Franz jagt im komplett verwahrlosten Taxi quer durch Bayern. Franz jagt im komplett verwahrlosten Taxi quer durch Bayern. Franz jagt im komplett verwahrlosten Taxi quer durch Bayern. Franz jagt im komplett verwahrlosten Taxi quer durch Bayern. Franz jagt im komplett verwahrlosten Taxi quer durch Bayern. Franz jagt im komplett verwahrlosten Taxi quer durch Bayern. Franz jagt im komplett verwahrlosten Taxi quer durch Bayern.

2 Übersetzungsauftrag

2.1 Ausgangstext

Franz jagt im komplett verwahrlosten Taxi quer durch Bayern.[1] Franz jagt im komplett verwahrlosten Taxi quer durch Bayern. Franz jagt im komplett verwahrlosten Taxi quer durch Bayern. Franz jagt im komplett verwahrlosten Taxi quer durch Bayern. Franz jagt im komplett verwahrlosten Taxi quer durch Bayern. Franz jagt im komplett verwahrlosten Taxi quer durch Bayern.

> Franz jagt im komplett verwahrlosten Taxi quer durch Bayern. Franz jagt im komplett verwahrlosten Taxi quer durch Bayern. Franz jagt im komplett verwahrlosten Taxi quer durch Bayern. Franz jagt im komplett verwahrlosten Taxi quer durch Bayern. Franz jagt im komplett verwahrlosten Taxi quer durch Bayern. (Macdonald 1997: 20)

Franz jagt im komplett verwahrlosten Taxi quer durch Bayern. Franz jagt im komplett verwahrlosten Taxi quer durch Bayern. Franz jagt im komplett verwahrlosten Taxi quer durch Bayern. Franz jagt im komplett verwahrlosten Taxi quer durch Bayern.

2.2 Zielpublikum und Übersetzungszweck

Franz jagt im komplett verwahrlosten Taxi quer durch Bayern. Franz jagt im komplett verwahrlosten Taxi quer durch Bayern. Franz jagt im

---

[1] Franz jagt im komplett verwahrlosten Taxi quer durch Bayern. Franz jagt im komplett verwahrlosten Taxi quer durch Bayern.

4

komplett verwahrlosten Taxi quer durch Bayern. „Franz jagt im komplett verwahrlosten Taxi quer durch Bayern. Franz jagt im komplett verwahrlosten Taxi quer durch Bayern." (Snell-Hornby 2001: 153)

Franz jagt im komplett verwahrlosten Taxi quer durch Bayern. Franz jagt im komplett verwahrlosten Taxi quer durch Bayern. Franz jagt im komplett verwahrlosten Taxi quer durch Bayern. Franz jagt im komplett verwahrlosten Taxi quer durch Bayern. Franz jagt im komplett verwahrlosten Taxi quer durch Bayern.

3 Kulturspezifika

3.1 Personen

3.1.1 Eigennamen

Franz jagt im komplett verwahrlosten Taxi quer durch Bayern. Franz jagt im komplett verwahrlosten Taxi quer durch Bayern. Franz jagt im komplett verwahrlosten Taxi quer durch Bayern. Franz jagt im komplett verwahrlosten Taxi quer durch Bayern. Franz jagt im komplett verwahrlosten Taxi quer durch Bayern. Franz jagt im komplett verwahrlosten Taxi quer durch Bayern. Franz jagt im komplett verwahrlosten Taxi quer durch Bayern.

3.1.2 Handlungen

Franz jagt im komplett verwahrlosten Taxi quer durch Bayern.[2] Franz jagt im komplett verwahrlosten Taxi[3] quer durch Bayern. Franz jagt im komplett verwahrlosten Taxi quer durch Bayern. Franz jagt im komplett verwahrlosten Taxi quer durch Bayern. Franz jagt im komplett verwahrlosten Taxi quer durch Bayern. Franz jagt im komplett verwahrlosten Taxi quer durch Bayern. Franz jagt im komplett verwahrlos-

---

[2] Franz jagt im komplett verwahrlosten Taxi quer durch Bayern. Franz jagt im komplett verwahrlosten Taxi quer durch Bayern.

[3] Franz jagt im komplett verwahrlosten Taxi quer durch Bayern. Franz jagt im komplett verwahrlosten Taxi quer durch Bayern. Franz jagt im komplett verwahrlosten Taxi quer durch Bayern. Franz jagt im komplett verwahrlosten Taxi quer durch Bayern.

20

Literaturverzeichnis

Primärliteratur

Macdonald, Naomi (1997). "The Quick Brown Fox." *The Sociology of Blind Texts.* Hrsg. Catriona Duncan. Glasgow: Dall Press, 17–21.

Scott, Liz, Übers. (2000). „Franz und das Taxi." Von Naomi Macdonald. *Blindtexte: Eine Anthologie.* Hrsg. Martha Groß und Tanja Frey. Hamburg: Schmidt, 55–60.

Sekundärliteratur

Dixon, John S. (2004). "Translation, Culture and Communication." *Übersetzung – Translation – Traduction: Ein internationales Handbuch zur Übersetzungsforschung / An International Encyclopedia of Translation Studies / Encyclopédie internationale de la recherche sur la traduction.* Hrsg. Harald Kittel u. a. Handbücher zur Sprach- und Kommunikationswissenschaft 26.1. Berlin: de Gruyter, I: 11–23.

Hatim, Basil, und Jeremy Munday (2004). *Translation: An Advanced Resource Book.* London: Routledge.

Nord, Christiane (1999). „Der Adressat – das unbekannte Wesen? Möglichkeiten und Grenzen der Adressatengerechtheit beim Übersetzen." *Modelle der Translation: Grundlagen für Methodik, Bewertung, Computermodellierung.* Hrsg. Alberto Gil u. a. Sabest: Saarbrücker Beiträge zur Sprach- und Translationswissenschaft 1. Frankfurt am Main: Lang, 191–207.

Prunč, Erich (2000). „Translation in die Nicht-Muttersprache und Translationskultur." *Translation into Non-Mother Tongues: In Professional Practice and Training.* Hrsg. Meta Grosman u. a. Studien zur Translation 8. Tübingen: Stauffenburg, 5–20.

Schmitt, Karin (o. J.). „Eingebauter Blindtext." *Aktuelle Word-Rezepte.* ‹http://www.karin-schmitt.de/blindtext.html› (8. August 2015).

Snell-Hornby, Mary (2001). „Scenes, frames, Skopos: Sinn und Leistung des ganzheitlichen Ansatzes in der Translation." *TEXTconTEXT: Halbjahresschrift zur Translation. Theorie – Didaktik – Praxis* 15.2 (= NF 5.2), 151–163.

— (2006). *The Turns of Translation Studies: New Paradigms or Shifting Viewpoints?* Benjamins Translation Library 66. Amsterdam: Benjamins.

Witte, Heidrun (2000). *Die Kulturkompetenz des Translators: Begriffliche Grundlegung und Didaktisierung.* Studien zur Translation 9. Tübingen: Stauffenburg.

Anhang III   Typische Wendungen der Wissen-schaftssprache*

Typische Ausdrücke

Man kann die Ausdrucksweisen des wissenschaftlichen Diskurses (= der Wissenschaftssprache) zum Beispiel durch das Lesen wissenschaftlicher Texte erlernen. Hier sind einige häufig begegnende Formulierungen, nach Anttila et al. (1995, 21 ff.):

Um das Ziel der Untersuchung zu benennen

Im Folgenden soll der Versuch unternommen werden, ... (+ zu + Inf.)
Die vorliegende Arbeit stellt den Versuch dar, ... (+ zu + Inf.)
Die vorliegende Arbeit unternimmt den Versuch, ... (+ zu + Inf.)
Die vorliegende Untersuchung setzt sich zum Ziel, ... (+ zu + Inf.)
Die vorliegende Arbeit will diesem Desiderat abhelfen, indem ...
Dabei geht es nicht um ..., sondern um ...
Dieser Aspekt bildet den Gegenstand der vorliegenden Untersuchung.

Allgemeine metasprachliche Ausdrücke

Es lässt sich feststellen, dass ...
Es ist festzustellen, dass ...
Es kann also festgestellt werden, dass ...
Es liegt auf der Hand, dass ...
Jmd. ist der Meinung, dass ...
Jmd. vertritt die Auffassung, dass ...
Meiner Meinung nach ...
Meines Erachtens ...
Dieser letzte Punkt macht deutlich, dass ...
Darauf soll im nächsten Kapitel eingegangen werden.
Darauf wird ... einzugehen sein.
Es wäre denkbar/möglich, dass ...
Die Vermutung liegt nahe, dass ...

---

* Quelle: Soronen, Satu, Nina Salmela und Lothar Bluhm (2002). *Essay, Lerntagebuch, Schriftliche Hausarbeit, Seminararbeit, Pro-Gradu-Arbeit: Ein Leitfaden für schriftliche Arbeiten während der germanistischen Studien.* Oulun yliopiston oppimateriaalia B: Humanistiset tieteet 3. Oulu: Universität Oulu, 30–36. Die Abschnitte 3.5 („Typische Ausdrücke") und 3.6 („Verben und Verbalkonstruktionen") werden hier mit freundlicher Genehmigung von Lothar Bluhm unverändert abgedruckt. – Die Quellenangabe „Anttila et al. (1995)" bezieht sich auf: Anttila, Harry, u. a. (1995). *Pro gradu: Ohjeita tutkielman tekijöille.* Oulu: Universität Oulu.

Es ist zu vermuten, dass …
Ich vermute, dass …
Es lässt sich fragen, ob …
Es ist zu fragen, ob …
Es steht zu erwarten, dass …
Es stellt sich die Frage nach …
Es stellt sich die Frage, ob …
Insofern erscheint es sinnvoll, … (+ zu + Inf.)

Das Äußern der Gegenmeinung

Mir scheint dagegen, dass …
Ich bin (jedoch) der Ansicht, dass …
Ich vertrete dagegen die Auffassung, dass …
Im Unterschied zu den Ausführungen bei N. N.[1] wird in der vorliegenden Arbeit …

Übereinstimmung

N. N. (Dat.) ist zuzustimmen, wenn …
Ich bin gleicher Meinung wie …
Mit N. N. bin ich der Meinung/Ansicht, dass …
In Anlehnung an jmdn. …
Im Anschluss an N. N. vertrete ich die Meinung, dass …
Unter Rückgriff auf N. N. …
Mit Rekurs auf …

Zusammenfassende Ausdrücke

In dieser Arbeit habe ich versucht, … (+ zu + Inf.)
In dieser Arbeit wurde versucht, …
Im Einzelnen ging es um …
Es ging mir nun darum, … (+ zu + Inf.)
Nach einer umfassenden Analyse stand X im Mittelpunkt meines Interesses.
Als Ergebnis dieser Arbeit ist festzuhalten, dass …
Die vorausgehenden Analysen haben gezeigt, dass …
Die vorausgehenden Analysen konzentrierten sich auf …

---

1   Die Abkürzung *N. N.* ist ein Platzhalter für einen unbekannten Namen. Sie wird in der Regel als Kurzform des lateinischen *nomen nominandum* „der Name ist noch zu nennen" oder *nomen nescio* „ich kenne den Namen nicht" interpretiert. Häufig sieht man diese Abkürzung im Vorlesungsverzeichnis deutscher Hochschulen, wenn noch nicht feststeht, wer eine bestimmte Veranstaltung unterrichten wird. (SH)

Genauer zu untersuchen wäre noch …

Interessant wäre es, auch dieser Frage nachzugehen.

Hier könnte sich eine Untersuchung anschließen.

Verben und Verbalkonstruktionen

Hier sind einige von Anttila et al. (1995, 23 ff.) hervorgehobene Verben und Verbalkonstruktionen, die in germanistischen Texten oft vorkommen, zusammengestellt. Die Beispielsätze sind sprachwissenschaftlich, in der germanistischen Forschung aber insgesamt üblich.

[Abkürzungen: D = Dativ, A = Akkusativ]

abhängen von + D: Die Qualität hängt zum einen von X, zum anderen auch von Y ab.

abzeichnen, sich: Im Fremdsprachenunterricht zeichnet sich eine Tendenzwende ab.

anführen: Die im vorangehenden Abschnitt angeführten Thesen werden unten wieder aufgenommen.

anwenden: Dabei müssen die Methoden der modernen Linguistik angewandt werden.

aufarbeiten: Die Grundzüge einzelner sprachlicher Teilbereiche werden aufgearbeitet.

auffassen als: Die ersten zwei Kapitel sind als Einführung aufzufassen.

auflisten: Die Wörter sind in Anlage I vollständig aufgelistet.

aufweisen: Die Arbeit von XY weist einige Mängel auf.

ausgehen von + D: So entstand, ausgehend von einfachen Anfängen, die neue Theorie.

ausklammern: Dieser Bereich wird in der folgenden Arbeit ausgeklammert.

ausstehen: Eine Umsetzung der neuen Ansätze für den Unterricht steht aber noch aus.

auswerten: Die Ergebnisse müssen zum Zweck der praktischen Anwendung ausgewertet werden.

basieren auf + D: Die These basiert auf einer Untersuchung aus dem Jahr 1910.

bearbeiten: Das Datenmaterial wurde mit dem Computer bearbeitet.

bedeuten: Diese Grammatiktheorie bedeutet einen erheblichen Fortschritt für den Unterricht.

befassen, sich mit + D: Eine Vielzahl von Wissenschaften befasst sich mit Sprache.

behandeln: Diese Deutung ist m. E. [= meines Erachtens] falsch, sie wird daher hier nicht weiter behandelt.

belegen: Der Gesamtbefund belegt, wie häufig das betreffende Wort benutzt wird.

bemerken: Weiterhin bemerkt der Verfasser, dass …

benutzen: Als Quelle benutzt er hier das grimmsche Wörterbuch.

beruhen auf + D: Die Ergebnisse beruhen auf einer repräsentativen sprachlichen Analyse.

besagen: Dies besagt, dass …

beschreiben: Wir wollen bestimmte Aspekte der Sprachwissenschaft beschreiben.

beschäftigen, sich mit + D: Diese Untersuchung beschäftigt sich mit einem schwierigen Problem.

bestehen aus + D: Die Arbeit besteht aus fünf Kapiteln.

bestimmen: Zuerst müssen die Sememe dieses Wortes bestimmt werden.

betrachten: Betrachtet man den Erfolg, den Sprachberatungsstellen für sich verbuchen können, so …

beziehen, sich auf + A: Das Wort *theoretisch* bezieht sich nicht darauf, dass …

bilden: Die Teilbereiche bilden zusammen ein komplexes Gebäude von Disziplinen. Dieser Aspekt bildet den Gegenstand der Untersuchung.

charakterisieren: Die Häufigkeit der Passivformen charakterisiert Sachtexte.

darlegen: Die Ergebnisse werden im letzten Kapitel dargelegt.

darstellen: Das Thema stellt eine deutliche Forschungslücke dar.

definieren: Der Begriff *Varietät* wird folgendermaßen definiert: …

deuten: Wie ist die Funktion des Präteritums zu deuten?

durchführen: Die Untersuchung wird auf drei Ebenen durchgeführt.

eine Rolle spielen: Sprachliche Phänomene spielen im Leben des Einzelnen eine zentrale Rolle.

eingehen auf + A: Auf die fremdsprachlichen Einflüsse wird weiter unten eingegangen.

einordnen in + A: Diese Erscheinungen können in zwei Kategorien eingeordnet werden.

einteilen in + A: Die Sprachvarietäten lassen sich in drei Bereiche einteilen: …

erarbeiten: Weiterhin werden die linguistischen Grundlagen erarbeitet.

erfassen: Sämtliche Anfragen wurden mittels EDV erfasst und klassifiziert.

erheben: Das Datenmaterial konnte unter Zustimmung der Interviewten erhoben werden.

erheben, sich: Es erhebt sich die Frage, ob …

erklären, sich aus + D: Dieser Sachverhalt erklärt sich aus der For-
schungslage.

ermitteln: Die Bedürfnisse von Wörterbuchbenutzern müssen möglichst
genau ermittelt werden.

erscheinen: Es erscheint sinnvoll, die Ergebnisse unter dem Aspekt des
Spracherwerbs zu analysieren.

erweisen, sich als: Als grundlegendes Manko erweist sich bisher die
fehlende empirische Absicherung der Untersuchungen zur Wörterbuchbenutzer-Forschung.

es geht um: Im Einzelnen ging es um die Genusbestimmung am iso-
lierten Nomen.

es handelt sich um + A: Bei der vorliegenden Untersuchung handelt es
sich um einen Versuch, ...

etablieren, sich: Die Wörterbuchbenutzer-Forschung hat sich vor allem
aufgrund der Arbeiten von Wiegand als ein relativ neuer Zweig
innerhalb der Lexikografie etabliert.

festhalten: Als Ergebnisse dieser Arbeit sind festzuhalten ...

feststellen: Auf der deskriptiven Ebene geht es darum, Regularitäten
festzustellen.

finden, sich: In Sachtexten finden sich reichlich Belege dafür.

gebrauchen: *Linguistik* wird manchmal in gleicher Bedeutung wie
Sprachwissenschaft gebraucht.

gehören zu + D: Diese Arbeit gehört zum Bereich der Lexikografie.

gelten als: Heute muss dies als unzureichend gelten.

gelten für: Das Gesagte gilt auch für die Deutung der Ergebnisse der
vorliegenden Arbeit.

gleichsetzen mit + D: Reflexion auf Sprache ist aber nicht gleichzusetzen
mit Grammatikschreibung.

gründen: Die Theorie gründet auf folgenden Überlegungen.

herausarbeiten: Die Strukturen müssen anhand des Textes heraus-
gearbeitet werden.

herausbilden, sich: In einem langen Entwicklungsprozess bildete sich
die Einsicht heraus, dass ...

hervorgehen: Es geht aus der Gegenüberstellung von X und Y hervor.

hervorheben: Die kontrastiven Gesichtspunkte werden in besonderem
Maße hervorgehoben.

hinweisen auf + A: Auf drei Formen solcher Reflexion auf Sprache soll
kurz hingewiesen werden.

im Mittelpunkt stehen: Eine Auswertung der Forschungsergebnisse
steht im Mittelpunkt meines Interesses.

implizieren: Seine Aussage impliziert eine vom Üblichen abweichende Auffassung von Sprache.

in Gang setzen: Lesen- und Schreibenlernen setzt so eine intensive Sprachreflexion in Gang.

interessieren: Insbesondere interessieren uns die sprachgeschichtlichen Aspekte.

interessieren, sich für + A: Anfangs interessierte man sich nicht für die Sprache an sich.

kennzeichnen: Die in der heutigen Linguistik vorherrschende Lehre ist gekennzeichnet durch …

klassifizieren: Sämtliche Anfragen wurden mittels EDV erfasst und klassifiziert.

nachgehen: Dabei wird einer allgemeinen Fragestellung nachgegangen.

nennen: Zu nennen sind zwei Arbeiten.

postulieren: Die von ihr postulierte Einteilung in drei Kategorien …

problematisieren: Die Einschränkung wurde dort nicht weiter problematisiert.

richten, sich gegen + A: Häufig richtet sich die Kritik gegen den Gebrauch der *Ich*-Form.

skizzieren: Das Verhältnis der Sprachwissenschaft zu anderen Formen der Beschäftigung mit der Sprache wird skizziert.

spiegeln, sich: Noch deutlicher spiegelt sich diese Komplexität des Gegenstandes in der Sprachwissenschaft.

stammen aus + D: Es werden Fälle bearbeitet, die aus dem beruflichen Umfeld stammen.

stützen: Die Ergebnisse stützen die These, dass …

stützen, sich: Die Annahme stützt sich auf die Beobachtung, dass …

thematisieren: Dann wird der sprachwissenschaftliche Zugang zur Sprache thematisiert.

umfassen: Die Linguistik umfasst eine Vielzahl von Teilbereichen.

unterscheiden: Dabei lassen sich Beschreibungen unterschiedlicher „Reichweite" unterscheiden.

untersuchen: Die Texte wurden auf ihre Kohäsion hin untersucht.

verhehlen: Es sei nicht verhehlt, dass…

verknüpft sein mit + D: Die menschlichen Sprachen sind mit unterschiedlichen außersprachlichen Gegebenheiten verknüpft.

verstehen: Unter *Esprit* versteht man nicht nur „Geist", sondern auch „Witz".

verweisen auf + A: Er verweist auf die Notwendigkeit einer pragmatisch fundierten Lexikografie.

verwenden: In diesem Buch werden die beiden Begriffe gleichbedeutend verwendet.

verwerten: Das Datenmaterial kann zu verschiedenen Zwecken verwertet werden.

verzichten auf + A: Auf eine detaillierte Beschreibung wird in der vorliegenden Arbeit verzichtet.

vorstellen: In diesem Buch wird das Spezifikum von Lexikografie vorgestellt.

widmen, sich + D: Wir wollen uns der detaillierten Darstellung eng umschriebener Phänomenbereiche widmen.

zeigen: Die Belege zeigen, dass die Hypothese gerechtfertigt war.

zum Ziel haben: Die folgenden Bemerkungen haben zunächst zum Ziel, …

zuordnen: Das Präteritum ist der Schriftsprache zuzuordnen.

zurückkommen: Wenn wir nun auf die genannten Merkmale zurückkommen, so …

zuschreiben: Deshalb würde ich diesem Tempus einen atemporalen Wert zuschreiben.

zustande kommen: Damit dies zustande kommen kann, ist es aber erforderlich, …

zutreffen auf + A: Auf die Pressesprache treffen diese Eigenschaften vollkommen zu.

zuweisen: Die Genusbestimmung wird oft dem Lexikon zugewiesen.

Anhang IV   Zeitmanagement

Beispiel für die Terminplanung in der Vorlesungszeit

Lehrveranstaltungen – *Vor- und Nachbereitung der Lehrveranstaltungen* – (regelmäßige andere Termine) – **Hausarbeit**

	Mo	Di	Mi	Do	Fr	Sa	So
8.00–9.30	*Vor-/Nach-bereitung*		V Sprachwiss.			*Vor-/Nach-bereitung*	
9.40–11.10		Ü gem.spr. Übers. A>B	V Technik	S Trans-lationswiss.			
11.20–12.50		Ü Fachübers. B>A					
13.00–14.30	V Kulturwiss.	Ü Tools		**Hausarbeit**	(Arbeit)		
14.40–16.10			V Technik				
16.20–17.50		*Vor-/Nach-bereitung*				(Sport)	
18.00–19.30	Ü Fachübers. A>B		*Vor-/Nach-bereitung*				
19.40–21.10		(Musik)					

Kommentar: Die festen Termine lassen nicht viel Raum für die Hausarbeit. Zwar werden nur 9 Lehrveranstaltungen besucht, aber diese müssen vor- oder nachbereitet werden. Einschließlich Hausarbeit werden gemäß diesem Plan 33 Stunden pro Woche auf das Studium verwendet, hinzu kommen 8 Stunden Arbeit. Unter Umständen können einige der „Leerstunden" (z. B. Mo 14.30–18.00) für die Vor- und Nachbereitung genutzt werden, dann wird ein Block am Samstagmorgen frei für die Hausarbeit. Darauf kann man sich aber nicht verlassen, weil sich erfahrungsgemäß immer wieder unvorhergesehene Dinge ereignen.

Wer sich einen Tag in der Woche (hier als Beispiel: den Sonntag) freihalten möchte und nicht gerade ein Arbeitstier ist, wird in der Vorlesungszeit nicht zu viel mehr kommen als dem, was hier eingetragen ist. Denken Sie daran, dass bei der Leistungspunktvergabe die vorlesungsfreie Zeit mit einbezogen wird. Die zeitintensiven Hausarbeiten schreibt man, soweit möglich, besser in der vorlesungsfreien Zeit.

Die Zeitblocks orientieren sich an den Veranstaltungszeiten des FTSK (jeweils 90 Minuten mit anschließender 10-minütiger Pause).

Beispiel: Tagesliste eines Online-Redakteurs[*]

Meine Tagesliste für: 17. Februar

Termine heute:
10.00 Uhr: Telefonkonferenz mit Redaktionsmitgliedern (ca. 1 Stunde)
19.00 Uhr: Fitness-Center – Karte nicht vergessen (um 18 Uhr
Arbeitsschluss!)

Mails / Telefonate:
E-Mails: Fr. Müller wegen Fragen zur Website, Sabine wegen
Arbeitstreffen
Telefonate: Hr. Berg wegen Angebot, Conny wegen Stand Projekt
(zusammen ca. 40 Minuten)

Prioritäten:
Fertigstellung Artikel (ca. 3 Stunden)

Aufgaben:
Textredaktion Artikel (ca. 1 Stunde)
Büromaterial bestellen
Online-Banking (zusammen ca. 30 Minuten)

Privates / Erledigungen:
Nach der Mittagspause in den Musikladen wegen Geschenk Robert!

---

[*]   Copyright © Birgit B. Golms 2015. Eine frühere Version der Listen sowie die zwei
       Beispiele wurden veröffentlicht in: Golms, Birgit, und Gudrun Sonnenberg (2009).
       Homeoffice: Erfolgreiches Heimspiel dank Zeit- und Selbstmanagement.
       Zürich: Orell Füssli, 170–173. S. auch ‹http://www.modernes-arbeiten-leben.de›
       (Blog von Birgit Golms).

Beispiel: Wochenliste eines PR-Beraters (Ausschnitt)

Generalliste für die Woche: 9.2.–13.2.

Datum (Wann?)	Aufgaben (Mit einzelnen Arbeitsschritten)	Benötigte Zeit
9.2.	Überarbeitung Website: Angebot von Grafikerin und Webdesigner einholen	1 Stunde
12.2.	Konzept für Firma Mustermann • Internetrecherchen • Erster Entwurf bis 10.2. • Finetuning und Deadline 12.2.	10–12 Stunden
13.2.	Meeting am Freitag 13.2. • Präsentation vorbereiten 9.2.–12.2. • Rücksprache mit Frau Meier, Abstimmung mit Herrn Wiese, 9.2.–12.2. • Protokoll der Sitzung und Abstimmung, 13.2.	3 Stunden 4 Stunden 1–2 Stunden 2 Stunden

Prioritäten mit Farben kennzeichnen
Erledigtes durchstreichen
Unerledigtes in nächste Woche übertragen

Vorlage Tagesliste

Meine Tagesliste für: _____

Termine heute:
Mails / Telefonate:
Prioritäten:
Aufgaben:
Privates / Erledigungen:

Vorlage Generalliste für eine Woche

Generalliste für die Woche: _____

Datum (Wann?)	Aufgaben (Mit einzelnen Arbeitsschritten)	Benötigte Zeit

Prioritäten mit Farben kennzeichnen
Erledigtes durchstreichen
Unerledigtes in nächste Woche übertragen

Dilek Dizdar*

Skopostheorie

Die Skopostheorie (Vermeer 1978) ist eine allgemeine Theorie der Translation, die durch einen funktionsorientierten Ansatz die Grundlage für ein neues Paradigma in der Translationswissenschaft bildet. Von einem handlungstheoretischen Rahmen ausgehend, legt sie den Schwerpunkt auf das Ziel des translatorischen Handelns (s. Art. 29 und Holz-Mänttäri 1984) und auf den Translator als Experten, der für ein optimales Erreichen dieses Ziels verantwortlich ist.

1. Das Ziel als oberstes Primat der Translation: der Skoposbegriff

Wie jedes Handeln folgt das translatorische Handeln einem Ziel. Diese Zielgerichtetheit kommt im Begriff des „Skopos" als dem obersten Primat der Translation zum Ausdruck. Somit steht nicht der Ausgangstext (AT) als solcher, sondern das intendierte Ziel am Beginn des Translationsprozesses. Die Gestaltung des Translationsvorgangs durch den Translator und die Form des Produkts *(Translat)* werden demnach vom Skopos der Translation bestimmt. Der Skoposbegriff kann sich sowohl auf den Translationsprozeß als auch auf das Translat beziehen. Der Translationsskopos bezeichnet dabei das vom Translator intendierte Ziel, während der Translatskopos für die Funktion des Translats steht, wie sie in der Zielkultur rezipiert wird. Wichtig ist hierbei, daß die vom Translator intendierte prospektive Funktion mit der Funktion, die das Translat in der Zielkultur erfüllt, nur im Idealfall übereinstimmt. Die Faktoren zu erkennen, die in der Zielkultur zu einem optimalen Funktionieren des Zieltextes (ZT) beitragen, d. h. Intention und Funktion näher bringen, ist Voraussetzung für eine professionelle Tätigkeit als Übersetzer/Dolmetscher. „Funktionieren" sollte hier auch unter dem Aspekt des jeweiligen Skopos der Translation verstanden werden.

Beispiel: Ein Translator nimmt den Auftrag an, ein Gedicht für die Werbebranche zu übersetzen. Das Ziel ist es, den Konsum eines Produktes auf dem Markt zu erhöhen. Der Translator erstellt ein Translat, das in der Literaturszene großen Anklang findet, als Werbetext die Rezipienten jedoch nicht anspricht: Das Translat „funktioniert" nicht. Es erfüllt eine

---

*   Quelle: Dizdar, Dilek (²2003). „28. Skopostheorie." *Handbuch Translation.* Hrsg. Mary Snell-Hornby u. a. Stauffenburg Handbücher. Tübingen: Stauffenburg [1998], 104–107. Copyright © Stauffenburg Verlag Brigitte Narr GmbH 2003. Die „alte" Rechtschreibung des Textes wurde unverändert übernommen.

andere Funktion als die vorgesehene. Ein anderer Translator produziert mit demselben Ziel ein Translat, das in der Literaturszene nicht als Gedicht betrachtet wird, aber zum Verkauf des Produkts beiträgt: Das Translat funktioniert; es erfüllt die vorgesehene Funktion.

Wichtig ist hier, daß sich Überlegungen zur Übereinstimmung von Intention und Funktion und zur „Optimalität" stets prospektiv auf die Zielkultur und den Skopos beziehen. Fragen, die retrospektiv auf den AT gerichtet sind, wie beispielsweise solche, die Autorintention oder Funktion des AT in der Ausgangskultur betreffen, sind zunächst irrelevant (s. unten). Wie auch aus dem Beispiel hervorgeht, stellt die Skopostheorie keine Forderung nach Funktionskonstanz. Sie vermeidet darüber hinaus die Verabsolutierung eines bestimmten Translationsmodus durch ein Festlegen der Translationsstrategie. Die Entscheidung für eine bestimmte Translationsstrategie ist vom Translationsskopos abhängig. Sowohl das Aufrechterhalten von Funktionskonstanz als auch das Verfolgen einer bestimmten Translationsstrategie kann durchaus Skopos einer Translation sein.

Beispiel: Ein Translator möchte durch die Übersetzung eines Romans fremde Elemente in die Literatur der Zielkultur einführen. Er übersetzt idiomatische Wendungen wörtlich, lenkt die Aufmerksamkeit der Leser auf sprachliche Eigenartigkeit. Ein anderer Übersetzer ist von der philosophischen Tragweite des Romans beeindruckt; sein Skopos ist es, das Gedankengut der Zielgruppe näher zu bringen. Er verfolgt eine Strategie, von der er meint, daß sie am besten zu einem verständlichen Text führt, und vermeidet Fremdartigkeiten in seiner Sprache. Ein dritter Translator macht sich Gedanken über die Möglichkeiten des Übersetzens. Er möchte versuchen, Syntax und Anzahl der Wörter eines AT im Translat beizubehalten, und übersetzt den Roman unter diesem Aspekt. Bei ihm bezieht sich der Skopos auf die Translationsstrategie selbst.

Da die Skopostheorie sowohl im Hinblick auf mögliche Skopoi als auch bezüglich verschiedener Translationsstrategien eine verabsolutierende Haltung vermeidet, ermöglicht sie einerseits die Erklärung der Vielfalt von Translationsphänomenen. Sie bietet ein neues explikativdeskriptives Instrumentarium, beispielsweise für historische Arbeiten (vgl. Vermeer 1992) und für die Übersetzungskritik (vgl. Ammann 1990; s. Art. 108). Andererseits ist sie als praxisorientierter Ansatz zu verstehen, der Aussagen für eine möglichst optimale skoposadäquate Bewältigung des Translationsprozesses enthält. Der Skoposbegriff kann demzufolge sowohl deskriptive als auch präskriptive Eigenschaft haben.

2. Der Translator als Experte interkultureller Kommunikation

Voraussetzung für eine Translation ist in der Regel der Bedarf an interkultureller Kommunikation (s. Art. 30), mit dem sich ein Auftraggeber an einen Translator wendet. Aufgabe des Translators ist es, die gewünschte Kommunikation zu ermöglichen. Als Handelnder muß er auf jeder Ebene des Prozesses Entscheidungen treffen: Nehme ich den Auftrag an? Wenn ja, unter welchen Bedingungen? Wenn nein, warum nicht? Welche Funktion soll das Translat erfüllen, und für wen erstelle ich es? Wie gehe ich vor? Der Auftraggeber hat bestimmte Vorstellungen über die Funktion, die das Translat erfüllen soll, d. h. er hat einen Skopos, z. B. „das Produkt soll sich gut verkaufen". Er gibt dem Translator einen ausgangssprachlichen Text als Vorlage. Der Translator entscheidet beispielsweise, daß der Werbeslogan im AT aus kulturspezifischen Gründen im ZT nicht beibehalten werden kann. Die Skopostheorie besagt, daß er gemäß dem in der Hierarchie höher stehenden Skopos eine funktionsadäquate Lösung finden soll, die eventuell mit dem sprachlichen Material im AT wenig zu tun hat. Als Teil der Firmenpolitik besteht die Holding jedoch auf einer Übertragung des Slogans auf sprachlicher Ebene. Im Rahmen der Skopostheorie gehört es zur Aufgabe des Translators, den Auftraggeber über seine Bedenken zu informieren und ihn über den absehbaren Mißerfolg eines solchen Vorhabens aufzuklären. Wenn es nicht zu einem Konsens mit dem Auftraggeber kommt, kann der Translator den Auftrag ablehnen. Entscheidungen, die den Konsens mit dem Auftraggeber betreffen, sind Teil der translatorischen Freiheit des Übersetzers. Auf Grund seiner Kompetenz und auch seiner individuellen Einstellung ist es ihm überlassen, wie er sich fallspezifisch entscheidet. Seine Entscheidung muß er sich selbst (als Experte) gegenüber verantworten können.

Das professionelle Umgehen mit der Entscheidungsfreiheit setzt Entscheidungskompetenz voraus. Die Skopostheorie fordert die Erweiterung dieser Kompetenz durch Bewußtmachung des komplexen Handlungsrahmens, in dem sich der Translator bewegt: Er soll anhand eines AT mit anderen (sprachlichen) Mitteln einen neuen Text verfassen, der für andere Rezipienten bestimmt ist und unter anderen kulturellen Gegebenheiten funktionieren soll als der AT (s. Art. 29).

> Es stimmt also nicht, daß Übersetzen und Dolmetschen einfachhin heißt, einen Text in eine andere Sprache zu übertragen [...] Dolmetscher und Übersetzer (Translatoren) sollten die (idio-, dia- und parakulturellen) Unterschiede im menschlichen Gesamtverhalten kennen und bei ihrer Tätigkeit (skoposadäquat) berücksichtigen. Sie sollten, so können wir kurz sagen, die „Kulturen" kennen, in denen Texte jeweils verfaßt und rezipiert werden. (Vermeer 1996:27)

Auf der Grundlage dieser Kompetenz trägt der Translator die Verantwortung für ein skoposadäquates Handeln. Er ist in der Lage, auf Kultur-, Adressaten- und Situationsspezifik einzugehen, sich den Erwartungen der Zielkultur (oder einer Gruppe darin) gemäß zu verhalten oder auch gegen sie zu verstoßen. Verstoß gegen Normen der Zielkultur (z. B. Zensuren) kann Skopos einer Translation sein (z. B. auf Grund einer politischen Überzeugung) und setzt Wissen über diese und die Sanktionen voraus, mit denen eventuell zu rechnen ist (z. B. Druckverbot, juristisches Verfahren). Die Freiheit des Translators beruht nicht auf einer willkürlichen, sondern durch den Skopos begründbaren bewußten Entscheidung. In diesem Zusammenhang sieht die Skopostheorie eine Skoposangabe durch den Translator vor, insbesondere bei nicht erwartungskonformem Verhalten (beispielsweise bei einer Strategie, die nicht dem Verständnis vom Übersetzen in einer Gesellschaft entspricht).

3. Neue Wege in der Translationswissenschaft

Die Hervorhebung des kulturellen und historischen Kontexts, in dem sich der Translator befindet, und die Anerkennung seiner individuellen Bedingungen machen kultur-, situations- und zeitunabhängige Aussagen in der Skopostheorie unmöglich. Vermeer geht von einem „relativen Relativismus" aus, der zu einem Bruch mit der Tradition führt und die Theorie anderen Ansätzen annähert, die eine ahistorische und verabsolutierende Begriffsbildung vermeiden, wie zum Beispiel die von Toury vertretene Descriptive Translation Studies (s. Art. 25) und die dekonstruktivistische Orientierung Arrojos (s. Art. 26, vgl. Toury 1995; Arrojo 1994, 1997).

Die Bedeutung der kulturell-historischen Bedingtheiten, die eine gemeinsame Eigenschaft dieser Ansätze ist, weist auf eine neue Richtung in der Translationswissenschaft hin (vgl. Ammann/Vermeer 1997:2). Diese wirkt sich auf verschiedenen Ebenen auf das Verständnis von Translation und die Rolle des Translators aus.

Sowohl als Rezipient (eines AT) als auch als Produzent (eines neuen Texts) ist der Translator mit seinen idiosynkratischen Eigenschaften Teil einer Gesellschaft und einer Gruppe darin. Die gesellschaftliche und historische Eingebundenheit des Translators hat Einfluß auf seine Tätigkeit und formt das Produkt. Im Zusammenhang damit wird beispielsweise der Glaube an eine textimmanente Bedeutung, die der Translator greifen und reproduzieren soll, verworfen. Die Anerkennung, daß „ein Text nicht ein für allemal und für alle ein und derselbe Text ‚ist'" und „daß auch der Rezipient zum Produzenten wird", ist ein Weg zur Freiheit und zur Möglichkeit der Kreativität des Translators (Vermeer 1996:39). Die „Befreiung des translatorischen Handelns aus der Zwangs-jacke einer als naiv gegebenen Realität" (1996:10) führt zu einem neuen Selbstverständnis des Translators, dessen Verantwortung darin liegt, diese Freiheit zu nutzen. Für die Translationsdidaktik folgt daraus, daß die Bewußtmachung der Faktoren, die das translatorische Handeln beeinflussen, in den Mittelpunkt der Ausbildung tritt. Nicht das Erler-nen vorgegebener Strategien, sondern die Aneignung einer kritischen und selbstbewußten Haltung, anhand derer Studierende ihre Transla-tionsstrategien selbst bestimmen können, macht den Translator als Ex-perten aus (vgl. hierzu auch Arrojo 1994:10).

Die neue Orientierung setzt somit „Kultur" an die Stelle von Sprache im engeren Sinn, eine zielgerichtete Haltung an die Stelle der Autorität des AT und Autors, Vielfalt der Möglichkeiten und Raum für Anders-artigkeit an die Stelle von festgelegten Strategien des Übersetzens.

Literatur

Ammann, Margret (1990): „Anmerkungen zu einer Theorie der Übersetzungskritik und ihrer praktischen Anwendung." *TEXTconTEXT* 5, 109–250.

Ammann, Margret / Vermeer, Hans J. (1997): „Ein Vorwort zur neuen Folge der Zeitschrift." *TEXTconTEXT* 11, 1–5.

Arrojo, Rosemary (1994): „Deconstruction and the teaching of translation." *TEXTconTEXT* 9, 1–12.

Arrojo, Rosemary (1997): „Asymmetrical Relations of Power and the Ethics of Trans-lation." *TEXTconTEXT* 11, 5–24.

Dizdar, Dilek (1997): „Die Norm brechen. Möglichkeiten eines neuen Vokabulars in der Translationswissenschaft." *TEXTconTEXT* 11, 129–147.

Holz-Mänttäri, Justa (1984): *Translatorisches Handeln. Theorie und Methode.* Annales Academiae Scientiarum Fennicae B 226. Helsinki: Suomalainen Tiede-akatemia.

Toury, Gideon (1995): *Descriptive Translation Studies and Beyond.* Amsterdam / Philadelphia: Benjamins.

Vermeer, Hans J. (1978): „Ein Rahmen für eine Allgemeine Translationstheorie." *Lebende Sprachen* 3, 99–102.

Vermeer, Hans J. (1992): *Skizzen zu einer Geschichte der Translation.* Bd. 1 u. 2. thw (translatorisches handeln wissenschaft) 6.1 u. 6.2. Frankfurt a. M.

Vermeer, Hans J. (1996): *Die Welt, in der wir übersetzen. Drei translatologische Überlegungen zu Realität, Vergleich und Prozeß.* Heidelberg: TEXTconTEXT.

Erich Prunč*

1 Vom Namen und seinem Schatten

Die Wissenschaft, deren Entwicklung geschildert werden soll, wollen wir *Translationswissenschaft* nennen. Da zu jeder Wissenschaft eine klar definierte Terminologie gehört, um die gemeinten Sachverhalte möglichst eindeutig benennen zu können, sollen zunächst einige Basistermini der Translationswissenschaft erarbeitet werden.

1.1 Der Name der Wissenschaft

Bevor auf die Gründe eingegangen wird, die dafür sprechen, die Wissenschaft vom *Übersetzen* und *Dolmetschen* als *Translationswissenschaft* zu bezeichnen, soll die Herkunft des Terminus *Translation* beleuchtet werden.

1.1.1 Geschichte der Begriffsbezeichnung Translation

Das Fremdwort *Translation* wurde in der Bedeutung „Übersetzung" zum ersten Mal vom humanistischen Arzt Heinrich Steinhöwel (1412–1483), der unter anderen auch Petrarca und Boccaccio übersetzte, verwendet. Von seiner Äsop-Übersetzung (ca. 1476) sagt er, sie gäbe die Texte des griechischen Fabeldichters *„in der nüwen translation usz kriechisch in latin"*[1] wieder (zit. nach Grimm DWB 21, 1239). In der ersten Hälfte des 16. Jahrhunderts findet man *translation* noch bei einigen Autoren und danach nur mehr in Wörterbüchern, wo es als Synonym zu *vertolmetschung* und *übersetzung* angeführt wird (vgl. Grimm ibid.). *Translation, Translatoren* und das Adjektivum *translatorisch* zählten auch in der Österreichisch-Ungarischen Monarchie zu durchaus gängigen Tätigkeits- und Berufsbezeichnungen (Wolf 2005 c: 225 ff.).

---

* Quelle: Prunč, Erich (³2012). *Entwicklungslinien der Translationswissenschaft.* TransÜD: Arbeiten zur Theorie und Praxis des Übersetzens und Dolmetschens 43. Berlin: Frank & Timme [2007], 15–21 und 27–31. Copyright © Frank & Timme GmbH Verlag für wissenschaftliche Literatur 2012. Die Nummerierung der Kapitel und Fußnoten folgt der bei Prunč. Die Formatierung des Fließtextes (Schattierung usw.) wurde ebenfalls unverändert übernommen. Einige offensichtliche Fehler in der Vorlage wurden in Absprache mit Frank & Timme korrigiert. Im Literaturverzeichnis erscheinen aus der über 100-seitigen Bibliografie von Prunč nur diejenigen Titel, die im Textausschnitt zitiert werden.
1 Zitate werden im Fließtext kursiv gesetzt. Originaler Kursivdruck wird im Fließtext als Fettdruck dargestellt. Auflagen werden im Fließtext nur angeführt, wenn die zeitliche Zuordnung relevant für die Entwicklung der TLW oder eines Terminus schien. In solchen Fällen wird im Fließtext auch die Zitierform *Autor Jahreszahl/Jahreszahl* (z. B. Reiß/Vermeer 1984/1991) verwendet, wobei sich die Seitenangaben jeweils auf die letzte Ausgabe beziehen.

In der wissenschaftlichen Bedeutung wurde *Translation* 1968 von Otto Kade als Hyperonym für *Übersetzen* und *Dolmetschen* eingeführt (Kade 1968 b).[2] Dabei wurde von Kade zwischen Translation im engeren und im weiteren Sinne unterschieden:

> „Wir verstehen unter Translation im weiteren Sinne jenen in einen zweisprachigen Kommunikations[akt] (und damit zugleich in ein komplexes gesellschaftliches Bedingungsgefüge sprachlicher und außersprachlicher Faktoren) eingebetteten Prozeß, der mit der Aufnahme eines AS-Textes [...] beginnt und mit der Realisierung eines ZS-Textes [...] endet. Die wichtigste Phase dieses Prozesses ist der Kodierungswechsel AS → ZS, der *aufgrund seiner Funktion im Kommunikationsakt* bestimmten Bedingungen unterliegt und den wir als Translation im engeren Sinne auffassen können." (Kade 1968 a/1981 a: 199)

Translation im engeren Sinne ist daher nach Kade das mündliche oder schriftliche „Übertragen" eines Ausgangstextes (AT) in einen anderssprachigen Zieltext (ZT), während Translation im weiteren Sinne offensichtlich auch andere, vor allem gesellschaftlich bedingte Elemente der zweisprachigen Kommunikation enthält. Darauf soll später noch eingegangen werden.

Die beiden Unterbegriffe bzw. Hyponyme *Übersetzen* und *Dolmetschen* wurden von Kade wie folgt definiert:

> „Wir verstehen [...] unter *Übersetzen* die Translation eines fixierten und demzufolge permanent dargebotenen bzw. beliebig oft wiederholbaren Textes der Ausgangssprache in einen jederzeit kontrollierbaren und wiederholt korrigierbaren Text der Zielsprache. Unter *Dolmetschen* verstehen wir die Translation eines einmalig (in der Regel mündlich) dargebotenen Textes der Ausgangssprache in einen nur bedingt kontrollierbaren und infolge Zeitmangels kaum korrigierbaren Text der Zielsprache." (Kade 1968 b: 35)

Es genügt festzuhalten, dass als unterscheidendes Begriffsmerkmal zwischen den beiden translatorischen Tätigkeiten nicht in erster Linie die Kriterien der Schriftlichkeit und der Mündlichkeit, sondern die Kriterien der Wiederholbarkeit des AT und der nachträglichen Korrigierbarkeit des ZT betrachtet werden.[3] Den von Kade eingeführten Kriterien der

---

2 Von *Hyperonym* spricht man terminologiewissenschaftlich exakt dann, wenn es sich um die sprachliche Bezeichnung für einen *Oberbegriff* handelt. Analog dazu spricht man von *Hyponymen*, wenn man die Bezeichnung für einen *Unterbegriff* meint.

3 Vgl. auch Reiß/Vermeer 1984/1991: 7 ff.

Wiederholbarkeit und der Korrigierbarkeit könnte man vielleicht noch ein weiteres hinzufügen: das Kriterium des linearen Zuganges zum Text für das Dolmetschen, die Möglichkeit des multiplen Zuganges zum Ausgangs- und zum Zieltext als Kriterium für das Übersetzen.

1.1.2 *Der Terminus* Translationswissenschaft *und seine Synonyme*

Otto Kade war, wie noch zu zeigen sein wird, Begründer der so genannten *Leipziger Schule,* die sich in den 1960er Jahren in der ehemaligen DDR zu entwickeln begann. Im so genannten Westen wurde der Terminus *Translation* häufig als unnützes Fremdwort[4] und als ideologisch befrachtet abgelehnt.[5] Stattdessen wurde als Hyperonym für *Übersetzen* und *Dolmetschen* der traditionelle Ausdruck *Sprachmittlung*[6] verwendet. In der älteren wissenschaftlichen Literatur sind also *Sprachmittlung* und *Translation* als Synonyme zu verstehen.[7]

Für die Durchsetzung der Termini *Translation* und *Translationswissenschaft* war auch eine weitere Entwicklung maßgebend. In der Diskussion über interkulturelle Kommunikation wurde von Karlfried Knapp und Annelie Knapp-Potthoff folgende definitorische Unterscheidung zwischen *Dolmetschen* und *Sprachmitteln* eingeführt:

„Unter *Dolmetschen* verstehen wir eine Tätigkeit, die [...] an die Übertragung phonisch repräsentierter Texte gebunden ist. Dolmetschen kann im Rahmen einer face-to-face-Interaktion stattfinden, muß es aber nicht notwendig. Der entscheidende Unterschied zum Sprachmitteln ist der, daß der Dolmetscher – wie auch der Übersetzer – als Kommunikations-

---

4   Wolfram Wilss bezeichnet *Translationswissenschaft* noch 1988 ironisch als „Nobeltitel" (Wilss 1988: 7). In der Zwischenzeit hat Wilss allerdings aufgrund seiner Studien zur Geschichte des Übersetzens, bei welchen er auf ältere Belege dieser Begriffsbezeichnung stieß, seine Meinung revidiert (mündl. Mitteilung v. W. Wilss).

5   Vgl. Kollers bissige Bemerkung in der einleitenden Auswahlbibliographie zur zweiten Auflage der *Einführung in die Übersetzungswissenschaft* zu Otto Kades Monographie *Die Sprachmittlung als gesellschaftliche Erscheinung und Gegenstand wissenschaftlicher Untersuchung* (= Kade 1980): „*Dieses verbissen dogmatische Buch bringt den ‚Nachweis', daß die ‚marxistisch-leninistische Weltanschauung sicheres Fundament für Wissenschaftlichkeit und Originaltreue in der Sprachmittlung' ist [...]."* (Koller 1983: 6).

6   Vgl. das Stichwort „*Sprachmittlung"* im dritten Band des *Lexikons der germanistischen Linguistik* (= Bausch 1973), wo auf die Herkunft des Terminus aus der traditionellen Sprachwissenschaft verwiesen und das psycholinguistische Standardwerk von Friedrich Kainz (1965) als erste Quelle angeführt wird.

7   Bausch (Bausch 1973: 610) betrachtet *Sprachmittlung* und *Translation* als Synonyme, stellt jedoch fest, der Terminus *Translation* habe allmählich den traditionellen Terminus *Sprachmittlung* verdrängt. Auch Kade selbst verwendet *Sprachmittlung* synonym zu *Translation* (vgl. z. B. Kade 1980 in Anm. 5).

partner selbst völlig in den Hintergrund tritt." (Knapp/Knapp-Potthoff 1985: 451)[8]

Sprachmitteln bzw. *Sprachmittlung* können daher als terminologische Dubletten zu *Dolmetschen* und *Dolmetschung* verwendet werden, wobei von Knapp/Knapp-Potthoff noch ein weiteres Begriffsmerkmal als relevant betrachtet wird:

„[...] *Sprachmitteln* [...] findet *ausschließlich* in face-to-face-Interaktionen statt. Im Unterschied zum Dolmetschen ist Sprachmitteln eine nichtprofessionelle, alltagspraktische Tätigkeit." (Knapp/Knapp-Potthoff 1985: 451)

In der angeführten Definition deckt der Terminus *Sprachmittlung* nur den nichtprofessionellen Teil mündlicher translatorischer Tätigkeiten ab und ist mehr oder minder als Synonym zum englischen Terminus der *natural translation* (vgl. Harris, B. 1977, Harris, B./Sherwood 1978) zu verstehen.[9] Im Gegensatz zum Terminus der *Sprachmittlung* ist das semantisch noch nicht überfrachtete Fremdwort *Translation* besser geeignet, als Namensspender für die Bezeichnung der Wissenschaft zu dienen. Unter den konkurrierenden Bezeichnungen hat sich im deutschen Sprachraum der Name *Translationswissenschaft* durchgesetzt, während Begriffsbildungen wie *Translatorik* und *Translatologie* nur noch selten (z. B. in Ammann/Vermeer 1990, Holz-Mänttäri/Vermeer 1985, Wotjak ed. 2007, Baumann 2009 und in der Wikipedia) anzutreffen sind.[10]

Ebenso wie *Sprachmittlung* ein älteres Synonym für *Translation* ist, ist *Übersetzungswissenschaft* das ältere Synonym für *Translationswissenschaft*. Der Name *Übersetzungswissenschaft* spiegelt im ersten Entwicklungsstadium der Translationswissenschaft auch eine diffuse Begriffsbildung wider, in welcher *Übersetzen* nicht klar vom *Dolmetschen* unterschieden wird.[11] Mit der konsequenten Unterscheidung zwischen *Übersetzen* und *Dolmetschen* wurde die Wissenschaftsbezeichnung *Übersetzungswissenschaft* mehrdeutig. Darunter konnte sowohl die Wissenschaft vom Übersetzen und Dolmetschen als auch die Wis-

---

8   Ähnlich auch Rehbein, J. (1985: 420).
9   Zum Unterschied zwischen professioneller und nichtprofessioneller translatorischer Tätigkeit vor allem Krings (1992); vgl. jedoch auch Toury (1984 a) und Kapitel 10.2.3.
10   http://de.wikipedia.org/wiki/Translatologie (letzter Zugriff 15.11.11).
11   Vgl. z. B. Coseriu (1978/1981), Wilss (1977 b).

senschaft, die sich lediglich mit dem Übersetzen befasste, verstanden werden.[12]

Neben der Bezeichnung *Übersetzungswissenschaft* taucht sporadisch als älteres Synonym von *Translationswissenschaft* auch der Terminus *Übersetzungstheorie* auf.[13] Der Terminus *Übersetzungstheorie* als Bezeichnung für die gesamte Wissenschaft, die sich mit dem Übersetzen und Dolmetschen befasst, entspricht dem englischen Sprachgebrauch (vgl. *translation theory*) und nicht der im Deutschen üblichen Nomenklatur von Wissenschaften. Abgesehen davon, dass dabei wiederum nicht zwischen *Übersetzen* und *Dolmetschen* unterschieden wird, könnte man aus einer solchen Bezeichnung ableiten, dass sich die Translationswissenschaft nur mit theoretischen, nicht jedoch auch mit empirischen Fragen zu beschäftigen habe. Ein weiterer Nachteil der Wissenschaftsbezeichnung *Übersetzungstheorie* ist auch, dass sie einen Gegensatz zwischen der wissenschaftlichen Beschäftigung mit der Translation und der translatorischen Praxis suggeriert. Als Bezeichnung für jene Teildisziplin der Translationswissenschaft, die sich ausschließlich mit theoretischen und allgemeinen Fragen des Übersetzens befasst, ist der Terminus *Übersetzungstheorie* jedoch angebracht. Der analoge Terminus für jene Teildisziplin der Translationswissenschaft, die sich ausschließlich mit der Theorie des Übersetzens und Dolmetschens befasst, wäre *Translationstheorie*.

In diesem Zusammenhang ist noch eine letzte terminologische Klarstellung notwendig. Die *Übersetzungsforschung,* wie sie im Göttinger Sonderforschungsbereich entwickelt wurde, ist nicht mit *Translationswissenschaft* zu verwechseln. Übersetzung wird bei diesem wissen-

---

12 Das sprachliche Problem eines fehlenden Hyperonyms ergibt sich vor allem im Deutschen. In den slawischen Sprachen hingegen versteht man unter russ. *perevod, slow. prevod,* kroat. *prijevod* und serb. *prevod* sowohl die schriftliche als auch die mündliche Form der Translation. Will man in diesen Sprachen präziser zwischen *Übersetzen* und *Dolmetschen* unterscheiden, wird dies mit Hilfe von adjektivischen Zusätzen *(schriftlich* vs. *mündlich)* bewerkstelligt. Allerdings gibt es auch in diesen Sprachen terminologische Unschärfen, da es gemeinsprachlich sehr wohl Verben und Verbalsubstantiva gibt, mit denen zwischen *übersetzen/ Übersetzen* und *dolmetschen/Dolmetschen* unterschieden werden kann: z. B. slow. *tolmačiti* vs. *prevesti/prevajati,* kroat. *tumačiti* vs. *prevesti/prevoditi* usw. Die terminologisch exaktere Unterscheidung zwischen *Übersetzen* und *Dolmetschen* wird unter dem Einfluss der sich entwickelnden Translationswissenschaft allerdings auch in diesen Sprachen allmählich zur standardsprachlichen Norm.

13 So z. B. Coseriu (1978/1981); Kohlmayer (1988, 1997); Kelletat (1987); Stolze (1994/2005 b). Ähnlich auch im Russischen, wo sich eine Differenzierung zwischen *teorija perevoda* als Selbstbezeichnung der traditionellen philologisch orientierten Translationswissenschaft und *perevodovedenie* als Bezeichnung für die Translationswissenschaft im heutigen Sinne abzuzeichnen beginnt (mündl. Mitteilung von Larisa Schippel).

schaftlichen Großprojekt nämlich implizit nur als *Literarische Übersetzung* verstanden. Der Gegenstand, mit dem sich die *Übersetzungsforschung* befasste, ist also lediglich ein Teilbereich des Phänomens Übersetzung. Deshalb kann Übersetzungsforschung, je nach Schwerpunkt und Methode, als Teildisziplin der Übersetzungswissenschaft im soeben definierten Sinn oder als Teildisziplin der Vergleichenden Literatur- und/oder Kulturwissenschaft verstanden werden. Erst im Rahmen der so genannten kulturwissenschaftlichen Wende der Translationswissenschaft und der translatorischen Wende der Kulturwissenschaft ergab sich eine Konvergenz zwischen diesen beiden Disziplinen (vgl. Bachmann-Medick 2006).

Zusammenfassend kann festgestellt werden, dass es ausreichend *terminologische* Gründe gab, den Wissenschaftsnamen *Translationswissenschaft* zu verwenden. Ausgehend vom eindeutig definierten Oberbegriff *Translation* und seinen beiden Unterbegriffen *Übersetzen* und *Dolmetschen* konnte eine erste Systematik der Subdisziplinen entworfen werden:

Translationswissenschaft	
Übersetzungswissenschaft	Dolmetschwissenschaft

Damit ist der Boden aufbereitet, den tieferen Gründen für die Wahl des Namens *Translationswissenschaft*[14] nachzuspüren und den Objektbereich der Translationswissenschaft positiv zu definieren.[15]

1.2 Dynamik der Namenswahl

Die Diskussion um den Namen der Wissenschaft wäre ein Streit um des Kaisers Bart, wenn dahinter nicht wesentliche, im Objekt dieser Wissenschaft begründete Unterschiede verborgen wären. Wenn sich Nichtfachleute über Dolmetschen unterhalten, so verwenden sie dafür meistens den Ausdruck *Übersetzen*. „*Wir danken den Dolmetschern für die ausgezeichnete Übersetzung*" ist ein Lob, das Dolmetscher gerne hören (würden), obwohl es nicht gerade von einem adäquaten Verständnis für die Art der geleisteten Arbeit zeugt. Andererseits werden *gerichtlich beeidete Dolmetscher* nicht nur zum *Dolmetschen* bei Gericht, sondern auch zum *Übersetzen* diverser Schriftstücke herangezogen. Alltags-

---

14 Zu den unterschiedlichen Meinungen zur Profilierung der Wissenschaft vgl. Vernay (1984), Snell-Hornby ed. (1986), Wilss (1987 a, b), Holmes (1988), Snell-Hornby (1988, 1991), Salevsky (1993 a, b), Wilss (1993 b), Kaindl (1997 b, c), Kalverkämper (1999), Snell-Hornby (2006), Kaindl (2010 a).
15 Halverson (1999, 2000, 2002) und Prunč (2004 b).

sprachlich wird also *Übersetzen* und *Dolmetschen* in der Regel undifferenziert gebraucht. Wie bereits ein flüchtiger Blick in diverse Standardwörterbücher zeigt, ist eine ähnlich diffuse Verwendung der Bezeichnungen *Übersetzen* und *Dolmetschen* für den gemeinsprachlichen Gebrauch in vielen Sprachen charakteristisch. Um eine kohärente wissenschaftliche Terminologie aufbauen zu können, müssen diese Ausdrücke genauer definiert, voneinander unterschieden und innerhalb des Begriffssystems zueinander in Beziehung gesetzt werden. Diese Bedingung wurde durch die Hierarchisierung der Begriffe *Translation, Übersetzen* und *Dolmetschen* sowie durch das Ausscheiden konkurrierender, nicht immer eindeutiger Termini erfüllt. In konsequenter Fortsetzung dieser terminologischen Differenzierung wollen wir nun einen neutralen Oberbegriff für die Produkte des Übersetzens und des Dolmetschens einführen:

Translat

Unter Translat verstehen wir jedes Produkt einer Translation.

Wenn wir also nicht von einer *Übersetzung* als Produkt des *Übersetzens,* einer *Dolmetschung* als Produkt des *Dolmetschens* sprechen wollen, werden wir dafür den übergeordneten Terminus *Translat* verwenden. [...]

1.2.5 Von der Dynamik des globalisierten Marktes

Bisher sind wir von der Erwartungshaltung ausgegangen, dass jeder Text mehr oder minder zur Gänze übersetzt bzw. gedolmetscht wird und das Translat in der Zielsprache etwa dieselbe Funktion haben soll wie das Original. Nicht jeder Auftraggeber ist jedoch an einem funktionsgleichen Translat interessiert, ganz abgesehen davon, dass dieses manchmal nicht realisierbar ist. Noch realitätsferner ist eine, wenn auch gemeinhin verbreitete Meinung, dass durch das Translat ein Original lediglich mit zielsprachlichen Mitteln abzubilden sei. Zusammenfassungen, Auszüge, Texterweiterungen, freies Nach- und Neutexten von anderssprachigem Informationsmaterial für verschiedene Zielgruppen, kulturelle Anpassung von Werbetexten und Webseiten gehören immer häufiger zu den selbstverständlichen Tätigkeitsfeldern aktiver Translatoren. Deshalb sollte die Translationswissenschaft auch diese Randbereiche von Translation beobachten, systematisch beschreiben und sie einem kohärenten Erklärungsmodell zuordnen.[21]

---

21 Vgl. dazu bereits Toury (1980 a, b), Kade (1981 b), Neubert (1983), Reiß/Vermeer (1984/1991), Toury ed. (1987/1998), Holz-Mänttäri (1986 b), Toury (1995);

Übersetzen, Bearbeiten, Nachtexten und Neutexten[22] anderssprachiger Vorlagen, Lokalisierung[23] und Interkulturelles *technical writing* sowie Translationsberatung und Translationsmarketing stellen also ein Kontinuum möglicher sprachlicher Vermittlungshandlungen über Sprach- und Kulturgrenzen hinweg dar. Statt darüber zu streiten, ob nur Übersetzungen im engeren Sinn Gegenstand der Translationswissenschaft sein sollten oder nicht, scheint es vernünftiger, alle möglichen Realisierungsformen sprachgebundener kulturmittlerischer Tätigkeiten dem Oberbegriff der Translation zuzuordnen. Innerhalb dieses Begriffsrahmens kann auch ein kohärentes Forschungsinstrumentarium entwickelt werden, mit dem das Kontinuum möglicher Lösungen adäquat beschrieben, mit ausreichend differenzierten Methoden erforscht und dennoch unter einem gemeinsamen Aspekt beobachtet, gelehrt und gelernt werden kann. Das Ausscheiden peripherer Phänomene hat den Humanwissenschaften selten gut getan.

Für eine möglichst breite Definition des Translationsbegriffes spricht auch der historische Aspekt von Translation. Die Geschichte der Kulturen lehrt, dass sich Übersetzen und Dolmetschen als historische Phänomene nicht in das Denkmuster der Widerspiegelung eines nicht weiter zu hinterfragenden Originals pressen lassen. Dieses Denkmuster ist vielmehr selbst kulturbedingt und entspricht einer konkreten Konstellation von Interessen und Werthaltungen, die für das europäische Geistesleben des ausgehenden 18. und des beginnenden 19. Jahrhunderts charakteristisch waren. Es erscheint deshalb nicht angebracht, zeitgeistig bedingte europäische Normvorstellungen von Translation auf andere Kulturen und Zeiten anzuwenden.[24] Wenn wir den Begriff der Translation auf alle Phänomene des sprachlichen Transfers über Kulturgrenzen hinweg ausweiten und seine Gesetzmäßigkeiten zu erforschen suchen, bietet sich im Gegensatz zur normativen Auffassung von Translation die Möglichkeit, Translation in ihrer gesellschaftlichen und ideologischen

---

reserviert bis kritisch dagegen: Koller ([1]1979, [2]1983, [4]1992, [7]2004, [8]2011), Taraman (1986), Merino Alvarez (1992), Schreiber (1993, 1999), Neubert (1997, 1999).

22 Bekannte Reiseführer-Reihen, die als internationale Produktionen erscheinen, werden immer häufiger völlig neu getextet, da die Übersetzungen nicht adressatengerecht formuliert sind und gewissenhafte Überarbeitungen, die von verantwortungsbewussten Verlagen in Auftrag gegeben werden, nicht mehr kostengünstiger sind als Neuproduktionen (Loibner 1996: 35).

23 *Lokalisierung* und *Interkulturelles technical writing* (Göpferich 1998) und so genannte Co-prints (Dollerup/Orel-Kos 2001) zählen in diesem Sinne zum Objektbereich der Translationswissenschaft und sollten auch Gegenstand der Translationsdidaktik sein. Weitere Literaturhinweise auf S. 359.

24 Vgl. auch Hermans (1999 b: 48).

Bedingtheit zu erkennen und als wesentliches Element eines komplexen kulturhistorischen Prozesses zu beschreiben.

1.3 Strategischer Konsens

Wir haben nun genügend Argumente zusammengetragen, die für einen dynamischen Textbegriff und für eine ebenso dynamische Definition von Translation sprechen.

Ausgangstext

Als Ausgangstext (AT) bezeichnen wir jede mehr oder minder deutlich abgrenzbare und interpretierbare Menge von Zeichen, die als Informationsbasis für eine Translation dient.

Zieltext

Als Zieltext (ZT) bezeichnen wir jede mehr oder minder deutlich abgrenzbare Menge von Zeichen, die als Resultat eines Translationsprozesses produziert wird.

Auf die Konsequenzen einer solchen offenen Definition von AT und ZT wird noch näher einzugehen sein. An dieser Stelle wollen wir uns damit begnügen, die Beziehung zwischen AT und ZT modellhaft darzustellen:

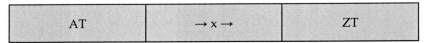

| AT | → x → | ZT |

Das x zwischen AT und ZT soll symbolisieren, dass immer dann von Translation zu sprechen sein wird, wenn zwischen zwei verschiedensprachigen Texten, unabhängig von ihrem Status und ihrer Textstruktur, eine vorhersehbare und/oder beschreibbare Beziehung besteht. Es ist Aufgabe der Translationswissenschaft, diesem x, seinen konkreten Realisierungsformen und -möglichkeiten nachzuspüren, um die sprachliche, kognitive und soziokulturelle Bedingtheit von Translation zu erforschen. Im wissenschaftlichen Konzept von Translation muss auch für jene Formen des translatorischen Handelns ausreichend Platz sein, bei denen das herzustellende Translat nur locker an den AT angebunden wird. *Translation* gilt in diesem Verständnis nicht nur als Oberbegriff für *Übersetzen* und *Dolmetschen,* sondern auch für translatorische Prozesse und Leistungen, die von einer Übersetzung im engeren und traditionellen Sinne bis hin zur freien Bearbeitung reichen. Eine ähnliche, wenn auch bisher kaum diskutierte Palette von Realisierungsformen wird auch im Bereich des Dolmetschens auszumachen sein. Im wissenschaftlichen Konsensbildungsprozess über die Definition von *Translation* war Kades Definition nur ein erster Schritt. Der nächste Schritt musste darin liegen, die historische Bedingtheit der Begriffe selbst zu erkennen und ihre Erweiterbarkeit für die Translation der Zukunft auszuloten. Bei der Spurensuche in der Vergangenheit konnten in allen Kulturen translatorische Praktiken ausgemacht werden, die der traditionellen Bedeutung von *Übersetzen* und *Dolmetschen* widersprachen. Der Blick in die Zukunft zeigt, dass für die Bewältigung der dynamischen interkulturellen und multimedialen Kommunikationspraxis einer globalisierten Welt ein dynamisches Konzept von Translation entwickelt werden muss. Vor diesem Hintergrund soll abschließend Translation überkulturell wie folgt definiert werden:[25]

Unter Translation als Sondersorte der inter- und transkulturellen Kommunikation ist überkulturell jede konventionalisierte, interlinguale und vermittelte Interaktion zu verstehen.

Damit soll, erstens, unterstrichen werden, dass es sich bei der translatorischen Praxis stets um eine Mittlertätigkeit handelt, die sie von anderen Formen der interkulturellen Kommunikation abhebt. Zweitens soll darauf hingewiesen werden, dass die Mittlertätigkeit in irgendeiner Form mit Sprache zu tun haben muss und nicht als Transfer zwischen beliebigen Symbolsystemen zu verstehen ist. Gleichzeitig ist jedoch festzuhalten, dass die sprachliche Mittlertätigkeit nur einen Teil von Translation ausmacht. Drittens steht nicht von vornherein fest, wie die konkrete Realisierung von Translation stattfindet oder stattzufinden hat. Die Art der Realisierung von Translation wird kultur- und zeitspezifisch in Konventionen gefasst. Es ist mithin im Sinne einer kritischen Wissenschaft auch Aufgabe der Translationswissenschaft, die Machtkonstellationen, durch welche die jeweiligen Konventionalisierungsprozesse gesteuert werden, insbesondere deren Auswirkungen auf die translatorische Praxis zu analysieren und selbstreflektiv die eigene Rolle bei der gesellschaftlichen Positionierung von Translation zu hinterfragen.

Der Weg, den die Translationswissenschaft von einem engen und normativen Translationskonzept bis zu modernen überkulturellen und kulturspezifisch relativierten Konzepten zu durchlaufen hatte, führte über einige Um- und Irrwege. Wenn trotzdem versucht werden soll, die zentralen Entwicklungsstränge als mehr oder minder logische Abfolge von Prozessen einer multiplen Annäherung an das Objekt darzustellen, ist uns bewusst, dass es sich dabei um eine nachträgliche Sinnstiftung, um ein wissenschaftliches Konstrukt aus der Perspektive des gegenwär-

---

25 Die detaillierte Begründung und Konzeptualisierung s. Prunč (2004 b).

tigen Ist-Zustandes handelt. Dieses Konstrukt, das der eigenen Wissenschaftsgeschichte den aktuellen Konsens über Translation als Hintergrundfolie unterlegt, ist selbst permanent zu hinterfragen. Unter diesem Vorbehalt soll die Geschichte der Translationswissenschaft als Emanzipationsprozess von einer Teildisziplin der Kontrastiven Linguistik bzw. der Vergleichenden Literaturwissenschaft zu einer Disziplin *sui generis* dargestellt werden.

Literaturverzeichnis

Albrecht, Jörn/Drescher, Horst W./Göhring, Heinz/Salnikow, Nikolai (eds.) (1987) *Translation und interkulturelle Kommunikation. 40 Jahre Fachbereich Angewandte Sprachwissenschaft der Johannes Gutenberg-Universität Mainz in Germersheim.* Frankfurt am Main [etc.]: Peter Lang.

Ammann, Margret/Vermeer, Hans J. (1990) *Entwurf eines Curriculums für einen Studiengang Translatologie und Translatorik.* Heidelberg: Universitätsdruckerei (translatorisches handeln 4).

Bachmann-Medick, Doris (2006) *Cultural Turns. Neuorientierung in den Kulturwissenschaften.* Reinbek bei Hamburg: Rowohlt (rowohlts enzyklopädie).

Baumann, Klaus-Dieter (2009) „Ein translatorisches Intertextualitätskonzept, dargestellt am Beispiel von Fachtexten-in-Vernetzung", in: Wotjak/Tabares Plasencia/Ivanova (eds.) (2009), 35–48.

Bausch, Karl-Richard (1973) „Sprachmittlung", in: Althaus, Hans Peter (ed.) *Lexikon der germanistischen Linguistik.* Band: 3. Tübingen: Niemeyer, 610–615.

Chesterman, Andrew/Gallardo San Salvador, Natividad/Gambier, Yves (eds.) (2000) *Translation in context: Selected contributions from the EST Congress, Granada 1998.* Amsterdam: John Benjamins.

Coseriu, Eugenio (1978) „Falsche und richtige Fragestellungen in der Übersetzungstheorie", in: Grähs/Korlén/Malmberg (eds.) (1978), 17–32.

Coseriu, Eugenio (1981) „Falsche und richtige Fragestellungen in der Übersetzungstheorie", in: Wilss (ed.) (1981), 27–47.

Danks, Joseph H./Shreve, Gregory M./Fountain, Stephen B./McBeath, Michael (eds.) (1997) *Cognitive Processes in Translation and Interpreting.* Thousand Oaks/London/New Delhi: Sage (Applied Psychology 3).

Dollerup, Cay/Orel-Kos, Silvana (2001) „Co-printing: Translation without Boundaries", in: Hebenstreit (ed.) (2001), 285–302.

Ehnert, Rolf/Schleyer, Walter (eds.) (1987) *Übersetzen im Fremdsprachenunterricht. Beiträge zur Übersetzungswissenschaft. Annäherungen an eine Übersetzungsdidaktik. Vorträge und Arbeitspapiere der AKDaF-Fachtagung vom 9. bis 12. September 1986 am Fachbereich Angewandte Sprachwissenschaft der Johannes-Gutenberg-Universität Mainz in Germersheim/Rhein.* Regensburg: AKDaF (Materialien Deutsch als Fremdsprache 26).

Fleischmann, Eberhard/Kutz, Wladimir/Schmitt, Peter A. (eds.) (1997) *Translationsdidaktik. Grundfragen der Übersetzungswissenschaft.* Tübingen: Narr.

Gerver, David/Sinaiko, H. Wallace (eds.) (1978) *Language Interpretation and Communication. NATO Conference Series.* London/New York: Plenum Press.

Gerzymisch-Arbogast, Heidrun/Rothkegel, Annely/Gile, Daniel/House, Juliane (eds.) (1999) *Wege der Übersetzungs- und Dolmetschforschung.* Tübingen: Narr (Jahrbuch Übersetzen und Dolmetschen 1).

Gil, Alberto/Haller, Johann/Gerzymisch-Arbogast, Heidrun/Steiner, Erich (eds.) (1999) *Modelle der Translation. Grundlagen für Methodik, Bewertung, Computermodellierung.* Frankfurt am Main [etc.]: Peter Lang (Saarbrücker Beiträge zur Translationswissenschaft 1).

Göpferich, Susanne (1998) *Interkulturelles Technical Writing. Fachliches adressatengerecht vermitteln. Ein Lehr- und Arbeitsbuch.* Tübingen: Narr (Forum für Fachsprachen-Forschung 40).

Grähs, Lillebill/Korlén, Gustav/Malmberg, Bertil (eds.) (1978) *Theory and Practice of Translation. Nobel Symposium 39, Stockholm, September 6–10, 1976.* Bern/Frankfurt am Main/Las Vegas: Peter Lang.

Grbić, Nadja/Wolf, Michaela (eds.) (1997) *Text – Kultur – Kommunikation. Translation als Forschungsaufgabe.* Tübingen: Stauffenburg (Studien zur Translation 4).

Grbić, Nadja/Hebenstreit, Gernot/Vorderobermeier, Gisella M./Wolf, Michaela (eds.) (2010) *Translationskultur revisited. Festschrift für Erich Prunč.* Tübingen: Stauffenburg (Stauffenburg Festschriften).

Greiner, Norbert/Kornelius, Joachim/Rovere, Giovanni (eds.) (1999) *Texte und Kontexte in Sprachen und Kulturen. Festschrift für Jörn Albrecht.* Trier: Wissenschaftlicher Verlag Trier.

Halverson, Sandra (1999) „Image Schemas, Metaphoric Processes and the ‚Translate' Concept", in: *Metaphor and Symbol* 14:3, 199–219.

Halverson, Sandra (2000) „Prototype Effects in the ‚Translation' Category", in: Chesterman/Gallardo San Salvador/Gambier (eds.) (2000), 3–16.

Halverson, Sandra (2002) „Cognitive models, prototype effects and ‚Translation'. The role of cognition in translation (meta)theory", in: *Across Languages and Cultures* 3:1, 21–42.

Harris, Brian (1977) *Papers in translatology.* Ottawa: Ottawa University.

Harris, Brian/Sherwood, Bianca (1978) „Translating as an Innate Skill", in: Gerver/Sinaiko (eds.) (1978), 155–170.

Hebenstreit, Gernot (ed.) (2001) *Grenzen erfahren – sichtbar machen – überschreiten. Festschrift für Erich Prunč zum 60. Geburtstag.* Frankfurt am Main [etc.]: Peter Lang.

Hermans, Theo (1999 b) *Translation in Systems. Descriptive and System-oriented Approaches Explained.* Manchester: St. Jerome (Translation Theories Explored 7).

Holmes, James S. (²1988) *Translated! Papers on Literary Translation and Translation Studies.* Amsterdam: Rodopi (Approaches to Translation Studies 7).

Holz-Mänttäri, Justa/Vermeer, Hans J. (1985) „Entwurf für einen Studiengang Translatorik und einen Promotionsstudiengang Translatologie", in: *Kääntäjä – Översättaren* 3, 4–6.

Holz-Mänttäri, Justa (1986 b) „Translatorisches Handeln – theoretisch fundierte Berufsprofile", in: Snell-Hornby (ed.) (1986), 348–374.

Holz-Mänttäri, Justa/Nord, Christiane (eds.) (1993) *Traducere navem. Festschrift für Katharina Reiß zum 70. Geburtstag.* Tampere: Tampereen Yliopisto.

Jäger, Gert/Neubert, Albrecht (eds.) (1983) *Semantik und Übersetzungswissenschaft. Materialien der III. Internationalen Konferenz „Grundfragen der Übersetzungswissenschaft".* Leipzig: VEB Verlag Enzyklopädie (Übersetzungswissenschaftliche Beiträge 6).

Kade, Otto (1968 a) „Kommunikationswissenschaftliche Probleme der Translation", in: Neubert (ed.) (1968), 3–19.

Kade, Otto (1968 b) *Zufall und Gesetzmäßigkeit in der Übersetzung*. Leipzig: VEB Enzyklopädie (Beiheft zur Zeitschrift Fremdsprachen I).

Kade, Otto (1980) *Die Sprachmittlung als gesellschaftliche Erscheinung und Gegenstand wissenschaftlicher Untersuchung*. Leipzig: VEB Enzyklopädie (Übersetzungswissenschaftliche Beiträge 3).

Kade, Otto (1981 a) „Kommunikationswissenschaftliche Probleme der Translation", in: Wilss (ed.) (1981), 199–218.

Kade, Otto (1981 b) *Probleme des übersetzungswissenschaftlichen Textvergleichs*. Leipzig: VEB Enzyklopädie (Übersetzungswissenschaftliche Beiträge 4).

Kaindl, Klaus (1997 b) „Von Hauptdarstellern und Statisten: Zur Rolle des Textes im translationswissenschaftlichen Handlungsspiel", in: Grbić/Wolf (eds.) (1997), 53–65.

Kaindl, Klaus (1997 c) „Wege der Translationswissenschaft – Ein Beitrag zu ihrer disziplinären Profilierung", in: *TcT NF* 1, 221–246.

Kaindl, Klaus (2010 a) „Übersetzung ohne Sprache – Übersetzung ohne Text? Entwicklungen des Objektbereichs", in: Grbić et al. (eds.) (2010), 98–112.

Kainz, Friedrich (1965) „Das Problem der Sprachmittlung", in: Kainz, Friedrich (ed.) *Psychologie der Sprachen. Psychologie der Einzelsprachen*. Band: 5. Stuttgart: Ferdinand Enke Verlag, 375–422.

Kalverkämper, Hartwig (1999) „Translationswissenschaft als integrative Disziplin", in: Gerzymisch-Arbogast et al. (eds.) (1999), 55–76.

Kapp, Volker (ed.) (²1984) *Übersetzer und Dolmetscher. Theoretische Grundlagen, Ausbildung, Berufspraxis*. München: Francke (UTB 325).

Kelletat, Andreas F. (1987) „Die Rückschritte der Übersetzungstheorie. Anmerkungen zur Grundlegung einer allgemeinen Translationstheorie von Katharina Reiß und Hans J. Vermeer", in: Ehnert/Schleyer (eds.) (1987), 33–49.

Knapp, Karlfried/Knapp-Potthoff, Annelie (1985) „Sprachmittlertätigkeit in interkultureller Kommunikation", in: Rehbein (ed.) (1985), 450–463.

Kohlmayer, Rainer (1988) „Der Literaturübersetzer zwischen Original und Markt. Eine Kritik funktionalistischer Übersetzungstheorien", in: *Lebende Sprachen* 33:4, 145–146.

Kohlmayer, Rainer (1997) „Was dasteht und was nicht dasteht. Kritische Anmerkungen zum Textbegriff der Übersetzungstheorie", in: Fleischmann et al. (eds.) (1997), 60–66.

Koller, Werner (1979) *Einführung in die Übersetzungswissenschaft*. Heidelberg: Quelle & Meyer (UTB 819).

Koller, Werner (²1983) *Einführung in die Übersetzungswissenschaft*. Heidelberg: Quelle & Meyer (UTB 819).

Koller, Werner (⁴1992) *Einführung in die Übersetzungswissenschaft*. [4., völlig neu bearbeitete Auflage.] Heidelberg/Wiesbaden: Quelle und Meyer.

Koller, Werner (⁷2004) *Einführung in die Übersetzungswissenschaft*. [7., aktualisierte Aufl.] Wiebelsheim: Quelle und Meyer.

Koller, Werner (⁸2011) *Einführung in die Übersetzungswissenschaft*. [8., neu bearb. Aufl. 2011.] Tübingen/Basel: Francke (UTB).

Krings, Hans P. (1992) „Bilinguismus und Übersetzen: Eine Antwort an Brian Harris", in: *Target* 4:1, 105–110.

Leuven-Zwart, Kitty M./Naaijkens, Ton (eds.) (1991) *Translation Studies: The State of the Art. Proceedings of the First James S. Holmes Symposium on Translation Studies*. Amsterdam/Atlanta: Rodopi.

Loibner, Elke (1996) *Contrada contra Kontrade. Realienbezeichnungen und ihre Übersetzung in Darstellungen des Palio di Siena in der Reiseliteratur.* Graz: Diplomarbeit.

Merino Alvarez, Raquel (1992) „Rewriting for the Spanish Stage", in: *KOINÉ. Annali della Scuola Superiore per Interpreti e Traduttori „San Pellegrino"*, 2:1–2, 283–289.

Müller, Ina (ed.) (2004) *Und sie bewegt sich doch ... Translationswissenschaft in Ost und West. Festschrift für Heidemarie Salevsky zum 60. Geburtstag.* New York [etc.]: Peter Lang.

Neubert, Albrecht (ed.) (1968) *Grundfragen der Übersetzungswissenschaft.* Leipzig: VEB Verlag Enzyklopädie (Beihefte zur Zeitschrift Fremdsprachen 2).

Neubert, Albrecht (1983) „Translation und Texttheorie", in: Jäger/Neubert (eds.) (1983), 100–110.

Neubert, Albrecht (1997) „Postulates for a Theory of Translation", in: Danks et al. (eds.) (1997), 1–24.

Neubert, Albrecht (1999) „Übersetzungswissenschaft im Widerstreit. Äußere und innere Entwicklung einer Disziplin", in: Gil et al. (eds.) (1999), 11–32.

Poulsen, Sven-Olaf/Wilss, Wolfram (eds.) (1980) *Angewandte Übersetzungswissenschaft.* Aarhus: Business school.

Prunč, Erich (2004 b) „Zum Objektbereich der Translationswissenschaft", in: Müller (ed.) (2004), 263–285.

Rehbein, Jochen (ed.) (1985) *Interkulturelle Kommunikation.* Tübingen: Narr (Kommunikation und Institution 12).

Reiß, Katharina/Vermeer, Hans J. (1984) *Grundlegung einer allgemeinen Translationstheorie.* Tübingen: Niemeyer (Linguistische Arbeiten 147).

Reiß, Katharina/Vermeer, Hans J. (²1991) *Grundlegung einer allgemeinen Translationstheorie.* Tübingen: Niemeyer (Linguistische Arbeiten 147).

Salevsky, Heidemarie (1993 a) „The Distinctive Nature of Interpreting Studies", in: *Target* 5:2, 149–167.

Salevsky, Heidemarie (1993 b) „Translationswissenschaft – eine apokryphe wissenschaftliche Disziplin", in: Holz-Mänttäri/Nord (eds.) (1993), 19–35.

Schreiber, Michael (1993) *Übersetzung und Bearbeitung. Zur Differenzierung und Abgrenzung des Übersetzungsbegriffes.* Tübingen: Narr (Tübinger Beiträge zur Linguistik 389).

Schreiber, Michael (1999) „Von der ‚rechten' und der ‚linken' Grenze der Übersetzung", in: Greiner/Kornelius/Rovere (eds.) (1999), 269–279.

Schulte, Hans/Teuscher, Gerhart (eds.) (1993) *The Art of Literary Translation.* Lanham/New York/London: University Press of America.

Snell-Hornby, Mary (ed.) (1986) *Übersetzungswissenschaft – eine Neuorientierung. Zur Integrierung von Theorie und Praxis.* Tübingen: Francke (UTB 1415).

Snell-Hornby, Mary (1988) *Translation Studies. An Integrated Approach.* Amsterdam/Philadelphia: John Benjamins.

Snell-Hornby, Mary (1991) „Translation Studies – Art, Science or Utopia", in: Leuven-Zwart/Naaijkens (eds.) (1991), 13–23.

Snell-Hornby, Mary (2006) *The Turns of Translation Studies. New paradigms or shifting viewpoints?* Amsterdam/Philadelphia: John Benjamins (Benjamins Translation Library 66).

Stolze, Radegundis (1994) *Übersetzungstheorien. Eine Einführung.* Tübingen: Narr.

Stolze, Radegundis (⁴2005 b) *Übersetzungstheorien. Eine Einführung.* Tübingen: Narr.

Taraman, Soheir (1986) *Kulturspezifik als Übersetzungsproblem. Phraseologismen in arabisch-deutscher Übersetzung.* Heidelberg: Groos (TcT Beiheft 1).

Toury, Gideon (1980 a) *In Search of a Theory of Translation.* Tel Aviv: The Porter Institute for Poetics and Semiotics (Meaning and Art 2).

Toury, Gideon (1980 b) „Translator as a Nonconformist-to-be, or: How to Train Translators So As to Violate Translational Norms", in: Poulsen/Wilss (eds.) (1980), 180–194.

Toury, Gideon (1984 a) „The Notion of ‚Native Translator' and Translation Teaching", in: Wilss/Thome (eds.) (1984), 186–195.

Toury, Gideon (ed.) (1987) *Translation Across Cultures.* New Delhi: Bahri Publications.

Toury, Gideon (1995) *Descriptive Translation Studies and beyond.* Amsterdam/Philadelphia: John Benjamins (Benjamins Translation Library 4).

Toury, Gideon (ed.) (^{2}1998) *Translation Across Cultures. [= Indian Journal of Applied Linguistics (XIII, 2).]* New Delhi: Bahri Publications.

Vernay, Henri (1984) „Elemente einer Übersetzungswissenschaft", in: Kapp (ed.) (1984), 26–37.

Wilss, Wolfram (1977 b) *Übersetzungswissenschaft. Probleme und Methoden.* Stuttgart: Klett.

Wilss, Wolfram (ed.) (1981) *Übersetzungswissenschaft.* Darmstadt: Wissenschaftliche Buchgesellschaft (Wege der Forschung 535).

Wilss, Wolfram/Thome, Gisela (eds.) (1984) *Die Theorie des Übersetzens und ihr Aufschlußwert für die Übersetzungs- und Dolmetschdidaktik. Akten des Internationalen Kolloquiums der Association Internationale de Linguistique Appliquée (AILA) Saarbrücken, 25.–30. Juli 1983.* Tübingen: Narr (Tübinger Beiträge zur Linguistik 247).

Wilss, Wolfram (1987 a) „Theoretische und empirische Aspekte der Übersetzungswissenschaft", in: *Lebende Sprachen* 32:4, 145–150.

Wilss, Wolfram (1987 b) „Zum Selbstverständnis und zum Fremdverständnis der Übersetzungswissenschaft oder: Wieviel Notiz nimmt die Öffentlichkeit von der Übersetzungswissenschaft?", in: Albrecht et al. (eds.) (1987), 11–25.

Wilss, Wolfram (1988) *Kognition und Übersetzen. Zur Theorie und Praxis der menschlichen und maschinellen Übersetzung.* Tübingen: Niemeyer (Konzepte der Sprach- und Literaturwissenschaft 41).

Wilss, Wolfram (1993 b) „Translation Studies. The State of the Art", in: Schulte/Teuscher (eds.) (1993), 25–54.

Wolf, Michaela (2005 c) *Die vielsprachige Seele Kakaniens. Translation als soziale und kulturelle Praxis in der Habsburgermonarchie 1848 bis 1918.* Graz: Habilschrift.

Wotjak, Gerd (ed.) (2007) *Quo vadis Translatologie? Ein halbes Jahrhundert universitäre Ausbildung von Dolmetschern und Übersetzern in Leipzig. Rückschau, Zwischenbilanz und Perspektiven aus der Außensicht.* Berlin: Frank & Timme.

Wotjak, Gerd/Tabares Plasencia, Encarnación/Ivanova, Vessela (eds.) (2009) *Translatione via facienda. Festschrift für Christiane Nord zum 65. Geburtstag.* Frankfurt am Main [etc.]: Peter Lang (Studien zur romanischen Sprachwissenschaft und interkulturellen Kommunikation 58).

Doris Bachmann-Medick*

Translational Turn

Neuerdings ist die Notwendigkeit kultureller Übersetzungsprozesse und ihrer Analyse nicht mehr zu übersehen – sei es im Kulturenkontakt, in interreligiösen Beziehungen und Konflikten, in Integrationsstrategien multikultureller Gesellschaften, aber auch in Bezug auf das Ausloten von Nahtstellen zwischen Kultur- und Naturwissenschaften. Vor allem die globalisierten Verhältnisse der entstehenden Weltgesellschaft fordern erhöhte Aufmerksamkeit für Probleme des Kulturenkontakts, für Hindernisse und Spielräume im Umgang mit kulturellen Differenzen. Aus postkolonialer Perspektive ist die Notwendigkeit kultureller Übersetzungsprozesse bereits beleuchtet worden, um angesichts machtungleicher Kulturenkonstellationen mögliche Gelenkstellen für die Selbstbehauptung nichteuropäischer Gesellschaften freizulegen. Um von hier aus neue Fokussierungen auch für andere, historische Situationen des Kulturenkontakts zu gewinnen, wäre das Phänomen der Interkulturalität überhaupt als ein komplexer Prozess kulturellen Übersetzens in den Blick zu nehmen. In der Tat wird das Übersetzen mehr und mehr aus dem linguistisch-textlichen Paradigma herausgelöst und als eine unverzichtbare Praxis in einer Welt wechselseitiger Abhängigkeiten und Vernetzungen erkannt. Übersetzung erscheint als ein neuer Grundbegriff der Sozial- und Kulturwissenschaften. In ersten Ansätzen wird sogar von einem «translation turn»[1] oder «translative turn»[2] gesprochen. Doch obwohl sich auf dem Gebiet des *postcolonial turn* bereits eine translatorische Wende angebahnt hat, steckt ihre Ausarbeitung durchaus noch in den Kinderschuhen. Translatorische Forschungseinstellungen werden in den Sozial- und Kulturwissenschaften zwar schon praktiziert, doch ihre theoretisch-systematische Zuspitzung ist erst im Begriff, den Durchbruch zu einer «Wende» zu schaffen. Die folgende konzeptualisierende Zusammenfassung könnte daher selbst dazu beitragen, eine solche übersetzungsbetonte Neuorientierung voranzutreiben.[3]

Ein *translational turn* in den Kulturwissenschaften setzt eine kulturwissenschaftliche Wende in der Übersetzungswissenschaft voraus. Hier hat sich seit den 1980er Jahren die philologisch-linguistische Über-

---

* Quelle: Bachmann-Medick, Doris (⁵2014). *Cultural Turns: Neuorientierungen in den Kulturwissenschaften.* rowohlts enzyklopädie. Reinbek bei Hamburg: rowohlt [2006], 239–255 (Text), 273–278 (Anmerkungen) und 283–284 (Literatur). Copyright © 2006 Rowohlt Taschenbuch Verlag. Die typografischen Besonderheiten des Textes (Anführungszeichen, Verschachtelung von Klammern) wurden unverändert beibehalten.

setzungswissenschaft, die Sprachen und Texte zum Gegenstand hat, ausdrücklich zu einer kulturwissenschaftlichen Übersetzungsforschung gewandelt, die sich auf kulturelle Übersetzung richtet, auf Übersetzung von und zwischen den Kulturen. Die kulturwissenschaftlich umorientierte Übersetzungswissenschaft bzw. die von vornherein kulturwissenschaftlich angelegten internationalen *Translation Studies*[4] werden zu neuen Leitwissenschaften. Unter der Voraussetzung eines erweiterten Übersetzungsbegriffs setzen sie eine umfassendere translatorische Wende auf interdisziplinärer, methodologischer und lebensweltlicher Ebene in Gang. Übersetzung expandiert zu einer Leitperspektive für das Handeln in einer komplexen Lebenswelt, für jegliche Formen des interkulturellen Kontakts, für Disziplinenverknüpfung und für eine methodisch geschärfte Komparatistik im Zeichen einer Neusicht des Kulturenvergleichs.

1. Entstehungskontext und Herausbildung eines *translational turn*

Die kultur- und sozialwissenschaftliche Karriere der Übersetzungskategorie begann mit einer kulturwissenschaftlichen Neuorientierung der Übersetzungsforschung vor allem seit den späten 1980er Jahren.[5] Der Übersetzungsbegriff blieb nun nicht mehr auf die Übertragung von Sprachen und Texten beschränkt, sondern öffnete sich immer stärker für Fragen kultureller Übersetzung und sogar für die Analyse der vielschichtigen und spannungsreichen kulturellen Lebenswelten selbst. Die vertrauten textzentrierten Kategorien literarischer Übersetzung wie Original, Äquivalenz, «Treue» sind dabei zunehmend ergänzt oder gar ersetzt worden durch neue Leitkategorien kultureller Übersetzung wie kulturelle Repräsentation und Transformation, Fremdheit und Alterität[6], Deplatzierung, kulturelle Differenzen und Macht. Mit Hilfe dieser Kategorien löst sich die kulturwissenschaftliche Erweiterung der Übersetzungsforschung vom philologischen Vorzeichen der traditionellen Übersetzungswissenschaft. Sie bringt ein Übersetzungsverständnis zur Geltung, das den Blick erweitert auf umfassendere Kultur-Übersetzung, ohne jedoch die Text-, Sprach- und Repräsentationsdimension auszublenden.[7] Darüber hinaus jedoch bahnt sich erst in jüngster Zeit das Vorhaben an, die Übersetzungskategorie in ihrem kulturwissenschaftlichen Potenzial noch weiter zu entfalten, wie es der Übersetzungswissenschaftler Lawrence Venuti schon Ende der 1990er Jahre für überfällig hielt: Die Kategorie der «Übersetzung» scheint gegenwärtig von den Rändern der kulturwissenschaftlichen Forschung in ihr Zentrum aufzurücken.[8]

Eine solche Ausweitung der Übersetzungskategorie nur auf post-moderne und postkoloniale Strömungen zurückzuführen, wäre eine Vereinfachung. Zunächst hat sicherlich die postkoloniale Diskussion den Boden bereitet für die Neubewertung von Übersetzungsprozessen: durch ihr Aufbrechen fester Identitäten, durch ihre Kritik am Binaritäts-prinzip zugunsten hybrider Vermischungen, durch ihr Re-mapping und ihre kritische Umkartierung von Zentrum und Peripherie. Dies hat die eingefahrenen eurozentrischen Übersetzungsrichtungen, ja das europäi-sche Übertragungsmonopol massiv durcheinander gebracht.[9] Doch dar-über hinaus kommen neue Übersetzungsnotwendigkeiten im Zuge von Globalisierungsprozessen auf – trotz oder gerade wegen der schleichen-den Tendenz, Übersetzungsprozesse auf den internationalen Kommuni-kationsschienen möglichst unsichtbar zu machen. Die weltweite Zirkula-tion immergleicher Zeichen, die Prägung der Konsum- und Medienwelt sowie des globalen Warenverkehrs durch *global icons*, lässt Überset-zungsvorgänge ohnehin als zunehmend überflüssig erscheinen. Dabei sind sie jedoch unverzichtbar, vor allem, wenn es darum geht, Brechun-gen zwischen der globalen Sphäre und den jeweiligen lokalen Rezeptionen, Aneignungen, Widerständen oder kreativen Neukonstruk-tionen nachzuvollziehen. In erster Linie jedoch sind es politische Ko-ordinaten, die eine Neusicht der Übersetzungskategorie herausfordern. Die Aufhebung fester Grenzziehungen, die Überwindung der Ost-West-Gegensätze, aber auch das Entstehen so genannter multikultureller Ge-sellschaften mit ihrer Gefahr von Sprachkonflikten und Ausgrenzungen von Minoritätensprachen und -kulturen geben hier entscheidende An-stöße. Differenz-, Identitäts- und Ausgrenzungspolitik auf der einen Seite, Überlappungen und Kontaktzonen auf der anderen Seite fordern dazu heraus, auch hier mehr denn je nach Vermittlungsprozessen Aus-schau zu halten, mit denen entweder Strategien zur Konfliktregelung entworfen oder Integrationsleistungen qua Übersetzung vorangetrieben werden könnten.[10] Ergibt sich aber weltweit aus den sich verstärkenden «Partikularismen» die Konsequenz, durch kulturelle Übersetzung «eine neue universalistische Perspektive» zu eröffnen, wie Boris Buden meint?[11] Eher wäre wohl von einer zunehmenden Gefährdung der europäischen/eurozentrischen Vorstellungen, Kategorien, Modelle und Theorien auszugehen. Deren Universalisierungsansprüche werden je-denfalls besonders von außerhalb Europas immer vehementer in Frage gestellt. Weltweite Verbreitung auf der Grundlage universalisierender Übertragungen ist eben nicht unumstritten möglich. Sie muss vielmehr durch Übersetzungen geregelt werden, gerade nicht nur durch einseiti-ge, sondern durch wechselseitige Übersetzungen.

Besonders die globalen Übersetzungsherausforderungen, die Auswirkungen des Englischen als hegemonialer Weltsprache mit entsprechenden Vereinheitlichungszwängen, aber auch die anhaltenden Versuche, in der entstehenden Weltgesellschaft Differenzen zu artikulieren und zu behaupten, werden zu entscheidenden Geburtshelfern für einen *translational turn:* Sie machen Übersetzung zu einer ethnologisch angereicherten sozialwissenschaftlichen Kategorie und zu einer wichtigen Kulturtechnik. Als solche kann sie Formen des Kulturenkontakts auf den Weg bringen, die Samuel Huntingtons Konfliktszenario eines spannungsreichen Zusammenpralls von Kulturblöcken[12] entgegenstehen. Mit ihrer (Gegen-)Perspektive zur Unübersetzbarkeitsannahme bei Huntington[13] scheint die Übersetzungskategorie neuerdings im Feld der Kulturpolitik wie der internationalen Beziehungen in zweierlei Hinsicht an Bedeutung zu gewinnen. Einerseits wird zunächst auf konzeptueller Ebene am Prinzip kultureller Übersetzbarkeit festgehalten – so etwa schon Wolfgang Iser, der mit seinem Aufsatz «On Translatability» (1994) ein Konzept von Interkulturalität als einem quasi-kybernetischen Austauschprozess durch «rekursive Schleifen» («recursive loopings») vertreten und darüber eine interessante Diskussion ausgelöst hat.[14] Andererseits kann ein Gegenkonzept auf pragmatischer Ebene vorgeschlagen werden: Durch Übersetzung werden Verständigungstechniken aktiviert, die ganz bewusst darauf setzen, dass sich Kulturen überschneiden und dass kulturelle Differenzen verhandelbar werden.

Das erweiterte Übersetzungsverständnis dringt somit weit in den Bereich der Kulturtheorie hinein. Gerade dort wird am deutlichsten sein disziplinenübergreifendes Potenzial erkennbar, das erst einen *translational turn* auf den Weg bringt. Kann dieser schließlich so weit reichen, dass er Transfer- und Austauschprozesse nicht nur zwischen Kulturen, sondern auch zwischen einzelnen Disziplinen erfasst? Kann Übersetzung gar ein spezifisches Modell für Disziplinenverknüpfung werden? Die Übersetzungskategorie könnte jedenfalls auch methodisch folgenreich werden, sei es zur Begründung von Interdisziplinarität oder zur Neukonzipierung einer Komparatistik, die das Verfahren des Kulturenvergleichs im Licht von Übersetzungsprozessen überdenkt. Um aber zu einem derart weit reichenden *translational turn* zu gelangen, ist ein Durchgang durch die verschiedenen Spielarten und Problemfelder eines kulturwissenschaftlich erweiterten Übersetzungsbegriffs notwendig.

2. Der «cultural turn» in der Übersetzungsforschung

Schon wenn man als Übersetzungswissenschaftler(in) mit Texten und sprachlichen Ausdrücken zu tun hat, ist es unverzichtbar, Übersetzungen an Praxis, Interaktion und kulturelle Repräsentation rückzubinden. In welcher Form repräsentieren diese Texte kulturspezifische Handlungsweisen, Bedeutungen und Weltbilder – so wäre zu fragen. Die Ethnologie bzw. interpretative Kulturanthropologie führt zu der Einsicht, dass kulturelle Bedeutungen niemals aus einzelnen Textelementen, Schlüsselbegriffen oder Symbolen zu erschließen sind, sondern erst aus den umfassenderen Bezügen auf ihre soziale Verwendung und kulturelle Selbstauslegung.[15] Auch Sprach- und Textübersetzung bleibt nicht bei der Übertragung von Wörtern und Begriffen stehen. Erst deren Einbindung in fremde Denkformen, in kulturelle Symbolisierungsweisen und andersartige soziale «Konzepte» führt die Komplexität kultureller Übersetzungszusammenhänge vor Augen.[16]

Um solche kulturspezifischen Horizonte von Übersetzung zu konkretisieren, kann man nicht genug auf die ethnologischen bzw. kulturanthropologischen Forschungsmethoden der Kontextualisierung (Geertz, Turner) verweisen, wie sie im *interpretive turn* und *performative turn* ausgeprägt wurden. Die Ausdeutung fremdkultureller Rituale, Gefühlsbegriffe und Handlungsmuster wird hiernach ausdrücklich auf kulturelle Bedeutungszusammenhänge und auf das Gesamtgefüge der sozialen Gesellschaftsorganisation bezogen. Übersetzung bedeutet damit umfassendere Übertragung fremder Denkweisen, Weltbilder und differenter Praktiken. Eine derart reichhaltige Kontextualisierung, die auch ganz andere Konzepte von Übersetzung einbezieht, nennt Kwame Anthony Appiah «thick translation»[17] – in Anlehnung an Geertz' «thick description». Wie «dichte Übersetzung» Fremdheit aufrechterhalten kann, zeigt sich hier am Beispiel amerikanischer Übersetzungen von afrikanischen Texten, Oralliteratur und Sprichwörtern. Auf dem Hintergrund der interpretativen Kulturanthropologie wird zwar durchaus noch versucht, ganze Kulturen zu erschließen, indem bedeutungstragende Teile über synekdochische Verfahren auf umfassendere kulturelle Bedeutungszusammenhänge hin interpretiert werden. Textübersetzungen und ihre Analyse können Kontextualisierungsverfahren jedoch differenzierter nutzen.[18] Einerseits beziehen auch sie kleinere Einheiten, Symbole, Anredeformen, Erzählmuster, Kommunikationssituationen auf größere historische Zusammenhänge, Konventionen und Denkmuster und erhalten dadurch Zugang zu kulturellen Bedeutungen – auch auf die Gefahr hin, damit ein stabiles Bedeutungsumfeld zu unterstellen. Andererseits können sie die Rede von der Kulturübersetzung präzisieren, indem sie ausdrücklicher nach ihren Einheiten und Einbindungen fragen. Werden wirklich ganze Kulturen übersetzt oder nur Kulturausschnitte bzw. einzelne Schlüsselbegriffe, sind es zentrale Praktiken oder signifikante Ereignisse und Szenarien? Welche Rolle spielen kulturelle Übersetzungserwartungen in Form von Fremdheitsentwürfen, Stereotypisierungen und Exotisierungen?[19]

Textübersetzungen bieten also durchaus wichtige Regulative für die Rede von der Kulturübersetzung, auch in ihrem Kontextualisierungshorizont einer «Umorientierung vom Text zum Diskurs»[20]. Gemeint ist die Teilhabe von Übersetzungen an diskursiven Praktiken und historischen Diskursformationen. Auch daraufhin lässt sich die Geschichte der (literarischen) Übersetzung neu und kritisch lesen. Schon hier zeigt sich Übersetzung als eine Kulturtechnik, die in Macht- und Abhängigkeitsbeziehungen und in ein diskursives Umfeld (z. B. Orientalismus, Kolonialismus) eingelassen ist[21]: Unter dem Vorzeichen der kolonialistischen Einbindung literarischer Texte legte Edward Said nicht nur eine «vergleichende Literaturwissenschaft des Imperialismus»[22] und damit eine Revision der Literaturgeschichte nahe. Auch eine Revision der Übersetzungsgeschichte im Zuge eines *translational turn* stünde unter der kritischen Leitfrage, in welchem Bedingungs- und Machtzusammenhang sich die europäische Übersetzungsautorität entfalten und ein «europäisches Übersetzungsprivileg»[23] oder gar -monopol entstehen konnte. An dieser Stelle kommt der *reflexive turn* ins Spiel. Denn als eine Strategie der Verfestigung fremder Kulturbilder im kolonialistischen Prozess stand die Übersetzungspraxis weitgehend im Dienst einer europäischen Repräsentationspraxis. Und diese trug durch Filterung, Bemächtigung und Fixierung in ihren Kulturbeschreibungen dazu bei, nichteuropäische Gesellschaften aus der Dynamik des geschichtlichen Handelns herauszuhalten.[24] Die Übersetzungsgeschichte ist damit als Teil der Kolonialgeschichte aufzufassen und die «koloniale Kulturgeschichte als eine kulturpolitische Übersetzungsgeschichte in einer ungleichen Machtsituation»[25] zu begreifen. Wie stark auch die gegenwärtige Übersetzungspraxis noch teilhat an dieser Hegemonialgeschichte, wird besonders signifikant auf der Ebene der Sprachenpolitik. Der Kampf kleinerer Sprachen gegen die Übermacht von Weltsprachen gibt dem Übersetzungsproblem eine besondere Schärfe. Aber auch hier wird es immer dringlicher, die Übersetzungskategorie konzeptuell zu reformulieren. Auf jeden Fall wird ihre Neusicht künftig stärker als bisher der kritischen Frage Raum geben, ob es unter den Bedingungen kultureller Hegemonie und angesichts der Ungleichheit von Sprachen überhaupt noch angemessen sein kann, Übersetzung weiterhin auf die harmonistische Vorstellung einer völkerverbindenden, brückenschlagenden Transferleistung rückzubeziehen.

Solche diskurs- und kulturpolitischen Erweiterungen der Übersetzungskonzeption über das Linguistische hinaus markieren mehr als nur einen «cultural turn» in der Übersetzungsforschung, der ganz neue Untersuchungsfelder kulturellen Übersetzens freilegt. Denn sie springen gleichsam über auf eine veränderte Sicht der kulturwissenschaftlichen Phänomene selbst. Wird zunächst noch weitgehend metaphorisch der Übersetzungscharakter kulturwissenschaftlicher «Gegenstände» behauptet (Kultur als Übersetzung), dann schließen sich durchaus methodisch konkretere, handlungsanalytische Ansätze an (Übersetzung als kulturelle Praxis). Ausweitung des Gegenstandsfeldes, Metaphorisierung und schließlich methodische Profilierung bezeichnen auch hier den Dreischritt, der – wie bei allen *turns* – den *translational turn* ausschreitet. Susan Bassnett und André Lefevere gehören zu den Ersten, die in dieser Richtung mehr als nur eine kulturwissenschaftliche Wende in den Übersetzungswissenschaften auf den Weg brachten[26], indem sie die internationalen *Translation Studies*[27] begründeten. Schon sie haben auf die Möglichkeit eines komplementären «translation turn» in den Kulturwissenschaften verwiesen.[28] Hier ist es allerdings bis heute nur bei ersten Andeutungen geblieben, so auch in Russell Wests Erwähnung eines «‹translative turn› in cultural studies»[29]. An der zunehmenden Metaphorisierung der Übersetzungskategorie wird jedoch ablesbar, dass eine wichtige Phase der translatorischen Neuorientierung bereits ausgiebig im Gange ist. Am deutlichsten wird dies an der Neukonzeption von «Kultur als Übersetzung».

3. Kulturbegriff: Kultur als Übersetzung

Die kulturwissenschaftliche Bedeutung der Übersetzungskategorie schlägt sich keineswegs nur in einem erweiterten Untersuchungsgegenstand nieder: in der Übersetzung von und zwischen den Kulturen. Vielmehr wirft sie neues Licht auf den Übersetzungscharakter der kulturwissenschaftlichen Gegenstände selbst, auf ihre nicht-holistische Struktur, auf ihre Hybridität und Vielschichtigkeit. Mit Blick darauf ist Übersetzung mittlerweile zu einer wichtigen Methode der Deplatzierung und Verfremdung, der Differenzbildung und Vermittlung entfaltet worden – mit kulturtheoretischem Gewinn. Denn ein solches Übersetzungsverständnis bekräftigt durchaus die weit verbreitete Kritik an der jahrhundertelangen europäischen Praxis von Wesensbestimmungen und Entgegensetzungen von Eigenem und Fremdem. Immerhin verfolgen die Kulturwissenschaften quer durch ihre *turns* das gemeinsame Ziel, jenseits binärer Erkenntniseinstellungen und dichotomischer Grenzziehungen neue methodische Erschließungen von «Zwischenräumen» zu erkunden. Doch die Erforschung solcher Zwischenräume kann nur dann fruchtbar werden, wenn diese als «Übersetzungsräume» betrachtet werden: als Gestaltungsräume von Beziehungen, von Situationen, «Identitäten» und Interaktionen durch konkrete kulturelle Übersetzungsprozesse.

Solche Grenz- und Differenzaushandlungen bilden wichtige Bezugspunkte, wenn gegenwärtig in den verschiedensten Disziplinen direkt oder indirekt auf ein nicht-dichotomisches Übersetzungsmodell hingearbeitet wird, das keine festen Pole mehr annimmt, sondern die Wechselseitigkeit der Transfers sowie Zustände des Immer-schon-Übersetztseins hervorhebt. «Übersetzung (...) ist die Agentur der Differenz»[30]. Sie widersteht der vermeintlichen Reinheit von Konzepten wie Kultur, Identität, Tradition, Religion usw. In diesem Sinn entlarvt sie jegliche Identitätsbehauptungen als trügerisch, da immer schon von Fremdem durchzogen. Diese Einsicht verlangt eine Konkretisierung, die nicht allein zu leisten ist von der dekonstruktivistischen Hochschätzung von Übersetzung als Kategorie der Sprachdifferenz bzw. als die sprachkritische Spitze eines Eisbergs auf der Basis des Differenzcharakters von Sprache überhaupt.[31] Im Zuge eines konzeptuellen und zugleich handlungsanalytisch rückgebundenen *translational turn* lassen sich «Differenzen» jetzt eher auf der Interaktionsebene räumlich fundierter Zwischenräume und Übergänge untersuchen.[32] Entsprechend bemerkenswert werden dann die praktischen Formen, in denen sich die Auseinandersetzung mit wechselseitigen Abhängigkeiten und Beeinflussungen besonders in kulturüberlagerten postnationalen sozialen Formationen vollzieht.[33] Übersetzungsdenken verkörpert auch hier ein Grenzphänomen: «border-thinking»[34] statt Identitätsdenken. In diesem Sinn schärft ein *translational turn* das Diversifizierungsanliegen der Kulturwissenschaften durch die spezifische Aufforderung, bei allen Kontakten, Übergängen, Vermischungen, Übertragungen usw. nach Vermittlungsmomenten zu suchen, um damit einen zu glatt erscheinenden Übertragungsvorgang aufzubrechen und auf die Ebene von (kulturellen) Differenzen vorzustoßen.

Wohl am deutlichsten schlägt sich diese translatorische Neuorientierung in der Übersetzungskonzeption des Kulturbegriffs nieder: Kultur selbst wird als ein Prozess der Übersetzung verstanden – auch im Sinne eines neuen räumlichen Paradigmas von Über-Setzung. Dieses tritt in der Vorstellung von «Kultur als Reise» («culture as travel»[35]) ebenso zutage wie in Konzepten einer kulturellen Neukartierung der politischen Landkarte («cultural mapping») und in der Konstruktion eines «third space»[36] als einem spezifischen Handlungs«raum» von

Übersetzungsprozessen. Mit einem Bein also durchaus im *spatial turn*, führt die translatorische Wende zu einer grundlegenden Revision des Kulturverständnisses: Das integrative, holistische Kulturverständnis stand noch zu stark im hermeneutischen Bann des Verstehens und Übersetzens kultureller Bedeutungszusammenhänge. Ein dynamisiertes Kulturverständnis hingegen öffnet sich stärker für Praktiken, Aushandlungsprozesse und kulturelle Übertragungssituationen. Mit translatorischem Akzent schließlich macht es den Blick frei für Grenzverhandlungen, für die Fruchtbarkeit der Außensicht und für Umkartierungen eingefahrener Transferrichtungen. Wichtige Anstöße hierzu kommen von postkolonialen Ansätzen, die das Definitions- bzw. Theoriebildungsmonopol der europäischen und amerikanischen Zentren in Frage stellen. Auch die europäischen Kulturen und Wissenschaften können sich nicht aus ihren Übersetzungsbezügen heraushalten; sie müssen ihre eigene Übersetztheit anerkennen. Dazu verhilft ein neues Verständnis von kultureller Konstitution:

Kulturen sind keine Gegebenheiten, die (wie Gegenstände) übersetzt werden könnten. Kulturen konstituieren sich vielmehr in der Übersetzung und durch die vielschichtigen Überlappungs- und Übertragungsphänomene von Verflechtungsgeschichten unter den ungleichen Machtbedingungen der Weltgesellschaft. In diesem Sinn spricht der postkoloniale Theoretiker Homi Bhabha ausdrücklich von «translationaler Kultur»[37]: Kulturen selbst sind fundamental von Übersetzungsprozessen durchzogen. Solches Immer-schon-Übersetztsein ergibt sich zudem aus den globalen Vernetzungen der Medienkulturen und aus der kritischen Relativierung nationalstaatlicher Souveränitätsansprüche. Vor allem aber handelt es sich um ein kulturtheoretisches Konzept auf der Basis eines dezentrierten Kulturverständnisses. Kultur erscheint in jedem Fall nicht mehr länger als «originale» und besondere Lebenswelt, sondern als «hybride», unreine, vermischte Erfahrungs- und Bedeutungsschichtung. Es ist in erster Linie das Konfliktfeld von transnationaler Migration und Exil, das die Vorstellung von Kultur als einer geschlossenen traditions- und identitätssichernden Instanz fragwürdig gemacht hat. Kultur erscheint auch hier mehr denn je als Ausdruck oder Ergebnis von Übersetzungsvorgängen: «Kultur (...) ist sowohl transnational als auch translational»[38]. In Anlehnung an diesen Begriff von translatorischer Kultur erklärt dann Judith Butler die Kategorie der Kulturübersetzung zu einer transnationalen Schlüsselkategorie des Kosmopolitismus, welche die Konstituierung einer Weltkultur als einen endlosen Prozess der «cross-cultural translation» begreift.[39]

Doch bevor man – ebenfalls auf diese Ebene globaler Beziehungen hin – allzu schnell zur Formel eines «translational transnationalism»[40] greift, um globale Sprach- und Übersetzungspolitik als Tor zu einem aufgeklärten Kosmopolitismus aufzubauen, wäre Bhabhas Verknüpfung von transnational und translational zunächst durchaus wörtlich zu nehmen. Denn sie markiert – über ein bloßes Wortspiel hinaus – geradezu eine noch zu konkretisierende Aufgabe transnationaler Kulturwissenschaft: «Jede transnationale kulturelle Studie muß stets von neuem lokal und spezifisch jene Elemente ‹übersetzen›, die diese transnationale Globalität dezentrieren und untergraben, um sich nicht von den neuen globalen Technologien des kulturellen Konsums und der Verbreitung von Ideologie vereinnahmen zu lassen.»[41] In diesem Sinn dient die Übersetzungskategorie dazu, nicht nur Kultur, sondern auch Globalisierung translatorisch zu überdenken. So spielt Michael Cronins Redeweise von «globalization as translation»[42] gerade auf die Dezentrierung globaler Prozesse an. Globalisierung wird eben nicht an jedem Ort der Erde in gleicher Weise und zur selben Zeit erlebt, sondern bestimmte Elemente der globalen Ökonomie werden unter verschiedenen lokalen Umständen in unterschiedliche Aneignungs- oder Umdeutungszusammenhänge hinein übersetzt.

Die Übersetzungsperspektive ist hiermit aufgerufen, neben Texten noch stärker das breite Spektrum der unterschiedlichen kulturellen Praktiken, der Institutionen, Rechts- und Verwaltungssysteme als Gegenstände, Einheiten und Akteure von Kultur-Übersetzung einzubeziehen: «We need a more systematic consideration of the social preconditions and consequences of translating Western discourses on a range of social practices: law, banking, public administration, education, health, accounting, insurance, policing, war, mass communication, natural sciences, and so on.»[43] Übersetzung betrifft also keineswegs nur die Repräsentationssphäre der Zeichen- und Symbolzirkulation, sondern auch soziale Versuche, in andersartige institutionelle Systeme einzurücken und dabei zugleich die materielle Seite von Austauschbeziehungen zu berücksichtigen.[44] Auf dieser Ebene allerdings wird Übersetzbarkeit zum Kennzeichen für die Universalisierungstendenzen der modernen Welt: «Like many of the other events that have shaped the modern world, global translatability has inhabited the same order of universalistic aspirations as the invention of the metric system, modern postal service, international law, the gold standard, telecommunication, and so on.»[45] Indem soziale Interaktion, institutionelle Infrastrukturen sowie materielle, ökonomisch-politische und mediale Übertragungsbedingungen als unverzichtbare «Tiefenstrukturen» (inter-)kultureller

Prozesse ins Licht gerückt werden, bietet ein *translational turn* für die Kulturwissenschaften durchaus Auswege aus der Kulturalismusfalle.

Eine bloß metaphorische Bedeutung hat es also nicht, wenn Kultur als Übersetzung verstanden wird. Denn im Gegenzug zu Vereinheitlichungstendenzen, zu Identitätsbehauptungen und essenzialistischen Festschreibungen lassen sich mit der Übersetzungsperspektive konkrete Differenzstrukturen freilegen: heterogene Diskursräume innerhalb einer Gesellschaft, kulturinterne Gegendiskurse, bis hin zu Diskursformen von Widerstandshandlungen. Kulturanthropologie und Postkolonialismus haben schließlich die Aufmerksamkeit nicht nur auf Differenzen und Übersetzungen *zwischen* den Kulturen, sondern auch *innerhalb* von Kulturen und quer zu kulturellen Grenzziehungen gelenkt. Solche Übersetztheit bzw. Vielschichtigkeit von Kulturen wird als Hybridität bezeichnet.[46] Hybridität ist aber mehr als nur Kulturenvermischung; sie ist eher als ein Handlungsraum von Übersetzungsprozessen zu verstehen statt als bloßer Vermischungsraum. So wäre es fruchtbar, im Hybriditätsbegriff deutlicher als bisher den Übersetzungsbegriff mitzudenken, um noch näher an die jeweiligen Differenzbildungsprozesse heranzukommen. Die Übersetzungsperspektive ist hier unverzichtbar, um wichtige Dimensionen der Analyse von Interkulturalität wiederzugewinnen: allzu leicht übersehene oder ausgeblendete Momente von Unterscheidung, Differenzübertreibung oder Verfremdung, aber auch von Annäherung und Vermittlung. Erst angesichts solcher Vielgestaltigkeit interkultureller Interpretations- und Übersetzungsräume kommt es zur Entdeckung neuer Übersetzungseinheiten jenseits von Nationen und Kulturen. Kulturen gelten dann nicht mehr als Objekte von Übersetzung, sondern als Konstellationen von Konflikten, Differenzen, Überlagerungen und Vermischungen. Dabei zeichnet sich die Notwendigkeit ab, einzelne Übersetzungsszenarien genauer einzukreisen, besonders im Hinblick auf die jeweiligen Übersetzungsschritte, Blockierungen, Brüche, Gelingensbedingungen, aber eben auch auf Anhaltspunkte und Gründe für ein Misslingen oder Scheitern von kulturellen Übersetzungsprozessen. Wenn also die Übersetzungsperspektive den Kulturbegriff selbst verändert – bis hin zu Kultur als Praxis des Aushandelns kultureller Differenzen –, dann entspringt dies keineswegs nur einem konzeptuellen Impuls. Dahinter steht die Einsicht, dass Übersetzung zunehmend als eine kulturelle Handlungsform erkennbar wird, die für die überlebensnotwendige Auseinandersetzung mit der Zerrissenheit zwischen antagonistischen kulturellen Zugehörigkeiten, Bedeutungen und Anforderungen unverzichtbar wird. Immerhin geht es dort darum, selbst übersetzt zu werden oder sich selbst übersetzbar zu machen angesichts disparater Lebenslagen.

4. Übersetzungspragmatik: Übersetzung als soziale und kulturelle Praxis

Eine pragmatische Übersetzungsperspektive wird in einer postnationalen Weltlage unverzichtbar, zumal die lokale Verankerung als Authentizitätsgrund von Lebenswelten und Texten zunehmend schwindet. Stattdessen sind es immer öfter «Heimatländer der Phantasie» (Salman Rushdie)[47], welche die kollektive Imagination bestimmen. Beispiele hierfür finden sich besonders in der Literatur, etwa in V. S. Naipauls Roman «A Bend in the River», worin in Afrika lebende Inder einen afrikanischen Fluss in die Vorstellung vom Ganges hinein «übersetzen» und diesen geradezu zu einem deplatzierten Bezugspunkt transterritorialer Erfahrungen machen.[48] Derart «hybride» Verschiebungen lassen das in der Ethnologie entwickelte territorial verankerte Kulturverständnis hinter sich. Ein prozessorientiertes, translokales Kulturverständnis dagegen kann sich durch die Übersetzungsperspektive weiter profilieren, indem es Übersetzen und Übersetztwerden als Handlungsformen in alltäglichen Lebenssituationen begreift: «Übersetzen wird als *existentieller* Vorgang durchsichtig, der unmittelbar die Lebensperspektive und Entscheidungsebene betrifft. Die ‹hybride› Persönlichkeit ist gezwungen zu übersetzen, um zu leben. (...) Eine Aufgabe für die Zukunft der Übersetzungsforschung bestünde darin, im Stile von Fallstudien ein möglichst breites Spektrum (‹Inventar›) von Übersetzungskonstellationen einzukreisen, die Übersetzung als interaktives soziales Geschehen konkretisieren.»[49]

Erste Ansätze solcher Versuche, Kulturübersetzung und Kultur als Übersetzung zu konkretisieren und zu operationalisieren, können fruchtbar gemacht werden für die methodische Profilierung einer translatorischen Wende. Sie gehen aus von den handfesten Aktivitäten der Übersetzer und Kulturmittler(innen) sowie derjenigen, die übersetzt werden. Mit Blick auf derart konkrete Übersetzungshandlungen sind Verflechtungen und Aushandlungen, aber auch Destabilisierungen, Missverständnisse und Übersetzungsblockierungen im Kulturenkontakt deutlicher zu erkennen. Auch andere kulturwissenschaftliche Gegenstandsfelder sind dann nicht mehr als vorgängige Einheiten zu betrachten, sondern eher als interaktionsabhängige Beziehungs- oder Überlappungsfelder sowie als vielschichtige, komplexe Konfigurationen, die auf Vermittlungen angewiesen sind (z. B. Vorstellungen vom Selbst und personaler Identität als Beziehungskonzepte; Wanderung von Konzepten als Übersetzungs- und Aushandlungsprozesse usw.). Es ist vor allem eine derart handlungsbezogene Diversifizierungsperspektive, die aus der Erfahrung interkultureller Übersetzungshandlungen durch einen weiter reichenden *translational turn* in die allgemeine kulturwissenschaftliche Forschung eingebracht wird. Susan Bassnett hat schon sehr früh die Notwendigkeit einer solchen Übersetzungstheorie im Sinn einer allgemeinen Transaktionstheorie angedeutet: «Today the movement of peoples around the globe can be seen to mirror the very process of translation itself, for translation is not just the transfer of texts from one language into another, it is now rightly seen as a process of negotiation between texts and between cultures, a process during which all kinds of transactions take place mediated by the figure of the translator.»[50]

Zwar ist eine kultur- und sozialwissenschaftliche Konkretisierung der sozialen Interaktionswirkung von Übersetzung bisher erst unzureichend gelungen[51]. Doch immerhin geht Übersetzung als Konzept bereits in die Analyse weltweiter Wanderungsbewegungen ein. Erste bahnbrechende Ansätze einer sozialwissenschaftlichen Arbeit mit der Übersetzungskategorie finden sich vor allem in Versuchen, Migration neu zu bestimmen: als einen fortlaufenden Transformationsprozess, der die Vielschichtigkeit der Identitätsbildung von Migranten und Migrantinnen aus Erfahrungszusammenhängen, aus persönlichen Einstellungen, Wahrnehmungen und Forderungen heraus nachvollziehbar macht und damit Übersetzungs- und Handlungsspielräume freilegt.[52] Die Komplexität von Migrationsvorgängen wird damit genauer beschreibbar, eben nicht nur aus dem Blickwinkel der Integrationsstrukturen so genannter multikultureller Gesellschaften. Hier kommen die Voraussetzungen, Bedingungen, Praktiken, Schritte, Folgen, emotionalen Vorgänge usw. ans Licht, die im Begriff des «cultural encounter» und der interkulturellen Kommunikation allzu leicht «verclustert» und damit undurchsichtig gemacht werden. Übersetzung wird jedenfalls zu einer Kategorie, die Zugang schaffen kann zum konkreten «Wie» von interkulturellen Austausch- und Aushandlungsvorgängen[53], ausgehend natürlich immer noch von sprachlichen Verständigungsversuchen und sprachlichen Irritationen, von Sprachüberlagerungen und Mehrsprachigkeit. «Übersetzung» liefert den Leitbegriff für ein neues kulturwissenschaftliches Analysevokabular, das geeignet ist für eine alternative Konzeptualisierung der «turbulent flows»[54] heutiger Wanderungsbewegungen von Menschen, Dingen, Ideen und anderer Austauschformen in einer globalen Welt[55]: «In an age of global migration we also need new social theories of flow and resistance and cultural theories of difference and translation.»[56]

Hiermit sind die Türen geöffnet für eine Politik der Übersetzung, die mit Inkommensurabilitäten umgehen kann[57] und die durchaus Dissonanzen produziert. Desiderat ist eine «transformative theory of translation»[58], die auch Übersetzungswiderstände und potenziell produktive Bedeutungsveränderungen freilegt, indem sie durch «faithless appropriation»[59] eine durchaus emanzipatorische Übersetzungsachse ins Spiel bringt, die von den traditionellen Äquivalenzansprüchen des Übersetzens verstellt gewesen ist.[60] Im *translational turn* wird Übersetzung also jenseits der (Äquivalenz-)Beziehung zwischen bereits bestehenden Positionen oder Sphären ausdrücklich als ein Medium konzipiert, durch das sich verschiedene Sphären überhaupt erst herausbilden, wie dies beispielsweise an der spannungsreichen Entwicklung eines weltweiten umweltpolitischen Diskurses gezeigt worden ist.[61] Nicht Äquivalenz, sondern Transformation wird auch für Zygmunt Bauman zu einem Hauptkriterium für die Notwendigkeit kultureller Übersetzungsprozesse in der Weltgesellschaft. Das Potenzial des *translational turn*: Übersetzung als transformatives Prinzip in den Kulturwissenschaften, wird hier auf Handlungswirksamkeit hin ausgeschöpft. Und wiederum werden dabei Grenzbereiche und Zwischenräume als typische Übersetzungsräume aufgewertet: «The meeting ground, the frontierland, of cultures is the territory in which boundaries are constantly obsessively drawn only to be continually violated and re-drawn again and again – not the least for the fact that both partners emerge changed from every successive attempt at translation. Cross-cultural translation is a continuous process which *serves* as much as *constitutes* the cohabitation of people who can afford neither occupying the same space nor mapping that common space in their own, separate ways. No act of translation leaves either of the partners intact. Both emerge from their encounter changed, different at the end of act from what they were at its beginning (...).»[62] «Reciprocal change» und Transformation werden zum Werk von Übersetzung – gerade nicht Reproduktion oder «Treue» gegenüber den «Originalen» von Tradition, Herkunft oder Identität. Auch auf einer solchen konkreten Praxisebene wäre Kultur als Übersetzung zu verstehen, insofern sie nämlich Bewältigungsstrategien für komplexe Situationen nahe legt: einerseits ein Hin-und-her-Übersetzen zwischen verschiedenen kulturellen Schichtungen und Zugehörigkeiten, andererseits ausdrücklich wechselseitige Übersetzungspraktiken, die auf Veränderung auch dessen zielen, was übersetzt werden soll.

Anmerkungen

1   Vgl. Susan Bassnett: The Translation Turn in Cultural Studies, in: dies./André Lefevere (Hg.): Translation, History, and Culture. London 1990, S. 123–140.

2   Vgl. Russell West: Teaching Nomadism. Inter/Cultural Studies in the Context of Translation Studies, in: Stefan Herbrechter (Hg.): Cultural Studies. Interdisciplinarity and Translation. Amsterdam, New York 2002, S. 161–176, hier S. 162.

3   Zu Elementen eines *translational turn:* Doris Bachmann-Medick: Übersetzung als Medium interkultureller Kommunikation und Auseinandersetzung, in: Handbuch der Kulturwissenschaften. 3 Bde. Bd. 2: Paradigmen und Disziplinen. Hg. Friedrich Jaeger/Jürgen Straub. Stuttgart, Weimar 2004, S. 449–465; dies.: Übersetzung in der Weltgesellschaft. Impulse eines *translational turn,* in: Andreas Gipper/Susanne Klengel (Hg.): Kultur, Übersetzung, Lebenswelten. Beiträge zu aktuellen Paradigmen der Kulturwissenschaften. Würzburg 2008, S. 241–260.

4   Fortgeschrittenste Forschungsergebnisse bietet der Sammelband von Theo Hermans (Hg.): Translating Others. 2 Bde. Manchester 2006.

5   Vgl. Susan Bassnett/André Lefevere (Hg.): Translation, History, and Culture. London 1990; vgl. Lawrence Venuti (Hg.): The Translation Studies Reader. London, New York 2000.

6   Grundlegend hierzu vgl. Horst Turk: Alienität und Alterität als Schlüsselbegriffe einer Kultursemantik. Zum Fremdheitsbegriff der Übersetzungsforschung, in: Alois Wierlacher (Hg.): Kulturthema Fremdheit. Leitbegriffe und Problemfelder kulturwissenschaftlicher Fremdheitsforschung. München 1993, S. 173–197.

7   Vgl. die neue Routledge-Zeitschrift «Translation Studies»; Doris Bachmann-Medick (Hg.): Übersetzung als Repräsentation fremder Kulturen. Berlin 1997; Michaela Wolf: Übersetzen als textuelle Repräsentation. Dialogischer Diskurs und Polyphonie im Übersetzen zwischen den Kulturen, in: Text – Kultur – Kommunikation. Translation als Forschungsaufgabe. Hg. N. Grbić/Michaela Wolf. Tübingen 1997.

8   Vgl. Lawrence Venuti: The Scandals of Translation. Towards an Ethics of Difference. London, New York 1998, S. 9; vgl. António Sousa Ribeiro: The Reason of Borders or a Border Reason? Translation as a Metaphor for our Times, in: Eurozine (Internet-Zeitschrift), 1.8.2004, S. 1–8, bes. S. 8: «the centrality of the concept of translation as a vital meeting point in the present state of knowledge for the humanities and the social sciences.» (http://www.eurozine.com/articles/2004-01-08-ribeiro-en.html).

9   Hierzu genauer vgl. Tejaswini Niranjana: Siting Translation. History, Post-Structuralism, and the Colonial Context. Berkeley, Los Angeles, Oxford 1992.

10 Vgl. Joachim Renn/Jürgen Straub/Shingo Shimada (Hg.): Übersetzung als Medium des Kulturverstehens und sozialer Integration. Frankfurt/M., New York 2002.

11 Boris Buden: Der Schacht von Babel. Ist Kultur übersetzbar? Berlin 2005, S. 17.

12 Vgl. Samuel P. Huntington: Der Kampf der Kulturen. Die Neugestaltung der Weltpolitik im 21. Jahrhundert. 6. Aufl. München 1999.

13 Auch António Sousa Ribeiro hält in diesem Sinn die Übersetzungskategorie gegen Huntingtons «assumption of the essential untranslatability of cultures», in: ders.: Reason of Borders, S. 3.

14 Vgl. Wolfgang Iser: On Translatability, in: Surfaces 4 (1994), S. 5–13; die Diskussionsbeiträge (u. a. von Jacques Derrida, Hillis Miller, Murray Krieger) sind im Jahrgang 6 (1996) derselben Internet-Zeitschrift veröffentlicht (ich danke Philipp Schweighauser für den Hinweis).

15 Ein aufschlussreiches Fallbeispiel hierfür findet sich bei Birgitt Röttger-Rössler: Die Wortlosigkeit des Ethnologen. Zum Problem der Übersetzung zwischen den

Kulturen am Beispiel indonesischer Gefühlstermini, in: Bachmann-Medick (Hg.): Übersetzung als Repräsentation fremder Kulturen, S. 199–213.

16 Vgl. Beata Hammerschmid/Hermann Krapoth (Hg.): Übersetzung als kultureller Prozeß. Rezeption, Projektion und Konstruktion des Fremden. Berlin 1998; vgl. Vera Elisabeth Gerling: Lateinamerika: So fern und doch so nah? Übersetzungsanthologien und Kulturvermittlung. Tübingen 2004.

17 Kwame Anthony Appiah: Thick Translation, in: Venuti (Hg.): Translation Studies Reader, S. 417–429.

18 Für eine kulturbezogene kontextualisierende Analyse – an einem Fallbeispiel im Feld der literarischen Übersetzung – vgl. die genaue Studie von Ute Barbara Schilly: Carmen spricht deutsch. Literarische Übersetzung als interkulturelle Kommunikation am Beispiel des Werkes von Miguel Delibes. Würzburg 2003.

19 Zu kulturellen Übersetzungserwartungen am Beispiel des Hineinwirkens von Japanbildern in Übersetzungen japanischer Literatur vgl. Irmela Hijiya-Kirschnereit: Von der Übersetzbarkeit japanischer Literatur, in: dies. (Hg.): Traumbrücke ins ausgekochte Wunderland. Ein japanisches Lesebuch. Frankfurt/M. 1993, S. 71–83.

20 Vgl. Michaela Wolf: «‹Cultures› do not hold still for their portraits.» Kultureller Transfer als «Übersetzen zwischen Kulturen», in: Federico Celestini/Helga Mitterbauer (Hg.): Ver-rückte Kulturen. Zur Dynamik kulturellen Transfers. Tübingen 2003, S. 85–98, hier S. 87.

21 Vgl. Talal Asad/John Dixon (Hg.): Translating Europe's Others, in: Francis Barker u. a. (Hg.): Europe and Its Others. 2 Bde. Colchester 1985; Bd. 1, S. 170–177, hier S. 177; Venuti: Scandals of Translation, S. 158.

22 Edward W. Said: Culture and Imperialism. New York 1993 (dt. Kultur und Imperialismus. Einbildungskraft und Politik im Zeitalter der Macht. Frankfurt/M. 1994, S. 55).

23 Wolf Lepenies: Die Übersetzbarkeit der Kulturen. Ein europäisches Problem, eine Chance für Europa, in: Anselm Haverkamp (Hg.): Die Sprache der Anderen. Übersetzungspolitik zwischen den Kulturen. Frankfurt/M. 1997, S. 95–117, hier S. 102.

24 In seinen vielfachen Auswirkungen ist dieser Zusammenhang dargestellt bei Eric R. Wolf: Die Völker ohne Geschichte. Europa und die andere Welt seit 1400. Frankfurt/M., New York 1986.

25 Anil Bhatti: Zum Verhältnis von Sprache, Übersetzung und Kolonialismus am Beispiel Indiens, in: Horst Turk/Anil Bhatti (Hg.): Kulturelle Identität. Deutsch-indische Kulturkontakte in Literatur, Religion und Politik. Berlin 1997, S. 3–19, hier S. 5; zur Übersetzung als Medium missionarischer Konvertierung und Kolonisation (am Beispiel der Tagalog) vgl. Vicente L. Rafael: Contracting Colonialism. Translation and Christian Conversion in Tagalog Society under Early Spanish Rule. Ithaca, London 1988.

26 Bassnett/Lefevere (Hg.): Translation, History, and Culture.

27 Vgl. Venuti (Hg.): Translation Studies Reader; Mona Baker (Hg.): Routledge Encyclopedia of Translation Studies. London 1998.

28 Bassnett: Translation Turn in Cultural Studies.

29 West: Teaching Nomadism, S. 162.

30 Anselm Haverkamp: Zwischen den Sprachen. Einleitung, in: ders. (Hg.): Sprache der Anderen, S. 7–12, hier S. 7.

31 Zur dekonstruktivistischen Übersetzungstheorie vgl. Alfred Hirsch (Hg.): Übersetzung und Dekonstruktion. Frankfurt/M. 1997.

32 Vgl. Anuradha Dingwaney/Carol Maier (Hg.): Between Languages and Cultures. Translation and Cross-Cultural Texts. Pittsburgh, London 1995, S. 7.
33 Vgl. Arjun Appadurai: Modernity at Large. Cultural Dimensions of Globalization. Minneapolis, London 1996, S. 167.
34 Vgl. Tullio Maranhão/Bernhard Streck (Hg.): Translation and Ethnography. The Anthropological Challenge of Intercultural Understanding. Tucson 2003, Einleitung, S. xvii.
35 Zu «ways of looking at culture (along with tradition and identity) in terms of travel relations» vgl. James Clifford: Routes. Travel and Translation in the Late Twentieth Century. Cambridge/Mass., London 1997, S. 25, Kapitel «Traveling Cultures» (dt. Kulturen auf der Reise, in: Karl H. Hörning/Rainer Winter (Hg.): Widerspenstige Kulturen. Cultural Studies als Herausforderung. Frankfurt/M. 1999, S. 476–513).
36 Vgl. Homi K. Bhabha: The Location of Culture. London, New York 1994, S. 36 ff. (dt. Die Verortung der Kultur. Tübingen 2000, S. 55 ff.); Doris Bachmann-Medick: Dritter Raum. Annäherungen an ein Medium kultureller Übersetzung und Kartierung, in: Claudia Breger/Tobias Döring (Hg.): Figuren der/des Dritten. Erkundungen kultureller Zwischenräume. Amsterdam, Atlanta 1998, S. 19–36; vgl. Kapitel 6 «Spatial Turn».*
37 Vgl. Bhabha: Verortung der Kultur, S. 257.
38 Ebd., S. 257.
39 Vgl. Judith Butler: Universality in Culture, in: Martha C. Nussbaum: For Love of Country? Hg. Joshua Cohen. Boston 2002, S. 45–52, bes. S. 49 f.
40 Vgl. Emily Apter: On Translation in a Global Market, in: Public Culture 13, 1 (2001), S. 1–12, hier S. 5.
41 Bhabha: Verortung der Kultur, S. 362.
42 Michael Cronin: Translation and Globalization. London, New York 2003, S. 34.
43 Talal Asad: A Comment on Translation, Critique, and Subversion, in: Dingwaney/Maier (Hg.): Between Languages and Cultures, S. 325–332, hier S. 329.
44 Lydia H. Liu (Hg.): Tokens of Exchange. The Problem of Translation in Global Circulations. Durham, London 1999, S. 4.
45 Ebd., S. 15.
46 Zum Konzept der Hybridität vgl. Bhabha: Verortung der Kultur; ausführlicher dargestellt im Kapitel 4 «Postcolonial Turn», S. 197 ff.*
47 Vgl. den Essayband von Salman Rushdie: Heimatländer der Phantasie. Essays und Kritiken 1981–1991. München 1992.
48 Dt. V. S. Naipaul: An der Biegung des großen Flusses. Roman. München 1993, S. 33.
49 Martin Fuchs: Übersetzen und Übersetzt-Werden. Plädoyer für eine interaktionsanalytische Reflexion, in: Bachmann-Medick (Hg.): Übersetzung als Repräsentation fremder Kulturen, S. 308–328, hier S. 315, S. 319; vgl. den Konferenzband von Joachim Renn/Jürgen Straub/Shingo Shimada (Hg.): Übersetzung als Medium des Kulturverstehens und sozialer Integration. Frankfurt/M., New York 2002.
50 Susan Bassnett: Translation Studies. London, New York 3. Aufl. 2002, S. 5 f.
51 Im – allerdings sehr viel engeren – Zusammenhang einer Soziologie der literarischen Übersetzung sind erste Ansätze gemacht, die Aktivitäten von Übersetzer(in-ne)n, Verlagen, Lektor(inn)en und Agent(inn)en im «translatorischen Handlungsgefüge» (S. 5) zu untersuchen; vgl. Norbert Bachleitner/Michaela Wolf: Auf dem

* Diese Kapitelangabe bezieht sich auf Bachmann-Medick, *Cultural Turns*. (SH)

Weg zu einer Soziologie der literarischen Übersetzung im deutschsprachigen Raum, in: Internationales Archiv für Sozialgeschichte der deutschen Literatur 29, 2 (2004), S. 1–25; vgl. Michaela Wolf (Hg.): Übersetzen – Translating – Traduire. Towards a «Social Turn»? Münster u. a. 2006.

52 Vgl. Nikos Papastergiadis: The Turbulence of Migration. Globalization, Deterritorialization and Hybridity. Cambridge 2000, bes. das Kapitel «The Limits of Cultural Translation», S. 122–145, hier S. 126.

53 Ebd., S. 125 f.

54 Ebd., S. 22.

55 Vgl. ebd., S. 18: «One of the crucial aims of this book is to present alternative models for conceptualizing cultural exchange.»

56 Ebd., S. 20.

57 Vgl. ebd., S. 99.

58 Sarat Maharaj: Perfidious Fidelity. The Untranslatability of the Other, in: Jean Fisher (Hg.): Global Visions. Towards a New Internationalism in the Visual Arts. London 1995, S. 131.

59 Vgl. Anna Lowenhaupt Tsing: Transitions as Translations, in: Joan W. Scott/Cora Kaplan/Debra Keates (Hg.): Transitions, Environments, Translations. Feminism in International Politics. New York, London 1997, S. 253–272, hier S. 253.

60 Vgl. Papastergiadis: Turbulence of Migration, S. 110.

61 Vgl. Tsing: Transitions as Translations.

62 Zygmunt Bauman: Culture as Praxis. London et al. 1999, S. xiviii.

Literatur – eine Auswahl

Apter, Emily: The Translation Zone. A New Comparative Literature. Princeton, Oxford 2006.

Apter, Emily: Against World Literature. On the Politics of Untranslatability. New York 2013.

Bachmann-Medick, Doris (Hg.): The Translational Turn (= Special Issue der Zeitschrift Translation Studies 2, 1 [2009]).

Bachmann-Medick, Doris: Translation – A Concept and Model for the Study of Culture, in: Birgit Neumann/Ansgar Nünning (Hg.): Travelling Concepts for the Study of Culture. Berlin/Boston 2012, S. 23–43.

Bachmann-Medick, Doris (Hg.): Übersetzung als Repräsentation fremder Kulturen. Berlin 1997.

Baker, Mona (Hg.): Routledge Encyclopedia of Translation Studies. 2. Aufl. London 2008.

Bassnett, Susan: The Translation Turn in Cultural Studies, in: dies./Lefevere, André (Hg.): Constructing Cultures. Clevedon et al. 1998, S. 123–140.

Berman, Sandra/Wood, Michael (Hg.): Nation, Language, and the Ethics of Translation. Princeton 2005.

Borsò, Vittoria/Schwarzer, Christine (Hg.): Übersetzung als Paradigma der Geistes- und Sozialwissenschaften. Oberhausen 2006.

Buden, Boris: Der Schacht von Babel. Ist Kultur übersetzbar? Berlin 2005.

Budick, Sanford/Iser, Wolfgang (Hg.): The Translatability of Cultures. Figurations of the Space Between. Stanford 1996.

Burke, Peter/Hsia, R. Po-Chia (Hg.): Cultural Translation in Early Modern Europe. Cambridge, New York 2007.

Clifford, James: Routes. Travel and Translation in the Late Twentieth Century. Cambridge/Mass., London 1997.

Cronin, Michael: Translation and Globalization. London, New York 2003.

Dingwaney, Anuradha/Maier, Carol (Hg.): Between Languages and Cultures. Translation and Cross-Cultural Texts. Pittsburgh, London 1995.

Fuchs, Martin: Diskontinuierliche Prozesse. Die transformative Kraft der Übersetzung, in: Cristian Alvarado Leyton/Philipp Erchinger (Hg.): Identität und Unterschied. Zur Theorie von Kultur, Differenz und Transdifferenz. Bielefeld 2010, S. 113–131

Gipper, Andreas/Klengel, Susanne (Hg.): Kultur, Übersetzung, Lebenswelten. Beiträge zu aktuellen Paradigmen der Kulturwissenschaften. Würzburg 2008.

Haverkamp, Anselm (Hg.): Die Sprache der Anderen. Übersetzungspolitik zwischen den Kulturen. Frankfurt/M. 1997.

Hermans, Theo (Hg.): Translating Others. 2 Bde. Manchester 2006.

Liu, Lydia: Tokens of Exchange. The Problem of Translation in Global Circulations. Durham, London 1999.

Maranhão, Tullio/Streck, Bernhard (Hg.): Translation and Ethnography. The Anthropological Challenge of Intercultural Understanding. Tucson 2003.

Ning, Wang/Yifeng, Sun (Hg.): Translation, Globalisation and Localisation: A Chinese Perspective. Clevedon 2008.

Niranjana, Tejaswini: Siting Translation. History, Post-Structuralism, and the Colonial Context. Berkeley, Los Angeles, Oxford 1992.

Papastergiadis, Nikos: The Turbulence of Migration. Globalization, Deterritorialization and Hybridity. Cambridge 2000.

Renn, Joachim: Übersetzungsverhältnisse. Perspektiven einer pragmatistischen Gesellschaftstheorie. Weilerswist 2006.

Renn, Joachim/Straub, Jürgen/Shimada, Shingo (Hg.): Übersetzung als Medium des Kulturverstehens und sozialer Integration. Frankfurt/M., New York 2002.

Sakai, Naoki/Solomon, Jon (Hg.): Translation, Biopolitics, Colonial Difference. Hong Kong 2006.

Santaemilia, Jose (Hg.): Gender, Sex and Translation. The Manipulation of Identities. Manchester 2005.

Scott, Joan W./Kaplan, Cora/Keates, Debra (Hg.): Transitions, Environments, Translations. Feminism in International Politics. New York, London 1997.

Simon, Sherry: Cities in Translation. Intersections of Language and Memory. Abingdon, New York 2012.

Snell-Hornby, Mary: The Turns of Translation Studies. New Paradigms or Shifting Viewpoints? Amsterdam 2006.

Tymoczko, Maria/Gentzler, Edwin (Hg.): Translation and Power. Amherst 2002.

Venuti, Lawrence: The Scandals of Translation. Toward an Ethics of Difference. London 1998.

Venuti, Lawrence (Hg.): The Translation Studies Reader. Rev. Edition. London, New York 2012.

Wolf, Michaela (Hg.): Übersetzen – Translating – Traduire. Towards a «Social Turn»? Münster u. a. 2006.

Website zum **translational turn** *(letzter Zugriff Oktober 2008):*

http://translate.eipcp.net (vorbildlich, mit Webjournal)

Heinz Göhring*

Kontrastive Kulturanalyse und Deutsch als Fremdsprache

Eine Fremdsprache lernt rascher und besser, wer eine positive Einstellung zur Zielkultur hat. Das ist die Quintessenz der sozialpsychologischen Untersuchungen von Lambert, Gardner, Olton und Tunstall (1968). Im einzelnen besagen sie: Im Vergleich zur *instrumentellen* Orientierung wirkt sich die *integrative* Orientierung[1] positiv auf den Fremdsprachenerwerb aus; einen negativen Einfluß haben Ethnozentrismus und negative Stereotypen[2] über die Zielkultur.

Unter diesem Aspekt bietet sich die Kulturanthropologie als Ergänzungsstudium für den Sprachstudenten an, denn mit ihrer spezifischen *kulturrelativistischen* Perspektive fördert sie die integrative Orientierung, trägt dazu bei, Ethnozentrismus[3] und Vorurteile abzubauen. Die kulturrelativistische Perspektive[4] läßt sich in diesem Zusammenhang etwa folgendermaßen charakterisieren: Die Verschiedenartigkeit menschlicher Kulturen gilt als Positivum. Denn jede Kultur spiegelt eine der Möglichkeiten menschlichen Zusammenlebens sowie menschlicher Weltauffassung und Selbstverwirklichung – und wäre demnach, in Abwandlung des berühmten Ausspruches Leopold v. Rankes aus dem Jahre 1854, „unmittelbar zu Gott, und ihr Wert beruht gar nicht auf dem, was aus ihr hervorgeht, sondern in ihrer Existenz selbst"[5]. In den Worten von Maquet: Da Werturteile über fremde Kulturen der objektiven Begründung ermangeln, gilt es, sie zu vermeiden. Die eigene Kultur hat

---

* Quelle: Göhring, Heinz (2007). „Kontrastive Kulturanalyse und Deutsch als Fremdsprache." [1975.] *Interkulturelle Kommunikation: Anregungen für Sprach- und Kulturmittler.* Von Heinz Göhring. Hrsg. Andreas F. Kelletat und Holger Siever. Studien zur Translation 13. Tübingen: Stauffenburg [2002], 55–70. Copyright © Stauffenburg Verlag Brigitte Narr GmbH 2007. Die „alte" Rechtschreibung des Textes wurde unverändert übernommen, ebenso typografische Besonderheiten (z. B. fehlende Leerschritte zwischen Bandnummer, Erscheinungsjahr und Heftnummer einer Zeitschrift).

1 Der instrumentell ausgerichtete Student lernt die Fremdsprache primär im Hinblick auf sein späteres berufliches Fortkommen, für den integrativ eingestellten Studenten hingegen steht der Wunsch im Vordergrund, mehr über die Zielkultur zu erfahren, gleichwie als ob er die potentielle Mitgliedschaft in der anderen Gruppe anstrebte.

2 Dem wäre hinzuzufügen: Ein durch *positive* Stereotypen überspannter Erwartungshorizont wirkt sich bei der Konfrontation mit der Realität der Zielkultur sicherlich ebenfalls ungünstig auf die Lernmotivation aus.

3 Zum Begriff des Ethnozentrismus vgl. Levine/Campbell (1972).

4 Es überstiege den Rahmen dieser Diskussion, alle Aspekte des Kulturrelativismus aufzurollen. Vgl. Herskovits (1947; 1948: 61–78; 1951); Bidney (1962: 443–448); Maquet (1958/59); Rudolph (1968); Lepenies (1971: 51–62).

5 Zitiert in Mühlmann (1966: 23).

ebensowenig wie die fremden Kulturen einen absoluten Wert (1959: 60). Dieser eher negativen Definition wären noch die positiven Aspekte des Kulturrelativismus anzufügen: Eine aktive Hinwendung, tiefe Neugier[6] für Fremdkulturelles – ganz und gar nicht die Neugier dessen, der fremde Kulturen mit den Augen eines Zoo-Besuchers betrachtet, sondern die Neugier dessen, der verstanden hat, daß *jede* menschliche Kultur nur einem Ausschnitt menschlicher Potentialität Verwirklichungsspielraum läßt und der deshalb in der jeweils betrachteten fremden Kultur auch Ausschau hält nach neuen Chancen persönlicher Entfaltung. Wer von einer solchen Einstellung geprägt ist, wird – mit einer schockierenden fremdkulturellen Begebenheit konfrontiert – das ethnozentrisch gefärbte vorschnelle Urteil zurückhalten, „einklammern" und abwarten, ob ihm spätere Ereignisse nicht doch einen Zugang zu dem Verständnis des betreffenden Kulturmusters „von innen" eröffnen[7].

Daß ein intensives Studium der Kulturanthropologie unter kulturrelativistischem Vorzeichen recht häufig die geschilderte Geisteshaltung zum Ergebnis hat, zeigt die Geschichte des Faches im 20. Jahrhundert. Zu der Frage, inwieweit ein lediglich kurzfristiger Unterricht in Kulturanthropologie bereits positive Veränderungen in Richtung auf ein besseres Verständnis für fremde Völker und ihre Verhaltensweisen auslöst, liegt m. W. nur die bei Goldstein (1968: 250) zitierte Untersuchung von Subarsky (1952) vor: Aus einer Vorher- und einer Nachheruntersuchung an amerikanischen High-School-Studenten ergab sich effektiv ein kleiner, statistisch signifikanter Unterschied. Für Ausländer, die im Lande ihrer Zielsprache studieren, würde ich allerdings einen höheren Wirkungsgrad kulturanthropologischen Unterrichts postulieren. Denn während er für die amerikanischen Studenten lediglich ein weiteres meist praxisfernes Fach darstellt, gibt er dem ausländischen Studenten Gelegenheit, seine alltäglichen, oft schmerzlichen interkulturellen Erfahrungen zu diskutieren, sie in einen weiteren Rahmen zu stellen und damit besser zu verstehen.

---

6   Zum Aufkommen der Neugier als einem typischen Zug der Renaissance vgl. Maravall (1964).
7   Verständnis bedeutet nicht unbedingt Sympathie. Wie es in einem Bericht von Communique: Newsletter for Intercultural Communications Programs 3, 3–4, June 1973 (herausgegeben von David Hoopes, Regional Council International Education, University of Pittsburgh, Pa.) über Verfilmungen von zwei „Intercultural Communication Workshops" der Universität Minnesota ausgedrückt wird: „… too often people expect that significant cultural differences can somehow be reconciled. The seeking after common ground, however, frequently simply avoids the differences. In fact, many differences are irreconcilable and can only be dealt with effectively by being understood and accepted as differences."

In gewissen Hinsichten befindet sich der ausländische Student in einer ähnlichen Situation wie der Ethnograph zu Beginn der Feldforschung[8] in einer ihm neuen Gesellschaft: Er steht vor der Aufgabe, sich mit der Kultur[9] des Gastlandes vertraut zu machen – in Goodenoughs Sinn (1964: 36) also mit all dem, was man wissen oder woran man glauben muß, um in einer den Gesellschaftsmitgliedern annehmbaren Weise sich verhalten zu können, und zwar in jeder der für Mitglieder vorgesehenen Rollen. Darin ist, als für den Sprachstudenten wichtigster Teilbereich, die Sprache enthalten, die aus all dem besteht, was man wissen muß, um mit ihren Sprechern so angemessen zu kommunizieren, wie sie es miteinander tun – in einer Art und Weise, die sie als ihrer eigenen entsprechend akzeptieren (Goodenough 1964: 37). Dazu gehört natürlich nicht nur die Beherrschung von Grammatik, Vokabular usw., sondern – und das macht die enge Verbindung zwischen Sprache und anderen Aspekten der Kultur deutlich – auch das Wissen darum, was man wem in wessen Gegenwart unter welchen Umständen wie sagen kann oder soll (vgl. Hymes 1967: 13).

Entsprechend der von Noam Chomsky in die Linguistik eingeführten Unterscheidung Kompetenz – Performanz gehört Kultur in den Bereich der Kompetenz[10], effektives Verhalten in den der Performanz (vgl. Göhring 1967, 1972). Kultur ist weder eine notwendige noch eine hinreichende, sondern eine – wenn auch äußerst wichtige – „beisteuernde" Bedingung des Verhaltens, in das auch andere Faktoren wie etwa situative Zwänge oder Persönlichkeitsmerkmale eingehen – i. a. W.: Das als richtig Angesehene wird nicht notwendig in Verhalten umgesetzt (vgl. Triandis u. a. 1972: 32).

Das einer Gesamtgesellschaft zur Verfügung stehende Wissen – eine Abstraktion – könnte man in Anlehnung an eine von Friedrich (1971:

---

8   Der Ethnograph versucht, sich durch teilnehmende Beobachtung in möglichst vielen sozialen Situationen einen Gesamtüberblick über das soziokulturelle System der untersuchten Gruppe zu verschaffen. Hinweise auf die in den letzten Jahren stark angewachsene Literatur über Rolle und Situation des Feldforschers finden sich bei Nash und Wintrob (1972). Vgl. auch Kimball/Watson (1972).

9   In der Entwicklung dieses Begriffs spiegelt sich die gesamte Geschichte der Kulturanthropologie. Vgl. etwa die umfassende Zusammenstellung bei Kroeber und Kluckhohn (1952). Zur Bedeutung des Begriffs Kultur in der deutschen, französischen, englischen und italienischen Geistesgeschichte vgl. Kultur und Zivilisation (1967). Wichtiger Bestandteil der Kultur ist das *Alltagswissen*, d. h. „das, was sich die Gesellschaftsmitglieder gegenseitig als selbstverständlichen und sicheren Wissensbestand unterstellen müssen, um überhaupt interagieren zu können" (Matthes/Schütze 1973: 20).

10 Wir müssen uns jedoch von der Chomskyschen Vorstellung der Sprache als Monosystem lösen. Sprachen und Kulturen sind Polysysteme mit schichten- und altersspezifischen, regionalen, situativen und idiosynkratischen Subvarianten.

183) für die Phonologie gewählte Unterscheidung als *soziozentrische* Kultur, das daraus beherrschte Teilwissen des Individuums als egozentrische[11] Kultur bezeichnen. Damit ist verdeutlicht, daß die Kultur des Individuums jeweils nur einen Ausschnitt aus der Gesamtkultur darstellt[12] und daß es sich auch für den Ausländer nur darum handeln kann, einen mehr oder weniger großen Ausschnitt seiner Zielkultur zu erwerben – idealiter in Annäherung an den eines Einheimischen seines Bildungsniveaus.

Die Analogien zwischen der Situation des Ethnographen in der Feldforschung und des ausländischen Studenten in seiner Zielkultur erstrecken sich auch auf den Bereich ihrer psychischen Befindlichkeit: Je nach der Distanz zwischen Ausgangs- und Zielkultur[13] und in Abhängigkeit von Persönlichkeitsvariablen wie etwa der Ambivalenztoleranz erlebt das Individuum mehr oder weniger drastisch, wie die Welt seiner Selbstverständlichkeiten zusammenbricht. Die Reziprozität der Perspektiven – beim Verkehr mit Mitgliedern der eigenen Kultur weitgehend vorausgesetzt – wird problematisch. Eingeschliffene Verhaltenserwartungen erweisen sich in der neuen Umgebung als nicht mehr stimmig. Der Apparat kultureller Regeln[14], der sonst das eigene Verhalten steuerte und das der Mitmenschen hinreichend erwartbar und interpretierbar machte, verliert seine Gültigkeit. Das Vertrauen (vgl. Luhmann 1973) in die Komplementarität des alltäglichen Verhaltens wird brüchig. Wie Alfred Schütz (1944: 499) in seinem Aufsatz über den „Fremden"[15] darlegt, kommt es zu einer typischen Krise.

---

11 Der sich hier ebenfalls anbietende Terminus „subjektive Kultur" ist bereits von Osgood und in seiner Nachfolge von Triandis in einem anderen Sinne belegt – er bezeichnet die charakteristische Art und Weise, in der eine Gruppe ihre Umwelt wahrnimmt (Triandis u. a. 1972: 3).

12 Vgl. Wallace (1970: 109). Auf linguistischer Ebene gleicht analog keine individuelle Kompetenz exakt der eines anderen Mitglieds der Sprachgemeinschaft (vgl. Cazden 1972: 143).

13 Je größer die Ähnlichkeit zwischen zwei Kulturen, desto einfacher ist der Kontakt, wenn die Situation die gleiche Reaktion erfordert. Verlangt hingegen die gleiche Situation nach verschiedenen Reaktionen, so ist der Kontakt außerordentlich erschwert – bekanntlich kam es während des 2. Weltkriegs zwischen Amerikanern und Engländern immer wieder zu den überraschendsten Mißverständnissen. Sind die Kulturen sehr unterschiedlich, so erweist sich der Kontakt zwar stets als schwierig, doch nicht als so virulent gestört wie zwischen ähnlichen Kulturen mit unterschiedlichen Situationsdefinitionen in bestimmten Bereichen. Amerikanische Geschäftsleute mit interkulturellen Erfahrungen z. B. berichten, es sei leichter, mit Chinesen oder Japanern zurechtzukommen als mit Südeuropäern oder Lateinamerikanern (Triandis u. a. 1972: 347).

14 Zum Thema Regeln vgl. Spradley (1972: 18–34); Szasz (1973: 165–181).

15 Vgl. auch Simmels „Exkurs über den Fremden" (1923: 509–512).

In den extremen Formen des Kulturschocks[16] können sich bei dem Betroffenen u. a. folgende Befindlichkeiten und Verhaltenstendenzen einstellen: ein Gefühl der Hilflosigkeit und der Desorientierung, Niedergeschlagenheit und Apathie, Wut und Ärger gegen die Angehörigen der Zielkultur, Abneigung gegen die Zielsprache, überschießende Reaktionen angesichts geringfügiger Frustrationen, übertriebener Ordnungssinn, Mißtrauen, ungewöhnliche Kleinlichkeit in finanziellen Dingen, verbunden mit der fixen Idee, überall betrogen zu werden, schließlich hypochondrische Tendenzen und psychosomatische Beschwerden[17], abgesehen von den sattsam bekannten Erscheinungen des Heimwehs und des unabweisbaren Verlangens nach heimischen Gerichten[18].

Es liegt nahe, hinter diesen verschiedenartigen Reaktionen Ausdrucksformen von Angst zu sehen – Angst, hervorgerufen durch kognitiv-affektive Verunsicherung. Eine wenn auch nur partielle, so doch aufschlußreiche Bestätigung dieser These liefern Heiss und Nash (1967) in einem sozialpsychologischen Laborexperiment: Gruppen von je vier miteinander befreundeten Studenten hatten in drei verschiedenen Phasen jeweils ihre Reaktion auf die Rorschachkarte Nr. X schriftlich niederzulegen und in der Gruppe zu diskutieren. Danach wurde je eine Versuchsperson aus ihrer Gruppe herausgenommen und als „Fremder" in eine andere Gruppe versetzt. In den darauffolgenden drei Phasen zeigte sich bei den „Fremden", insbesondere bei denen, die auf die Versetzung in die neue Gruppe mit Angst reagierten, eine starke Abnahme des Erfindungsreichtums. Nach Ansicht der Autoren stehen diese Ergebnisse im Einklang mit ihren Beobachtungen an Immigranten und in Übersee lebenden Amerikanern, daß die Konfrontation mit der fremden Kultur anfänglich eine psychische Einengung auslöst, die sich u. a. in einem Rückgang des Erfindungsreichtums, der Spontaneität und der Flexibilität ausdrückt. Nash spricht direkt von einer „situativen Neurose" (1967: 161).

An Amerikanern, die in einer spanischen Stadt – mangels des für größere militärische Stützpunkte typischen Transplantats heimischer Lebensbedingungen – auf einen engeren Kontakt mit der lokalen Bevölkerung angewiesen waren, beobachtete Nash (1967, 1970), daß nach einem ersten Stadium der *akuten Anomie* (starke Desorientierung) ein

---

16 Vgl. zu diesem Begriff Arensberg/Niehoff (1971: 223–237); Panoff/Panoff (1968: 165f.); Bock (1970); Wallace (1970: 203f.); Oberg (1954, 1972).
17 „Entwurzelungsdepressionen, Neurosen und psychosomatische Reaktionen stehen bei Deutschen und Gastarbeitern in der Relation von 20,2 % : 36,5 %" (Süttinger 1973: 4652).
18 Zur kulturellen Bedeutung des Kulinarischen vgl. die trefflich kommentierte Bibliographie von Wilson (1973).

zweites der *einfachen Anomie*[19] (Konflikt zwischen den Werten von Ursprungs- und Zielkultur) und schließlich ein drittes des *neuen Gleichgewichts* folgen kann.

Eine beachtliche Minderheit der befragten Amerikaner ist allerdings nie über Stadium I hinausgelangt. Wer sich jedoch Stadium III annäherte, erfuhr die Zielgruppe nicht mehr als negative, sondern als positive Bezugsgruppe[20], ja er konnte das amerikanische Selbstideal vom freundlichen, soziablen Menschen im Umgang mit Spaniern noch besser verwirklichen als daheim. In dem Maße, in dem sich das neue Gleichgewicht einpendelte, traten auch die für den Kulturschock spezifischen Symptome zurück.

Im Gegensatz zu Nashs J-Kurve fanden Sewell und Davidsen (1961: 51–53, 82f.) bei skandinavischen Studenten der Universität Wisconsin eine U-Kurve: Nach anfänglicher Begeisterung für die USA folgte eine Phase der Frustration über das Gastland, die schließlich wieder einer positiven Haltung Platz machte[21].

Insgesamt sind wir weit davon entfernt, *ein* typisches Verlaufsschema der Kulturschockerfahrung – unabhängig von der besonderen Beziehung von Ursprungs- und Zielkultur und den relevanten Persönlichkeitsvariablen – im einzelnen beschreiben zu können. Doch für ausländische Studenten läßt sich zumindest folgendes wahrscheinlich machen: Die Art und Weise, in der der Kulturschock verarbeitet wird, beeinflußt

1. auf dem Umweg über die Motivation die Effizienz des Zielsprachenerwerbs,

2. den Erwerb des soziokulturellen Hintergrunds der Zielsprache,

3. die spätere Wiedereingliederung (Reakkulturation) in die Ursprungskultur und somit, in Abhängigkeit von diesen drei Punkten,

---

19 Der Begriff *Anomie* ist hier im psychologischen, nicht im soziologischen Sinne verwendet. Vgl. Merton (1968: 215f.).

20 Zur Bezugsgruppentheorie vgl. Merton (1968: 279ff.).

21 Eine zusammenfassende Darstellung verschiedener Verlaufsmuster bei Studenten unterschiedlicher Nationalität geben Sellitz u. a. (1963: 245ff.) und Merritt (1972). Frühere Auslandserfahrungen scheinen sich günstig auf die Interaktion mit den Angehörigen des Gastlandes und auf die Beurteilung seiner Kultur auszuwirken. Eine weitere Variable bildet der relative Status, den die Zielkultur der Ursprungskultur des Ausländers nach dessen subjektivem Eindruck zuweist (Lambert/ Bressler 1954/55; s. a. Sellitz u. a. 1963: 273). Von Bedeutung ist schließlich auch noch die *Selbst*einschätzung der Zielsprachenbeherrschung (Sellitz u. a. 1963: 249).

4. die Fähigkeit des Individuums, als *interkultureller Makler*[22] – oder, wie Wierlacher (1972: 89) es nennt, als *Landeskenner* – tätig zu werden, sei es etwa als Deutschlehrer, als Diplomat oder als Geschäftsmann.

Den ausländischen Studenten dazu anzuregen, die Kulturschockproblematik intellektuell-affektiv integriert[23] zu verarbeiten, scheint mir das vordringlichste Ziel einer Einführung in die *kontrastive* Kulturanalyse, wie ich sie seit dem Wintersemester 1972/73 im Rahmen eines neuen

---

22 Diese Fähigkeit – von H. Bock (1973) treffend als „transnationale Kommunikations-Fähigkeit" bezeichnet – setzt voraus, daß das Individuum, statt zum Renegaten zu werden (vgl. hierzu den „Exkurs über Treue und Dankbarkeit" von Simmel 1923: 438–447; Merton 1968: 349f.; Mühlmann 1962: 317–375), ein *prekäres* Gleichgewicht erreicht zwischen der Identifikation mit der Ursprungs- und der Zielkultur – ich unterstreiche das Wort *prekär*, denn in dem Maße, in dem sich das Individuum mit einer anderen Gruppe identifiziert, entfremdet es sich der eigenen Gruppe (vgl. Merton 1968: 323). In diesem Zusammenhang erhebt sich die Frage: Wie wirkt sich Bilinguismus und Bikulturismus auf die Persönlichkeit aus? Die Antworten sind bislang höchst fragmentarisch, doch lassen sie Rückschlüsse auf die Bedeutung zukünftiger Untersuchungen zu: Lambert und Mitarbeiter beobachteten, daß amerikanische Studenten, die an der McGill's French Summer School einen sechswöchigen Französisch-Intensivkursus für Fortgeschrittene mitmachten, zu dem Zeitpunkt, an dem sie laut eigenen Angaben französisch dachten und sogar träumten, gleichzeitig gesteigerte Anzeichen von Anomie verspürten (Lambert u. a. 1961). Ervin (1964) legte erwachsenen zweisprachigen Franzosen, die seit längerer Zeit in den USA lebten, bei zwei verschiedenen Gelegenheiten die gleichen 9 Bilder des Thematischen Apperzeptionstests vor und ließ sie einmal französisch und das andere Mal englisch kommentieren. Die TAT-Geschichten unterschieden sich so häufig voneinander – und zwar in der Richtung, die aufgrund amerikanisch-französischer Kulturunterschiede vorausgesagt worden war –, daß die Autorin die Frage, ob die Probanden zwei Persönlichkeiten hätten, bejahen zu können glaubt. Daß sich die kognitive Struktur Zweisprachiger von der Einsprachiger unterscheidet, geht aus der Untersuchung von Landar u. a. (1960) über die Unterteilung des Farbspektrums durch die Navaho hervor: Die Art, in der Zweisprachige Stimuli kategorisieren, bildet einen Kompromiß zwischen den in ihren beiden Sprachgemeinschaften üblichen Kategorisierungsgewohnheiten. Beobachtungen von Lambert (1968) an zweisprachigen Kanadiern deuten in die gleiche Richtung. Kelly und Szalay stellten bei koreanischen Studenten in den USA die Herausbildung eines „new conceptual framework" fest (1972: 118). Generelle Hinweise auf Persönlichkeitsveränderungen durch Erwerb einer Fremdsprache finden sich bei Rudy (1965: 101).

23 Es gilt zu überlegen, wie sich das gegenwärtig einseitig kognitiv ausgerichtete westliche Universitätsstudium im Sinne einer integralen Ausbildung vervollständigen läßt – vgl. Fromm (1973: 152). Das dürfte auch dem Erwartungshorizont zahlreicher außerokzidentaler Studenten eher entsprechen. Szalay (o. J.) hat z. B. in einer vergleichenden Untersuchung von Assoziationen amerikanischer und koreanischer Studenten zu Begriffen aus dem Wortfeld „education" festgestellt, daß dieser Bereich für koreanische Studenten sehr viel weiter gefaßt ist: Neben der Wissensansammlung werden der Erwerb moralischer und sozialer Verhaltensnormen, die Entwicklung der Persönlichkeit und eines guten Charakters, mitmenschliche Beziehungen und das Lehrer-Schüler-Verhältnis stärker betont.

Studiengangs DaF der Universität Heidelberg gebe und seit Wintersemester 1973/74 im regelmäßigen Turnus auch für Ausländer am Fachbereich Angewandte Sprachwissenschaft der Universität Mainz in Seminarform abhalte.

Unter *kontrastiver Kulturanalyse im engeren Sinne* verstehe ich – in Analogie zur kontrastiven Grammatik – eine Beschreibung der Kultur A im Kontrast zur Kultur B, die sich zunächst auf die *Unterschiede*[24] zwischen A und B im Hinblick auf Kategorisierungen und die zugehörigen affektiven Dimensionen, elementare kognitive Strukturen, Meinungen, Einstellungen, Stereotypen, Erwartungen, Normen, Ideale, Rollen und Werte[25] konzentriert[26].

---

24 Vorläufige Forschungsergebnisse von Triandis und seinen Mitarbeitern deuten darauf hin, daß es am wirkungsvollsten ist, zunächst Unterschiede und dann die Ähnlichkeiten zwischen zwei Kulturen darzubieten (Mitchell u. a. 1972: 104). Einen guten Ansatzpunkt für die Darstellung von Ähnlichkeiten bietet F. Kluckhohns Unterscheidung von dominanten und varianten Wertorientierungen (Kluckhohn/Strodtbeck 1961: 10): Häufig läßt sich nachweisen, daß, was in einer Kultur dominant ist, in der anderen in Form einer subkulturellen Variante existiert. Oder es existiert in beiden Kulturen eine analoge Variante, die lediglich in der einen von beiden – vielleicht in unterschiedlichen historischen Epochen – ein größeres Gewicht erhält – vgl. hierzu die vergleichenden Untersuchungen Suzukis (1971) über die Mystik Meister Eckharts, des Zen und Shin.

25 Vgl. zu diesen Begriffen Triandis u. a. (1972: 9–20, 59–83).

26 Vgl. die vom Wertorientierungsschema F. Kluckhohns ausgehende Kontrastierung der dominanten Kulturen Lateinamerikas und der USA (Göhring 1973). Kulturanthropologische Beschreibungen sind stets in einem losen Sinne kontrastiv gewesen, meist mehr oder weniger unreflektiert bezogen auf die Hintergrundsfolie der Ausgangskultur des Beschreibenden (vgl. Szalay und Maday 1973: 46; Hsu 1964: 210; Nash/Wintrob 1972: 533 – Kommentar von L. Brunt). So erscheint etwa der Amerikaner dem Araber als kalt und reserviert – der Chinese oder Thai hingegen empfindet ihn als emotional inkontinent (Stewart 1966: 297). Als systematische kontrastive Kulturanalyse sei besonders Hsus (1972) Vergleich der amerikanischen und der chinesischen Kultur und Stewarts (1971) Beschreibung amerikanischer Kulturmuster in transkultureller Perspektive hervorgehoben. Ein genereller Vergleich Orient/Okzident findet sich bei Mühlmann (1962: 409–448) und Hsu (1960). An kontrastiven Studien zu Einzelfragen seien exemplarisch genannt: Yousef (1974) über Probleme der interkulturellen Kommunikation, denen Amerikaner im Nahen Osten begegnen; A. Parsons (1969) über Persönlichkeitsstrukturen von Italienern und Amerikanern; Collett (1972) über Selbstachtung bei Arabern und Engländern; Befu und Norbeck (1958) über Anredeformen von Japanern und Amerikanern; Whitehill (1964) über Arbeitgeber-ArbeitnehmerBeziehungen in Japan und den USA; Periäinen (1969) über Raumauffassung (Garten- und Hausarchitektur) in Japan und Italien-Frankreich; Williams u. a. (1966) über Vertrauen/Mißtrauen in den Einstellungen amerikanischer und peruanischer Arbeiter; Clifton (1968: 28–33) über den mit transkulturellen Mißverständnissen gepflasterten Leidensweg einer Amerikanerin, die in Chile einkaufen geht; Triandis (1967) über gegenseitige Heterostereotypen von Griechen und Amerikanern; Goodman (1957) über Werte und Haltungen, wie sie in Schul-

Die Lehre der kontrastiven Kulturanalyse im engeren Sinne würde es erforderlich machen, die einzelnen Nationalitätengruppen ausländischer Studenten getrennt zu unterrichten. Das ist derzeit allein schon wegen der sehr heterogenen Zusammensetzung der Studentenschaft nicht durchführbar. Außerdem sind die notwendigen Vorarbeiten für die systematische Kontrastierung der deutschen mit anderen Kulturen noch nicht geleistet, ja aus kulturanthropologischer Perspektive ist über Deutschland sehr viel weniger bekannt als etwa über die USA, Lateinamerika, Japan oder Indien.

Als Alternative bietet sich daher ein Unterricht für multinational zusammengesetzte Gruppen in kontrastiver Kulturanalyse im weiteren Sinne an. Er thematisiert interkulturelle Unterschiede ganz allgemein und die Kulturschockproblematik im besonderen.

In der Praxis hat sich die multinationale Zusammensetzung der Gruppen als sehr anregend erwiesen. Es genügt in der Regel, einen beliebigen Kontrast anzusprechen – etwa kulturspezifische Formen der Gesprächsdistanz oder der Zeitauffassung[27] –, um engagierte Diskussionen der Teilnehmer über persönliche interkulturelle Erlebnisse und Beobachtungen auszulösen. Als nützlicher „Eisbrecher" erwies sich auch das Rollenspiel[28]: das Vorführen kleiner Alltagsszenen – etwa Begrüßungen – durch Dyaden von Teilnehmern gleicher oder unterschiedlicher Nationalität.

Dem Kulturanthropologen fällt bei dieser Art der Lehre[29] die Aufgabe zu, die Diskussion im Sinne der oben geschilderten kulturrelativistischen Achtung vor fremden Kulturen zu leiten und die Bezüge zu generellen theoretischen Überlegungen herzustellen[30]. Nach meinen Er-

---

aufsätzen japanischer und amerikanischer Kinder zum Ausdruck kommen; Bronfenbrenner (1972) über Sozialisationspraktiken in den USA und der UdSSR.

27 Vgl. Hall (1965, 1966).

28 Die Anregung dazu verdanke ich den während der Summer Conference on Intercultural Communication 1972, International Christian University, Tokyo, von John Condon und Mitsuko Saito-Fukunaga organisierten Rollenspieldemonstrationen.

29 Die sich in gewissem Umfang an der nicht-direktiven Methode von Rogers (1973: 268–320) orientiert.

30 Als Hintergrund für diese Aufgabe läßt sich – zusätzlich zu den in Anmerkung 26 genannten Titeln – auf eine umfangreiche kulturvergleichende Literatur verweisen. Zu den bedeutsamen Beiträgen von Psychologie und Sozialpsychologie siehe neben den zusammenfassenden Darstellungen von Boesch und Eckensberger (1969) sowie Triandis u. a. (1972) auch zahlreiche Artikel im Journal of Cross-Cultural Psychology (1970ff.), z. B. Draguns (1973), der einzelne Kulturen im Zerrspiegel psychopathologischer Erscheinungen betrachtet. An eher kulturanthropologisch ausgerichteten transkulturell vergleichenden Studien seien neben Kluckhohn und Strodtbeck (1961) und Vogt und Albert (1966) noch genannt: Devos und Hipplers (1969) Gesamtüberblick; Morris (1956) über Lebensstilideale von Studenten in den USA, China, Indien, Norwegen, Japan; Hsus (1963) Ver-

fahrungen trägt ein solcher Unterricht nicht nur bei zu einer größeren Aufgeschlossenheit gegenüber der Zielkultur und fremden Kulturen allgemein, sondern er bietet dem Studenten auch eine Hilfestellung bei seinen durch den Auslandsaufenthalt ausgelösten Bemühungen um ein besseres Verständnis seiner Ausgangskultur[31] und schafft einen Rahmen, in dem die Identitätsproblematik und die Loyalitätskonflikte thematisiert werden können, die besonders drastisch für außerokzidentale Studenten entstehen, sobald die Gastgesellschaft für sie teilweise zur Bezugsgruppe wird.

Im Zusammenhang derartiger Überlegungen verlohnt es, einen Blick auf jüngste Entwicklungen auf dem Gebiet des interkulturellen Trainings in den Vereinigten Staaten zu werfen.

Die Gruppe um Stewart (Stewart 1966; Danielian 1967; Stewart u. a. 1969) konfrontiert Amerikaner, die sich für eine Tätigkeit in Übersee vorbereiten, im aufgabenorientierten Rollenspiel mit einem Schauspieler, der entsprechend einer „contrast American culture" agiert, d. h. in Übereinstimmung mit den Werten und Normen einer hypothetischen Kultur, die in einem höchstmöglichen Kontrast zu den Werten und Normen der amerikanischen Kultur steht. Dieses Training zielt darauf ab, durch kognitiv-affektive Umstrukturierungen die generelle Fähigkeit zur Interaktion mit Angehörigen fremder Kulturen[32] zu fördern.

Ein kulturspezifisches Training hingegen vermittelt der sogenannte „Kulturassimilator" (vgl. Mitchell u. a. 1972; Fiedler u. a. 1971), ein programmierter Kurs in Buchform zum Selbststudium. Er besteht aus 75 bis 100 kurzen Episoden, die einen interkulturellen Handlungsablauf beschreiben. Der Lernende hat für jede Episode eine von vier Erklärungsalternativen zu wählen. Bei jeder Alternative findet sich ein Verweis auf eine andere Seite, auf der dargelegt ist, warum diese Lösung richtig oder unzutreffend ist – im letzteren Falle hat der Lernende eine

---

gleich China – Indien – USA; Nakanes (1970) Analyse der japanischen Gesellschaft mit zahlreichen Vergleichen zu China, Indien und dem Westen – für eine Kurzfassung ihrer Thesen in deutscher Sprache siehe Nakane (1965); Zborowski (1969) über die unterschiedlichen Reaktionen von alteingesessenen Amerikanern und Angehörigen der irischen, italienischen und jüdischen Minoritäten auf Krankheit und Schmerz; aus religionssoziologischer Sicht ist Nakamuras (1964) Vergleich Indiens, Chinas, Tibets und Japans von Interesse.

31 Vgl. hierzu die Aussage von Stewart (1966: 292f.), das Zurechtkommen in einer fremden Kultur beruhe z. T. auf dem Verständnis der eigenen Kultur.

32 Triandis u. a. (1972: 347) ziehen allerdings die Existenz einer solchen generellen Fähigkeit in Zweifel und postulieren hypothetisch, interkulturelles Training sei spezifisch, d. h. man müsse jede Kultur, mit der man neu in Kontakt kommt, neu erlernen. Sie gestehen lediglich zu, daß eine allgemeine Sensibilität für zwischenmenschliche Beziehungen die interkulturelle Interaktion erleichtern mag.

andere Erklärungsalternative zu wählen usw. ... Verschiedene Untersuchungen über die Effektivität des interkulturellen Verhaltens von Versuchs- und Kontrollpersonen im Laborexperiment und in den betreffenden Zielkulturen zeigten einen erstaunlichen Erfolg des Kulturassimilatortrainings (Mitchell u. a. 1972: 98–101). Symptomatisch für die Bedeutung, die in den USA dem interkulturellen Training beigemessen wird, ist der Umstand, daß nunmehr auch die Privatfirma „Language House", Chicago, ihr Sprachlehrangebot mit einem entsprechenden Programm unter Leitung von J. M. Ackermann[33] ergänzt.

Zu dem für unsere Thematik zentralen Gebiet der *interkulturellen Kommunikation* verfügen wir außer über den „Reader" von Samovar und Porter (1972) neuerdings auch über eine ausgezeichnete Einführung von Condon und Yousef (1975).

Auf einem am 3.–4.12.1973 in Bad Godesberg vom Deutschen Akademischen Austauschdienst (DAAD) veranstalteten Fachkolloquium „Deutschlandkunde" zeigte sich in der Diskussion im Anschluß an zwei Referate Robert Pichts und Alois Wierlachers, daß die ausländischen Studenten weder vor ihrer Einreise noch zu Beginn ihres Aufenthaltes in der BRD systematisch auf die Kulturschockproblematik vorbereitet werden. Andererseits wurde deutlich, daß die den Deutschunterricht für Ausländer gestaltenden Germanisten von ihren Studenten häufig mit Fragestellungen aus diesem Bereich konfrontiert werden und somit bereits über eine weitgefächerte praktische Erfahrung in dieser Hinsicht verfügen. Es wäre sicherlich lohnend, Berichte von Studenten und Dozenten über Kulturschockerlebnisse sowie Literatur über kulturanthropologische, soziologische und psychologische Aspekte des Auslandsstudiums an einer zentralen Stelle zu sammeln.

Eine derartige Materialsammlung könnte für verschiedene Zwecke von Nutzen sein:

1. Im Zusammenhang mit der Verwirklichung von während des Godesberger Kolloquiums angeregten Überlegungen darüber, wie sich entsprechende Themen sowohl im Deutschlandkunde- als auch im Sprachunterricht berücksichtigen lassen.

2. Für die Erarbeitung einer Broschüre über Kulturschockproblematik und kontrastive Kulturanalyse, die, übersetzt in die gängigsten Weltsprachen, ausländischen Studenten möglichst schon vor ihrer Ein-

---

33 Literaturwissenschaftliche und kulturanthropologische Fragestellungen originell verbindend, analysiert Ackermann (1973a) die Darstellung interkultureller Begegnungen zwischen Indern und Okzidentalen im Werk zweier bikultureller Schriftsteller. In einem ähnlich interdisziplinären Bereich bewegt sich ihre Publikation über interkulturell relevante Filme (1972) und ihr Aufsatz über die Verwendung künstlerischen Materials im interkulturellen Training (1973b).

reise in die BRD zugänglich gemacht werden sollte. (Eine solche Schrift wäre auch für Deutsche, die ins Ausland gehen, von Interesse.)

3. Für die Ausarbeitung von Lehrmaterial für Seminare in kontrastiver Kulturanalyse, die, sei es eingegliedert in den üblichen Lehrbetrieb, sei es in Form von Intensivveranstaltungen, möglichst an den Anfang des Deutschlandaufenthaltes gelegt werden sollten.

4. Die Auswertung einer größeren Zahl von Erlebnisberichten ausländischer Studenten könnte zur Hypothesenbildung insbesondere über die impliziten Regeln[34] des deutschen Alltagslebens und zu entsprechenden kulturanthropologischen, soziologischen und volkskundlichen Forschungen[35] anregen, die unser sehr unzulängliches Wissen auf diesem Gebiet erweitern und somit später auch zur besseren Fundierung von Projekten nach den drei erstgenannten Kriterien beitragen können.

Literaturverzeichnis

Ackermann, Jean Marie (1972): Films of a changing world: A critical international guide. Washington D. C.: Society for International Development

Ackermann, Jean Marie (1973a): Outsiders in India: How Western characters are perceived in the writings of Kamala Markandaya and R. Prawer Jhabvala. Diss. Claremont: Claremont Graduate School

Ackermann, Jean Marie (1973b): Utilizing arts for intercultural training. MS

Arbeitsgruppe Bielefelder Soziologen (Hrsg.) (1973): Alltagswissen, Interaktion und gesellschaftliche Wirklichkeit. 2 Bde. Reinbek: Rowohlt (rororo-studium)

Arensberg, Conrad M. / Niehoff, Arthur H. (1971): Introducing social change: A manual for community development. 2nd edition. Chicago: Aldine

Befu, Harumi / Norbeck, Edward (1958): Japanese usages of terms of relationships. In: Southwestern Journal of Anthropology 14, 66–86

Bidney, David (1962): The concept of value in modern anthropology. In: Sol Tax (Hrsg.): Anthropology today: Selections. Chicago: University of Chicago Press, 43–53

Bock, H. (1973): Der Beitrag der Sozialwissenschaften zu einem Curriculum für Französisch-Lehrer. Vortrag gehalten auf der Tagung des Deutschen Romanistenverbandes in Heidelberg am 5.10.1973

Bock, Philip K. (1970): On culture shock. In: Bock, Philip K. (Hrsg.): Culture shock: A reader in modern cultural anthropology. New York: Alfred Knopf, ix–xii

Boesch, Ernst / Eckensberger, Lutz H. (1969): Methodische Probleme des interkulturellen Vergleichs. In: Graumann 1969, 515–566

Bronfenbrenner, Urie (1972): Erziehungssysteme. Kinder in den USA und der Sowjetunion. München: DTV

Cazden, Courtney B. (1972): Child language and education. New York: Holt, Rinehart & Winston

---

34 Nachahmungsregeln im Sinne von Szasz (1973: 177ff.).
35 Eine Reihe von dafür sehr relevanten grundlagentheoretischen Überlegungen hat die Arbeitsgruppe Bielefelder Soziologen (1973) vorgelegt. Es wäre zu wünschen, daß sich ihr Ansatz bald in empirischen Einzelstudien niederschlägt.

Clifton, James A. (1968): Cultural anthropology: Aspirations and approaches. In: Clifton, James A. (Hrsg.): Introduction to cultural anthropology. Boston: Houghton Mifflin, 2–47

Collett, Peter (1972): Structure and content in cross-cultural studies of self-esteem. In: International Journal of Psychology 7(1972)3, 169–179

Condon, John C. / Yousef, Fathi (1975): An introduction to intercultural communication. Indianapolis and New York: The Bobbs-Merrill Company

Danielian, Jack (1967): Live simulation of affect-laden cultural cognitions. In: Journal of Conflict Resolution 3(1967), 312–324

De Bary, W. Th. / Embree, Ainslie T. (Hrsg.) (1964): Approaches to Asian Civilizations. New York: Columbia University Press

Devos, George (1969): Problems and research in comparative human behavior. In: Proceedings of the American Philosophical Society 113(1969)5, 350–366

Devos, George / Hippler, Arthur A. (1969): Cultural psychology: comparative studies of human behavior. In: Lindzey/Aronson 1969, 323–417

Draguns, Juris G. (1973): Comparisons of psychopathology across cultures: Issues, findings, directions. In: Journal of Cross-Cultural Psychology 4(1973)1, 9–47

Ervin, Susan (1964): Language and TAT content in bilinguals. In: Journal of Abnormal and Social Psychology 68(1964), 500–507

Fiedler, F. E. / Mitchell, T. R. / Triandis, H. C. (1971): The culture assimilator. An approach to cross-cultural training. In: Journal of Applied Psychology 55(1971), 95–102

Fishman, J. (Hrsg.) (1968): Readings in the sociology of language. Den Haag

Friedrich, Paul (1971): Dialectal variation in Tarascan phonology. In: International Journal of American Linguistics 37(1971)3, 164–187

Fromm, Erich (1973): Die Kunst des Liebens. Frankfurt: Ullstein

Göhring, Heinz (1967): Generative Grammatik und Kulturanthropologie. In: Anthropos 62(1967), 802–814

Göhring, Heinz (1972): Die generative Grammatik und ihre Bedeutung für die Sozialwissenschaften. In: Kölner Zeitschrift für Soziologie und Sozialpsychologie 24(1972)4, 853–860

Göhring, Heinz (1973): Lateinamerika – Vereinigte Staaten: Eine kontrastive Kulturanalyse. In: Jahrbuch für Amerikastudien 18(1973), 83–109

Goldstein, Marcus S. (1968): Anthropological research, action and education in modern nations: With special reference to the USA. In: Current Anthropology 9(1968)4, 247–269

Goodenough, Ward H. (1964): Cultural anthropology and linguistics. In: Hymes 1964, 36–39

Goodman, Mary E. (1957): Values, attitudes and social concepts of Japanese and American children. In: American Anthropologist 59(1957), 979–999

Graumann, C. F. (Hrsg.) (1969): Handbuch der Psychologie. Bd. 7, Halbbd. 1. Göttingen: Hogrefe

Hall, Edward T. (1965): The silent language. Greenwich: Fawcett Publ.

Hall, Edward T. (1966): The hidden dimension. Garden City: Doubleday

Heiss, Jerold / Nash, Dennison (1967): The stranger in laboratory culture revisited. In: Human Organisation 26(1967), 47–51

Herskovits, Melville J. (1947): Statement on human rights. In: American Anthropologist 49(1947), 539–543

Herskovits, Melville J. (1948): Man and his works. New York: Alfred Knopf

Herskovits, Melville J. (1951): Tender and tough-minded anthropology and the study of values in culture. In: Southwestern Journal of Anthropology 7(1951), 22–31

Hsu, Francis L. K. (1960): Cultural differences between East and West and their significance for the world today. In: Tsing Hua Journal of Chinese studies, NS., 2(1960)1, 216–237

Hsu, Francis L. K. (1963): Clan, Caste and Club. New York: Nostrand

Hsu, Francis L. K. (1964): Comment: On behalf of comparative civilizations through intellectual cooperation between disciplines. In: De Bary/Embree 1964, 208–218

Hsu, Francis L. K. (1972): Americans and Chinese. Reflections on two cultures and their people. Garden City: Doubleday

Hymes, Dell (1967): Models of the interaction of language and social setting. In: Journal of Social Issues 23(1967), 8–28

Hymes, Dell (Hrsg.) (1964): Language in culture and society. New York: Harper and Row

Kelly, Rita M. / Szalay, L. B. (1972): The impact of a foreign culture: South Koreans in America. In: Merritt 1972, 95–119

Kimball, Solon T. / Watson, James B. (Hrsg.) (1972): Crossing cultural boundaries. The anthropological experience. San Francisco: Chandler

Kluckhohn, Florence R. / Strodtbeck, Fred L. (1961): Variations in value orientations. Evanston, Ill.: Row, Peterson and Co.

Kroeber, Alfred L. / Kluckhohn, Clyde (1952): Culture: a critical review of concepts and definitions. Cambridge: Harvard University Press

Kultur und Zivilisation (1967): (Europäische Schlüsselwörter, Bd. 3) München: Max Hueber

Lambert, Richard D. / Bressler, Marvin (1954/55): The sensitive-area complex: A contribution to the theory of guided culture contact. In: American Journal of Sociology 60(1954/55), 583–592

Lambert, W. E. (1967): A social psychology of bilingualism. In: Journal of Social Issues 23(1967), 91–109

Lambert, W. E. (1968): Paper presented at a conference on subjective culture. Athen, Griechenland (zitiert in Triandis u. a. 1972: 69)

Lambert, W. E. / Gardner, R. C. / Barik, H. E. / Tunstall, K. (1961): Attitudinal and cognitive aspects of intensive study of a second language. In: Journal of Abnormal and Social Psychology 66(1961), 358–368

Lambert, W. E. / Gardner, R. C. / Olton, R. / Tunstall, K. (1968): A study of the roles of attitudes and motivation in second language learning. In: Fishman 1968, 473–491

Landar, H. J. / Ervin, S. M. / Horowitz, A. E. (1960): Navaho color categories. In: Language 36(1960), 368–382

Lepenies, Wolf (1971): Soziologische Anthropologie. Materialien. München: Hanser

Levine, Robert A. / Campbell, Donald (1972): Ethnocentrism. New York: Wiley

Lindzey, G. / Aronson, E. (Hrsg.) (1954): Handbook of social psychology. Cambridge: Addison-Wesley, Bd. 4

Luhmann, Niklas (1973): Vertrauen. Ein Mechanismus der Reduktion sozialer Komplexität. Stuttgart: Enke

Maquet, Jacques J. (1958/59): Le relativisme culturel. In: Présence Africaine 22(1958), 63–75 und 23(1959), 59–68

Maravall, José Antonio (1964): La estimación de lo nuevo en la cultura española. In: Cuadernos Hispanoamericanos 57(1964), 187–228

Matthes, Joachim / Schütze, Fritz (1973): Zur Einführung: Alltagswissen, Interaktion und gesellschaftliche Wirklichkeit. In: Arbeitsgruppe Bielefelder Soziologen 1973, I, 1–53

Merritt, Richard L. (1972a): Effects of international student exchange. In: Merritt 1972, 65–94

Merritt, Richard L. (Hrsg.) (1972): Communication in international politics. Urbana: University of Illinois Press

Merton, Robert K. (1968): Social theory and social structure. New York: Free Press

Mitchell, T. R. / Dosset, D. / Fiedler, Fred E. / Triandis, Harry C. (1972): Culture training: validation evidence for the culture assimilator. In: International Journal of Psychology 7(1972)2, 97–104

Morris, Charles (1956): Varieties of human value. Chicago: University of Chicago Press

Mühlmann, Wilhelm Emil (1962): Homo creator. Abhandlungen zur Soziologie, Anthropologie und Ethnologie. Wiesbaden: Otto Harrassowitz

Mühlmann, Wilhelm Emil (1966): Umrisse und Probleme einer Kulturanthropologie. In: Mühlmann/Müller 1966, 15–49

Mühlmann, W. E. / Müller, E. W. (Hrsg.) (1966): Kulturanthropologie. Köln/Berlin: Kiepenheuer & Witsch

Nakamura, Hajime (1964): Ways of thinking of Eastern peoples: India – China – Tibet – Japan. Honolulu: East-West Center Press

Nakane, Chie (1965): Entdeckung der japanischen Gesellschaftsstruktur. In: Kagami, Japanischer Zeitschriftenspiegel 3(1965)2, 71–104

Nakane, Chie (1970): Japanese society. Berkeley & Los Angeles: University of California Press

Nash, Dennison (1967): The fate of Americans in a Spanish setting. In: Human Organization 26(1967), 157–163

Nash, Dennison (1970): A community in limbo: An anthropological study of an American community abroad. Bloomington: Indiana University Press

Nash, D. / Wintrob, R. (1972): The emergence of self-consciousness in ethnography. With CA-Comment. In: Current Anthropology 13(1972)5, 527–542

Oberg, Kalervo (1954): Culture shock. Indianapolis: Bobbs-Merrill

Oberg, Kalervo (1972): Contrasts in field work on three continents. In: Kimball/Watson 1972, 74–86

Panoff, Michel / Panoff, Françoise (1968): L'ethnologue et son ombre. Paris: Payot

Parsons, Anne (1969): Belief, magic and anomie. Essays in psychosocial anthropology. London: Collier-Macmillan

Periäinen, Tapio (1969): Nature, man, architecture. A study of the structure and measurement of man's relation to nature in the garden and dwelling-house of Japan and the Mediterranean countries. Helsinki: Suomalainen Tiedeakatemia

Rogers, Carl R. (1973): Entwicklung der Persönlichkeit. Stuttgart: Klett

Rudolph, Wolfgang (1968): Der kulturelle Relativismus. Kritische Analyse einer Grundsatzfragen-Diskussion in der amerikanischen Ethnologie. Berlin: Duncker & Humblot

Rudy, Zvi (1965): Soziologie des jüdischen Volkes. Reinbek: Rowohlt

Samovar, Larry A. / Porter, Richard E. (Hrsg.) (1972): Intercultural communication: A Reader. Belmont: Wadsworth

Schütz, Alfred (1944): The stranger. In: American Journal of Sociology 49(1944), 499–507

Sellitz, Claire / Christ, June R. / Havel, Joan / Cook, Stuart W. (1963): Attitudes and social relations of foreign students in the United States. Minneapolis: University of Minnesota Press

Sewell, William / Davidsen, Oluf M. (1961): Scandinavian students on an American campus. Minneapolis: University of Minnesota Press

Simmel, Georg (1923): Soziologie. Untersuchung über die Formen der Vergesellschaftung. Leipzig: Duncker & Humblot

Spradley, James P. (1972a): Foundations of cultural knowledge. In: Spradley 1972, 3–38

Spradley, James P. (Hrsg.) (1972): Culture and cognition. Rules, maps, and plans. San Francisco: Chandler

Stewart, Edward C. (1966): The simulation of cultural differences. In: Journal of Communication 16(1966)4, 291–304

Stewart, Edward C. (1971): American cultural patterns: A cross-cultural perspective. Pittsburgh: Regional Council for International Education, University of Pittsburgh

Stewart, Edward C. / Danielian, Jack / Foster, Robert J. (1969): Simulating intercultural communication through role-playing. Alexandria: Human Resources Research Office, George Washington University

Subarsky, Zachariah (1952): An experiment in reducing the informational dimension of prejudice. Microfilm Nr. 3920. Ann Arbor: University Microfilms

Süttinger, H. (1973): Erkrankungshäufigkeit der Gastarbeiter. In: Ärztliche Praxis 25, 101, 18.12.1973: 4651–4653

Suzuki, Daisetz T. (1971): Der westliche und der östliche Weg: Essays über christliche und buddhistische Mystik. Frankfurt: Ullstein

Szalay, Lorand (o. J.): A communication dictionary on cultural meanings. A sample of selected U.S.-Korean themes. Kensington: American Institutes for Research (ca. 1970)

Szalay, Lorand / Maday, Bela (1973): Verbal associations in the analysis of subjective culture. In: Current Anthropology 14(1973)1–2, 33–50

Szasz, Thomas (1973): Geisteskrankheit: Ein moderner Mythos? Grundzüge einer Theorie des persönlichen Verhaltens. Olten: Walter Verlag

Triandis, Harry C. (1967): Interpersonal relations in international organizations. In: Organizational Behaviour and Human Performance 2(1967), 26–55

Triandis, Harry C. / Vassiliou, V. / Vassiliou, G. / Tanaka, Y. / Shanmugam, A. V. (1972): The analysis of subjective culture. New York/London: Wiley

Vogt, Evon Z. / Albert, Ethel (1966): People of Rimrock: a study of five cultures. Cambridge, Mass.: Harvard University Press

Wallace, Anthony F. C. (1970): Culture and personality. New York: Random House.

Whitehill, Arthur M. (1964): Cultural values and employee attitudes: United States and Japan. In: Journal of Applied Psychology 48(1964), 69–72

Wierlacher, Alois (1972): Angewandte deutsche Philologie. In: Ruperto Carola 50(1972), 88–92

Williams, Lawrence / Whyte, William F. / Green, Charles S. (1966): Do cultural differences affect workers' attitudes? In: Industrial Relations 5(1966)3, 105–117

Wilson, Christine S. (1973): Food habits: A selected annotated bibliography. In: Journal of Nutrition Education 5(1973)1, Supplement I: 39–72

Yousef, Fathi S. (1974): Cross-cultural communication: Aspects of contrastive social values between North Americans and Middle Easterners. In: Human Organization 33(1974)4, 383–387

Zborowski, Mark (1969): People in pain. London: Yossey-Bass Publishers

Register

Das vorliegende Buch dient zum einen als Einführung in das wissenschaftliche Arbeiten für Studierende der Translationswissenschaft mit der B-Sprache Deutsch. Die entsprechenden Stichwörter werden im Sachregister vollständig erfasst. Zum anderen soll das Buch dazu beitragen, dass Studierende, die neu zur Translationswissenschaft kommen, mit einigen zentralen Aspekten dieser Disziplin vertraut werden. Daher werden auch die im Text erwähnten Namen sowie einige wichtige translationswissenschaftliche Stichwörter mit aufgenommen.

Fett gedruckte Seitenzahlen weisen darauf hin, dass das betreffende Thema auf diesen Seiten schwerpunktmäßig behandelt wird. Die verschiedenen **Abkürzungen,** die im Anschluss an einige Seitenzahlen erscheinen, bedeuten Folgendes:

- Fn: Fußnote (bzw. bei Bachmann-Medick: Anmerkung)
- T: Testfrage
- Tx: translationswissenschaftlicher Text in Anhang V
- Ü: Übungsaufgabe

Im Sachregister kommen zwei Arten von **Querverweisen** vor, die auf andere Einträge verweisen. In einigen Fällen findet sich die Abkürzung *s.* („siehe"); sie bedeutet, dass Informationen zu dem betreffenden Thema unter einem anderen Stichwort nachgeschlagen werden können (z. B. hat „Scannen" einen Querverweis zu „Kopieren"). Wenn dieses andere Stichwort nicht über einen entsprechenden Untereintrag verfügt, bezieht sich der Querverweis auf den jeweiligen Haupteintrag (im Beispiel: auf den Eintrag „Kopieren" insgesamt).

In anderen Fällen gibt es am Ende eines Eintrags Querverweise zu weiteren thematisch relevanten Einträgen; sie werden durch *s. auch* eingeleitet. Hier bedeutet

- das Komma einen Untereintrag
- und der Strichpunkt getrennte Haupteinträge.

Wenn also beispielsweise im Sachregister am Ende des Eintrags „Bibliografien" steht: „s. auch Datenbanken; Internetrecherche, Rechercheportal", so sind damit zwei Einträge gemeint:

- der Haupteintrag „Datenbanken"
- sowie unter dem Haupteintrag „Internetrecherche" der Untereintrag „Rechercheportal".

Untereinträge stehen bei den jeweiligen Haupteinträgen und sind durch Einrücken gekennzeichnet.

Namensregister

Sachregister

TRANSÜD. ARBEITEN ZUR THEORIE UND PRAXIS DES ÜBERSETZENS UND DOLMETSCHENS

Die Bände 1 bis 5 sind bei der Peter Lang GmbH erschienen und dort zu beziehen.

Ⓕ Frank & Timme

Verlag für wissenschaftliche Literatur

TRANSÜD. ARBEITEN ZUR THEORIE UND PRAXIS DES ÜBERSETZENS UND DOLMETSCHENS

$\mathbb{F}$ Frank & Timme

Verlag für wissenschaftliche Literatur

TRANSÜD. ARBEITEN ZUR THEORIE UND PRAXIS DES ÜBERSETZENS UND DOLMETSCHENS

Band 23 Martin Slawek: Interkulturell kompetente Geschäftskorrespondenz als Garant für den Geschäftserfolg. Linguistische Analysen und fachkommunikative Ratschläge für die Geschäftsbeziehungen nach Lateinamerika (Kolumbien). 206 Seiten. ISBN 978-3-86596-206-5

Band 24 Julia Richter: Kohärenz und Übersetzungskritik. Lucian Boias Analyse des rumänischen Geschichtsdiskurses in deutscher Übersetzung. 142 Seiten. ISBN 978-3-86596-221-8

Band 25 Anna Kucharska: Simultandolmetschen in defizitären Situationen. Strategien der translatorischen Optimierung. 170 Seiten. ISBN 978-3-86596-244-7

Band 26 Katarzyna Lukas: Das Weltbild und die literarische Konvention als Übersetzungsdeterminanten. Adam Mickiewicz in deutschsprachigen Übertragungen. 402 Seiten. ISBN 978-3-86596-238-6

Band 27 Markus Ramlow: Die maschinelle Simulierbarkeit des Humanübersetzens. Evaluation von Mensch-Maschine-Interaktion und der Translatqualität der Technik. 364 Seiten. ISBN 978-3-86596-260-7

Band 28 Ruth Levin: Der Beitrag des Prager Strukturalismus zur Translationswissenschaft. Linguistik und Semiotik der literarischen Übersetzung. 154 Seiten. ISBN 978-3-86596-262-1

Band 29 Iris Holl: Textología contrastiva, derecho comparado y traducción jurídica. Las sentencias de divorcio alemanas y españolas. 526 Seiten. ISBN 978-3-86596-324-6

Band 30 Christina Korak: Remote Interpreting via Skype. Anwendungsmöglichkeiten von VoIP-Software im Bereich Community Interpreting – Communicate everywhere? 202 Seiten. ISBN 978-3-86596-318-5

Band 31 Gemma Andújar / Jenny Brumme (eds.): Construir, deconstruir y reconstruir. Mímesis y traducción de la oralidad y la afectividad. 224 Seiten. ISBN 978-3-86596-234-8

Frank & Timme

Verlag für wissenschaftliche Literatur

TRANSÜD. ARBEITEN ZUR THEORIE UND PRAXIS DES ÜBERSETZENS UND DOLMETSCHENS

Band 32   Christiane Nord: Funktionsgerechtigkeit und Loyalität. Theorie, Methode und Didaktik des funktionalen Übersetzens. 338 Seiten. ISBN 978-3-86596-330-7

Band 33   Christiane Nord: Funktionsgerechtigkeit und Loyalität. Die Übersetzung literarischer und religiöser Texte aus funktionaler Sicht. 304 Seiten. ISBN 978-3-86596-331-4

Band 34   Małgorzata Stanek: Dolmetschen bei der Polizei. Zur Problematik des Einsatzes unqualifizierter Dolmetscher. 262 Seiten. ISBN 978-3-86596-332-1

Band 35   Dorota Karolina Bereza: Die Neuübersetzung. Eine Hinführung zur Dynamik literarischer Translationskultur. 108 Seiten. ISBN 978-3-86596-255-3

Band 36   Montserrat Cunillera/Hildegard Resinger (eds.): Implicación emocional y oralidad en la traducción literaria. 230 Seiten. ISBN 978-3-86596-339-0

Band 37   Ewa Krauss: Roman Ingardens „Schematisierte Ansichten" und das Problem der Übersetzung. 226 Seiten. ISBN 978-3-86596-315-4

Band 38   Miriam Leibbrand: Grundlagen einer hermeneutischen Dolmetschforschung. 324 Seiten. ISBN 978-3-86596-343-7

Band 39   Pekka Kujamäki/Leena Kolehmainen/Esa Penttilä/Hannu Kemppanen (eds.): Beyond Borders – Translations Moving Languages, Literatures and Cultures. 272 Seiten. ISBN 978-3-86596-356-7

Band 40   Gisela Thome: Übersetzen als interlinguales und interkulturelles Sprachhandeln. Theorien – Methodologie – Ausbildung. 622 Seiten. ISBN 978-3-86596-352-9

Band 41   Radegundis Stolze: The Translator's Approach – Introduction to Translational Hermeneutics. Theory and Examples from Practice 304 Seiten. ISBN 978-3-86596-373-4

Band 42   Silvia Roiss/Carlos Fortea Gil/María Ángeles Recio Ariza/Belén Santana López/Petra Zimmermann González/Iris Holl (eds.): En las vertientes de la traducción e interpretación del/al alemán. 582 Seiten. ISBN 978-3-86596-326-0

⌐F Frank & Timme

Verlag für wissenschaftliche Literatur

TRANSÜD. ARBEITEN ZUR THEORIE UND PRAXIS DES ÜBERSETZENS UND DOLMETSCHENS

F Frank & Timme

Verlag für wissenschaftliche Literatur

TRANSÜD. ARBEITEN ZUR THEORIE UND PRAXIS DES ÜBERSETZENS UND DOLMETSCHENS

Band 53   Regina Bouchehri: Translation von Medien-Titeln. Der interkulturelle Transfer
von Titeln in Literatur, Theater, Film und Bildender Kunst. 334 Seiten.
ISBN 978-3-86596-400-7

Band 54   Nilgin Tanış Polat: Raum im (Hör-)Film. Zur Wahrnehmung und Repräsentation
von räumlichen Informationen in deutschen und türkischen Audiodeskriptions-
texten. 138 Seiten. ISBN 978-3-86596-508-0

Band 55   Eva Parra Membrives / Ángeles García Calderón (eds.): Traducción, mediación,
adaptación. Reflexiones en torno al proceso de comunicación entre culturas.
336 Seiten. ISBN 978-3-86596-499-1

Band 56   Yvonne Sanz López: Videospiele übersetzen – Probleme und Optimierung.
126 Seiten. ISBN 978-3-86596-541-7

Band 57   Irina Bondas: Theaterdolmetschen – Phänomen, Funktionen, Perspektiven.
240 Seiten. ISBN 978-3-86596-540-0

Band 58   Dinah Krenzler-Behm: Authentische Aufträge in der Übersetzerausbildung. Ein
Leitfaden für die Translationsdidaktik. 480 Seiten. ISBN 978-3-86596-498-4

Band 59   Anne-Kathrin Ende / Susann Herold / Annette Weilandt (Hg.): Alles hängt
mit allem zusammen. Translatologische Interdepenzen. Festschrift für
Peter A. Schmitt. 544 Seiten. ISBN 978-3-86596-504-2

Band 60   Saskia Weber: Kurz- und Kosenamen in russischen Romanen und ihre
deutschen Übersetzungen. 256 Seiten. ISBN 978-3-7329-0002-2

Band 61   Silke Jansen / Martina Schrader-Kniffki (Eds.): La traducción a través
de los tiempos, espacios y disciplinas. 366 Seiten. ISBN 978-3-86596-524-0

Band 62   Annika Schmidt-Glenewinkel: Kinder als Dolmetscher in der Arzt-Patienten-
Interaktion. 130 Seiten. ISBN 978-3-7329-0010-7

Band 63   Klaus-Dieter Baumann / Hartwig Kalverkämper (Hg.): Theorie und Praxis
des Dolmetschens und Übersetzens in fachlichen Kontexten. 756 Seiten.
ISBN 978-3-7329-0016-9

⌐F Frank & Timme

Verlag für wissenschaftliche Literatur

TransÜd. Arbeiten zur Theorie und Praxis des Übersetzens und Dolmetschens

Frank & Timme

Verlag für wissenschaftliche Literatur